Firm Carbon
Neutrality Management

企业碳中和管理

主编 贾明

副主编 黄珍 刘慧

本书对接国家重大发展需求，以培养熟悉"双碳"背景下企业碳中和管理人才为目标，为培养服务我国企业迈向碳中和的专业管理人才提供基础理论知识。本书的特色之处在于突破现有关于中国企业碳中和管理知识匮乏的现状，独创性地构建了中国企业碳中和管理和激励决策框架的CROCS模型。本书从企业碳中和的"确碳（commitment）→减碳（reduction）→抵碳（offsets）→披碳（communication）→激碳（stimulation）"这一可持续碳中和路径出发，瞄准各阶段关键点，有针对性地构建企业碳中和管理和激励机制，介绍解决"确得准→减得足→抵得当→披得清→激得长"这一系列核心管理问题的基本理论和方法。

本书不仅可以作为高校经济管理类专业的本科生、研究生，以及 MBA、EMBA、MPAcc、MPA 等学员的教材，也可供广大企事业单位的管理者工作参考。

图书在版编目（CIP）数据

企业碳中和管理 / 贾明主编 . —北京：机械工业出版社，2023.9
ISBN 978-7-111-73909-8

Ⅰ.①企… Ⅱ.①贾… Ⅲ.①企业管理 – 节能减排 – 中国 – 高等学校 – 教材 Ⅳ.① F279.23

中国国家版本馆 CIP 数据核字（2023）第 182153 号

机械工业出版社（北京市百万庄大街22号　邮政编码100037）
策划编辑：吴亚军　　　　　责任编辑：吴亚军　　伍　曼
责任校对：梁　园　周伟伟　责任印制：郜　敏
三河市宏达印刷有限公司印刷
2024 年 1 月第 1 版第 1 次印刷
185mm×260mm・19.25 印张・428 千字
标准书号：ISBN 978-7-111-73909-8
定价：79.00 元

电话服务　　　　　　　　　　网络服务
客服电话：010-88361066　　　机 工 官 网：www.cmpbook.com
　　　　　010-88379833　　　机 工 官 博：weibo.com/cmp1952
　　　　　010-68326294　　　金 书 网：www.golden-book.com
封底无防伪标均为盗版　　　　机工教育服务网：www.cmpedu.com

前言

2020年9月22日，习近平总书记在第七十五届联合国大会一般性辩论上的讲话中提出："中国将提高国家自主贡献力度，采取更加有力的政策和措施，二氧化碳排放力争于2030年前达到峰值，努力争取2060年前实现碳中和。"这是我国政府面向世界做出的庄严承诺，也体现了我国政府大力推进碳减排，迈向碳中和的坚定决心。随着"双碳"目标的提出，中共中央、国务院发布了《关于完整准确全面贯彻新发展理念做好碳达峰碳中和工作的意见》，各级政府部门相继出台了一系列"1+N"的政策文件，规划我国迈向碳达峰、碳中和的战略路径。

2021年是中国迈向碳中和的元年，同时也是企业迈向碳中和的元年。"双碳"目标是党中央、国务院根据经济全球化新形势和国民经济发展的内在需要做出的重大承诺，成为新时代我国企业"高质量发展"的重大战略指引。在"双碳"目标指引下，企业要积极推进绿色转型，提高能源利用效率，降低碳排放，共同打造绿色、协调、高质量发展的新发展模式，助力中国树立负责任大国的国际形象。我国企业在这一战略的指引下，必将越来越多地投入到碳达峰、碳中和的实践中。企业遵循国家制定的高质量发展路径，积极推进碳减排，不断接近碳中和是企业赢得经营合法性、提高竞争力，进而提升企业发展质量的必由之路。

然而，现阶段中国企业在迈向碳中和的过程中由于专业知识和管理人才的缺乏而面临诸多困境，产生了诸如碳中和责任划分不准、碳减排动力不足、碳抵消手段运用不当、碳信息披露不清和碳中和效益不明等一系列管理问题，从而危及国家"双碳"目标的实现。因此，在全面推进"双碳"目标的进程中，培养一大批熟悉"双碳"的高水平企业管理人才，为顺利完成"双碳"目标提供人才保障成为重中之重。

2021年7月15日，教育部印发了《高等学校碳中和科技创新行动计划》。该通知明确提出，高校要立足实现碳中和目标，在建设一批碳中和领域科技创新平台、世界一流碳中和相关学科和专业方面，充分发挥高校基础研究主力军和重大科技创新策源地作用，为实现碳达峰、碳中和目标提供科技支撑和人才保障。高校的重要职能之一就是通过人才培养服务国家战略。然而，当前高校主要侧重于对低碳技术专业人才的培养，忽视了对面向"双碳"的管理人才的培养，因此高校需要以促进企业低碳转型、国家低碳经济发展和"双碳"目标的实现为导向来调整专业。

本书对接国家重大发展需求，以培养熟悉"双碳"背景下企业碳中和管理人才为目标，为培养服务我国企业迈向碳中和的专业管理人才提供基础理论知识。本书的特色之处在于突破现有关于中国企业碳中和管理知识匮乏的现状，独创性地构建了中国企业碳中和管理和激励决策框架的 CROCS 模型。本书从企业碳中和的"确碳（commitment）→ 减碳（reduction）→ 抵碳（offsets）→ 披碳（communication）→ 激碳（stimulation）"这一可持续碳中和路径出发，瞄准各阶段关键点，有针对性地构建企业碳中和管理和激励机制，介绍解决"确得准→减得足→抵得当→披得清→激得长"这一系列核心管理问题的基本理论和方法。

自 2021 年 6 月成立以来，西北工业大学新时代企业高质量发展研究中心的团队成员在企业碳中和方面开展了大量的管理研究，主持国家级重大项目，在主流期刊、报纸上发表文章 40 余篇。研究中心团队获批了 2021 年度国家社会科学基金重大项目"企业低碳价值创造的理论与实践研究"，成为"双碳"管理领域立项的第一批国家社科重大项目；团队撰写的学术文章《中国企业的碳中和战略：理论与实践》已在《外国经济与管理》上发表，是国内首个系统介绍企业碳中和战略的理论研究；团队积极推进企业低碳管理学科建设，撰写的教改论文《双碳目标下高校建设"低碳科技与管理"专业的探索》也是国内第一篇有关如何培养面向"双碳"的复合型管理人才的文献。

研究中心成立之初就制定了"3-3-3"的发展定位，即发展愿景：立足三大能力（育才、咨策、启民），围绕三大领域（共同富裕、"双碳"目标、高质量发展），完成三大工程（构筑企业高质量发展新理论，建设低碳管理新专业，服务企业践行国家重大战略）。围绕构建"低碳管理"新专业这一核心目标，研究中心计划编写一系列相关教材，本书是"低碳管理"专业的核心课程。

研究中心诸位老师共同承担了本书的编写工作，黄珍、刘慧和我作为负责人统筹本书的编写工作。我负责编写第 1 章和本书的统筹工作，黄珍老师负责编写第 2 章、第 7 章、第 9 章和附录中专业建设介绍，刘慧老师负责编写第 3 章、各章中涉及碳会计核算方面的内容以及附录中 BD 公司碳中和管理案例，邵婧老师负责编写第 4 章，向翼老师负责编写第 5 章，张莹老师负责编写第 6 章，杨倩老师负责编写第 8 章，罗婧璇同学在本书的统稿过程中做了很多细致的工作；同时，也感谢陈思鳗、戴晗悦、王宇慧、左曼、石俨轩等同学在本书校对过程中所做的工作。

囿于编者水平，书中难免存在一些差错和不足，敬请同行批评指正，以帮助我们不断完善。

贾明

前言

第1章 企业碳中和概述 /1

开篇案例 第二十六届联合国气候变化大会号召全球共同行动 /1

1.1 企业碳中和的现实背景 /2

1.2 企业碳中和与企业社会责任 /9

1.3 企业碳中和管理难点 /14

1.4 企业碳中和管理框架 /15

1.5 企业碳中和管理的重要意义 /17

1.6 企业碳中和管理人才的定位 /18

本章小结 /19

关键术语 /20

思考与练习 /20

应用案例 中国提出"双碳"目标 /21

学习链接 /21

第2章 企业碳中和管理经验和现状 /22

开篇案例 苹果公司的碳中和经验和路径 /22

2.1 碳中和及其实现路径 /23

2.2 企业碳中和行为概述 /38

2.3 企业社会责任和碳中和行为的效果 /65

本章小结 /70

关键术语 /70

思考与练习 /70

应用案例 宝泰隆：让碳更"绿"，让天更蓝 /71

学习链接 /71

第3章 企业碳中和责任分解与确认 /73

开篇案例 国家电网公司的"碳达峰、碳中和"行动方案 /73

3.1 企业碳中和责任的碳足迹记录和碳账户核算 /75

3.2 企业碳中和责任的认领机制 /85

3.3 企业碳中和责任的内部分解 /88

3.4 企业碳资产核算工具 /91

本章小结 /100

关键术语 /101

思考与练习 /101

应用案例 隆基绿能的碳中和责任确认 /101

学习链接 /104

第4章 企业碳减排激励 /105

开篇案例 中国石化：连续10年被评为"中国低碳榜样" /105

4.1 制度环境对企业碳减排行为的影响分析 /106

4.2 市场环境特征对企业低碳价值制造的影响分析 /113

4.3 企业特征对企业低碳战略选择的
　　影响分析　/ 116
4.4 企业碳减排水平评价方法及工具　/ 119
本章小结　/ 125
关键术语　/ 126
思考与练习　/ 126
应用案例　蒙牛：打造可持续的地球　/ 127
学习链接　/ 128

第5章　企业碳抵消和碳资产管理　/ 129

开篇案例　东航执飞我国首班全生命周期
　　　　　碳中和航班　/ 129
5.1 企业不可减排的碳排放水平评价体系　/ 129
5.2 影响企业决定碳抵消水平的因素　/ 131
5.3 企业碳排放权交易市场　/ 134
5.4 影响企业碳抵消方案选择的因素　/ 141
5.5 企业碳抵消核算　/ 145
5.6 企业碳中和目标下碳抵消水平的确认　/ 149
5.7 企业碳资产管理　/ 152
本章小结　/ 153
关键术语　/ 155
思考与练习　/ 155
应用案例　联想集团的碳抵消行为　/ 155
学习链接　/ 156

第6章　企业碳中和信息披露　/ 158

开篇案例　上市公司年度报告增加协同做好
　　　　　"碳达峰、碳中和"准则　/ 158
6.1 企业碳中和信息披露的表现及影响
　　因素分析　/ 159
6.2 利益相关者诉求视角下企业碳中和
　　信息披露的语言选择　/ 165
6.3 企业碳中和信息披露方式的选择及其
　　影响因素分析　/ 168

6.4 企业碳信息披露实践管理工具　/ 171
本章小结　/ 178
关键术语　/ 178
思考与练习　/ 178
应用案例　加强火电行业企业的碳信息
　　　　　披露体系建设　/ 180
学习链接　/ 181

第7章　企业碳中和效益和长效激励　/ 182

开篇案例　中国平安：认真践行低碳承诺
　　　　　协同促进绿色发展　/ 182
7.1 企业碳中和效益与利益相关者感知　/ 183
7.2 企业碳中和真诚性与消费者购买行为　/ 187
7.3 企业碳中和真诚性与利益相关者反应　/ 190
7.4 企业碳中和真诚性、利他型社会
　　责任与企业韧性　/ 191
7.5 企业碳中和效益、时间压力与碳中和
　　责任再确认　/ 193
7.6 企业低碳效益评估的实践工具　/ 195
本章小结　/ 201
关键术语　/ 201
思考与练习　/ 201
应用案例　BY公司：通过绿色低碳可持续
　　　　　发展，为客户提供高质量居住
　　　　　产品　/ 203
学习链接　/ 204

第8章　供应链碳中和　/ 205

开篇案例　隆基绿能"以光伏发电制造光伏
　　　　　产品"的"Solar for Solar"
　　　　　理念　/ 205
8.1 供应链碳责任分配　/ 206
8.2 供应链碳减排　/ 210
8.3 供应链碳抵消　/ 216

8.4 供应链碳披露 / 218

8.5 供应链碳中和的价值延展 / 219

本章小结 / 221

关键术语 / 223

思考与练习 / 223

应用案例　蚂蚁集团实现 2022 年度运营排放碳中和 / 223

学习链接 / 224

第 9 章　企业低碳价值创造 / 225

开篇案例　华晨宝马：以低碳价值支撑豪华形象 / 225

9.1 企业低碳价值创造概述 / 226

9.2 企业低碳价值发现 / 233

9.3 企业低碳价值制造 / 238

9.4 企业低碳价值显示 / 240

9.5 企业低碳价值实现 / 243

9.6 企业低碳价值延展 / 246

本章小结 / 247

关键术语 / 247

思考与练习 / 247

应用案例　中国大唐：助力碳达峰、碳中和目标实现 / 249

学习链接 / 250

附录 A　低碳管理专业体系构建 / 251

附录 B　企业碳中和管理的应用案例：以 BD 汽车制造企业为例 / 264

参考文献 / 279

第1章

企业碳中和概述

本章的主要目的在于介绍我国企业碳中和的现实背景；从工商管理视角入手系统分析企业碳中和行为与企业社会责任行为的异同，在此基础上总结概括本书的总体框架，即构建起CROCS企业碳中和管理和激励模型；论述企业碳中和对于我国实现"双碳"目标的重要意义。

开篇案例

第二十六届联合国气候变化大会号召全球共同行动

第二十六届联合国气候变化大会（COP26）是《巴黎协定》进入实施阶段后首次召开的缔约方大会，国际社会期待各方尤其是发达国家能够真正落实减排承诺，共同行动以有效应对气候变化带来的危机和挑战。

过去十年是有记录以来最热的十年，与气候变化有关的极端天气事件：热浪、洪水和森林火灾正在加剧。考虑到人类活动排放的温室气体是全球变暖的主要因素（见图1-1），各国政府一致认为需要采取紧急的集体行动，以遏制气候变化的进一步加剧。

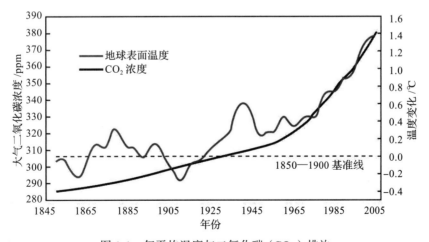

图1-1 年平均温度与二氧化碳（CO_2）排放

在本次会议召开之前，200个国家和地区提供了其在2030年之前的减排计划。此前在 2015 年，这些国家和地区都已经做出承诺，对气候变化所产生的威胁做出全球性回应，力争实现与前工业化时期相比，将全球温度升幅控制在 2℃ 以内；同时，争取把温度升幅限制在 1.5℃ 以内——这就是旨在敦促各国进行大规模减排，直到 2050 年达到净零排放的《巴黎协定》。

资料来源：1. 中国制冷与空调网 . 由制冷剂替代谈起 [EB/OL]. (2017-10-16)[2022-06-01]. http://chinarefac.com/refrigerant_show.aspx?id=5927；

2. 腾讯网 . COP26 是什么，又将如何改变我们的生活？ [EB/OL]. (2021-11-03)[2022-06-01]. https://new.qq.com/omn/20211103/20211103A08E7X00.html.

1.1 企业碳中和的现实背景

气候变化是危及人类生存的共同挑战，其中温室气体排放导致全球升温而引发气候灾害频发的问题最为突出，因此成为近 30 年以来全世界各国关注的焦点问题。低碳发展和控制温室气体排放成为全世界各国的政治共识，是全球公共治理的共同挑战。随着《京都议定书》《巴黎协定》等法规的签订和生效，世界各国陆续做出碳减排承诺，并提出了实现碳中和的时间表。

碳中和聚焦 1-1

《京都议定书》《巴黎协定》和碳中和时间表

《京都议定书》于 1997 年 12 月在日本京都由《联合国气候变化框架公约》参加国三次会议制定，其目标是"将大气中的温室气体含量稳定在一个适当的水平，进而防止剧烈的气候改变对人类造成伤害"。《京都议定书》规定发达国家从 2005 年开始承担减少碳排放量的义务，而发展中国家则从 2012 年开始承担减排义务。中国于 1998 年 5 月签署并于 2002 年 8 月核准了该议定书。

《巴黎协定》是 2015 年 12 月 12 日在巴黎气候变化大会上通过、2016 年 4 月 22 日在纽约签署的气候变化协定，该协定为 2020 年后全球应对气候变化作出行动安排。《巴黎协定》长期目标是将全球平均气温较前工业化时期上升幅度控制在 2℃ 以内，并努力将温度上升幅度限制在 1.5℃ 以内。中国于 2016 年 4 月 22 日在《巴黎协定》上签字。同年 9 月 3 日，全国人大常委会批准中国加入《巴黎协定》，成为完成了批准协定的缔约方之一。碳减排和实现碳中和成为全球各国的共同目标。目前，世界主要国家和地区碳中和时间如表 1-1 所示。

表 1-1 世界主要国家和地区碳中和时间表

进展情况	国家和地区（承诺年）
已实现	苏里南共和国、不丹
已立法	瑞典（2045）、英国（2050）、法国（2050）、丹麦（2050）、新西兰（2050）、匈牙利（2050）
立法中	欧盟（2050）、加拿大（2050）、韩国（2050）、西班牙（2050）、智利（2050）、斐济（2050）

(续)

进展情况	国家和地区（承诺年）
政策宣示	芬兰（2035）、奥地利（2040）、冰岛（2040）、美国（2050）、日本（2050）、南非（2050）、德国（2045）、巴西（2050）、瑞士（2050）、挪威（2050）、爱尔兰（2050）、葡萄牙（2050）、巴拿马（2050）、哥斯达黎加（2050）、斯洛文尼亚（2050）、安道尔（2050）、梵蒂冈城（2050）、马绍尔群岛（2050）、中国（2060）、哈萨克斯坦（2050）

资料来源：四川省绿色发展促进会. 全球130个国家地区所设置的碳中和时间表[EB/OL]. (2021-05-10)[2022-06-01]. http://www.gdpas.cn/dynamic-information-detail.aspx?id=921&t=12.

随着工业经济的高速发展，我国现已成为全球范围内碳排放总量最大的经济体，面临着巨大的碳减排压力。2020年9月22日，习近平总书记在第七十五届联合国大会一般性辩论上的讲话中提出："中国将提高国家自主贡献力度，采取更加有力的政策和措施，二氧化碳排放力争于2030年前达到峰值，努力争取2060年前实现碳中和。"这是我国政府面向世界做出的庄严承诺，也体现了我国政府大力推进碳减排，迈向碳中和的坚定决心。

而在推进实现碳中和国家目标的过程中，碳排放企业肩负着重要的历史使命和责任，构成碳中和目标达成的重要力量。据国际能源署统计，全球电力和热力生产行业二氧化碳排放占42%，工业、交通运输业分别占18.4%和24.6%。具体到我国，电力和热力生产行业二氧化碳排放占51.4%，工业、交通运输业分别占27.9%、9.7%；我国碳排放来自电热、工业的占比相比全球更高[一]。据国家统计局等部门的估计，要想实现"双碳"目标，我国面临严峻挑战，碳排放重点行业企业的碳减排和接近碳中和成为实现我国"双碳"目标的关键。而从实现低碳高质量发展的角度来看，所有企业，无论工业制造企业，还是农业、服务业企业，都存在碳排放和碳减排的问题，故而在"双碳"目标导向下，所有企业都要努力实践碳减排和迈向碳中和，将低碳转型和高质量发展协调统一起来。

碳中和聚焦1-2

企业需将低碳转型和高质量发展有机衔接

2020年9月，中国政府提出"双碳"目标。2021年3月，《政府工作报告》指出，要扎实做好碳达峰、碳中和各项工作，制定2030年前碳排放达峰行动方案。

在推进实现碳中和国家目标的过程中，碳排放企业肩负着重要历史使命和责任，实现企业的低碳转型与发展是完成碳中和目标的重要基础和前提。在企业低碳化转型过程中，如何将企业低碳行为与企业高质量发展有机衔接尤为重要，其中企业低碳价值创造是实现二者有机衔接的关键。

对企业而言，价值创造是企业作为经济主体所追求的最终目标，也是企业在激烈的行业竞争中打造竞争优势，实现企业可持续发展的关键。企业低碳价值创造是指企业通过与低碳活动相关的行为方式来满足利益相关者诉求（详见第9章）。企业在低碳转型过程中

[一] 新浪专栏. 张瑜：中国的"碳"都在哪里 [EB/OL]. (2021-04-20)[2022-06-01]. http://finance.sina.com.cn/zl/china/2021-04-20/zl-ikmxzfmk7891284.shtml.

可以将低碳价值创造和高质量发展联系起来。然而，顺利完成低碳转型，实现低碳价值创造并非易事。企业低碳转型面临的价值创造难题有三个。

第一，低碳价值从何而来。企业在低碳转型过程中面临的首要问题就是低碳价值的来源问题。那么，如何从利益相关者诉求入手，明确企业碳减排责任就成为发现企业低碳价值的关键。

第二，如何制造低碳价值。价值制造是价值创造的重要环节。企业通过技术、管理等资源投入改变生产方式，可以降低碳排放，从而实现低碳价值制造。因此，企业如何基于碳减排责任确定低碳制造战略和路径就成为企业低碳价值制造的首要任务。

第三，如何实现低碳价值。企业低碳行为能为利益相关者带来间接经济价值，这种价值有助于企业建立信任关系、带来绿色声誉和树立绿色口碑。那么，如何量化企业低碳行为的直接经济价值，并通过考察利益相关者的反应来明确企业低碳行为实现经济价值的内在机制就成为该问题的核心。

企业低碳价值创造是连接企业低碳转型与企业高质量发展的"桥梁"，从本质上看，企业低碳转型和企业高质量发展殊途同归，二者存在一定的内在关系。

首先，二者都能将企业与社会贯通起来从而提升企业韧性。在新冠疫情之后，面对越发复杂的外部环境，构建企业韧性变得尤为重要。一方面，企业采取低碳行为属于利他型社会责任而非互惠型社会责任，能够唤起社会群体对企业的支持和认可，建立起直接和间接互惠关系，从而进一步提高企业韧性。另一方面，高质量发展要求企业摒弃"唯增长论"，强调建立绿色低碳循环发展模式，进一步构建企业可持续商业模式，从而提高企业韧性。

其次，二者能将企业与关联企业贯通起来从而促进企业间协同。企业低碳运营的实现是企业积极推进和落实碳减排、碳中和相关政策的结果，同时也离不开关联企业的协作和为了实现共同的低碳发展目标而协同减碳。特别地，供应链上下游企业间的协同配合是实现企业低碳转型的重要保障。

最后，二者均有助于建立"共生共益"的企业生态。在原先"股东至上"模式下，企业采取低碳行为目的在于获得功利性回报，这种回报具有暂时性，难以维系企业的长久发展。新时代下，企业进行低碳转型和实现高质量发展应立足于"社会至上"模式，建立可持续发展模式，从而实现企业经营与社会发展的"共生共益"。

企业在低碳转型过程中对自身战略的调整可以从以下三方面着手。

（1）真诚低碳，持续高质量完成低碳转型。企业低碳真诚性是激发利益相关者和社会群体支持企业转型和迈向高质量发展的关键。需要注意的是，企业低碳行为不应虚喊口号而无实际措施，也不应抛弃企业自身情况而过度行动。另外，伪低碳转型（例如"漂绿"减碳、能源转型不科学）有损企业发展，不利于商业可持续。

（2）树立长期价值导向，强调关注非经济利益。在"股东至上"模式下，企业主要履行互惠型社会责任，追求短期经济利益，有损可持续发展。企业应关注非经济利益，树立长期价值导向，例如变更高排放生产线，使用可回收易降解材料，建立健全产品报废和回收流程，在企业内部自上而下宣传低碳文化，鼓励员工低碳绿色行为，树立品牌低碳形象。

（3）树立社会价值导向，强调利他。在低碳转型过程中，企业要基于"社会至上"模式，兼顾社会效率与公平，主动履行利他型社会责任，以利他为价值导向，建立以低碳为导向的使命、愿景和价值观，进一步建立企业间协同机制，形成"共生共益"的企业生态。

资料来源：罗婧璇，贾明. 企业需将低碳转型和高质量发展有机衔接[N]. 每日经济新闻，2021-09-17（007）.

碳中和（carbon neutrality）是指企业、团体或个人测算在一定时间内，直接或间接产生的温室气体排放总量，通过植树造林、采用碳抵消技术等形式，抵消自身产生的二氧化碳排放，实现二氧化碳的"零排放"。它的实现路径如图1-2所示。通常，企业实现碳中和需要使用**企业碳减排**（corporate carbon reduction，CCR）和**企业碳抵消**（corporate carbon offsets，CCO）两种手段。

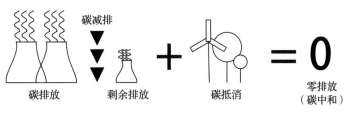

图1-2 碳中和实现路径

碳中和聚焦1-3

中信集团实现碳中和路径

2022年4月，中信集团在官网发布《碳达峰碳中和行动白皮书》，明确了集团实现碳中和目标的路径，提出到2025年单位产值排放强度比2020年下降18%，有条件的子公司力争到2030年碳排放率先达峰，到2060年，中信集团全面融入绿色低碳循环发展的产业体系和清洁低碳安全高效的能源体系，为实现"双碳"目标做出积极贡献。为实现碳中和，中信集团规划了以下碳中和实现路径，具体包括：一方面，在电力供应、钢铁生产、建筑运营和数据中心四个重点排放领域，针对性寻找能效提升、结构优化以及技术减排的潜在机遇点，展开节能降碳工作，如在电力供应领域，进行煤电节能改造，发展新能源和实现技术突破与应用；另一方面，在钢铁生产领域，升级工艺技术流程、提升配套设施绿色水平和实现碳捕集技术突破。此外，对其余无法进一步减排的碳排放引入碳抵消计划，最终实现净零碳排放。

最后，中信集团还将助力全社会实现降碳减排，持续扩大外部减排贡献。总体而言，中信集团将通过能力建设提升内部碳管理水平，培养全员的碳减排意识，提高全员对零碳理念的认知水平，倡导绿色工作和绿色生活，全面减少因生产经营和日常办公引起的碳排放。中信集团将持续践行绿色低碳发展理念，强化碳减排行动，助力国家顺利实现碳中和目标。

资料来源：中信集团官网．中信集团发布"双碳"行动白皮书 全面实施碳中和行动计划 [EB/OL]．（2022-04-13）[2022-06-01]．https://www.group.citic/html/2022/News_0413/2515.html.

碳中和强调企业的碳排放通过减排手段实现最大限度的降低，而后再通过碳抵消方案的实施实现净排放为零的状态。**企业实现碳中和可以通过综合运用企业碳减排和碳抵消两种手段来实现，但关键途径在于企业碳减排**。企业碳中和战略强调企业通过采取碳减排的有效措施以实现不可减排的碳排放量最小化的战略途径。其原因在于碳中和的本意是推进企业节能减排降耗，走高质量发展之路，在竭尽全力碳减排之后再去抵消剩余排放，如果过于强调碳抵消的作用，可能会使得一些企业放弃其核心要务而借助碳抵消方法来实现碳中和，这显然背离政策的希望，是典型的碳中和"漂绿"行为（greenwashing）。"漂绿"是由"绿色"（green，象征环保）和"漂白"（whitewash）合成的一个新词，用来说明一家公司以某些行为或行动宣示自身对环境保护的付出但实际上却是反其道而行，这实质上是一种虚假的环保宣传。图1-3反映了碳减排和碳抵消的关系。

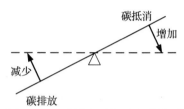

图1-3 碳减排和碳抵消间的关系

实现企业碳中和需要两大方面的支持：管理与技术。"管理"是指通过引导、奖励和惩罚等手段激励碳排放主体参与和践行碳减排，迈向碳中和；而"技术"则是指在碳中和过程中通过技术手段提高能源利用效率、降低对化石能源的依赖、提高可再生能源利用效率和构建高效率的碳抵消方案等，为碳排放主体实践碳中和提供技术支持。

从现有研究来看，最近30年学术界对碳中和相关的管理和技术问题均有广泛的研究。首先，科学技术的创新发展是全球能源转型的核心驱动力。近些年来，相关碳减排与碳中和技术得到了迅猛发展，在工程技术领域涌现了大量创新性成果，使工业领域的能源利用效率和碳减排效率得到了多角度、全方位的显著提升。这些成果主要集中在三个方面：一是以电力系统低碳转型、实现零碳或近零碳电力系统、提高关键材料的利用率为主的碳减排技术；二是以利用电能、氢能、生物质能等清洁能源来实现工业领域脱碳生产为主的碳替代技术；三是以碳捕集与封存、提高关键材料的回收率、人工碳转化和森林汇碳为主的碳循环与碳封存技术。这三大方面有效促进了各行业向低碳循环经济转型。

碳中和聚焦1-4

关键行业的碳中和技术路径

《北大金融评论》汇总了主要行业的减少碳排放和增加碳吸收这两大路径。具体来说，减少碳排放可通过能源结构调整、重点领域减排和金融减排支持实现，而增加碳吸收则可通过技术固碳和生态固碳实现。

在减少碳排放方面，针对能源结构调整，减少化石能源使用、提高能源使用效率和增加清洁能源使用，为减少碳排放实现了源头控制。针对重点领域减排，在交通领域推广新能源汽车使用、提倡共享出行和发展自动驾驶技术；在建筑领域使用智能化技术；在制造业领域减少含碳能源资源的使用；在农业领域推广再生农业、可持续养殖等。通过以上措施，重点领域有效减少了生产经营中二氧化碳等温室气体的排放，为减少碳排放贡献了关键力量。针对金融减排支持，加快发展碳金融和推出绿色金融产品，为减少碳排放提供了资金支持。

在增加碳吸收方面，针对技术固碳，大力发展碳捕集、碳利用和碳封存技术，将二氧化碳等温室气体捕集后转化为有用的产品和资源，或者将其永久储存，能够有效促进碳吸收。针对生态固碳，提高森林、草原、湖泊、绿地和湿地等自然生态系统的固碳能力，将碳储存于生物组织或土壤中，同样会促进碳吸收，减少大气中温室气体浓度。

资料来源：北京大学汇丰金融学院．脱碳金融：旧时代的终结与新势力的崛起[EB/OL]．（2021-07-02）[2022-06-01]．https://hfri.phbs.pku.edu.cn/2021/eighth_0706/1521.html.

其次，从管理层面入手，相关研究主要集中在能源经济、公共政策和金融等领域，重在从宏观或中观层面来分析影响碳减排、低碳发展和碳中和的关键因素。能源经济和公共政策领域的学者关注国家宏观能源政策的制定、区域碳排放和行业碳排放的影响因素等方面的研究（隗斌贤、揭筱纹，2012；汤维祺 等，2016；吴力波 等，2014；钱浩祺 等，2019；潘家华、张丽峰，2011；谭显春 等，2017；赵桂梅 等，2020；范英，2011；唐启升、刘慧，2016；田立新、张蓓蓓，2011；赵盟 等，2012）；经济、金融和管理领域的学者则围绕碳排放权确认和交易、碳定价机制、金融工具和碳市场建设等问题，对碳交易市场的建设和碳汇交易等问题做了深入探讨（何建坤 等，2009；魏一鸣 等，2013；张希良，2017；王梅、周鹏，2020）。特别是管理学领域的许多学者也运用运筹学优化方法对供应链层面的碳减排、绿色供应链等问题做了深入分析，提出了一系列优化方法（杨磊 等，2017；Caro et al.，2013；Chen et al.，2011；Drake，2018；Zhao et al.，2010）。

此外，部分学者基于制度理论分析了企业碳减排的动机（Chen et al.，2021；Damert et al.，2017），并指出合法性压力导致企业更积极地披露碳信息（Li et al.，2018；Villena and Dhanorkar，2020）。需要特别关注的是，碳交易作为一种重要的市场工具，能通过提高企业现金流以及资产收益率的方式（乔国平，2020），提高企业价值（Oestreich and Tsiakas，2015），促进企业创新（廖文龙 等，2020；胡珺 等，2020；Zhang et al.，2020），最终帮助企业以最低的成本降低污染，从而显著提升企业全要素生产率（刘祎 等，2020）。

然而，这些研究均未聚焦到企业层面，特别是没有从管理角度入手，去分析影响企业推进碳中和的关键因素和实施效果等问题。从工商管理角度推进开展相关管理研究是非常必要的——在企业迈向碳中和的过程中，管理是基础，技术是保障。没有运用管理手段形成激励作用，碳排放主体就不会积极参与到碳中和中来，而出现诸如运动式减碳的状况；而没有技术的保障和支撑，即便有强烈的热情参与碳中和，也难以保证目标的实现。在这两者之间，管理的重要性又更加凸显，成为实现"双碳"目标的关键。

碳中和聚焦 1-5

纠正企业运动式减碳

2021年7月30日,中共中央政治局召开会议,明确指出要统筹有序做好碳达峰、碳中和工作,尽快出台《2030年前碳达峰行动方案》,坚持全国一盘棋,纠正运动式减碳,先立后破,坚决遏制"两高"项目盲目发展。

我国提出"双碳"目标彰显了政府部门坚持绿色低碳发展、大力推进碳达峰,迈向碳中和的坚定决心,也对企业适应低碳时代的新发展模式提出了更高要求。作为世界上最大的发展中国家,中国现行的碳排放规模、行业结构、能源结构都表明实现"双碳"目标并非易事。在落实碳中和目标的过程中,虽然多数企业通过提高管理效率和强化技术手段的方式努力实现碳排放量的最小化,但部分企业仍然出现了运动式减碳行为。

运动式减碳表现为两种形式:一种是虚喊口号、蹭热度,而不采取实际行动的减碳行为,例如企业承诺节能减排,而在生产销售各环节中的实质性减碳措施较少;另一种则是指企业不考虑自身发展水平和能力而采取不切实际的减碳行动,例如片面强调零碳方案、大搞零碳行动计划,或者有些地区对所有高能耗、高排放的项目全部关停。不论"只喊口号"的表面减碳行为还是"不切实际"的过度减碳行为,都会损害企业声誉和外在形象,削减其核心竞争力,阻碍企业在迈向"双碳"目标过程中的可持续发展。综合来看,企业运动式减碳主要受到三个方面因素的影响。

第一,未能充分理解企业减碳的重要社会和经济效益。对企业运动式减碳而言,不论是表面减碳行为还是过度减碳行为,都体现企业自下而上回应政策的两种极端做法。事实上,企业碳减排活动不仅会带来社会效益,还会通过将低碳理念融入企业生产经营中,为企业重塑核心竞争力,创造新的生机和活力。而企业对于碳减排重要性的理解仅停留在被动回应政府要求阶段,未能认识到减碳给企业带来的双重效益。

第二,未能将减碳和实现企业高质量发展统一起来。减碳涉及企业生产经营活动的方方面面,对企业的战略规划、生产运营、公司治理、供应链管理等都会带来深远影响,这也为企业转型迈向高质量发展提供了绝佳的契机。但是,如果企业将减碳活动片面化理解,认为对企业发展转型没有直接关系,那么就无法将企业减碳和高质量发展统一起来。

第三,未能找到切实可行的企业减碳路径。切实可行的减碳路径是企业落实碳减排的基石,也是企业迈向"双碳"之路的关键所在。然而,由于企业自身资源禀赋、发展阶段、战略规划以及所属行业的不同,其减碳路径带有专属性特质,这就说明了企业无法采用统一的路径,而给其碳减排工作的稳步推进带来了诸多挑战。

基于以上原因,稳步推进企业碳减排工作需要从三方面着手。

(1)紧抓企业"双碳"教育。针对企业无法充分理解减碳带来的经济效益和社会效益这一问题,应当不断强化面向企业的宣传和教育,强化对"双碳"目标重要性的认识。例如,以节能减排为主题,利用全国节能宣传周、全国城市节水宣传周和世界环境日、地球日等,宣传国家在碳减排方面的法律法规和方针政策,解析我国能源资源形势和企业碳减排的意义，强化企业碳减排的责任意识。

（2）协同企业减碳促高质量发展。针对企业未能将减碳和高质量发展相统一的问题，应当从企业高质量发展角度入手，挖掘减碳过程中推动企业高质量发展转型的机遇。高管作为企业战略决策的制定者和执行者，在协调统一企业碳减排和高质量发展中发挥着重要作用。因此，可以通过提高薪酬、晋升等激励方式，促使高管不断思考如何挖掘减碳过程中推动企业高质量发展的有效路径。例如通过将低碳理念融入产品研发设计中，可以提高企业技术创新能力，助力企业高质量发展。

（3）优化企业减碳战略路径。针对企业未能找到切实可行的减碳路径，我们认为应从企业实际出发，全方位制定企业减碳促发展战略体系。在宏观战略管理上，企业应当成立碳减排工作小组，负责制定企业碳减排短期、中期和长期规划，落实每一阶段减排工作的重点和预期目标，明确相关主体的责任。而在减碳路径的具体设定中，企业应当结合政府减排的政策导向、所属行业特征以及自身的发展现状，制定切实可行的减碳促发展战略，实现减碳和企业战略转型稳步协同推进。

资料来源：张莹，贾明. 纠正企业运动式"减碳"需从三方面着手[N]. 每日经济新闻，2021-08-11（007）.

尽管已有研究从企业层面分析了企业碳减排行为的动机及其后果，但是现有的关于企业碳中和行为的管理研究主要建立在企业社会责任研究的体系之下，并没有清晰剖析两者的区别，也没有专门针对企业碳中和行为展开系统而深入的分析，特别是从战略角度入手去分析影响企业推进碳中和的关键因素和实施效果等问题。因此，从战略管理的角度构建企业碳中和管理体系是非常必要的。本书就是在这样的背景下，从战略管理视角切入，融合相关学科知识，系统分析企业碳中和全过程中各个环节的关键管理问题，提出企业碳中和战略的基本管理思想，为实现企业碳中和提供强大的理论支撑。

1.2　企业碳中和与企业社会责任

企业碳中和行为与传统的**企业社会责任**（corporate social responsibility，CSR）有关，**例如与企业环境责任**（corporate environmental responsibility，CER）有直接关系。特别地，企业社会责任指的是企业所采取的有利于提高利益相关者福利的各种行为，其本质上是企业通过转移自身资源给利益相关者而期望得到利益相关者正向回报的社会交换行为，目的在于构建企业与利益相关者之间的直接互惠关系（贾明，2022）。

企业碳中和指的是企业通过各种手段减少与企业生产活动直接和间接相关的各种碳排放，例如，企业在产品和技术研发、生产及供应链管理中，采取节能与能源替代、节材与原材料替代、直接减排等措施持续减排。基于此，企业碳中和是为生态环境改善做贡献，其本身也是企业承担社会责任的表现。因此，这一行为本质上也是企业通过资源投入改进生产方式而降低对环境影响的行为，最终也有利于改善人与自然的共生环境。故而无论企业碳中和行为还是企业社会责任行为，两者都是企业运用自身资源来提高社会福利的行为。

虽然企业社会责任相关研究是工商管理领域近40年的学术热点，但并没有太多学者直接关注企业碳中和行为，而最相关的研究也只是从企业社会责任视角入手去分析企业环境责任、企业污染行为以及企业绿色创新和绿色生产等相关问题（详见第2章）。**碳中和作为企业社会责任行为的一种特殊形式，工商管理学科现有的大量关于企业社会责任的研究为系统掌握企业碳中和行为的管理方法和激励机制提供了丰富的文献资源和理论基础。**同时，有关企业社会责任的研究架构和行为规律为系统理解、剖析企业碳中和行为提供了模板。鉴于企业社会责任的研究包括责任界定、责任履行、责任补偿、信息披露和责任履行效果评价五个部分，因此可以借鉴这一体系分析企业碳中和行为。然而，企业碳中和行为和传统企业社会责任行为在这五个维度上依然存在显著的差异，这就使得企业碳中和相对于企业社会责任而言有其自身的独特性，因而不能简单地套用已有的研究结论。

1. 责任确认的方式不同

企业社会责任确认的依据是利益相关者的重要性以及利益相关者的诉求，其核心在于强调企业为了维持自身的发展、获取更大的经济利益而需要通过履行社会责任的方式与利益相关者构建互惠交换关系。故而企业履行社会责任是受到自利性动机的驱动，通过评估这一社会责任行为是否有利于提升企业经济绩效来确定是否履行（履行企业社会责任能够提高企业财务绩效）。

碳中和聚焦 1-6

"股东至上"与企业社会责任

按照西方主流文献的观点，企业社会责任是企业承担的超出股东利益范围内的对社会有益的行为，例如慈善捐赠、环境保护、员工福利、社区公益等。同时，学术界也开始积极呼吁企业履行社会责任。然而，在信奉"股东至上"的社会中，如何说服企业的管理层和投资者接受企业社会责任理念则是学术界面临的巨大挑战。为此，相关研究聚焦于解开**企业社会绩效（corporate social performance，CSP）与企业财务绩效（corporate financial performance，CFP）**之间的关系而为说服企业经理人、投资者提供依据。特别地，说服经理人和投资者接受企业社会责任理念的关键在于使他们相信企业履行社会责任不仅不会损害投资者利益，还有利于提升企业绩效。但是，这一指导思想下形成的企业社会责任战略并不能支撑起企业的可持续发展，也不利于企业碳中和战略的实施。

资料来源：贯明.企业社会责任[M].北京：机械工业出版社，2023.

相对而言，企业碳中和责任立足于企业生产活动的全过程，因此应依据企业提供产品和服务的碳足迹来划分、确认碳中和责任。其中，除政府进行强制行政分派外，其余的碳中和责任分配完全依靠企业自觉和供应链企业之间的合作与谈判。由于企业碳中和属于公益行为，短期内很难看到其对财务绩效的提升作用，且没有明确的碳中和责任界限，故而行政分派和企业的自觉性（利他性动机）在确认碳中和责任过程中占据重要位置。

2. 责任履行的标准不同

企业履行社会责任主要通过将自身的资源运用于满足利益相关者的诉求活动之中，属于将企业的资源转移到企业外部利益相关者的交换行为，这一行为与其他企业存在竞争关系，目的在于赢得利益相关者的支持，获得利益相关者掌控的关键资源。故而在企业履行社会责任的过程中，最重要的问题是如何满足利益相关者的诉求。评判企业履行社会责任是否足够以满足利益相关者诉求与否作为评判标准。

而在企业碳中和行为的履行过程中，虽然可以认为企业碳中和也是广义上回应利益相关者诉求的举措，例如为了更好的空气、环境和大自然等，但是这些并不是利益相关者的首要诉求（比如消费者、员工、供应商等要求企业碳中和，就没有这些利益相关者要求企业履行对他们各自的社会责任那么强烈），故而企业参与碳中和更多还是政府主导下的公益活动。在这个过程中，企业需要运用其资源去改进生产流程、能源结构、管理方式，以及优化供应链等，目的是降低企业提供产品、服务过程中的碳排放总量。从供应链视角来看，企业也需要加强与其他企业的合作，才能实现共同的减排目标，否则企业间容易产生"搭便车"行为，导致碳中和投入不足的企业与碳中和投入积极的企业较难区分。企业碳中和没有确定的评判标准，需要企业自身来决定如何平衡长期的减排任务和短期的经济利益，以及如何与其他企业有效合作，从而将企业有限的资源投入到降低企业碳排放的活动中。

3. 责任补偿的途径不同

对履行社会责任而言，企业如果在回应利益相关者诉求方面的投入不够充分，那么就会产生责任履行不足的问题。在这种情况下，为了缓和利益相关者的不满，企业往往会借助象征性手段来对责任履行不足进行"补偿"，例如进行印象管理，当企业捐赠水平低于行业平均水平时，就在社会责任报告中多放一些反映企业参与捐赠活动的图片（Wang et al., 2021）。故而，企业社会责任补偿的核心问题在于如何通过印象管理手段来缓和利益相关者对企业社会责任投入不足的不满情绪。

但是，对企业碳中和而言，其终极目标是要实现企业碳净排放总量为零。企业由于碳减排不充分而必须通过采取实质性的手段来抵消未减排的碳，如购买碳信用产品、投资森林等。故而在碳中和责任补偿阶段，企业关注的问题是如何确定企业碳抵消的额度以及采取何种碳抵消手段来实现碳中和。

4. 信息披露的规范不同

企业社会责任信息披露的目的在于与利益相关者进行沟通，提高企业社会责任活动的曝光度。在发布相关信息的时候，企业以文字描述为主，也逐渐开始重视运用图像语言来展现企业的社会责任活动。企业社会责任经过近40年的发展已经建立起一套信息披露的规范体系，形成一系列国际标准（如ISO26000，GRI Standards），我国也建立了相应的社会责任信息披露的框架（如CASS-CSR5.0）。

而在企业碳中和信息的披露方面，则缺少这样明确的规范和基本框架。虽然碳信息披露项目（Carbon Disclosure Project，CDP）所提供的问卷调研方案以及更为宽泛的信息披露体系为企业披露相关信息提供了一些指导和参考，但是这些指导方案仍过于宽泛而不便操作，且没有形成国际上广泛认可和推广的标准体系，我国也没有就碳信息披露建立明确的信息披露框架。企业并不清楚如何设计碳中和信息的披露方式、内容和语言，进而能让利益相关者、政府轻松理解企业所开展的活动、进行的投入和做出的努力。这方面涉及许多复杂的技术指标，很可能成为企业碳中和信息沟通的障碍。例如，我国上市公司目前所开展的碳信息披露就以文字描述为主，缺少量化指标，且大量企业没有披露相关信息（宋晓华 等，2019）。

碳中和聚焦 1-7

气候信息披露

碳信息披露项目（CDP）2000 年在英国成立，目前拥有全球最大的企业气候变化数据库。每年 CDP 代表机构投资者、客户以及政府向企业发出信息披露请求，收集相关数据。CDP 主要通过市场的力量鼓励企业披露其对环境和自然资源的影响。2010 年，CDP 正式进入中国。

2015 年 12 月，为了落实 G20 峰会《联合国气候变化框架公约》及其商定结果，气候相关财务信息披露工作组（TCFD）成立，旨在提出气候相关财务信息披露建议，便于利益相关者使用，促进全球资金支持绿色经济发展。2017 年 6 月，TCFD 发布了《气候相关财务信息披露工作组建议报告》，从治理、战略、风险管理、指标和目标四个领域提出了披露建议，并分别列出十一项披露事项，旨在使利益相关方能够了解企业为管理气候风险采取了哪些行动。

资料来源：商道纵横. TCFD 信息披露框架助力企业应对气候风险 [EB/OL].（2022-03-26）[2022-06-01]. https://baijiahao.baidu.com/s?id=1728363551047295690&wfr=spider&for=pc.

5. 责任履行效果不同

企业履行社会责任活动大多能给利益相关者带来直接的福利改善，且容易被观察到。故而企业通过履行社会责任活动能够有效建立起与利益相关者的互惠交换关系，从而得到利益相关者的支持，最终提升企业绩效。

而企业履行碳中和行为并不能给利益相关者带来直接的福利改善，其实施效果很难评估（难以观察和验证），因此难以据此形成与利益相关者的直接互惠关系。故而企业履行碳中和责任最多只能获得间接利益，例如构建企业的绿色声誉、品牌等而得到同样持有绿色理念的利益相关者的青睐；或者完成碳减排任务而得到政府或政府关联机构的奖励和支持等。另外，从企业碳中和作为实现可持续发展的重要手段来看，企业碳中和的目的应该不在于获取短期的经济利益，而是为了让企业能与自然环境、社会共生，进而提高组织韧性。

企业碳中和与企业社会责任之间的比较如表 1-2 所示。

表 1-2　企业碳中和与企业社会责任的比较

阶段	维度	企业社会责任	企业碳中和
责任确认阶段	责任定义	运用公司资源提升利益相关者福利	运用公司资源减少碳排放、实现零排放
	责任性质	自利性动机;战略行为;提升企业绩效	行政指派、利他性动机;公益行为;提升社会福利
	分配原则	基于利益相关者诉求和利益相关者重要性	基于行政指派、供应链碳足迹划分和企业自觉认领
	责任边界	清晰	模糊
	责任要求	回应利益相关者诉求	减少碳排放
	关键问题	企业承担对哪些利益相关者的社会责任	企业承担多少碳减排责任;什么因素影响企业自觉推进碳中和
责任履行阶段	回应方式	采取行动针对性回应不同的利益相关者诉求	围绕碳中和目标采取各种不同行动减少企业碳排放
	行为对象	对外施展,将企业资源输出给利益相关者	对内施展,运用企业资源改进企业生产、运营方式
	行为目标	构建与利益相关者的互惠交换关系	减少碳排放总量
	竞争者关系	相互竞争、赢得利益相关者支持	相互合作、共同完成碳减排任务,减少碳足迹
	关键问题	如何满足利益相关者的诉求	如何激励企业、员工减少碳排放;如何与其他企业协同减少碳排放
责任补偿阶段	判断标准	基于利益相关者诉求满足水平;判断标准随诉求变化而变化	基于企业碳中和目标;判断标准明确
	责任未完成原因	资源投入不足	减排不足
	责任补偿	象征性,印象管理	实质性,碳抵消途径
	补偿途径	改变利益相关者预期	购买碳信用产品、投资森林等
	关键问题	如何调节利益相关者预期	如何确定不能减排水平;如何通过实施碳抵消方案实现碳中和
信息披露阶段	披露目标	向利益相关者提供企业履责信息,得到利益相关者认可	向政府、同行和利益相关者提供企业碳减排信息,得到相关方认可
	披露标准	有基本框架	无明确框架
	披露方式	发布企业社会责任报告	无单独载体
	披露内容	履行社会责任的具体内容,如投入方式、水平	碳中和范围、碳核算规则、碳目标的达成、抵消方案等
	披露语言	文字、图像	文字、图像
	关键问题	如何回应利益相关者诉求,展现企业社会责任的投入和成效	如何展现企业碳中和的投入和成效
责任履行效果阶段	履责效果	利益相关者直接获益;可观察	利益相关者间接获益;不可观察
	利益相关者反应	提供资源、提升信任、构建互惠关系	绿色声誉、绿色口碑,政府奖励
	对企业的影响	直接或间接影响员工;对生产活动无直接影响;间接影响供应链	直接影响员工;对生产活动有直接影响;直接影响供应链
	关键问题	如何影响企业绩效	如何影响企业韧性

1.3 企业碳中和管理难点

目前,有关碳中和的研究主要集中于宏观政策和能源经济、绿色供应链、环境经济学、企业社会责任和绿色金融等相关领域。在宏观政策层面,现有碳中和相关研究主要分析国家政策和行业发展等对碳中和目标实现的影响,提出一系列协调国家间、国内各地区各行业与气候变化、碳中和相关的倡议和政策等。在能源经济方面,大批工程技术领域的学者关注对碳中和相关技术的开发和运用。同时,经济、金融领域的学者也提出一系列基于碳市场交易、碳金融工具等为手段的碳中和引导方案。虽然企业是碳中和的责任主体,但是当前有关碳中和行为的管理研究还很浅,主要是一些论述性的研究;而从供应链层面考察企业碳减排责任分解的研究也更多是基于模型推导寻求理论上的优化方案。相比于有关企业社会责任行为方面的管理研究而言,虽然企业碳中和行为属于企业社会责任行为,但是现有研究并没有清晰剖析两者的区别,也没有专门针对企业碳中和行为展开系统而深入的分析。具体而言,现有研究主要存在以下五个方面的不足。

1. 企业碳中和责任（确碳）的确认方法、责任边界不清

企业碳中和首要的是确认企业的碳减排责任。虽然现有研究针对碳中和责任的分配依据、分配机制和主体进行了探讨,并提出"共同但有区别"的国家间碳减排责任承担和基于碳排放权的分配机制,但是在实际中受限于企业层面责任分配影响因素的复杂性、碳中和责任主体不明确等,依然存在对企业层面碳中和责任的分配依据不明晰,围绕碳足迹的责任划分边界不清的问题。企业碳中和的责任划分涉及很强的技术因素,需要用技术来准确衡量碳足迹和确定碳中和责任边界,此外,企业自身的自觉性和碳中和意识也起到很关键的作用。毕竟,碳中和责任具有公共品属性,很难清晰界定边界;或者界定清晰边界需要花费很大的成本。故而,如何有效提升企业自觉性对确定企业碳中和责任而言也非常重要。

2. 企业碳减排激励（减碳）不足

虽然现有企业社会责任或企业环境责任方面的研究中均涉及减少企业环境污染、绿色创新和绿色转型方面,但是放在碳中和框架下去分析企业碳减排行为的研究还很少。企业碳减排行为并不是简单的污染防治,而是在不违规碳排放的基础上,进一步在道德层面去承担更大的社会责任,如减少碳排放;而绿色创新、绿色转型都是实现企业碳减排的一种手段,能为实现企业减碳提供许多有益的支撑。故而,需要将现有研究有机整合,深入认识影响企业碳减排行为的内在驱动机制,形成激励企业自觉减碳的相关理论。

3. 企业碳抵消（抵碳）方式不当

在企业碳中和过程中,碳抵消作为补充机制也发挥重要的作用。但是,这里面最大的问题是过度使用碳抵消机制可能会导致企业碳中和行为成为象征性的手段，如"漂绿行为"。显然，需要系统分析影响企业在确定碳抵消水平和方案过程中的决策因素，并且系统讨论当前大力推动的碳交易市场、碳金融工具等市场化手段是否在促进碳抵消手段多元化的同时有利于企业实现实质性的碳中和。另外，企业也需要建立起碳资产管理体系，才能有效参与碳市场交易、进行碳抵消。

4. 企业碳信息披露（披碳）体系不全

企业碳信息具有专业性和难以验证等特点，从而使得企业的自愿性碳信息披露成为与利益相关者沟通的主要途径。然而，当前在企业碳信息披露方面缺乏明确的标准、体系和规范，使得企业在披露相关信息时缺少参照；并且，企业在选择披露的碳信息方面具有广泛的自主权，但是现有研究并没有深入探讨企业碳信息披露的动机和影响因素。这些问题的存在导致企业割裂了与利益相关者之间碳中和信息沟通的纽带。

5. 企业碳中和效益（激碳）不明

影响企业碳中和推进的关键在于要明确企业参与碳中和的效益，从而能给企业产生持续、长久的激励作用。虽然关于企业社会责任行为的研究已经非常系统和丰富，并且对企业履行社会责任的后果有很深入的认识，但鉴于企业碳中和行为的独特性，其所产生的效果必然会有显著差异。然而，这方面的研究非常有限，使得在试图构建企业碳中和激励体系时缺少了关键一环。

为了实现我国的"双碳"目标，中国企业需要围绕碳中和的各个环节去构建相应的管理和激励体系，但当前企业在开展碳中和过程中面临着如下现实问题：**企业碳中和责任划分不准、企业碳减排动力不足、企业碳抵消方法运用不当、企业碳中和信息披露不清，以及企业碳中和效益不明**。

1.4 企业碳中和管理框架

本书以中国企业为对象，尤其关注电力和热力生产行业、工业以及交通运输业等碳排放重点行业的企业，借鉴有关企业社会责任的理论体系，进一步结合绿色金融、低碳公共政策、绿色供应链、宏观政策与能源经济等领域的理论知识，以及现有关于低碳科技相关的研究进展（详见第2章），围绕企业碳中和的全过程，分析中国企业从确定碳中和责任，到激励企业实施碳减排以及合理利用碳抵消途径，再到有效披露碳中和相关信息，最后到评价碳中和的效果而激励企业参与碳中和，从而建立起一套适用于中国企业的 CROCS 碳中和管理和激励体系，为实现我国"双碳"目标提供理论支撑（见图 1-4）。

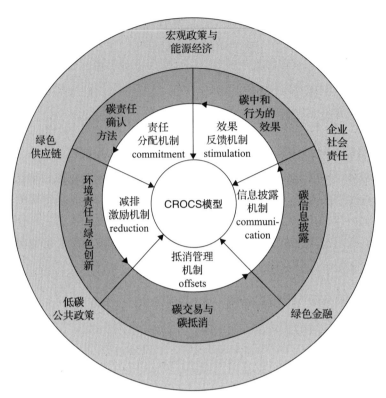

图 1-4 CROCS 企业碳中和管理和激励模型凝练过程

其中，CROCS 企业碳中和管理和激励模型的基本框架与各阶段之间的关联性如图 1-5 所示。

上述各阶段的核心内容概括为以下五个方面：

（1）虽然企业碳中和从理念上很容易表达，如实现碳排放为零的目标，但是在实施过程中，由于企业碳中和责任的划分还不清晰、明确，使得企业在具体实施碳中和过程中首先就缺少明确的责任边界和目标。有关碳中和责任的确认虽然是一个技术问题，但更多的还是企业自觉的问题。国际上在碳中和责任划分上也主要采取自愿认领的原则。故而，如何准

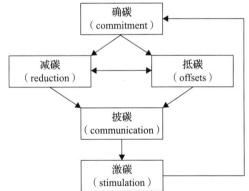

图 1-5 CROCS 企业碳中和管理和激励模型

确划分企业的碳中和责任并得到企业认可，是推进碳中和的首要管理问题——这就要解决"确得准"的问题，从而建立起有效的碳中和责任管理体系，为企业明确碳中和责任提供决策依据。这一问题的核心也被称为"确碳"（CROCS 模型中的第一个"C"，详见第 3 章）。

（2）虽然越来越多的企业认识到碳中和的重要性，并且也在如政府推动和自身需求等因素的驱动下，开始着手推进节能减排，提高资源利用效率，推进发展模式转型，但是"双碳"目标具有强制性且时间节点非常明确，因此需要更加实质性地加快推进。这就

需要系统梳理影响企业碳中和的关键因素，从宏观、中观、微观各个层面入手，既要关注企业层面的影响因素，也要关注员工层面的影响因素，从而能够保证碳中和理念落地并付诸实践。那么，如何激励企业和员工积极践行碳中和，推进碳减排是实现碳中和的首要路径——这就要解决"减得足"的问题，从而建立起有效的企业碳减排激励机制，为企业的碳减排提供激励管理体系。这一问题的核心也被称为"减碳"（CROCS 模型中的"R"，详见第 4 章）。

（3）虽然碳中和目标非常明确，但是也给企业提供了捷径或补充路径，即采用碳抵消方案来抵消不能减排的碳排放。从理论上讲，这一制度安排有其合理性，推动了诸如碳交易市场的发展。但是，这一机制的存在也可能导致逆向选择，即企业放弃主动碳减排而过度使用碳抵消。目前来看，企业的确存在过度强调碳抵消的倾向，很可能会导致企业碳中和成为象征性手段而偏离于碳中和的本意。那么，如何引导企业合理使用碳抵消途径——这就要解决"抵得当"的问题，从而建立起企业碳抵消行为的决策和激励机制，为企业合理使用碳抵消方案提供引导。这一问题的核心也被称为"抵碳"（CROCS 模型中的"O"，详见第 5 章）。

（4）虽然有关企业社会责任方面的研究能为碳中和责任披露提供许多指导，但是企业碳中和具有独特性。这就需要深入理解企业碳中和信息披露的选择、披露动机和披露方式等问题，特别是还要关注有关碳抵消相关信息的披露。但是当前企业在碳信息披露方面缺乏明确的披露体系，企业的碳信息披露还很少，也不能在企业与利益相关者之间搭建起有效的沟通桥梁——这就要解决"披得清"的问题，从而系统掌握影响企业碳中和信息披露的因素和内在机制，为构建企业碳中和信息披露体系提供理论支撑。这一问题的核心也被称为"披碳"（CROCS 模型中的第二个"C"，详见第 6 章）。

（5）虽然面对未来越来越复杂和不确定的外部环境，企业韧性显得愈发重要，但是企业并没有认识到参与碳中和对于企业长期发展的重要意义。由于碳中和的公益性特征和很容易被"搭便车"，使得企业碳中和的成效也难以通过直接的经济效益体现出来。当前，企业参与碳中和更多关注能给企业带来的直接和短期效益，而并不关注不太显性化的间接和长期效益。企业碳中和行为的可持续关键还在于要建立长效的激励机制——这就要解决"激得长"的问题，从而明晰企业碳中和行为产生长期效益的路径，为说服企业及其员工更加主动承担碳中和责任提供动力。这一问题的核心也被称为"激碳"（CROCS 模型中的"S"，详见第 7、8、9 章）。

此外，附录 A 介绍了有关"低碳管理"这一新兴交叉学科专业的建设和知识体系构建相关内容，从而建立起与本书相关的知识体系图谱。

附录 B 以 BD 公司碳管理为例完整展示了企业碳中和管理过程中涉及的量化工作。

1.5　企业碳中和管理的重要意义

无论从指导企业履行碳中和责任，助力国家实现"双碳"目标的现实需求角度来看，还是从国内外学术界对企业碳中和相关研究的关注角度来看，均表明研究中国企业碳中和行为相关问题具有重大的理论和现实意义。

针对"双碳"目标下中国企业面临的新挑战与新问题，本书以中国企业碳中和行为作为研究对象，紧扣企业在"确碳→减碳→抵碳→披碳→激碳"（CROCS 企业碳中和管理和激励模型）过程中各阶段面临的核心问题，对企业碳中和行为管理和激励中"确得准→减得足→抵得当→披得清→激得长"五个关键问题进行深入分析，以构建中国企业碳中和行为的管理和激励框架，提出中国企业实现碳中和的战略路径。

在实践价值方面，本书响应国家"双碳"号召，探索中国企业履行碳中和责任的管理机制、激励方式及实施效果，为中国企业开展碳中和业务过程中如何选择最佳的碳中和管理和激励方式以及如何与不同利益相关者进行有效沟通提供指导，有助于促进中国企业履行碳中和责任，实现碳中和目标和高质量发展转型，进而助力实现中国政府的碳中和承诺，夯实中国的国际影响力。这对于缓解全球气候危机，促进全球社会、环境可持续发展也具有重要实践意义。

1.6　企业碳中和管理人才的定位

2021 年 2 月，国务院印发了《国务院关于加快建立健全绿色低碳循环发展经济体系的指导意见》（国发〔2021〕4 号），明确提出建立健全绿色低碳循环发展经济体系，促进经济社会发展全面绿色转型。为确保如期实现 2030 年前碳达峰目标，我国已将碳达峰、碳中和纳入经济社会发展全局，明确各地区、各领域、各行业的碳达峰目标任务，这无疑直接推动了各地区、各领域、各行业对新能源、低碳环保等低碳相关专业青年人才的需求。

然而，当前高校主要侧重于对低碳技术专业人才的培养，忽视了对低碳管理人才的培养，这根本无法满足当前各行各业对低碳人才的需求，尤其是无法满足急需绿色低碳转型的企业的需求。企业高级管理人员制定的战略决策直接影响企业的发展全局，然而，现有高校培养的工商管理人才大多都缺乏对低碳技术的了解，这非常不利于企业正确地制定未来的绿色低碳转型战略，也不利于国家低碳经济发展和"双碳"目标的实现。因此，高校设立低碳管理专业可以弥补现有高校人才培养的短板，为国家和社会提供急需的低碳管理专业人才，这是实现我国碳达峰、碳中和目标的重要人才支撑，也是解决我国高校在"双碳"目标下人才培养面临新挑战的一种创新实践。

低碳管理专业的培养目标是培养具备低碳科技专业技术知识，兼具工商管理知识的高层次复合型人才。为实现该专业的培养目标，构建科学合理的专业知识体系和人才培养体系[⊖]是支撑低碳管理专业建设的基础和关键。一方面，构建低碳管理的知识体系时要紧密围绕企业碳中和全过程，从"确碳→减碳→抵碳→披碳→激碳"五个方面构建企业低碳管理的知识结构，同时融合"碳量化科技→碳减排科技→碳创汇科技→碳核算科技→碳评

⊖　"低碳管理"专业的知识体系和人才培养体系详见本书附录 A。

估科技"等与新能源科学与工程、能源与环境系统工程以及能源经济等专业相关的科技知识，从而完善和支持各模块的知识结构。另一方面，构建"双碳"目标下高校低碳管理专业的人才培养体系，就需要在课程体系、实践平台、招生选拔和师资队伍等方面进行创新。其中，课程体系是低碳管理人才培养体系构建的基础和关键之一。基于低碳管理知识体系的五部分知识结构，分别构建基础课程和对应的核心课程予以支撑，并由此形成该专业的课程体系。

在设置低碳管理这一新兴交叉学科专业时，《企业碳中和管理》在其知识体系构建和人才培养体系构建中都起到了至关重要的作用，这也正体现了本书在未来学科建设和发展中的定位。具体来说，这主要体现在以下两个方面。

（1）围绕低碳管理专业的知识体系，本书依托 CROCS 企业碳中和管理和激励模型，从企业碳中和管理和激励角度入手，围绕碳中和全过程，将其分解为确碳（碳责任确认）、减碳（碳减排激励）、抵碳（碳抵消管理）、披碳（碳信息披露）和激碳（碳效果激励）五部分相互关联的专业知识，以此构建低碳管理的知识体系。本书第 3~7 章分别围绕低碳管理的知识体系的五部分内容进行了详细的阐述，通过阐明企业碳中和管理中的重点和难点，为读者构建低碳管理专业的知识体系奠定坚实的基础。

（2）基于低碳管理专业的人才培养体系，本书能为该专业的课程体系提供有效支撑。在构建低碳管理专业的人才培养体系时，课程体系建设是其重要一环。低碳管理的课程体系建设既要强调企业低碳科技，也要强调企业组织经营活动的规律以及企业管理的理论与方法，即侧重于有效融合低碳科技与工商管理相关课程。本书对接国家重大发展需求，从企业碳中和的"确碳→减碳→抵碳→披碳→激碳"这一可持续碳中和路径出发，构建企业碳中和管理和激励机制，详细介绍了企业碳中和管理和激励中涉及的基本理论与方法，能为培养服务我国企业迈向碳中和的专业管理人才提供基础理论知识。

本章小结

1. 为应对全球面临的气候升温挑战，中国政府提出"双碳"目标，即二氧化碳排放力争 2030 年前达到峰值，力争 2060 年前实现碳中和。
2. 企业实现碳中和可以通过企业碳减排和碳抵消两个环节的综合运用来实现，但关键途径在于碳减排。
3. 在企业迈向碳中和的过程中，管理是基础，技术是保障。在这两者之间，管理的重要性更加凸显，成为实现"双碳"目标的关键。
4. 企业碳中和行为和传统企业社会责任行为之间在多个维度上存在的显著差异，使得传统的有关企业社会责任的管理和激励方法不能被简单运用于碳中和情景中。
5. 企业在"确碳→减碳→抵碳→披碳→激碳"（CROCS 企业碳中和管理和激励模型）过程中存在"确得准→减得足→抵得当→披得清→激得长"五个关键问题。具体而言，围绕以上五个阶段的关键内容，本书整体框架如图 1-6 所示。

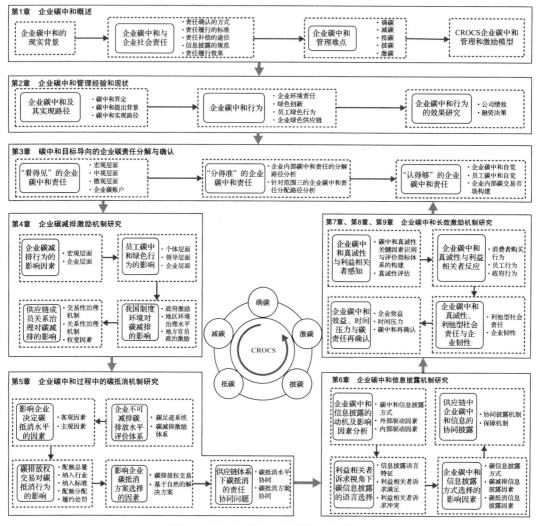

图 1-6 《企业碳中和管理》内容框架

关键术语

全球升温（global warming）
企业碳中和（corporate carbon neutrality）
企业碳减排（corporate carbon reduction）
企业社会责任（corporate social responsibility）
CROCS 模型（CROCS model）

思考与练习

1. 企业实现碳中和的途径有哪些？
2. 企业碳中和管理的关键点是什么？
3. 企业碳中和行为和企业社会责任行为的异同是什么？

4. CROCS 企业碳中和管理和激励模型的主要内容是什么？

应用案例

中国提出"双碳"目标

2020年9月22日，习近平总书记在第七十五届联合国大会一般性辩论上庄严宣告："这场疫情启示我们，人类需要一场自我革命，加快形成绿色发展方式和生活方式，建设生态文明和美丽地球。人类不能再忽视大自然一次又一次的警告，沿着只讲索取不讲投入、只讲发展不讲保护、只讲利用不讲修复的老路走下去。应对气候变化《巴黎协定》代表了全球绿色低碳转型的大方向，是保护地球家园需要采取的最低限度行动，各国必须迈出决定性步伐。中国将提高国家自主贡献力度，采取更加有力的政策和措施，二氧化碳排放力争于2030年前达到峰值，努力争取2060年前实现碳中和。各国要树立创新、协调、绿色、开放、共享的新发展理念，抓住新一轮科技革命和产业变革的历史性机遇，推动疫情后世界经济'绿色复苏'，汇聚起可持续发展的强大合力。"

资料来源：求是网. 习近平在第七十五届联合国大会一般性辩论上的讲话 [EB/OL].（2020-09-22）[2022-06-01]. http://www.qstheory.cn/yaowen/2020-09/22/c_1126527766.htm.

▶ 讨论题

1. 我国政府为何提出"双碳"目标？
2. 为了实现"双碳"目标，我国需要如何制定企业碳中和战略？
3. 你认为企业在实现"双碳"目标过程中的关键点和难点是什么？

学习链接

1. 贾明. 企业社会责任 [M]. 北京：机械工业出版社，2023.
2. 新时代企业高质量发展研究中心课题组，贾明，杨倩. 中国企业的碳中和战略：理论与实践 [J]. 外国经济与管理，2022，44（2）：3-20.
3. 盖茨. 气候经济与人类未来：比尔·盖茨给世界的解决方案 [M]. 陈召强，译. 北京：中信出版社，2021.
4. Wang H, Jia M, Xiang Y, et al. Social performance feedback and firm communication strategy[J]. Journal of Management, 2022, 48(8): 2382-2420.
5. 罗婧璇，贾明. 企业需将低碳转型和高质量发展有机衔接 [N]. 每日经济新闻，2021-09-17（007）.
6. 北京大学汇丰金融学院. 脱碳金融：旧时代的终结与新势力的崛起 [EB/OL].（2021-07-02）[2022-06-01]. https://hfri.phbs.pku.edu.cn/2021/eighth_0706/1521.html.
7. 张莹，贾明. 纠正企业运动式"减碳"需从三方面着手 [N]. 每日经济新闻，2021-08-11（007）.
8. 黄珍，贾明，刘慧. 双碳目标下高校建设"低碳科技与管理"专业的探索 [J]. 新文科教育研究，2021（4）：60-73，142-143.

第2章 企业碳中和管理经验和现状

本章的主要目的在于介绍我国企业碳中和战略提出的背景及其实现路径;从碳中和责任、碳抵消、环境责任、绿色创新、员工绿色行为等多个视角系统总结企业碳中和行为的管理经验和研究进展;概述企业碳中和行为的影响效果等。

开篇案例

苹果公司的碳中和经验和路径

苹果公司(股票代码:AAPL),总部位于美国加利福尼亚的库比提诺,创始人是史蒂夫·乔布斯(1955—2011年)。该公司的核心业务是电子科技产品的设计、制造和销售,而电子科技产品在生产制造环节,会造成大量的碳排放。苹果公司一直关注气候变化与环境问题对公司发展的重要影响,通过不懈的努力,自2020年4月起,苹果公司就在全球的公司运营中实现了碳中和。苹果公司通过将可再生能源接入供应链,向供应链输入超过4千兆瓦可再生电力,降低碳排放超过800万吨。2018年,苹果公司所有的零售店和用于支持设备运行的Apple数据中心,均已转用100%可再生电力。2020年,公司在运营方面减少了超过460万吨的碳排放量。

虽然苹果公司已经在运营方面取得了里程碑式的成就,但苹果公司并没有停止前进的脚步,又制定了下一阶段的目标:2020年7月,苹果公司宣布将在2030年前实现整个业务和供应链的碳中和目标。为了实现这一目标,苹果公司也根据企业现状走出了一条特有的碳中和之路。

针对气候变化,苹果公司提出"到2030年,制造产品实现净零碳排放"的目标。在行动上,苹果公司致力于从原材料的生产、产品制造和运输等产品的整个生命周期实现碳中和。对于价值链中的每项活动,苹果公司根据碳排放来源选择相关的脱碳措施,例如在工厂和供应链推行各种创新流程,以消除温室气体的排放。除此之外,苹果公司与保护国际基金会(CI)和高盛(GS)合作设立了一只2亿美元的再生基金(Restore Fund),大力投资各种自然气候解决方案,保护并恢复的109平方千米红树林在其生命周期可封存最高达100万吨碳。

针对资源使用，苹果公司提出"在降低碳排放的基础上打造经久耐用的产品，同时创建循环利用技术"的目标。该目标对于苹果公司生产产品所依赖的资源有重大影响。因此，苹果公司主要通过改进制造和材料工艺的方法，进行低碳设计降低能耗，使用更多再生材料制造产品，充分利用其使用的资源，并不断努力减少设备的能耗，进而逐步降低对高碳排放矿产开采的依赖。面对不可避免的碳排放，公司会投资优质碳清除项目来应对残余的排放，优先保护生态系统这一强大而天然的碳处理工具。

苹果公司的一切工作，目标都是改善环境健康，这不仅是为了企业的用户、供应商和员工，更是为了广泛的国际社会。通过在碳中和方面做出的努力，苹果公司加快了实现碳中和的进程。同时，作为商业巨头，苹果公司实现碳中和的经验和路径也给其他公司提供了借鉴与参考，共同助力全球早日实现碳中和。

资料来源：苹果公司. 环境进展报告 [R/OL]. [2022-06-01]. https://www.apple.com.cn/environment/pdf/Apple_Environmental_Progress_Report_2021.pdf.

2.1 碳中和及其实现路径

2.1.1 碳中和的界定

碳中和的界定主要涉及碳中和的定义和内涵、不同国家碳中和表述差异两部分内容。

1. 碳中和的定义和内涵

根据联合国政府间气候变化专门委员会（Intergovernmental Panel on Climate Change，IPCC）的定义，碳中和又称二氧化碳净零排放（net-zero CO_2 emissions），是指在特定时期内，全球人为二氧化碳排放量与人为二氧化碳清除量达到平衡以实现二氧化碳的净零排放。具体来说，就是一方面进行碳减排，从技术层面减少二氧化碳排放量；另一方面进行碳抵消，通过碳汇、碳捕集与封存技术、碳排放权交易、碳税等手段抵消无法减少的碳排放量，以达到温室气体净零排放。

碳达峰是指碳排放进入平台期后，会进入平稳下降阶段。碳中和是应对全球温室效应问题的一个重要环境管理工具。自20世纪50年代以来，一半以上的全球气候变暖是由人类活动造成的。气候变化对人类社会和地球构成了紧迫的不可逆转的威胁。认识到这一点，世界上绝大多数国家于2015年12月通过了《巴黎协定》，其核心目标之一是努力将全球气温上升限制在1.5℃以内。为此，各国亟须提出国家自主贡献（NDC）目标，设定并努力实现各自的碳中和目标。将全球气温升高稳定在一个给定的水平意味着全球"净"温室气体排放需要大致下降到零，即在进入大气的温室气体排放和吸收的碳汇之间达到平衡。这一平衡通常被称为中和（neutrality）或净零排放（net-zero emissions）。由于目前人为温室气体排放的绝大部分是二氧化碳，因此在各国提出的中和或净零排放目标中也常用碳代指温室气体（邓旭 等，2021）。

2. 不同国家或地区碳中和表述差异

目前，正式提出碳中和承诺的29个国家或地区分别采用了一种或多种中和目标表述，除挪威、丹麦、斯洛伐克和匈牙利等国采用"气候中和"这一概念之外，多数国家以"碳中和""净零排放""净零碳排放"为目标（王灿、张雅欣，2020；邓旭 等，2021），具体如表2-1所示。

表2-1 不同国家/地区碳中和表述差异

目标表述及对应国家/地区数目	IPCC 表述	国家/地区	包含气体范围
气候中和（4个）	人类活动对于气候系统没有净影响的一种状态，需要在人类活动引起的温室气体排放量、排放吸收量（主要是二氧化碳）以及人类活动在特定区域导致的生物地球物理效应之间取得平衡	挪威	未明确
		斯洛伐克	GHG（温室气体）
		匈牙利	GHG
		丹麦	GHG
碳中和（5个）	人类活动造成的二氧化碳排放与全球人为二氧化碳清除量在一定时期内达到平衡	不丹	CO_2、CH_4（甲烷）、N_2O（氧化亚氮）
		冰岛	未明确
		智利	GHG
		葡萄牙	GHG
		中国	未明确
净零碳排放（3个）	人类活动造成的二氧化碳排放与全球人为二氧化碳清除量在一定时期内达到平衡	斐济	未明确
		瑞士	GHG
		西班牙	未明确
净零排放（9个）	人类活动造成的所有温室气体排放与人为排放吸收量在一定时期内实现平衡	马绍尔群岛	GHG
		加拿大	GHG
		新西兰	GHG（除生物CH_4）
		英国	GHG
		哥斯达黎加	未明确
		新加坡	GHG
		韩国	未明确
		爱尔兰	未明确
		南非	未明确
其他表述（3个）		德国（温室气体中和）	GHG
		瑞典（净零温室气体排放）	GHG
		乌拉圭（净负排放）	CO_2、CH_4、N_2O
多表述混用（5个）	同时采用以上多种表述作为长期减排目标	法国	GHG
		芬兰	GHG
		欧盟	GHG
		奥地利	未明确
		日本	GHG

2018年IPCC发布的《全球升温1.5℃特别报告》对以上相关概念进行明确定义，邓旭等（2021）将关于碳中和的主要表述分为两类：气候中和（climate neutrality）和净零排放。气候中和主要从对气候影响的角度出发，而净零排放则是从排放角度进行定义，二者之间的差异主要体现在以下三个方面。

第一，零排放与零影响之间并不等同。温室气体净零排放并不等同于气候净影响为零，虽然温室气体排放是人类活动对气候变化的最大贡献源，但并不是唯一来源。

第二，气候中和并不必然要求温室气体净零排放。对甲烷等短寿命温室气体而言，有研究指出，稳定的短寿命温室气体排放并不会导致新的气候影响，因此气候中和只要求短寿命温室气体排放达到稳定而不必要求其达到零排放。

第三，核算指标不同，这些指标包括全球增温潜势（GWP）、全球温变潜势（GTP）和辐射强迫等价潜势（GWP*）等。不同指标会显著影响温室气体净排放的核算结果。

碳中和聚焦2-1

IPCC简介及其相关报告

联合国政府间气候变化专门委员会（IPCC）由世界气象组织（WMO）和联合国环境规划署（UNEP）于1988年建立，是评估与气候变化相关科学的国际机构，旨在为决策者定期提供针对气候变化的科学依据，评估气候变化的影响和未来风险，以及适应与缓和的可选方案。

IPCC为政治决策人提供气候变化的相关资料，但IPCC本身不做任何科学研究，而是检查每年发表的数以千计有关气候变化的论文，并每五年发表评估报告，总结气候变化的"现有知识"。例如，1990年、1995年、2001年、2007年和2014年，IPCC相继完成了评估报告，这些报告已成为国际社会认识和了解气候变化问题的主要科学依据。IPCC的作用是在全面、客观、公开和透明的基础上，为决策人提供对气候变化的科学评估及其带来的影响和潜在威胁，并提供适应或减缓气候变化影响的相关建议。

IPCC第五次评估报告（IPCC AR5）

IPCC第五次评估报告发表于2014年，基于对气候变化的观测，全面分析和评估了气候系统的变化、原因、影响及气候变化的减缓和适应，系统性地给出了与政治进程密切相关的科学结论。该报告首次提出"气温上升2℃对应的累计排放空间有多大"的问题，而且对于"全球气候是否变化及其程度""气候变化的主要原因是人为还是自然因素""气候变化的主要影响因素是什么"等问题，都最大可能地做出了直接回答。本次评估报告还提出诸如加强风险管理等新理念，为人类社会应对气候的变化，促进经济社会可持续发展提供了科学依据。评估报告通过新闻宣传、教育培训等多种形式得到广泛推广，有利于公众和业内人士更好地了解气候变化，增强节能减排意识，进而促进全球碳中和目标的实现。

《全球升温1.5℃特别报告》

《全球升温1.5℃特别报告》于2018年在韩国仁川发布。该报告显示，如果气候变暖一直持续下去，预计全球气温在 2030 年至 2052 年间会比工业化之前的水平升高 1.5℃。当地球升温 1.5℃，全球气候将不可逆地加速升温，而将全球升温控制在 1.5℃ 以内，对人类和生态系统会有更多益处。因此，各国应该采取紧急措施来面对环境变化对人类生存带来的严峻挑战。

资料来源：1. 中国气象局. IPCC 是什么？[EB/OL].（2013-09-25）[2022-06-01]. http://www.cma.gov.cn/2011xzt/2013zhuant/20130925/2013092503/201309/t20130925_227109.html.
2. IPCC. IPCC 第五次评估报告 [EB/OL]. [2022-06-01]. https://www.ipcc.ch/report/ar5/syr/.
3. 人民网. "全球升温 1.5℃特别报告"发布 [EB/OL].（2018-10-12）[2022-06-01]. http://env.people.com.cn/n1/2018/1012/c1010-30336878.html.

2.1.2 碳中和的提出背景

目前，国际社会提出碳中和的概念主要是源于环境因素、政治因素和社会因素的综合考虑，具体框架如图 2-1 所示。

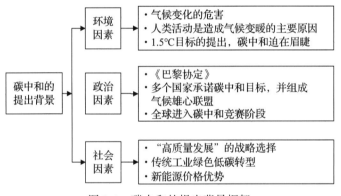

图 2-1 碳中和的提出背景框架

1. 环境因素

在环境因素方面，近年来气候变化引发全球极端气候事件频繁发生。例如，2021 年 2 月，美国得克萨斯州因极端严寒天气导致电力供给中断，影响人口达 450 万人，经济损失超 800 亿美元；2022 年夏季，巴基斯坦多地遭遇多轮暴雨侵袭，引发严重洪涝灾害，超过 1 500 人死亡、3 300 万人无家可归。1972 年，联合国第一次人类环境会议在瑞典斯德哥尔摩召开，会议讨论了当代环境问题，呼吁各国政府和人民为维护与改善人类环境共同努力。当前，全球气候正经历着以变暖为主要特征的显著变化。IPCC 第五次评估报告（IPCC AR5）指出，130 多年来（1880—2012 年），全球平均地表温度升高了 0.85℃，截至 2020 年，地球表面平均温度已经比工业革命前高了约 1.2℃。自 20 世纪中叶以来，全球平均地表温度的上升速率（0.12℃／10 年）尤为明显，几乎是 1880 年以来的两倍。最近 30 年是自 1850 年以来连续最暖的 30 年，也是近 1 400 年来最暖的 30 年。秦大河和周波涛（2014）在其研究中指出，气候变化对自然生态系统和人类社会产生广泛而深刻的影响，体现在极端事件、水资源、生态系统、粮食生产、人体健康等诸多方面。IPCC

认为，应在 21 世纪中叶将全球变暖幅度控制在 2℃ 之内，进一步提出全球温控 1.5℃ 的目标。

人类活动是造成气候变暖的主要原因（Dong et al.，2014；秦大河、周波涛，2014）。人类活动如化石燃料燃烧和毁林等土地利用变化等所排放的温室气体（主要包括 CO_2、CH_4 和 N_2O 等）导致大气中温室气体浓度大幅增加，从而引起气候变暖。IPCC AR5 对 1750—2011 年的全球碳收支给出了新的评估结论，即在此期间因化石燃料燃烧和水泥生产释放到大气中的二氧化碳排放量为 375 GtC（1 GtC = 10 亿吨碳），因毁林和其他土地利用变化估计已释放了 180 GtC，二者之和为 555 GtC，即人为活动的二氧化碳排放累积量。自 1750 年以来，大气二氧化碳浓度的增加是人为辐射强迫增加的主因，导致 20 世纪 50 年代以来 50% 以上的全球气候变暖，其信度超过 95%。同时 IPCC 第五次评估报告指出，如果气温较工业化之前升高 2℃，全球年均经济损失将达到收入的 0.2%~2.0%。气温上升给社会经济带来的风险，包括热浪导致死亡和疾病的增加、食品安全、内陆洪灾、农村饮水和灌溉困难等，这些影响可能会导致社会动荡，并影响人类安全。

为遏制逐渐失控的全球变暖，我们的减排力度必须达到一定水平。IPCC AR5 以及之后的《全球升温 1.5℃ 特别报告》也明确指出，目前我们已经消耗了 50% 以上的"碳预算"（即为了使气温升高不超过 2℃，全球可排放的碳总量），如果不采取减排行动，全球变暖将会超过 4℃。为实现气温升高不超过 2℃ 的目标，且尽量控制在 1.5℃ 之内，2030 年前全球必须走上低排放之路，2050 年实现净零碳排放。同时全球都应当开展行动，除在国家和地区层面开展减排行动外，国际合作必不可少。气候变化是全世界共同面对的问题，每个个体、每个企业和每个国家都应当参与进来。

2. 政治因素

在政治因素方面，2016 年 4 月 22 日，175 个缔约方共同签署《巴黎协定》，并承诺全世界需要把全球变暖幅度在工业化前水平基础上控制在远低于 2℃ 的范围内，且应将其尽可能控制在 1.5℃ 范围内。IPCC 发布的《全球升温 1.5℃ 特别报告》中提到，为了实现这一气候目标，全球需要在 21 世纪中叶左右达到净零碳排放。能源转型委员会（ETC）在其报告中进一步说明，具体的目标应该是所有完全发达的经济体到 2050 年实现净零碳排放，发展中国家到 2060 年实现净零碳排放。然而，联合国环境署（UNEP）发布的 2019 年《排放差距报告》指出，当前各国的减排雄心与 1.5℃ 目标的要求之间存在较大差距。

为了缩小排放差距，越来越多的国家通过参与碳中和等气候行动强化其减排力度。2017 年 12 月，29 个国家在"同一个地球"峰会上签署了《碳中和联盟声明》，做出了 21 世纪中叶实现零碳排放的承诺；欧盟委员会于 2018 年 11 月首次提出 2050 年实现碳中和的欧洲愿景，在《欧洲气候法》的框架下欧盟委员会提出的所有温室气体净零排放具有法律约束力，并且目标与全球 1.5℃ 温度控制目标一致，成为全球气候治理的引领者；2019

年 9 月联合国气候行动峰会上，多个国家承诺碳中和目标，并组成气候雄心联盟，以法国、德国为代表的欧盟国家紧随其后提出各自目标，自此全球进入碳中和竞赛阶段。2020年 5 月，有 449 个城市参与由联合国气候领域专家提出的"零碳竞赛"。截至 2022 年 4 月 26 日，已有 130 多个国家和地区提出了"零碳"或"碳中和"目标。其中，不丹和苏里南已经实现了碳中和目标，英国、瑞典、法国、丹麦、新西兰、匈牙利等 6 国将碳中和目标写入法律，欧盟、西班牙、智利和斐济等多个国家和地区提出了相关法律草案。2020年 9 月 22 日，中国在第七十五届联合国大会一般性辩论上宣布的"双碳"目标意义重大，对中国高质量发展的影响尤其深远。潘家华（2020）认为，净零碳发展导向为建设美丽中国、推进生态文明建设和绿色发展提供了新动力。

3. 社会因素

在社会因素方面，碳中和目标的提出符合我国的"高质量发展"的战略背景以及技术、经济发展的需求，既是机遇也是挑战。实现碳达峰、碳中和，是以习近平同志为核心的党中央统筹国内国际两个大局做出的重大战略决策。而实现碳达峰与经济高质量发展、构建新发展格局、深入打好污染防治攻坚战高度协调统一也是我国经济工作的重点任务之一（王金南、严刚，2021）。我国提出碳中和，是发展理念的根本转变，是传统工业绿色低碳转型的必然选择，是中国探索可持续发展现代化的必然选择，也是"新发展阶段、新发展理念、新发展格局"下的战略选择。

我国作为全球最大的碳排放国家，在实现碳中和目标过程中，也面临着诸多挑战。我国能源消耗所产生的碳排放占全国碳排放总量约 85%，其中约 70% 来自工业生产活动。国家统计局数据显示，2021 年，我国全年能源消费总量达 54.1 亿吨标准煤，比 2020 年增长 2.9%，其中，煤炭消费量增长 4.3%，原油消费量下降 3.1%，天然气消费量下降 1.2%，电力消费量增长 3.6%。无论从工业化进程、能源结构、产业结构，还是在全球产业链中所处的地位、碳达峰与碳中和之间的时间段等诸多指标来看，我国都面临诸多不利条件和巨大挑战。张希良（2019）提出低碳发展转型是一项复杂的工程，其中具有很多的挑战和不确定性，需要系统统筹和科学管理。低碳发展转型包括个人和组织行为改变、经济转型和产业升级、能源系统变革和国际气候制度创新等内容，涵盖经济、社会、能源、环境、技术、国际合作等诸多方面，不仅涉及当代人的利益，还涉及子孙后代的利益，同时受未来国际气候制度安排的制约。但碳中和目标的实现推动着生产方式的革新和生活方式的改变，同时也蕴藏着巨大的发展机遇。

碳中和目标推动了新能源的发展。实现碳中和目标应以碳减排为主，关键在于应尽早完成尽可能多部门的电气化，并确保几乎所有电力来源于零碳资源（曹艺严 等，2021）。在所有国家可实现的全面脱碳情景中，电力的脱碳必须先于更大范围的整体经济脱碳，而这就意味着新能源技术会得到爆发式增长，产生巨大的经济效益。以新能源汽车为例，作为新能源技术应用的代表性行业之一，大力发展新能源汽车，既是解决我国能源和环境问题的重要举措，也是培育自主创新能力、提升行业国际竞争力的主要途径（张希良 等，

2013)。从世界银行公布的世界风力发电量国家排名来看,我国风力发电发展迅速,2016年超越美国成为全球风力发电量第一的国家,至今遥遥领先。2018 年 IPCC 发布《全球升温 1.5℃特别报告》至今,政策引导带来的技术革新,使得风能、太阳能成本大幅下降。根据国际可再生能源机构数据,2010—2019 年,全球范围内光伏发电、光热发电、陆上风电和海上风电项目的加权平均成本分别下降了 82%、47%、39% 和 29%。2020 年,我国陆上风电、光伏发电平均每度电成本分别降至 0.38 元、0.36 元,接近全国平均燃煤标杆基准电价水平。我国可再生能源发电成本大幅度下降,这是可再生能源替代化石能源的依据和底气所在。方国昌等(2013)研究表明,新能源的开发和利用可以改变我国目前的能源消费结构,降低煤炭等高排放化石能源的使用,实现真正意义上的节能减排。新能源产业正成为最富活力、最具前景的战略性新兴产业,新能源的发展可以促进我国产业结构升级,推进低碳经济发展。

碳中和机遇与挑战并存,但机遇大于挑战。碳中和不是一道"要不要"的选择题,而是一道"如何实现"的应用题。实现碳中和发展范式的转变是我国的必经之路,是我国开启全面建设社会主义现代化国家新征程的重大战略机遇,也是我国应对气候变化问题,充分发挥我国在全球气候治理体系中的主导作用,提高我国低碳发展水平和综合竞争力的内在要求(谭显春 等,2017)。

2.1.3 碳中和实现路径

碳中和实现路径涉及国家、行业、企业三个层面。国家层面主要包括相关的碳中和政策演进,阐述国内外政府治理的碳中和路径;行业层面碳中和实现路径主要以电力行业脱碳为例进行介绍;企业层面碳中和实现的技术路径主要以碳减排和碳抵消为主,相关研究的具体框架如图 2-2 所示。

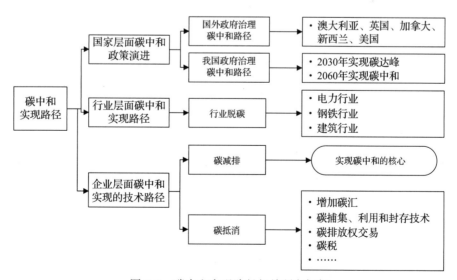

图 2-2　碳中和实现路径相关研究框架

1. 国家层面碳中和政策演进

针对气候问题,世界各国先后商讨和同意了《京都议定书》《哥本哈根协议》和《巴黎协定》等一系列协议书以共同应对气候变暖,减少温室气体排放。在此背景下,各国为实现碳减排目标而相继出台了相关政策。澳大利亚和新西兰是早期制定并推行碳中和制度的国家,随后还有英国、加拿大等国家出台了与碳中和相关的政策制度,具体情况如表 2-2 所示。

表 2-2 国外代表性国家治理碳中和的相关政策制度及其影响

国家	制度建立时间	制度名称	主要内容及影响
澳大利亚	2001 年	温室友好标签	为本国公众和企业参与自愿碳市场提供了一个有效、成功的途径,20 多种产品已获温室友好标签
	2009 年	国家碳补偿标准(National Carbon Offset Standard,NCOS)	为澳大利亚自愿碳市场提供全国一致性标准,提高消费者对碳中和产品的信赖度,帮助企业确定其产品碳足迹符合消费者期望并确保他们购买以实现碳补偿,最终推动"碳中和"发展
	2010 年	基于 NCOS 的碳中和方案	满足 NCOS 实施的需求,方案于 2010 年 7 月 1 日执行,由澳大利亚低碳有限公司负责执行,同时中止温室友好标签制度
	2011 年	基于 NCOS 碳中和方案指南 2.0 版本	详细给出了实现和维持 NCOS 碳中和认证的关键步骤,同时发布了公开披露摘要、组织温室气体清单、产品生命周期评估、排放管理计划、独立验证和年报等指导模板
	2012 年	国家碳补偿标准(NCOS)2.0 版本	内容包括简介、参考标准、碳补偿、碳足迹核算、实现碳中和、审计 6 个部分
	2019 年	《气候解决方案》	该方案计划投资 35 亿澳元来兑现澳大利亚在《巴黎协定》中做出的 2030 年温室气体减排承诺
英国	2008 年	《气候变化法案》	提出设立个人排放信用电子账户以及排放信用额度,该法案使英国成为全球首个为温室气体减排设计出具有法律约束力措施体系的国家
	2009 年	碳中和指南	为想要实现碳中和的组织和个人等提供有效的信息和指导,它规定了碳排放计算、削减和抵消三个阶段的规范,提出了建立政府碳补偿质量保证机制(QAS),审核并保证抵换额度质量
	2010 年	PAS 2060 碳中和宣告标准	旨在为企业、公共机构和其他组织提供在宣告碳中和方面的规范和指南。PAS 2060 的内容包括范围、规范性引用文件、术语和定义、碳中和证明、标的物及温室气体排放的测定与证实、碳足迹量化、碳中和承诺、实现温室气体减排、抵消剩余温室气体排放、碳中和申明、维持碳中和状态等 11 个部分。PAS 2060 给出了达成碳中和的 3 种可选择方式与模式,并明确要求实施碳补偿的额度来源必须符合 7 个条件。这项标准提供了共同的定义以及公认的达到碳中和主张的透明度,鼓励我们在行为上做出改变,协助社会迈向低碳经济
	2019 年	新修订《气候变化法案》	提出 2050 年实现所有温室气体中和目标,并计划在 2035 年实现零碳或近零碳电力系统

(续)

国家	制度建立时间	制度名称	主要内容及影响
加拿大	2007年	《温室气体减排目标法案》	北美第一个做出有法律约束力的碳中和操作承诺的地区，规定核心政府需要报告与商务旅行相关的排放量和实现碳中和旅行所购买的碳补偿；所有公共部门从2009年6月开始须每年报告其减少温室气体排放量所采取的行动和计划。到2010年年底，政府已清晰掌握公共部门的温室气体排放量情况
	2010年	城市碳中和指南	为加拿大直辖市的温室气体减排提供指导。同时，不列颠哥伦比亚省政府也对所有公共部门提出碳减排要求：一是利用技术避免出行；二是加拿大政府和不列颠哥伦比亚省最高政府以可持续方式使用在线会议；三是进行驾驶员培训，节省成本、减少排放量、提高安全性；四是提高能源使用效率；五是在采购方面与伙伴合作，以降低有害气体排放；六是打造绿色团队，通过政府基层的参与促使行为的改变
新西兰	2001年	零碳排方案	它是世界上第一个基于ISO 14065国际认可的温室气体认证计划。零碳排方案为个人、组织和活动可信与完整地减少他们的温室气体排放量（又称碳足迹）提供了强大的工具。该方案有排放测量与减排认证方案（Certified Emissions Measurement and Reduction Scheme，CEMARS）和零碳排认证方案两个认证产品；认证的步骤为测量—管理—缓和—验证—市场。零碳排方案的网站还给家庭、学校和小企业等提供简单的计算器来计算其碳足迹。目前，已取得CEMARS或零碳排认证的公司包括Westpac New Zealand、Scottish Parliament、South West Water、BMW New Zealand、Auckland Museum、Meridian Energy和Bridgestone New Zealand等。该方案还被应用到英国、澳大利亚、智利和阿拉伯联合酋长国
美国	1972年	《二氧化硫税法案》	规定了对排放二氧化硫的地区和企业征税的范围与标准
	1990年	《清洁空气法》修正案	制定了包含空气质量标准、排污许可证、酸雨和有毒有害物质等的制度体系以及各类执行计划，首创排污权交易
	2006年	加利福尼亚州《全球变暖解决方案法案》(AB32法案)	建立加利福尼亚州碳排放交易体系

我国提出在2060年之前实现碳中和的目标，远远超出了《巴黎协定》2℃温控目标下全球2065—2070年左右实现二氧化碳中和的要求，这将可能使全球实现碳中和的时间提前5～10年，对全球气候治理起到关键性的推动作用。未来我国能源需求规模存在较多不确定性，把握节能潜力是设定节能目标并采取相应政策措施的前提条件（廖华、魏一鸣，2011）。在我国未来的中长期发展规划中，碳减排政策制定应着力于优化能源生产消费的结构和提高能源使用效率，完善环境经济政策和节能减排政策（田立新、张蓓蓓，2011）。《中国应对气候变化的政策与行动2022年度报告》显示，2021年，中国单位国

内生产总值二氧化碳排放比 2020 年下降 3.8%，比 2005 年下降 50.8%，相比 NDC 目标中提到的 60%~65%，完成度达到 80%。为实现碳中和远期目标，我国也提出了更具雄心的 NDC 目标，碳达峰目标实现时间由 2030 年左右提至 2030 年前，碳强度下降目标提至 65% 以上，这意味着中国碳减排目标由相对量减排目标逐渐过渡至绝对量减排目标。为扎实推进碳达峰行动，2021 年 10 月 26 日国务院制定了《2030 年前碳达峰行动方案》，该行动方案明确提出到 2025 年，非化石能源消费比重达到 20% 左右，单位国内生产总值能源消耗比 2020 年下降 13.5%，单位国内生产总值二氧化碳排放比 2020 年下降 18%，为实现碳达峰奠定坚实基础；到 2030 年，非化石能源消费比重达到 25% 左右，单位国内生产总值二氧化碳排放比 2005 年下降 65% 以上，顺利实现 2030 年前碳达峰目标。

在减缓方面，《国家应对气候变化规划（2014—2020 年）》、"十二五"规划纲要、"十三五"规划纲要等重要的规划文件均提到了节能减排等减缓措施，国家及各地区相关部门从"十二五"时期就开始制定《控制温室气体排放工作方案》。在适应方面，我国已经发布《国家适应气候变化战略》和《城市适应气候变化行动方案》。我国在碳中和及环境保护方面的一些主要政策如表 2-3 所示。

表 2-3 我国治理碳中和的相关政策制度及其影响

制度建立时间	制度名称	主要内容及影响
2003 年	《排污费征收使用管理条例》	规定直接向环境排放污染物的单位应当缴纳排污费及排污费的征收和使用办法
2014 年	《碳排放权交易管理暂行办法》	为了规范碳排放权交易，加强对温室气体排放的控制和管理，促进经济社会发展向绿色低碳转型，推进生态文明建设制定的条例
2017 年	《全国碳排放权交易市场建设方案（发电行业）》	标志着全国碳排放交易体系完成了总体设计，并正式启动，意义十分重大
2018 年	《环境保护税法》	规定向环境排放应税污染物的生产经营单位应当依照本法规定缴纳环境保护税及相应的税目和税额
2021 年	《碳排放权交易管理办法（试行）》	全国碳排放权交易、交易市场建设及相关活动的监督管理
2021 年	《2030 年前碳达峰行动方案》	重点实施能源绿色低碳转型行动、节能降碳增效行动、工业领域碳达峰行动、城乡建设碳达峰行动、交通运输绿色低碳行动、循环经济助力降碳行动、绿色低碳科技创新行动、碳汇能力巩固提升行动、绿色低碳全民行动、各地区梯次有序碳达峰行动等"碳达峰十大行动"

碳中和聚焦 2-2

我国实现碳中和的三个阶段

为早日实现碳中和的目标，我国将碳中和纳入经济社会发展全局中，有序有效地部署各阶段的发展目标，明确各行各业的任务，推动绿色低碳发展，确保如期实现碳中和。

具体来说,我国对实现碳中和的具体部署主要分为三个阶段,各阶段的主要目标如表 2-4 所示。

表 2-4 我国实现碳中和的三个阶段

阶段	主要目标
阶段 1（2020—2030 年）	主要目标为碳排放达峰。在达峰目标的基本任务下,降低能源消费强度,降低碳排放强度,控制煤炭消费,发展清洁能源
阶段 2（2030—2045 年）	主要目标为快速降低排放,达峰后的主要减排途径转为可再生能源,大面积完成电动汽车对传统燃油汽车的替代,同时完成第一产业的减排改造
阶段 3（2045—2060 年）	主要目标为深度脱碳,参与碳汇,完成碳中和目标,深度脱碳到完成碳中和目标期间,工业、发电端、交通和居民侧的高效、清洁利用潜力基本开发完毕

资料来源：国际节能环保网.碳汇、碳配额、碳交易、CCUS、CCER、碳知识大全 [EB/OL].（2021-05-07）[2022-06-01]. https://huanbao.in-en.com/html/huanbao-2338440.shtml.

2. 行业层面碳中和实现路径

（1）电力行业脱碳。实现碳中和目标的关键在于尽早完成多部门的电气化,并确保几乎所有电力来源于零碳资源。根据《巴黎协定》,我国的非化石能源比例目标相对碳强度目标和碳达峰目标最难达成（莫建雷 等,2018）,而电力行业脱碳可以快速地实现非化石能源比例目标。全球越来越多的国家都极为重视电力系统低碳转型的需求与机遇,并制定了相应的目标。

英国新修订的《气候变化法案》于 2019 年 6 月生效,提出 2050 年实现所有温室气体中和目标,并计划在 2035 年实现零碳或近零碳电力系统。英国在早期 NDC 目标中明确 2030 年碳排放相比 1990 年减少 40%,目前已经下降 35.6%,完成度达到 89%,2030年 NDC 目标完成在即。为确保碳中和目标实现,英国提交了更新的 NDC 目标,与 1990年水平相比,到 2030 年年底英国将至少减少 68% 的温室气体排放。

美国于 2019 年 11 月 4 日宣布启动退出《巴黎协定》程序,于 2020 年 11 月 4 日正式退出,美国退出《巴黎协定》及削减气候预算一定程度上影响了发展中国家履约能力。2021 年 1 月 20 日,拜登在就任总统首日签署行政令,宣布美国将重新加入《巴黎协定》,并提议美国将在 2035 年前实现电力系统零碳并在 2050 年前实现全社会净零排放。

2020 年 12 月 12 日,中国在气候雄心峰会上宣布,到 2030 年,中国单位国内生产总值二氧化碳排放将比 2005 年下降 65% 以上,非化石能源占一次能源消费比重将达到 25% 左右,森林蓄积量将比 2005 年增加 60 亿 m^3,风电、太阳能发电总装机容量将达到 12 亿千瓦以上。煤炭发电是中国污染物排放的主要来源之一,目前中国环保部门通过命令控制型的脱硫设施安装计划、经济激励型的脱硫电价补贴和排污费促进煤炭发电企业减排,大幅降低了中国煤炭发电企业二氧化硫排放总量（吴力波 等,2018）。2020 年 12 月 21日,国务院新闻办公室发布《新时代的中国能源发展》白皮书并举行发布会。国家发展和改革委员会党组成员、国家能源局局长章建华在发布会上表示,未来要加大煤炭的清洁化开发利用,大力提升油气勘探开发力度,加快天然气产供储销体系建设,要加快风能、太阳能、生物质能等非化石能源开发利用，还要以新一代信息基础设施建设为契机，推动能源数字化和智能化发展。

碳中和聚焦 2-3

中国电力行业为什么脱碳

由于中国电力行业是二氧化碳排放的主要来源，因此电力行业进行脱碳、实现低碳转型是碳达峰、碳中和目标实现的关键环节之一。电力能源系统低碳发展的核心是减少用煤等化石类能源来发电，中国的能源燃烧占全部二氧化碳排放的 88% 左右。与其他国家相比，中国的燃煤发电占比最高，居全球第一。数据显示，2019 年中国电力碳排放达 42.27 亿吨，占全社会排放总量的 43%。因此，我国必须加快构建以新能源为主的新型电力系统，加快构建清洁低碳安全高效的能源体系。

能源转型的关键是电力转型，电力是未来能源系统碳减排的主力，将在能源深度碳减排中发挥关键作用。目前，中国正在大力实施以电代煤、以电代油，加快电能替代。相关研究显示，中国要实现碳中和目标，那么中国能源行业就需要在 2050 年左右实现零碳化，而电力行业作为能源消耗的主要行业，就要比整个能源行业提前 5 至 10 年，也就是需要在 2040—2045 年左右实现零碳化。由此看来，电力行业进行脱碳、节能减排任务紧迫性更强。

资料来源：财经网. "碳中和"目标下，电力系统如何脱碳？[EB/OL].（2021-04-07）[2022-06-01]. https://www.fegroup.com.cn/ydkg/xwzx79/mtbd63/569045/index.html.

（2）钢铁行业脱碳。钢铁行业是中国最具有竞争力的产业之一，同时也是经济发展的重要支撑。近几年来，全球主要经济体都已经出台碳达峰、碳中和的相关政策，致力于推动低碳减排以及关注气候变化。钢铁行业是碳排放重点行业，也是落实碳减排目标的重要责任主体。中国钢铁行业积极开展低碳技术实践，不断加强基础能力建设，加快突破冶炼技术研发，但目前仍然面临能源资源禀赋问题、产量大、企业数量多、碳排放机理复杂等诸多低碳转型挑战。

2022 年 1 月，工信部等三部门《关于促进钢铁工业高质量发展的指导意见》提出，力争到 2025 年，钢铁工业基本形成布局结构合理、资源供应稳定、技术装备先进、质量品牌突出、智能化水平高、全球竞争力强、绿色低碳可持续的高质量发展格局。

针对中国钢铁行业深度脱碳路径，冶金工业规划研究院总工程师、俄罗斯自然科学院外籍院士李新创提出了七个路径。

一是节能及提升能效。应节约所有终端用能，采用成熟可行的先进节能减排技术，同时也要进一步应用数字化、信息化技术。

二是优化用能及流程结构。应优化原燃料结构，发展电炉短流程炼钢，采用多能互补，加快发展非化石能源，提高新能源和可再生能源的利用，积极推进清洁能源替代。

三是打造循环经济产业链。应整合区域能源和资源，提升固废处理及资源化水平，促进钢铁与石化化工、有色金属、建材、电力、市政等上下游工序与相关行业之间的循环耦合发展。

四是降低钢材消费及提高利用率。应增加对高强高韧、耐蚀耐磨、耐疲劳、长寿命等钢材的使用量；在满足用钢产品使用要求基础上，通过结构轻量化设计、轻量化材料、轻量化制造技术集成应用实现用钢需求降低；并提高钢材成材率，优化改进钢材回收利用系统。

五是应用突破性低碳冶炼技术及碳捕集、封存、利用技术（CCS/CCUS）。大量削减钢铁生产过程中二氧化碳的整体排放，突破性低碳冶炼技术及 CCS/CCUS 的应用是关键。现阶段生物质能不具备大规模利用条件，电解技术仍处于实验基础研究阶段，因此氢能冶炼及 CCS/CCUS 是重点。

六是做好制度建设和政策体系保障。应以提高碳生产率为核心，以实现节约能源、提高经济效益、环境协同治理、构建形成钢铁生态产业链为框架，建设低碳发展评价目标体系。

七是借助"互联网＋"、大数据技术，构建钢铁全过程信息化管控及评估平台。企业层面，应实现企业碳排放信息的智能化管理，为政府及行业层面强化碳排放管理提供基础支撑；行业层面，应为企业提供"量化—诊断—融资—提升"一站式绿色低碳服务，指导企业提升碳管理水平；区域层面，应实现绿色供应链数字化、可视化管理，包括绿色采购、绿色物流、绿色销售回收，搭建上下游相关产业价值链。

此外，为有效推进"十四五"时期钢铁行业低碳转型，建议开展钢铁行业低碳转型顶层设计，明确战略目标及具体行动计划；搭建平台，与上下游及相关行业共同构建绿色低碳产业价值链；并加强钢铁行业应对气候变化领域国际合作。

（3）建筑行业脱碳。在我国，建筑领域碳排放约占碳排放总量的 17%。建筑领域碳排放的最大来源是建筑使用电力、热力导致的间接碳排放。因此，建筑的节能减排是实现建筑领域碳达峰、碳中和的最主要任务。建筑领域碳排放的另一个主要来源是建筑运行过程中的直接碳排放，包括炊事、生活热水、燃煤采暖等活动造成的碳排放。

建筑行业的减碳难在于排放仍未达到峰值。不少权威机构的测算都显示，虽然建筑业一直努力进行减碳，但每年的碳排放量仍在刷新纪录，一些机构预计国内建筑业的碳排放量可能要到 2030 年甚至更晚才能达峰，为此不少机构甚至预计建筑行业可能成为最晚实现碳中和的主要排碳行业。

尽管减排困难重重，但建筑行业一直在努力。除了此前零星的绿色建筑、节能建筑等楼宇试点，国家发展和改革委员会等多部委密集出台推动清洁生产、公共机构碳达峰等多项政策，上海等多地也陆续出台了包括绿色建筑、绿色装配等意见，鼓励开展超低能耗建筑、近零能耗建筑和零排放建筑试点示范。

建筑行业脱碳有多个步骤，减少运行碳排放和隐含碳排放是最重要的两步。比如对于现有建筑，由于已经建设完毕，因此建筑拥有者应该重点考虑运行达到净零排放。而对于新建筑，除了要做到运行时的净零排放，在前期的材料选择上还必须考虑低碳可靠的建材料。

大力推行电气化和数字化是建筑行业减碳的重要途径。加大电气化将是大幅降低建筑运营直接碳排放的关键。具体而言,通过安装太阳能或风能发电装置,或从电网采购绿色能源,都能增加可再生能源的使用。此外,用电力供暖取代以化石燃料为基础的供暖系统也能有效提高能效。数字化则是降低建筑运营碳排放的基础,一方面,可再生能源的分散性和间歇性决定了微电网、储能系统、电网调度等都会更依赖数字技术;另一方面,具备互联互通功能的安全电力系统有助于运维团队快速应对任何危机,智能化的管理也能根据楼宇的情况自行加热、制冷或通风,节约能源。对此,减少碳排放的核心是减排数据的可溯源性和公平公正,随着数字基础设施和解决方案的完善,建筑数字化将成为建筑"双碳"目标实现的重要推动力。

3. 企业层面碳中和实现的技术路径

实现碳中和有两大途径:碳减排和碳抵消。其中,碳减排是企业从产业转型、技术革新出发,解决碳排放问题的根本途径(段宏波 等,2016),但是由于产业转型和技术革新的周期较长,很难直接达成目标,所以进行碳抵消就成为实现碳中和的一种补充方式。碳抵消是指通过一些特定方式(碳汇、碳捕集及封存技术、碳税、碳交易等)对无法进一步减少的二氧化碳或其他温室气体的排放进行补偿。以企业自身为分界点,可将碳抵消分为直接碳抵消和间接碳抵消,其中直接碳抵消是指森林碳汇、碳捕集及封存技术(CCS)等这类企业通过负排放技术实现企业内碳中和的方式,而间接碳抵消是指在市场机制调节下,企业通过碳交易、碳税等金融手段借助外部力量实现净零碳排放,具体如图2-3所示。

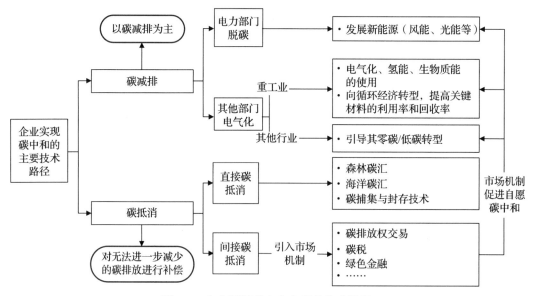

图2-3 企业层面碳中和实现的技术路径

从国家层面来看,要实现净零碳排放,碳减排是关键,这就需要发电部门完全脱碳,在尽可能多的经济部门实现电气化，还需要氢的生产和使用增加到三倍以上，以及在增加生物质能开发和碳捕集、利用与封存方面发挥重要但有限的作用。中国的自然资源、制造业水平、储蓄和投资率使这些不同的技术路径有可能实现并推动零碳经济发展，同时保证中国的交通、建筑供暖和制冷等以能源为基础的服务部门继续快速发展。现有研究认为实现碳减排主要有以下三个技术路径。

第一，电力系统低碳转型，实现零碳或近零碳电力系统。未来主要的终端用能将以电力为主，电力行业脱碳是碳中和能否实现的关键。因此，中国电力系统在未来十年的发展对于其在 2030 年前实现碳达峰和在 2060 年或更早时间实现碳中和目标至关重要。

第二，利用电气化、氢能、碳捕集和封存以及生物质能来实现重工业领域的完全脱碳，包括钢铁、水泥和化工（合成氨、甲醇、高价值化学品即 HVC）等部门。直接电气化最适用于中低温度要求的工业领域，而氢能和生物质能可用于满足高温要求。氢气还可以作为钢铁的还原剂和化学生产的原料。生物质能可能成为另一种重要的化工原料。碳捕集与封存将在处理工业过程碳排放和剩余的化石燃料相关碳排放方面发挥作用。

第三，向循环经济转型，并显著提高关键材料的利用率和回收率，包括钢铁、水泥、肥料和塑料等。吴力波（2016）认为循环经济的推广和发展是贯彻落实"绿色"新发展理念的重要技术范式。随着中国人口趋于稳定并开始下降，以及城市化进程接近尾声，支撑建筑业的初级钢铁和水泥生产总需求将会不可避免地出现下降。因此，产自回收废钢的钢铁产量占总产量的比例将从现在的不到 10% 上升到 60%。在水泥方面，回收的潜力比较有限，但改进的建筑设计和材料质量可以使总需求量在照常发展情景基础上减少近 50%。

直接碳抵消有两种主要方式：增加碳汇和碳捕集与封存技术（CCS）。植物光合作用吸收二氧化碳后，除去植物和土壤的呼吸，以及植物死亡、火灾、病虫害、采伐等释放的二氧化碳，剩余存储的二氧化碳就被称为碳汇。森林作为陆地生态系统的主体，是系统中最大的碳库。森林固碳利用自然过程，不需要很高的成本，同时具有保护生物多样性、涵养水源、防风固沙等生态效益。森林碳汇被认为是应对气候变化经济有效的方式之一。《巴黎协定》规定：鼓励缔约方采取行动，包括为减少毁林和森林退化造成的排放所涉活动采取的政策方法和积极奖励措施，以及发展中国家养护、可持续管理森林和增强森林碳储量的作用等。基于此款规定，我国提出 2030 年森林蓄积量将比 2005 年增加 60 亿 m^3 的林业碳汇建设目标。森林碳汇将在各国实现碳中和目标过程中扮演越来越重要的角色（Yuan et al.，2014；张春华 等，2018；张艳 等，2021），因此，合理保护与恢复现有次生林生态系统也具有重要意义（朱教君 等，2018）。此外，也有学者指出由海洋生态系统捕获的碳（主要是有机碳，称为蓝色碳汇），是增加碳汇的另一种重要方式，其在全球碳循环中也发挥着重要作用（刘慧、唐启升，2011；张瑶 等，2017）。与森林碳汇相比，海洋碳汇不仅有高效的特性，还有扩增的潜质（唐启升、刘慧，2016）。

碳捕集与封存技术是指把生产过程中排放的二氧化碳进行提纯，继而投入到新的生产过程中，可以循环再利用，而不是简单地封存。碳捕集、利用与封存是应对全球气候变化的关键技术之一，受到世界各国的高度重视和大力研发。随着技术进步和成本经济性的不断优化，CCS 及生物质能结合碳捕集与封存（BECCS）技术作为负排放的重点技术受到重视，例如日本提出从 2023 年开始进行这些技术的商业化探索，到 2030 年实现技术的全面商业化。然而，现阶段 CCS、BECCS 技术仍然存在减排成本较高、工程难度较大等问题，发展中国家对于该技术接受度较低。

间接碳抵消也有两种主要方式：碳排放权交易和碳税。碳排放权交易是把市场机制作为解决二氧化碳为代表的温室气体减排问题的新路径，即把二氧化碳排放权作为一种商品，从而形成了二氧化碳排放权的交易，简称碳交易。碳排放权交易系统（carbon emissions trading system，ETS）是指政府通过碳配额设定排放上限，并允许排放者买卖额外的配额以达到减少碳排放量的目标，主要通过两个机制发挥作用：一方面通过碳配额权的发放限制企业碳排放；另一方面激励企业通过技术创新达到减排效果从而在碳市场交易中获利。钱浩祺等（2019）研究认为设计合理的区域间碳排放权分配机制对于中国碳达峰目标的实现和减排成本的优化具有重要的理论与现实意义。此外，金融支持可以有效地促进碳交易市场的建设与发展。在我国商业银行业普遍忽视应对气候变化的局面下，将商业银行业强制纳入碳交易市场，可促进我国商业银行绿色信贷量的发放、低碳融资模式以及低碳金融产品的创新。同时，这样做可以使碳交易市场活跃度增加，促进碳排放责任划分方式由"生产责任"向更为公平的"共担责任"的转变（张继宏、张希良，2014）。

碳税是应对全球变暖的一种更直接的方法，因为该政策可以立即减少温室气体的排放。部分研究者认为对化石燃料征收碳税，会鼓励人们在长期内转向更多可再生和可持续的清洁能源。但是，动态综合气候经济（DICE）模型显示，该手段会对经济造成损害，因此，这一理论存在一定的争议。在宏观层面，碳税的实施会导致最重要的经济指标之一 GDP 下降。考虑区域差异性，Dong 等（2017）评估碳税对中国 30 个省份的影响，随着碳价的不断上涨，碳税可以有效降低 2020 年后的工业碳排放，但所有省份的 GDP 都将蒙受损失。

2.2　企业碳中和行为概述

2.2.1　碳中和责任的确认方法

现有研究或政策主要从碳配额划分的角度分析了碳中和责任的确认方法。如图 2-4 所示，碳中和责任的确认方法主要包括碳中和责任的分配依据和分配机制两个方面。

1. 碳中和责任的分配依据

有关碳中和责任划分的讨论，目前集中于国际视角下如何在各国以及区域间合理分配温室气体的排放配额，排放配额的初始分配问题会直接影响减排目标的达成（Barde，1995；Harald et al.，2002）。

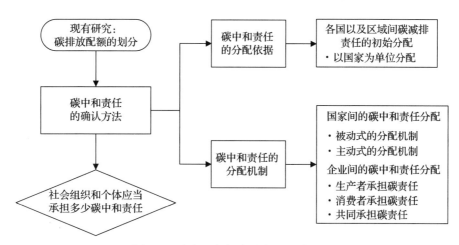

图 2-4 碳中和责任确认方法相关研究

由于世界各国的经济水平、发展阶段相差巨大,因此有关碳中和责任划分的论述或政策,倡导"共同但有区别"的碳减排责任承担。1997 年签署的《京都议定书》中"共同但有区别"的减排责任分配方法是第一个国际层面减排配额方案。这一理论的依据是过去、现在、未来全过程追溯温室气体的排放:发达国家最早进入工业化,因此在过去消耗了大量的化石能源,产生大量的温室气体排放;而目前发展中国家正处于工业化进程中,温室气体排放显著高于发达国家;但未来温室气体的减排责任应该由所有排放国共同承担,由于发达国家应该承担其先期的碳排放,所以减排配额应该更多。Chakravarty 等(2009)基于"共同但有区别"的理论分配各国的碳减排配额,该研究利用高收入人群的占比衡量国家的发展进程,以此来分配减排配额。Wei 等(2012)也基于"共同但有区别"的原则对各国家进行二氧化碳减排配额分配,结果也是发达国家要承担远高于发展中国家的碳减排配额。类似地,廖维君和范英(2020)以全球航空碳排放为样本,建立了各国航空周转量预测模型,确认各国的国际航空碳排放量和减排责任。经济合作与发展组织(OECD)提出的方案指出在世界范围内的减排行动中,OECD 成员应该承担最多的责任,其次是"金砖四国"(巴西、俄罗斯、印度、中国),发展中国家的责任相对较轻,并对这些国家 2030 年和 2050 年的二氧化碳减排量进行了具体的目标设定。英国提出了全球紧缩与趋同(C&C)的减排方案,这一方案提出在基准年至目标年份的时期内,发达国家与发展中国家应该在人均二氧化碳的层面达到"人均趋同"。

我国学者在"人均趋同"的理念下,进一步提出了"两个趋同"的概念,即人均二氧化碳排放量趋同与累积人均二氧化碳排放量趋同(陈文颖 等,2005)。我国的研究也结合公平原则,为发展中国家发声。祁悦和谢高地(2009)、王伟中等(2002)明确发展中国家应坚持根据人均碳排放量进行分配的谈判原则和立场,在获取碳排放空间方面,中国不仅需要在国际谈判中坚持按人均分配以及历史公平原则,还要提出符合国情的"中国方案"。张希良(2017)认为以降低单位 GDP 碳排放或提高碳生产力为主来控制碳排放总量是我国现阶段应对气候变化政策方针的一个基本特征,另一个特征是进行碳配额分配。

然而，在碳减排机制方面，有学者认为，碳减排价格机制比数量机制更为有效（魏一鸣等，2013）。

国际视角关注的是各个国家应当承担多少碳减排责任，以国家为单位分配碳中和责任。除了国家层面，我国仍面临区域间碳生产率不平衡的问题（潘家华、张丽峰，2011）。国内视角的研究主要探索了在省级尺度上按照各省份二氧化碳减排难易程度的二氧化碳边际减排成本进行碳中和责任的划分（李陶 等，2010；王金南 等，2011；Yu et al.，2014；Mu et al.，2014；杨珂嘉，2018），但鲜有研究关注国内视角下社会组织和个体应当承担多少碳中和责任，进而从国家层面认领碳中和责任。

2. 碳中和责任的分配机制

已有研究对碳中和责任的分配机制的探讨，主要集中于国家间的碳责任分配和企业间的碳责任分配。

（1）国家间的碳中和责任分配。对于国际视角下碳排放权在不同国家间的分配方式，Rose 等（1998）首先提出应当兼顾公平与效率考虑碳排放权的分配，之后便有越来越多的研究基于不同国家主体的利益诉求点考虑，从不同角度提出碳排放分配的机制（Rose and Zhang，2004；何建坤 等，2009；曹静、苏铭，2010；何艳秋，2012；Zhou Wang，2016）。

已有的碳排放权分配机制主要可以分为两种类型：被动式的分配机制与主动式的交易机制。被动式的分配机制又可以分为溯往机制（grandfathering rule）和标杆机制（benchmarking rule）。溯往机制基于历史排放数据计算得出各个企业免费获得的碳排放额度；标杆机制则是以近期排放量作为标准，即根据企业最近的排放水平计算得出额度。如果某一企业近期的排放水平较高，则后期将会被分配到较多的碳排放额度。被动式的分配机制是由政府统一规划碳排放额度的分配，组织或个人无偿地、被动地接受政府所分配的碳排放额度；主动式的交易机制则侧重于市场化，构建碳交易市场，实行拍卖机制、有偿购买机制，企业通过类似拍卖许可证的方式购买碳排放额度。如果企业有足够的资金，则可以不受约束地购买自身需求量。该机制能反映个别企业的实际需要量，同时避免碳排放权分配的决策或协商的烦琐过程。主动式的交易机制是由政府依据总的碳排放限额设立碳交易市场，企业主动进入碳交易市场按需购买，分配机制由市场调控。

（2）企业间的碳中和责任分配。碳排放来自生产生活的方方面面，生产、仓储、运输、消耗等所有过程，都会有碳排放，这些过程中又会涉及不同的碳排放主体，那么碳中和责任到底由谁承担？这一问题的争端主要来自日趋开放的经济背景下，国际贸易不断发展，生产和消费很多时候完全不在一个国家发生，产品的消费国很有可能将碳排放转移至其他国家，那么碳排放责任到底该由哪个国家承担？国内外学者对此进行了深入研究，先后提出了按生产者责任原则划分（由生产者承担）、按消费者责任原则划分（由消费者承担）以及共担责任原则划分（由生产者和消费者共同承担）。

第一，生产者承担碳中和责任。"哪里生产哪里负责"，即产品的生产国要对其国土范围内生产产品和提供服务所产生的所有碳排放承担责任。该责任分配方式最大的优点是可操作性高。然而，生产者责任原则存在诸多问题（Peters and Hertwich，2008；Tamiotti et al.，2009）。首先，生产者责任原则将诱使发达国家通过产业转移或扩大进口的方式减少本国的碳排放责任，造成碳泄漏。其次，国际运输业碳排放发生在国际公共领空或海域，不计入任何国家的碳排放责任，这部分碳排放约占全球碳排放的3%。最后，生产者责任原则的公平性受到了广泛的质疑。对于尚处于工业化阶段的发展中国家显然有失公平。

第二，消费者承担碳中和责任。"哪里消费哪里负责"，Proops等（1999）率先提出按消费者责任原则划分碳排放责任，即从驱动了碳排放的消费者端认定碳排放责任，将消费者消费的最终产品在生产过程中产生的所有对生态环境的影响全部考虑在内。但是消费者承担碳中和责任的方式很可能削弱碳减排的有效性，生产者在消费责任原则下缺乏直接的减排动机，可能会放弃使用更清洁或更高效的生产方式，采取消费者责任原则的碳排放政策有可能会削弱全球减排效果。

第三，共同承担碳中和责任。由于生产者承担责任和消费者承担责任都有其不可避免的缺陷，因此有学者提出了由生产者与消费者共同承担碳中和责任（Ferng，2004；Bastianoni et al.，2004；Gallego and Lenzen，2005）。该原则的核心是如何划分碳中和责任，Feng（2004）提出的核算方法是将生产者责任原则和消费者责任原则下的碳排放责任加权求和，得出生产者和消费者共同承担的碳排放责任；Bastianoni等（2004）提出的方法则是基于碳排放责任在产业链各环节分配，每个环节的碳排放分配比例为该环节的直接碳排放占所有环节的直接碳排放的比重。总体而言，与生产者责任原则和消费者责任原则相比，共担责任原则在每个环节都充分考虑了全部环节的碳排放总量，因此激励生产者和消费者相互配合来减少整个生产链中的碳排放。但是对共担责任原则的研究，受限于责任分配影响因素的复杂性，仍处于理论建构阶段，尚未有很成熟的应用。

碳中和聚焦 2-4

企业碳中和的榜样：国家电投

国家电力投资集团有限公司（简称"国家电投"）是中国最大的发电集团之一，成立于2015年7月，是中央直接管理的特大型国有重要骨干企业。国家电投目前是全球最大的光伏投资商，风电布局也齐头并进。

2020年12月8日，在北京举办的第六届中国品牌论坛上，国家电投董事长钱智民向外界承诺道，到2023年国家电投将会在国内实现碳达峰，相比中国碳达峰目标提前了7年。国家电投在清洁能源投资上表现突出。相关数据显示，截至2019年年底，国家电投清洁能源装机占集团总装机比例达到了50.5%，这在央企发电集团中处于领先地位，彰显了公司碳中和的社会责任，将碳中和的目标付诸行动。由此可见，国家电投作为央企能够主动为中国零碳转型承担技术突破责任。

企业作为社会经济活动的基本组成单元，其经济活动构成了碳排放的绝对主要来源。中国向世界提出的碳中和承诺，也对每个企业提出了新的要求。只有每个企业在生产、运营中实现碳中和，尽可能地履行好企业碳中和责任，才会推动我国早日实现碳达峰、碳中和。以国家电投为代表的一批企业已经走在了降碳减排的路上，它们为企业减碳树立了榜样。

资料来源：新浪网. 2060碳中和，这些中国企业正加速履行"碳"责任[EB/OL].（2020-12-18）[2022-06-01]. https://finance.sina.com.cn/wm/2020-12-18/doc-iiznezxs7656980.shtml.

2.2.2 企业碳抵消概述

企业碳抵消强调企业通过购买碳信用额度的方法来抵消在生产经营活动中的碳排放，而现有碳抵消的方式主要包含碳排放权交易和基于自然的解决方案。从现有研究来看，学者主要聚焦于碳交易和碳汇方面的研究。

1. 碳交易的相关研究

现有关于碳交易的研究主要从碳交易市场角度出发分析影响企业碳排放权交易的前因和后果，如图2-5所示。

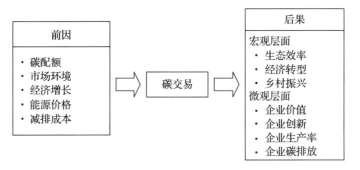

图2-5 碳交易的相关研究综述

为了有效应对气候危机，碳交易被认为是一种激励企业碳减排的有效手段（石敏俊等，2013；赵黎明、殷建立，2016；Stern and Stern，2007；Keohane，2009）。

大部分学者主要从碳交易价格的角度分析了其影响因素。研究发现，尽管碳配额是影响碳交易价格最重要的因素，但是随着政策和制度的逐渐完善，其边际效应逐渐降低；同时，市场环境、经济增长、能源价格、减排成本也会对碳交易价格产生影响（陈晓红、王陟昀，2012；杜子平、刘富存，2018；赵立祥、胡灿，2016）。此外，政府针对不同企业的减排效果制定相应的碳交易价格能有效提高企业碳减排效率（王明喜 等，2015）。

现有关于碳交易制度的后果研究表明，碳交易作为一种重要的市场工具，能够提高生态效率（陆敏，2020），促进我国低碳经济转型（周朝波、覃云，2020；崔连标 等，2013；Wang et al.，2016；徐华清，2016），并能推动脱贫攻坚和乡村振兴的发展（Du and Takeuchi，2019；Zhang and Zhang，2020）。同时，碳交易能通过提高企业现金流、资产收益率的方式（乔国平，2020），提高企业价值（Oestreich and Tsiakas，2015），促进企业创新（廖文龙 等，2020；胡珺 等，2020；Zhang et al.，2020），最终帮助企业以最低的成本降低污染，进而显著提升企业全要素生产率（刘祎 等，2020）。在以配额制为基础的碳交易体系下，企业会根据企业性质、污染治理机制、消费者偏好、政府补贴额度等因素减少或增加低碳产品的投入从而达到利润最大化（马秋卓 等，2014；Subramanian et al.，2007；Laffont and Tirole，1996）。例如，王明喜等（2015）基于企业微观生产过程构建了企业减排投资成本最小化模型，指出加强管理、提高生产效率和扩大清洁能源的使用比例是企业进行碳减排的三条路径。

此外，碳税作为激励碳减排的另外一种有效手段（乔晗、李自然，2010；崔连标 等，2013），部分学者也对碳税和碳交易进行了比较。尽管碳交易和碳税之间存在冲突，但合理的碳交易能在一定程度上缓解碳税对我国能源行业的影响，且两者之间进行合适的组合能有效避免冲突（魏庆坡，2015；赵黎明、殷建立，2016）。特别地，石敏俊等（2013）根据碳交易和碳税政策，基于动态CGE模型设计了单一碳交易、单一碳税以及碳交易和碳税相结合的混合政策三种不同的情景，最终发现碳交易与适度碳税相结合的方式不仅可以实现减排目标，而且能降低减排压力。然而，由于我国省级碳排放强度存在空间溢出性特点（赵桂梅 等，2020），碳排放许可的强度分配标准会因区域经济发展水平的差异而对企业碳排放产生影响（袁永娜 等，2012）。

进一步，部分学者从供应链的视角基于模型构建分析了企业如何在碳交易市场上建立最优产品定价及产量决策（马秋卓 等，2014）。骆瑞玲等（2014）研究发现合理的碳限额能有效减少供应链企业的碳排放，而消费者重视碳足迹时则会促进企业在进行碳减排的同时获得更大的利润（耿涌 等，2010）。

2. 碳汇的相关研究

（1）碳汇。碳汇是指通过植树造林、植被恢复等措施，吸收大气中的二氧化碳，从而减少温室气体在大气中浓度的过程、活动或机制。碳汇造林是指在确定了基线的土地上，以增加碳汇为主要目的，对造林及其林木生长过程实施碳汇计量和监测而开展的有特殊要求的造林活动。与普通的造林相比，碳汇造林突出了森林的碳汇功能，具有碳汇计量与监测等特殊技术要求，强调森林的多重效益。

森林碳汇是指森林植物吸收大气中的二氧化碳并将其固定在植被或土壤中，从而减少该气体在大气中的浓度。土壤是陆地生态系统中最大的碳库，在降低大气中温室气体浓度、减缓全球气候变暖中，具有十分重要的独特作用。

有关资料表明，森林面积虽然只占陆地总面积的1/3，但森林植被区的碳储量几乎占到了陆地碳库总量的一半。树木通过光合作用吸收了大气中大量的二氧化碳，减缓了温室效应，这就是通常所说的森林碳汇的作用。二氧化碳是林木生长的重要营养物质，能在光合作用下转变为葡萄糖、氧气和有机物，为生物界提供枝叶、茎根、果实、种子，提供最基本的物质和能量来源。这一转化过程，就形成了森林的固碳效果。森林是二氧化碳的吸收器、贮存库和缓冲器。反之，森林一旦遭到破坏，则变成了二氧化碳的排放源。

农田土壤碳汇是指通过采用保护性耕作措施、扩大水田种植面积、增加秸秆还田、增加有机肥施用、采用轮作制度和土地利用方式等，让农田土壤由碳源转化为碳汇。

碳源是指产生二氧化碳之源。它既来自自然界，也来自人类生产和生活过程。碳源与碳汇是两个相对的概念，即碳源是指自然界中向大气释放碳的母体，碳汇是指自然界中碳的寄存体。减少碳源一般通过二氧化碳减排来实现，增加碳汇则主要采用固碳技术。

（2）碳汇交易。碳汇交易是基于《联合国气候变化框架公约》和《京都议定书》对各国分配二氧化碳排放指标的规定所创设出来的一种虚拟交易。各国制定碳排放标准，而温室气体排放高的发达国家可以采用在发展中国家投资造林，以增加碳汇，抵消碳排放，从而降低发达国家本身总的碳排量目标。在一个国家内部，固碳的属于卖方，排碳的属于买方，因此涉及固碳量如何测算、碳汇产品如何开发等问题。

为了促进碳汇交易，盘活碳汇资产，还可以创设碳汇交易的衍生品——碳汇金融。碳汇交易项目建设周期长，投资风险高，加上产业本身具有的弱质性，逐利性的民间资本并不热衷投资于此，有着巨大的资金缺口，急需金融机构为其提供流动性及中介服务。碳汇金融便应运而生，创新性的金融产品能引导资本配置到碳汇产业中来，解决其融资难的发展瓶颈；完善的中介服务也能降低市场的交易成本，充分发挥碳汇权的经济价值。在健全、规范、完善的市场机制的配合下，金融支持可以促进碳汇产业整体发展。除了碳汇现货交易，大力发展排放权质押、碳期货、碳期权以及挂钩排放权的结构性金融产品将会是推进全国碳交易市场的重点建设工作之一，并能促使碳交易市场的多样化、稳定性。同理，海洋碳汇、草原碳汇、农业碳汇等也是碳汇交易和碳汇金融的优势方案。

2.2.3 碳中和行为的相关研究

1. 企业环境责任

企业承担碳中和责任也是企业履行环境责任的体现，本部分梳理现有企业环境责任的相关研究，主要集中在企业环境责任的定义、具体内容和分类，以及企业履行环境责任的影响因素三个方面，具体框架如图2-6所示。

（1）企业环境责任的定义。国内外学者都将企业环境责任定义为企业社会责任的关键组成部分。Desjardins（1998）认为企业环境责任是企业为了减少对环境的影响、消除环境负担而做出的责任行为，包括回收、利用、减少污染、节能减排等行为。Steg and

Vleck（2009）将企业环境责任定义为企业为了减轻环境危害从而做出有利于环境的亲环境行为。我国学者贺立龙等（2014）将企业环境责任界定为通过一定经济机制的规范和引导，企业主动或被动地按社会福利最大化标准配置和使用环境资源。

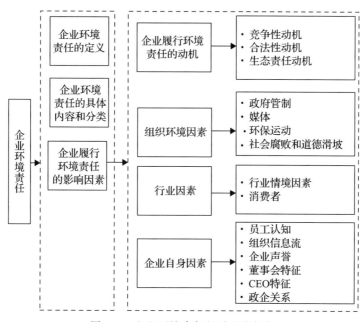

图 2-6 企业环境责任相关研究框架

世界各国环保局和环保组织也对环境责任的定义给出不同的阐释。美国国家环保局将企业环境责任定义为规制机构或非规制机构采取的用来提高环境绩效或遵守环境法规的行为。世界可持续发展工商理事会认为，强调企业环境责任是有利于环境的做法（或减轻企业对环境的不利影响），这些做法超出了法律上有义务执行的做法（Gunningham，2009）。总之，企业环境责任是指企业在追求自身利润最大化和股东利益最大化的过程中，对生态环境保护和社会可持续发展所承担的社会责任，强调企业对于环境的社会责任，强调将企业的经营活动与环境可持续发展有机融合。

碳中和聚焦 2-5

中国在环境责任方面的最新政策法规

党的二十大报告明确提出要加强生态环境保护，健全现代环境治理体系。自 2021 年以来，中国在环境责任方面陆续颁布了不少相关的政策法规，如表 2-5 所示。其中，2021 年 5 月 24 日生态环境部办公厅印发了《环境信息依法披露制度改革方案》，该方案的出台实施，确定了环境信息依法披露制度改革的总体思路和重点任务，有助于强化企业生态环境责任，提升企业现代环境治理水平。充分发挥社会监督作用，是我国生态文明制度体系建设的重大进展。

表 2-5　自 2021 年以来中国在环境责任方面的最新政策法规

时间	政策法规	要点
2021 年 1 月 11 日	《关于统筹和加强应对气候变化与生态环境保护相关工作的指导意见》	为了更好履行应对气候变化牵头部门职责，加快补齐认知水平、政策工具、手段措施、基础能力等方面短板，促进应对气候变化与环境治理、生态保护修复等协同增效，就统筹和加强应对气候变化与生态环境保护相关工作提出意见
2021 年 5 月 10 日	《生态环境保护专项督察办法》	为推动解决突出生态环境问题，压实生态环境保护责任，就督察对象和内容、督察工作流程等相关督察事项做出规定
2021 年 5 月 24 日	《环境信息依法披露制度改革方案》	为了依法推动企业强制性披露环境信息，要求企业主动披露履行生态环保法律法规执行情况和环境治理情况
2022 年 4 月 28 日	《生态环境损害赔偿管理规定》	为规范生态环境损害赔偿工作，推进生态文明建设，建设美丽中国
2022 年 10 月 28 日	《关于推动职能部门做好生态环境保护工作的意见》	为贯彻落实党中央、国务院决策部署，切实推动有关职能部门履行好生态环境保护职责
2022 年 12 月 27 日	《生态保护红线生态环境监督办法（试行）》	为深入贯彻落实习近平生态文明思想，规范和指导生态保护红线生态环境监督工作，维护和提升生态保护红线的生态环境保护成效，保障国家生态安全
2023 年 1 月 18 日	《生态环境统计管理办法》	为加强和规范生态环境统计管理，保障生态环境统计资料真实性、准确性、完整性和及时性，发挥统计支撑生态环境工作重要作用

资料来源：生态环境部网站。

（2）企业环境责任的具体内容和分类。贺立龙等（2014）认为，企业履行环境责任要在社会福利最大化效果的基础上，配置与使用环境资源，力争达到"将环境外部成本内部化"和"将环境资源利用最优化"的目标。具体而言，识别企业是否履行环境责任主要有三大标准：避免发生环境违法违规行为；接受政府环境规制，为环境损害交税或付费，维护环境权利交易秩序；生产过程中节能环保，降低单位产出的环境成本。基于环境配置的社会福利效应，企业环境责任主要包括以下五大内容：环境守法守规责任、环境事故防治责任、环境成本内部化责任、环境资源有效利用责任和公益、内控、声誉等方面的责任。

Sharma（2000）按企业对环境规则遵守程度将环境责任划分为以下两类：服从型环境责任和自愿型环境责任。服从型环境责任是迫于外在的规制、利益相关者压力而承担的环境责任；自愿型环境责任是指企业基于内生的经济动机、伦理动机而主动承担的环境责任。

基于企业环境责任是一种经济资源的观点，贺立龙等（2014）认为环境资源的配置与使用的优化程度取决于"环境负外部性的企业内部化"和"环境资源利用的企业最优化"的综合效果。因此，企业环境责任可以分解为"环境成本承担责任"与"利用绩效责任"，前者如杜绝环境违法违规和承担环境税费，后者如节能环保和清洁生产。

（3）企业履行环境责任的影响因素。通过对文献的梳理，我们可以将企业环境责任的具体影响因素归纳为以下四类：动机、组织环境因素、行业因素、企业自身因素（Etzion，2007）。其中，动机包括竞争性动机、合法性动机和生态责任动机；组织环境因素包括政府层面、媒体层面、社会层面等因素；行业因素则包括行业自身的特征以及消费者的态度等；而企业自身的因素则涉及员工、企业声誉、董事会、政企关系等各个方面。

1）企业履行环境责任的动机。国内外有关企业履行环境责任的动机等研究已经形成了大量的文献成果。Bansal and Roth（2000）通过对英国、日本53家企业的定性研究，将企业履行环境责任的动机归为以下三类：竞争性动机、合法性动机和生态责任动机。

环境具有竞争性能够提升企业利润。以往企业仅仅在价格和质量上进行竞争，现在企业在环境问题上也面临更大的竞争，而履行环境责任是企业提升竞争优势、提高市场认可度的重要途径之一。例如，第一家采用环境技术的纸浆公司实现了更高的利润。一家日本公司降低了石油产品中苯的含量，进而发现了苯的新用途，为企业带来了新的竞争优势（Nehrt，1996）。

Delmas and Toffel（2008）认为，企业基于合法性动机而履行环境责任。合法性是指企业在一套既定的规则、规范、价值观或信念的范围内提高其行为的适当性，是影响企业经营许可、长期生存的关键因素。为应对来自政府、市场、当地社区的环境合法性压力，企业不得不采取相应环境友好行为，如遵守环保法律、实施环保审计、建立应急系统、设立环境委员会以监督公司的生态运营等。

生态责任动机源于企业对其社会义务和价值观念的关注。生态责任动机强调伦理责任而非实用主义，其显著特征是为社会谋取福利。企业绿色行为是出于责任感、义务感或慈善意识，而不是源自对自身利益的追求。Bansal and Roth（2000）发现，以生态责任为动机的企业往往具有道德责任感高的高层管理者，企业高管团队的道德标准对企业环境责任的履行有重大影响。

2）企业履行环境责任的组织环境因素。从组织环境因素来看，环境问题的外部性决定了企业的环境政策必然对组织环境产生影响，反过来组织外部环境就会对企业履行环境责任产生压力。组织环境主要由政府管制、媒体、环保运动等关键因素组成。国内外学者主要基于合法性理论来解释组织环境对企业环境责任的影响。合法性理论认为环境责任是为了应对社会公众的合法性压力，主动进行合法性管理的工具。

Henriques and Sadorsky（1996）认为，政府是企业环保压力的最大来源。政府部门主要通过实施法律法规、传递期望信号（Marquis and Qian，2014）等方式对企业环境行为进行监管和约束（Wang et al.，2018）。政府管制是政府行政部门主导的直接性规制工具，主要是指行政部门通过制定法律、法规、政策等正式制度，以引导企业遵守环保标准和技术规范等，从而严格规范企业的环保生产标准。政府部门采取以环境保护相关法律法规为主、环境标准及环境信息公开为辅的环境监管措施对企业行为形成了硬性约束。作为企业合法性和稀缺资源的提供者，政府监管无疑为企业履行环境责任带来了巨大压力（Marquis and Qian，2014）。为维持企业合法性、获得政府资源和支持，企业会响应政府号召，采取安装减排设备、净化污水、低碳生产、美化环境等措施履行环境责任。国内学者如张秀敏等（2016）、毕茜等（2015）、沈洪涛和冯杰（2012）以及工霞（2013）等都得到了类似的结论。中央政府对地方政府环境政策的执行情况进行监督，如环保约谈、政府规制压力是中国环境治理链条中至关重要的环节（沈洪涛、周艳坤，2017；徐建中 等，2017）。此外，Jung等（2021）认为政府在提高企业的环境意识与企业环境责任评级等方面的作用是至关重要的。

媒体关注通过以下两种渠道影响企业环境保护行为：一方面，新闻媒体是把企业信息传播给大众的中间人，减少了企业和其利益相关者的信息不对称；另一方面，媒体又充当了社会构建的角色，影响着公众如何去评价被关注的企业和企业行为如何能满足大众的预期。王云等（2017）基于合法性理论，对我国上市公司实证研究发现，媒体关注会显著增加其环保投资。类似地，沈洪涛和冯杰（2012）基于合法性理论、议程设定理论，通过对我国制造业上市公司的实证研究发现，媒体有关企业环境表现的报道能促进企业履行环境责任。

环保运动主要包括公民投诉与公民抗议（Marquis and Bird，2018）。环保运动可以直接影响政府对环保问题的关注和舆论导向。在面临较大的环保运动压力时，企业面临的合法性压力也更大，为获得政府支持、维持积极的企业形象，企业会选择履行更多的环境责任。

3）企业履行环境责任的行业因素。从行业因素层面来看，作为企业和组织环境的中间层次，行业因素是影响企业环境责任的重要因子。学者主要基于资源基础理论、合法性理论，探究行业中的行业情境因素、消费者感知等对企业环境责任的影响。

基于环境责任能为企业提供新的竞争优势和资源的观点，现有研究认为企业资源异质性是产生行业竞争力优势的重要因素，而环境责任是企业获得竞争力优势的重要途径之一。通过对我国746家制造业企业的分析，Chen等（2017）指出三大行业情境因素（行业包容性、不稳定性、复杂性）是影响企业履行环境责任的关键因素。包容性是指能够帮助组织成长的外部资源的丰富性和可得性，包容性的环境赋予企业自信和精力来发展长期策略从而进行环保投资，例如安装新的且高效的环保设备、开发有效的环境管理系统。

不稳定性反映行业变化的不可预见性和波动性，增加了企业未来的不确定性。在不稳定的行业中，企业很难开展必要的组织变革，企业业绩波动也较大；应对不稳定性的有效方式之一是提升企业的合法性，而环境责任是帮助企业获得外部合法性的有效方式之一，因此，不稳定的行业环境往往会激励企业履行更多的环境责任。

行业复杂性是指行业的集中度和异质性。一方面，行业复杂性增加了企业与多维利益相关者的协调难度，让企业难以获得准确的信息去履行环境责任。另一方面，复杂度高的行业竞争更加激烈，企业在竞争性高的环境中为维持其行业地位和竞争优势，往往不愿意投入资金履行环境责任。因此，行业复杂性与企业环境责任呈负相关关系。

囿于认知能力，消费者通常通过对特定企业的行为分析而推断整个行业的行为。在很多行业中，行业的声誉受到其中某个具体企业行为的影响而产生外溢效应或传染效应

(Etzion，2007）。例如，1989年3月，在"埃克森·瓦尔迪兹"号油轮漏油事件之后，美国整个石油业也遭受了巨大损失。造成这种影响的一个原因是，消费者和广大公众没有足够的信息来区分单个公司的业绩，这就导致了严重的"声誉共享问题"。因此，一个企业的环境无良行为往往会使得整个行业的声誉受损。此外，Etzion（2007）发现，环境友好行为具有广告效应，在与消费者有更多接触的行业中，企业更可能履行环境责任，由此向公众传递环境友好的信号。

4）企业履行环境责任的企业自身因素。从企业自身因素来看，按照制度理论的逻辑，在相同或相似的制度环境压力下，企业应表现出相似的环境行为。然而，组织与管理学者却对此提出了质疑：在同一个行业内，有些企业会因积极的环境管理行为而受到政府褒奖，而另一些企业则因为没有遵守环境法规而被罚款；即使在同一企业集团内，不同的子公司或工厂之间也会存在不同的环境行为，甚至在同一企业内，某些环境问题处理得很好，但在另一些环境问题上却表现得很糟糕。为了解释这些现象，学者开始将研究视角转向企业内部。研究者通过大量努力探究企业层面因素对环境绩效的影响，归纳起来，主要有以下六类：员工认知、组织信息流、企业声誉、董事会特征、CEO特征和政企关系等。

组织成员对环境问题的态度至关重要，是影响管理者制定环境决策的重要因素。当员工意识到环境保护是商业发展和增长的机会，而不是消极的威胁时，公司往往会制定更多的环境战略（Sharma，2000）。

及时的信息流对企业至关重要，而环境专家是企业获得有效环保信息的重要途径。Fu等（2018）通过对美国上市公司的实证研究发现，设立可持续发展职位的企业会承担更多的环境责任；Lenox and King（2004）发现，环保职能部门员工越多的企业会履行越多的环境责任。

声誉是企业重要的无形资产，它建立在企业日常行为的基础上，能在公众和企业之间建立起相互信任的关系。企业声誉的外在体现为品牌、获得ISO9000认证、长期聘用著名会计师事务所等，从而对市场释放积极信号，表明企业存在高质量的管理体系，以赢得投资者、债权人、客户和其他利益相关者的信赖与尊重。王霞等（2013）通过对我国上市公司的实证研究发现，在信息不对称的情况下，企业出于维护或提升其社会声誉的目的，选择履行环境责任向市场传递企业具有良好环境管理水平的信号，使企业获得竞争优势。

董事会的基本职责之一是监督管理层的活动，基于董事会成员可能有更多经验、环境知识和财务资源的观点，Villiers等（2011）发现董事会规模、独立董事比例等与企业环境责任呈正相关关系。此外，Cook and Glass（2018）通过对《财富》世界500强企业的实证研究分析发现，女性董事比例高的企业往往会履行更多的环境责任。Jung等（2021）考察了韩国碳排放管制的各种影响，研究发现当公司由较低比例的外国投资者拥有时，这些董事更容易将其公司转变为环境友好型。

基于高阶梯队理论，企业CEO的人口地理学特征、心理特征对企业环境责任履行有着至关重要的作用。现有研究指出，新上任的CEO对企业的运营发展持有更加开放的态度，更年长的 CEO 更加关注社会需求而非个人利益，MBA 背景的 CEO 更会把环境责任当作提升企业名誉、环境合法性的战略机会，因此会更多地参与到企业环境责任的活动中（Lewis et al., 2014；Ortiz-de-Mandojana et al., 2019）。管理层能力越强，企业将履行越多的环境责任（李虹、张希源，2016），而高管高额的固定报酬可以起到削弱高历史相对绩效情况下高管采取环境污染行为的倾向（贾明 等，2016），激烈的产品市场竞争力往往会阻碍企业应对环境挑战（Chuluunbat et al., 2021）。此外，部分学者也关注 CEO 的心理特征对企业环境责任的影响。例如，Arena 等（2018）研究发现具有自大性格特征的 CEO 会更加积极参与企业环境责任活动，这是因为环境创新是一项具有挑战的、复杂的、高风险、失败率极高的行为，自大的 CEO 具有偏好风险、喜欢挑战的特点。然而，也有研究发现，自大的 CEO 更会做出环境污染行为。

近年来，越来越多的国内学者开始关注政企关系与企业环境责任的关系，但目前并未就该问题得出一致结论。部分学者认为政企关系会促进企业履行环境责任。Cheng 等（2017）认为，履行环境责任是企业与政府维持良好关系的重要方式之一。进一步研究发现，有政治关联的企业会以身作则，更会积极地履行环境责任。类似地，林润辉等（2015）基于资源依赖理论视角研究发现，民营企业履行环境责任是一种自利行为。一方面，企业是为了从政府手中获得关键资源（贾明 等，2015）；另一方面，政府需要重污染行业民营企业的支持以实现节能减排等环保目标，因此，具有政治关联的企业往往会履行更多的环境责任。

然而，另一部分学者认为政企关系是企业环境污染行为的"保护伞"。龙硕和胡军（2014）通过构建动态博弈模型发现，企业具有向地方政府行贿以寻求环境规制的放松，从而扩大生产的动机；而地方政府则出于政治和经济双重利益的考虑，均有放松环境规制以帮助企业扩大生产的动机，由此形成企业和地方政府之间的政企合谋，进而放纵企业环境污染活动。郭峰和石庆玲（2017）基于对我国 160 个城市市委书记更替和城市每日大气污染物排放的实证研究结果也支持这一结论。此外，政企关系和高管的地方政治网络都会降低企业的环境责任（姚圣，2011；李强 等，2016）。然而，也有研究指出，政治关联对国有企业环境责任并无显著影响，但是会减弱民营企业环境责任的履行（赵选民 等，2015）。

2. 企业绿色创新概述

企业推进碳中和需要大量的绿色创新活动支撑，现有企业绿色创新的相关研究围绕绿色创新的概念及其内涵，集中于探究绿色创新的驱动因素和经济后果等方面，具体如图 2-7 所示。

（1）企业绿色创新的概念及其内涵。我国学者从 20 世纪 90 年代末开始使用绿色创新的概念，那时绿色创新更多指的是一种广义的创新，这种创新活动超出了单纯的环境技术的创新、工艺创新和产品创新，也包括了与此相关的组织创新、管理创新、制度创新等。绿色创新将企业经营过程中经济、社会、环境效益的综合作为最终的绩效目标。

Chen 等（2006）将绿色创新界定为：有关绿色产品、工艺的软硬件的创新，包括能源节约、污染防治、废物循环、绿色产品设计等的技术和管理模式的创新。2008 年，中国环境与发展国际合作委员会（CCICED）环境创新课题组发布了机制创新与和谐发展的报告，将环境创新的概念扩展到社会和制度的创新等领域，包括公众参与方式的创新体系、制度的创新环境、教育体系的创新等，同时还强调国家层面的公共环境技术创新的重要性。一些学者指出，绿色创新可以细分为四类：绿色产品创新、绿色工艺创新、绿色管理创新和绿色营销创新（隋俊，2015）。而国外关于绿色创新的概念界定，最早可以追溯到 Rennings（2000）的研究，他指出，绿色创新是以减少污染、改善环境、节约能源资源为目的，用于应对环境问题的新观点、新产品、新服务、新工艺或新的管理体系。该定义也成为绿色创新研究中的代表性定义。与以往一般创新不同，绿色创新具有"双重外部性"，不仅包含正外部性溢出效应，还包括能降低外部环境成本的外部效应。

综合国内外研究中对绿色创新的定义，我们认为绿色创新是指企业以可持续发展为目标，主动将环境问题纳入企业战略层面，通过将在污染防治、能源资源节约、废物循环、绿色产品设计、绿色营销和环境管理体系采纳等方面的创新举措纳入企业经营活动，以期在降低对环境消极影响的基础上，获取成本优势、差异化优势以及先动优势，为企业获取经济利益、赢得竞争优势和提升企业社会品牌形象，进而让企业在经营过程中实现可持续发展。

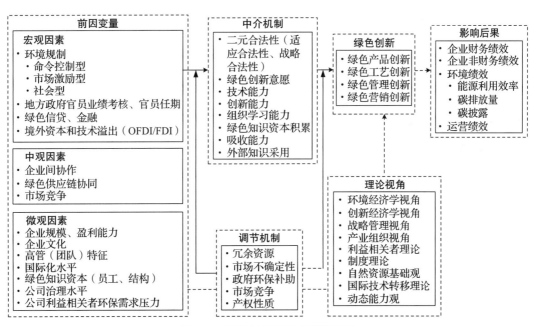

图 2-7　绿色创新的相关研究综述

（2）企业绿色创新的驱动因素研究现状。绿色创新是企业、产业、国家等不同层面获得竞争优势，实现可持续发展的重要手段。与一般创新相比，绿色创新具有"双重外部效应"、投资成本高、回报周期长等特点，具有正的溢出效应，且能使负的环境效应内部化（Rennings，2000）。最早时期的研究大多基于环境经济学和创新经济学视角，主要研究制度因素和外部环境对企业绿色创新的影响，而近些年的研究一般基于环境经济学、创新经济学、战略管理、产业组织、自然资源基础观、国际技术转移理论、动态能力观等多种理论视角，逐渐开始关注企业内部以及员工个体层面的因素对绿色创新的影响。基于利益相关者理论、制度理论和自然资源基础观等理论（李旭，2015；张钢、张小军，2014），从宏观、中观、微观三个层面分析国内外绿色创新的驱动因素，主要涵盖环境经济学、创新经济学、战略管理、产业组织四个视角。

1）宏观层面。目前，相关研究主要从环境经济学视角基于制度理论研究绿色创新的影响因素，研究主要集中在政府层面的环境规制工具选择对企业绿色创新的影响，以及环境规制是否能达成经济绩效与环境绩效的双赢。制度理论认为，企业趋向于遵守一定的规则和制度，以确保其合法性、商誉和生存发展（Al-Twaijry et al.，2003）。而制度对企业决策的作用分为两类：一是制度对企业产生压力，即制度压力；二是制度环境对企业产生的支持作用，即制度支持（杨东、柴慧敏，2015）。已有研究指出环境规制是将外在成本内部化的一种政策手段，包括：命令-控制型环境政策工具，如污染标准、排污配额等；市场型环境政策工具，如排污税、减排补贴、排污许可等；社会型规制。Jaffe and Palmer（1997）则提出了3个不同的关于"波特假说"的变体，其中，"弱"假说（weak version）认为环境规制将刺激环境创新，"中"假说（narrow version）认为灵活的环境规制比固定的规制（如技术标准）更能激励企业创新，"强"假说（strong version）认为合理地设计环境规制可能引发超过补偿合规成本的成本节约创新。

国内外学者大多从制度压力、政府支持两个方面研究环境规制对绿色创新绩效的作用，但是到目前为止，仍没能得出比较一致的结论。

第一，制度压力下环境规制对企业绿色创新的影响。Albino等（2012）认为政府干预直接促进绿色创新；Horbach等（2012）、Berrone等（2013）以及王云等（2017）发现环境规制是影响企业绿色创新的主要因素。但学术界对环境规制的研究持有不同的观点。

一方面，环境规制工具不同，对绿色创新的影响效果也就不一样。现有研究指出，强制性制度、规范性制度、模仿性制度压力，环保约谈及排放许可价格有助于促进绿色创新（Zhu et al.，2010；于芝麦，2021；许士春等，2012），但也可能导致相关创新活动质量的下滑（陶锋等，2021）。同时，研究也表明，命令控制法规和非正式监管对绿色创新具有显著的"波特效应"，而市场化监管对中国的绿色创新具有负面影响（Luo et al.，2021）。此外，碳管制压力，即排放上限规制与排放交易规制，也会影响企业的绿色创新活动（杨光勇、计国君，2021）。

另一方面，不同类型的环境规制工具对绿色创新绩效的影响也不同。比如，李婉红等（2013）认为环境规制工具可以分为命令-控制型、市场化型以及互相沟通型。其中，命令-控制型工具对企业末端治理技术创新具有显著正向作用；市场化型对企业绿色工艺创新和末端治理技术创新具有显著正向作用；互相沟通型对企业绿色产品创新和末端治理技术创新具有正向作用。徐佳和崔静波（2020）通过对命令-控制型工具、市场型工具和自愿型工具进行研究，发现命令－控制型政策工具是试点政策发挥作用的主要路径。

第二，制度压力下环境规制对企业的绿色创新作用也可能以中介作用体现。Qi等（2020）从制度理论和吸收能力角度，认为企业面临监管压力和模仿压力。其中，对企业施加的监管压力和模仿压力促进了企业的绿色技术创新，吸收能力对监管压力与绿色创新的关系具有异质影响。现有研究也指出，环境规制可以通过促进R&D（研发战略）投入、股权融资和政府补贴、绿色技术创新意愿和行为等进而对公司的绿色创新行为产生正向影响（李广培 等，2018；王旭、褚旭，2019；王娟茹、张渝，2018）。吴力波等（2021）认为，中央垂直化监管能够促进企业进行绿色创新，相比于创新能力弱的企业，创新能力强的企业会进行更多的绿色创新。

第三，政府支持对企业绿色创新的影响。企业的绿色创新等环保行为具有正外部性，从一定程度上分担了政府对于生态环境保护目标实现的压力，因此企业绿色创新会得到政府的支持。解学梅等（2020）、Hu等（2021）研究指出，绿色补贴对企业绿色工艺创新和绿色产品创新有积极影响。Li等（2018）发现了直接的政府研发资金支持可以促进企业的绿色技术创新，政府的绿色信贷补贴提升了企业的绿色创新动机，企业的政治资源也可能对其形成环保庇护作用，导致其绿色创新受到负面影响。Lin等（2014）发现政治资本会降低企业绿色创新的参与度，这可能是政治资本对企业的庇护作用所致；出于政治资源的"诅咒效应"，政府在严格环境监管的同时进行环保补助反而会抑制企业的绿色技术创新，政府环保补助在企业环保支出与绿色技术创新中起负向调节作用，且在国有企业中这种负效应更加明显。

在宏观层面，也有少数学者关注到除政府以外的其他宏观因素的影响，包括一个国家的环境足迹、行业密度、市场竞争、绿色信贷和金融、OFDI/FDI的境外资本和技术溢出等对企业绿色创新绩效的影响（Przychodzen and Przychodzen，2018；谢乔昕、张宇，2021；刘强 等，2020；Albornoz et al.，2009；隋俊，2015；Luo et al.，2021）。

2）中观层面。现有研究主要基于产业组织视角关注企业间协作、绿色供应链等对企业绿色创新行为的影响。绿色创新本质上是技术、组织、市场和社会问题的综合，企业是否实施绿色创新以及能否在绿色创新中获得效益，还取决于与其他企业的有效合作，尤其是与那些已经实施绿色创新战略的核心企业的合作。关于企业间合作对企业开展绿色创新实践与绩效影响的研究表明，企业间的合作越频繁、网络活动越活跃，就越有可能进行绿色创新和在绿色创新中获得效益（Horbach，2008）。一般来讲，大型品牌企业会注重其社会形象（社会型规制），进而主动承担社会责任，还要求与其合作的上下游企业也拥有相同的理念，而中小微企业就不一定有这种理念。特别地，绿色供应链协同是引导绿色创新实践的关键驱动因素。许多利益相关者（如供应商、客户和社区）对环境问题和法规的日益关注促使公司在产品开发过程中与他们密切合作，进行更多的绿色创新，比如企业与其重要供应商之间的环境合作可以开发新的绿色产品（伊晟、薛求知，2016）。

3）微观层面。现有研究主要从创新经济学和战略管理视角，基于利益相关者理论和自然资源基础观理论探索了绿色创新对企业竞争优势的影响效应和机制，具体研究内容聚焦于围绕企业的内部因素、外部因素对其实施绿色创新的影响。

第一，围绕企业的内部因素，自然资源基础观认为，稀缺的、有价值的、不可替代的和不可模仿的关键资源能使企业建立竞争优势。由于绿色创新能够获取这种关键资源，形成技术壁垒，进而建立竞争优势（Hart，1995），因此，基础资源也被认为是企业绿色创新的动因之一。Hart（1995）、Hart and Dowell（2011）、Eiadat等（2008）研究发现了5种被称为实施绿色创新的关键资源因素（基于产品和生产流程投资的常规绿色能力、针对环境问题的员工参与和培训、跨越内部职能的绿色组织能力、正式的环境管理体系和程序、考虑环境问题的战略规划），并认为针对这些关键因素的投资有利于企业实施绿色创新。Kiefer等（2019）分析表明企业绿色创新受到内部因素（资源和能力）的驱动，包括企业资源、能力和动态能力、参与绿色供应链、生态创新友好型企业文化、内部融资资源。

从广义上讲，影响企业绿色创新的资源在微观层面可以分为有形资源、无形资源和人力资源等三类因素。在有形资源方面，企业财务绩效、资金投入、境外资本与技术等均有助于促进企业的绿色创新（Przychodzen and Przychodzen，2018；Li et al.，2018）。在无形资源方面，公司文化、公司治理、环境管理、企业社会责任、质量管理、知识共享等也会影响公司的绿色创新（Pacheco et al.，2016；潘楚林、田虹，2016；Chiarvesio et al.，2015；Amore and Bennedsen，2016；Frondel et al.，2007；Inoue et al.，2013；Shu et al.，2016；伊晟、薛求知，2016；Li et al.，2018）。例如，Zhang and Ma（2021）将环境管理分为两个维度：环境管理广度和环境管理深度，研究发现环境管理广度与企业财务绩效呈倒U形关系，环境管理深度对企业财务绩效有正向影响，绿色创新正向调节了环境管理广度（环境管理深度）与财务绩效之间的关系，环境领导力强化了环境管理广度（环境管理深度）与绿色创新的正向关系。另外，也有学者发现了其他企业特征影响绿色创新的证据，比如Cuerva等（2014）的案例研究发现技术能力是环保企业绿色技术创新的直接驱动因素，企业文化、市场导向、政府政策与行为是对"技术－创新"关系具有调节作用的情境因素。

在人力资源方面，高管（团队）特征、绿色知识资本（包括人力资本、关系资本、结构资本）、员工培训等都会对绿色创新产生影响（田丹、于奇，2017；Galbreath，2018；徐建中等，2017；Horbach and Jacob，2018；Ma et al.，2021；Min et al.，2021；Marchi et al.，2015；Wang and Juo，2021）。现有研究发现，管理者、领导者和监督者的环保意识在企业环境保护、节能减排、创新战略中扮演重要角色，能够影响公司的绿色创新行为与结果，比如彭雪蓉和魏江（2015）、徐建中等（2017）均通过问卷调查发现了高管环保意识对企业绿色创新战略产生直接影响或调解效应的证据。

第二，利益相关者理论认为，包括政府、竞争对手、供应商、客户、员工和股东等在内的利益相关者会影响企业绿色创新行为（Oxborrow and Brindley，2013）。而在微观层面，相关研究围绕企业的外部因素主要是竞争对手、供应商、客户、媒体等。张钢和张小军（2014）通过多案例比较研究发现，预期经济收益、冗余资源和利益相关者压力等三个主范畴对绿色创新战略存在显著影响。王娟茹等（2021）研究发现利益相关者环保压力正向影响外部知识采用和绿色创新，外部知识采用正向影响绿色创新；冗余资源负向调节利益相关者环保压力与外部知识采用的关系，市场不确定性和冗余资源共同负向调节利益相关者环保压力与外部知识采用的关系。马媛等（2016）通过实证研究发现利益相关者的压力、外部网络支撑、创新不确定性、政策预期和管理者的机会感知会渐次影响企业的绿色创新。Doran and Ryan（2016）发现竞争对手参与绿色创新时，会驱使企业绿色创新。

此外，Tang and Tang（2016）、沈洪涛和冯杰（2012）、王云等（2017）发现舆论压力会促进绿色创新。赵莉和张玲（2020）、张玉明等（2021）以负面环境报道为指标衡量媒体关注、监督压力，发现其能够显著提高企业的绿色技术创新绩效，过于严苛的宏观环境规制、过于激烈的中观市场竞争，以及过于松散的微观内部控制，均会减弱媒体关注的正向影响。特别地，客户与供应商作为企业价值链中重要的利益相关者，对于企业绿色创新具有显著影响。Albino等（2012）发现客户、非政府组织、其他公司和研究型大学对绿色创新有显著影响；Huang等（2016）发现顾客对企业的绿色环保压力也会促使企业增加绿色研发投入，提升企业的绿色创新绩效。Lin等（2014）认为顾客压力仅仅能提升企业绿色产品创新，而不会对绿色工艺创新产生显著影响。Kammerer（2009）发现绿色产品除了能带来公众利益也会带来消费者个人利益（如节约能源消耗等），因此，消费者对该类产品的需求会刺激企业加大绿色产品创新的投入，提高其绿色创新水平。Qi等（2013）发现，对意图在海外市场取得一席之地的企业而言，由于海外消费者对企业产品及企业行为的环保要求较高，因此，海外消费者的环保需求压力也会促进企业提升绿色创新水平。Lin等（2014）研究发现，供应商会捍卫自己的绿色形象，推动企业绿色产品和绿色工艺的创新。

综上，在微观层面，目前基于中国上市公司的绿色创新实证研究正在逐渐增多。由于我国绿色专利、绿色认证、绿色研发、绿色管理等客观环境数据披露制度不完善、获取存在难度，虽然现有绿色创新研究较少采用这些客观度量方法，绝大多数学者采用问卷度量，但随着文本分析技术及数据库的不断完善，这方面的研究正在逐渐增多。

（3）绿色创新对企业绩效的影响研究现状。绿色创新对于企业财务绩效具有影响，但学者对此研究得出的结论并不一致。多数学者认为绿色创新能提升企业的经济绩效。比如Amores-Salvadó等（2014）发现了绿色产品创新与企业财务绩效之间的正向关系，而且公司的绿色形象可以调节以上关系。Chen等（2006）、Eiadat等（2008）、Lee and Min（2015）、解学梅等（2020）、Wang and Juo（2021）发现绿色创新能降低企业对环境的负面影响，提升企业的财务表现，帮助企业获取竞争优势。此外，Ma等（2021）和Hu等（2021）的研究也支持了这一观点。

也有学者发现绿色创新对企业财务绩效的影响是间接的。比如李怡娜和叶飞（2011）通过问卷调查研究发现绿色创新会直接影响企业的环境绩效，却并不会直接影响财务绩效，而是通过环境绩效间接正向作用于财务绩效。张钢和张小军（2013）的问卷调查进一步发现员工参与在绿色创新战略与企业绩效之间具有中介作用。Li 等（2021）以中国制造业企业为样本，通过实证研究发现，绿色核心竞争力对低碳技术创新与企业绩效之间的正向关系具有中介作用。

但是，也有研究认为绿色创新与企业经济绩效的关系并非总是一致的。如 Ghisetti and Rennings（2014）发现绿色创新的类型及其驱动因素都会影响上述关系的方向和显著性，对于那些能降低每单位产出能耗的绿色创新，可以促进企业竞争优势形成，但是仅具有外部性的绿色创新则会降低企业竞争地位。

绿色创新作为治理环境问题的重要举措，通过降低碳排放、提高资源利用效率等，对公司环境绩效、运营绩效会产生明显的影响，进而提升其竞争力。近几年，学者不断深入探索。Zhang 等（2017）发现绿色研发投资能够通过绿色创新降低碳排放、提高环境绩效。Li 等（2018）研究发现环境合法性不仅直接影响公司碳披露，还会通过绿色工艺创新间接影响企业碳披露的可能性。因此，企业应加强外部合法性、内部绿色工艺创新，以确保碳信息披露的可持续性。解学梅等（2020）研究指出绿色工艺创新对企业环境绩效具有正向影响。Miao 等（2017）实证研究发现绿色技术创新是实现低碳经济发展、提高自然资源利用效率的重要动力。绿色技术改造资金和绿色新产品开发资金投入对自然资源利用效率起显著正向作用（Kofi，2019）。而资源、能源利用效率的提高有利于形成竞争优势，夯实国家资源是能源安全的基础（刘合 等，2020）。绿色创新正向中介了绿色知识资本、绿色人力资源管理与企业环境绩效之间的关系（Singh et al.，2020；Rehman et al.，2021）。

但也有学者指出绿色创新对环境绩效的影响存在情境因素，需要根据各国各地区的发展进行讨论。Du 等（2019）以 1996—2012 年包括 71 个经济体的面板数据为样本，通过实证研究发现，收入水平低于阈值的经济体，其绿色技术创新对减少二氧化碳没有显著贡献；而收入水平超过阈值的经济体的减排效果则变得显著。人均 GDP 与二氧化碳排放呈倒 U 形关系，城市化水平、产业结构、贸易开放、能源消费结构等也对二氧化碳排放产生显著影响，建议欠发达经济体不断实施制度创新，降低绿色技术的推广成本。Chen 等（2021）实证检验了中国碳排放交易计划试点政策对基于绿色专利数据的绿色创新的影响，研究表明，目前我国碳交易市场尚未实现"弱"波特假说，主要原因是企业主要选择减产而不是增加绿色技术创新来实现减排目标。此外，受现金流和预期收入减少的影响，企业减少了对研发的投资，这不利于绿色创新。也有研究指出，绿色工艺创新可以帮助企业节约成本、提高质量、提高生产效率和运营绩效（Bhatia，2021）。

3. 企业员工绿色行为

企业推进碳中和离不开员工的支持。近年来，有关员工绿色行为的研究开始兴起。目前，国内外学者关于员工绿色行为的研究主要集中在几个方面：员工绿色行为的概念内涵、测量与分类，员工绿色行为的前因变量，员工绿色行为的影响机制，员工绿色行为的理论视角，以及员工绿色行为的影响后果。员工绿色行为文献综述如图 2-8 所示。

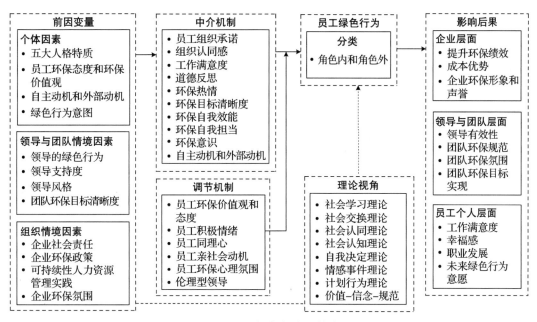

图 2-8 员工绿色行为文献综述

（1）员工绿色行为的概念、测量与分类。员工绿色行为通常被定义为组织中的员工在工作场所中展现的一系列有助于保护环境、降低其活动对自然环境的负面影响的个人行为。现有研究还存在一个与员工绿色行为相似的概念，即亲环境行为（pro-environmental behavior），是指员工表现出的有益于环境的行为或员工采取的能够补充正式绿色管理计划并提高绿色措施效率的行为。从定义来看，二者强调的内容没有本质差别，后面统一使用员工绿色行为的表述。

针对员工绿色行为的内涵与测量，现有研究仍缺乏统一的标准和形式。以往研究主要分为两个流派。第一个流派将员工绿色行为视为一个单维度的概念，这些学者总结出员工在组织中所展现的一些典型的、有代表性的绿色行为对员工绿色行为的内容进行测量。比如"在允许的情况下，我会双面打印""在不需要的情况下，我会把灯关掉""我会把可回收的物品放入可回收垃圾箱"等（Robertson and Barling，2013）。第二个流派将员工绿色行为视为一个多维度的概念，并对员工绿色行为进行了更细化的分类与测量（Bissing-Olson et al.，2013；Dumont et al.，2017；Norton et al.，2017）。具体地，Bissing-Olson等（2013）在工作任务绩效与主动行为这两个概念的基础上，将员工绿色行为细分为任务型绿色行为（task-related pro-environmental behavior）和主动型绿色行为（proactive pro-environmental behavior）。其中，任务型绿色行为是指员工以环保的方式完成工作任务，其内容通过"我会以环保的方式完成所分配的任务"等题项测量，主动型绿色行为是指员工自发、主动实施的绿色行为，其内容通过"我会主动采取环保措施"等题项测量。此外，Dumont等（2017）将员工绿色行为划分为角色内绿色行为（in-role employee green behavior）与角色外绿色行为（extra-role employee green behavior）。其中，角色内绿色行为是指组织在规章制度中明确要求员工实施的绿色行为，是员工工作内容的一部分；角色外绿色行为是指在工作要求之外、员工自愿参与的绿色行为。

（2）员工绿色行为的前因变量。现有关于员工绿色行为前因变量的研究主要包括个体因素和情境因素两大种类，其中，情境因素可分为企业层面、领导与团队层面两类影响因素。

现有研究发现了一系列个体层面的员工绿色行为的前因变量。具体而言，员工的性格特质影响员工绿色行为，在五大人格中，尽责性特质较强的员工在工作中会参与更多绿色行为。员工的环保态度和环保价值观也能促进员工绿色行为（Bissing-Olson et al., 2013）。在工作中，员工的自主动机和外部动机能激发员工绿色行为。员工激活的和未激活的积极情绪能分别引发员工的任务型和主动型绿色行为（Bissing-Olson et al., 2013）。员工前一日的绿色行为意图能提高下一日的员工绿色行为（Norton et al., 2017）。员工的工作态度也会影响员工绿色行为，员工的工作满意度能提高员工的绿色行为。

在领导与团队层面，员工绿色行为的前因变量主要包括领导的绿色行为和领导风格。由于员工会追随、学习和模仿上级领导的行为，领导的环保规范和领导的绿色行为能促进员工绿色行为（Robertson and Barling, 2013）。多种领导风格也能促进员工绿色行为，如绿色变革型领导、责任型领导、伦理型领导和精神型领导等。上级领导对绿色行为的支持程度也能提高员工绿色行为（Raineri and Paillé, 2016）。团队的环保目标清晰度和团队和谐能激发团队层面的员工绿色行为。

在企业层面，员工绿色行为的前因变量主要包括企业社会责任活动（Tian and Robertson, 2019）、企业环保政策（Norton et al., 2017）、企业环保氛围（Norton et al., 2017）以及可持续性人力资源管理实践（Dumont et al., 2017）、组织支持（Paillé et al., 2014）等。这些组织情境因素向员工传达了企业重视环境问题、支持和鼓励绿色行为的积极信号，从而激励员工参与绿色行为。

（3）员工绿色行为的影响机制。目前，关于员工绿色行为影响机制的研究主要包括中介机制和调节机制。现有关于中介机制的研究主要集中在员工层面的中介变量。具体而言，企业社会责任活动能够提高员工的组织认同感，从而促进员工绿色行为（Tian and Robertson, 2019）。企业的可持续性人力资源管理实践以及企业环保政策均能通过影响员工心理感知到的绿色氛围，进而提升员工角色内和角色外绿色行为（Dumont et al., 2017；Norton et al., 2017）。组织环保支持等通过增强员工的组织承诺和工作满意度进而对员工的绿色行为产生积极影响（Paillé et al., 2014）。领导的绿色行为和环保变革型领导风格通过员工环保热情影响员工绿色行为（Robertson and Barling, 2013）。环保变革型领导通过员工的自主动机和外部动机提高员工绿色行为，也可以通过提高员工的绿色目标清晰度影响员工绿色行为。精神型领导通过激发员工的内在动机和环保热情，从而提高员工绿色行为。员工的自主动机和外部动机通过影响员工的环保自我效能感和环保意识，从而提高员工绿色行为。

目前，针对员工绿色行为边界条件的研究主要包括员工相关和领导相关的调节因素两类。具体而言，员工的个人环保价值观能够加强企业可持续性人力资源管理实践与员工心理环保氛围之间的正向关系以及员工心理环保氛围与员工绿色行为之间的积极关系（Dumont et al.，2017）；员工环保价值观也能加强可持续性人力资源管理与员工自主动机和控制动机之间的正向关系（周金帆、张光磊，2018）。员工心理感知到的环保氛围能够加强员工绿色行为意图对下一任员工绿色行为之间的积极影响（Norton et al.，2017）。此外，员工层面的环保态度、同理心、亲社会动机、积极情绪及以伦理型领导和可持续性人力资源管理实践为代表的情境因素也是影响员工绿色行为的重要调节机制（Bissing-Olson et al.，2013；Tian and Robertson，2019）。

（4）员工绿色行为的理论视角。目前，学者采用不同理论视角解释员工绿色行为影响机制。员工绿色行为研究中常用的理论包括社会学习理论、社会交换理论、社会认同理论、社会认知理论、自我决定理论、情感事件理论、计划行为理论和价值-信念-规范理论等。

社会学习理论的主要观点为个体行为是通过学习而获得的，包括直接的经验式学习与间接观察他人行为的学习（Bandura，1977）。基于社会学习理论，可持续性人力资源管理中的绿色培训等实践通过使员工学习、获得绿色行为相关的知识、技能和经验，从而对绿色行为产生积极影响。在组织中，领导是员工重点学习和追随的对象，当领导积极践行绿色行为或实施环保变革型领导方式时，领导的行为和领导风格为员工树立了学习与模仿的榜样，从而促进员工绿色行为（Robertson and Barling，2013）。

社会交换理论的核心观点是利益互惠，即当获得给予方提供的支持和帮助时，受益方会产生回报的义务，并通过实施有益于给予方的行为来维系双方关系。基于社会交换理论，员工会出于感恩和回报组织和领导的心理，积极响应组织环保政策、为企业可持续发展做出贡献，参与更多员工绿色行为（Paillé et al.，2014）。

社会认同理论重点关注"组织认同"这一概念（Ashforth and Mael，1989）。根据社会认同理论，现有研究解释了企业社会责任如何通过激发员工的组织认同进而对员工绿色行为产生积极影响。基于社会认同理论，当员工感知到企业参与社会责任活动时，会更加认同组织的价值观、信念和目标并将其内化，从而采取与这些价值观、信念和目标相一致的行为来支持组织，如员工绿色行为（De Roeck and Farooq，2018）。

社会认知理论是解释个体行为模式的重要理论。社会认知理论认为个体认知是连接外部环境与个体行为的重要因素，即个体通过对外部环境的观察与解读来调整自我认知并最终实施相应行为。基于社会认知理论，现有研究表明，环保变革型领导通过用言语向员工传达环保愿景、向员工提供环保行为所需资源和指导、识别和认可员工的环保贡献等方式激发员工的环保自我效能感，进而提高员工绿色行为。此外，环保变革型领导通过营造出组织环保正念环境促进员工绿色正念的产生，进而促进员工绿色行为（王乾宇、彭坚，2018）。

自我决定理论认为个人的行为决策是个体内在自我与环境压力综合作用的结果，自我决定理论的核心观点是个体需求影响动机（Ryan and Deci，2000）。基于自我决定理论，员工绿色行为受其意愿和能力的支配，出于与内在自我一致的自主动机而产生，同时也会受到自身所处环境和外部压力的影响，由控制动机产生。现有研究发现环保动机是员工绿色行为的重要影响因素，包括自主动机和控制动机。

情感事件理论的主要观点是工作中引发个体情感变动的事件通过激发个体情感，进而影响员工态度和行为（Weiss and Cropanzano，1996）。因此，基于情感事件理论，责任型领导行为作为激发员工积极情感工作事件，能够提高员工的积极情绪，从而有利于员工参与更多绿色行为以实现与组织目标相匹配的工作目标。

计划行为理论认为态度、主观规范与感知行为控制共同决定个体意图，通过个人的行为意图进而可以预测和解释个体的行为（Ajzen，1991）。基于计划行为理论，员工的环保态度、环保规范和对环保行为的控制信念共同影响员工的绿色行为动机和意图，进而促进员工绿色行为的产生（Norton et al.，2017）。

价值-信念-规范理论认为价值观影响信念，信念促进行为规范的形成。价值-信念-规范理论将影响绿色行为的因素分为态度（利他主义、自我主义或环境主义价值观等）、环境（人际交互影响、社会因素等）、个人能力（采取行动所需的知识与技能）、个人习惯（养成环保行为的习惯）等，在员工绿色行为研究中被广泛应用。

（5）员工绿色行为的影响后果。以往研究主要关注员工绿色行为对企业层面、领导与团队层面，以及员工个人层面的影响后果。

在企业层面，员工绿色行为有一系列积极的影响后果。具体而言，员工绿色行为最重要的后果在于能够提高企业的环保绩效，有利于企业环境合理和可持续目标的实现（Robertson and Barling，2013）。此外，员工绿色行为通过改善生产方式、节约能源等方式有利于企业节约成本，从而为企业在竞争日益激烈的市场中带来竞争优势。除了经济上的积极后果，员工绿色行为也能为企业带来非经济方面的积极影响，提升企业的环保形象和声誉（Arora and Henderson，2007）。

在领导与团队层面，员工绿色行为也能产生积极影响。具体而言，员工绿色行为有利于提升领导的有效性，能回应领导诉求，使其领导行为可以顺利实施（Carrico and Reimer，2011）。在团队中，员工绿色行为能够建立一种团队环保规范，指导和鼓励员工的后续绿色行为，促进团队环保目标的实现。

员工参与绿色行为也能对员工个人产生一系列正面影响。员工绿色行为或者通过满足工作任务的要求，或者通过满足员工自发的环保动机和行为意愿，或者通过使员工获得外部奖励，从而提高员工的工作满意度。此外，员工绿色行为能满足员工的心理需求，如自我效能感、意义感等，从而对员工的幸福感产生积极的影响，促进员工职业发展，进一步提升员工未来的绿色行为意愿。

碳中和聚焦 2-6

无锡地铁：让员工绿色出行成为常态

江苏省无锡市新吴区是国家级产业技术开发区，企业数量众多，地铁上下班时段间隔太长，企业员工通行最主要的方式一直是班车出行。为此，无锡地铁通过缩短行车间隔，优化 1、2、3 号线线网换乘衔接,使换乘时间合理化。自实施绿色出行项目一个多月以来,地铁沿线的多家企业通过发放出行补贴、逐步减少班车数量等方式鼓励员工地铁出行。响应地铁出行的员工人数不断变多后,企业私家车位不够的"老大难"问题有所缓解,员工出行"早晚堵"也将不成问题。随着企业班车数量的逐步减少,企业也将最终实现降本减负。

资料来源:新浪网.打通员工绿色出行最后一公里[EB/OL].(2021-11-10)[2022-06-01]. https://k.sina.com.cn/article_5675440730_152485a5a020019lkm.html.

4. 企业绿色供应链

随着全球变暖、酸雨、能源短缺、土地荒漠化等环境问题的不断增加,客户对企业的环境行为变得极其敏感(Brulhart et al., 2019;Stadtler and Lin, 2019)。实施适当的环境战略以减少环境污染和提供环保产品是制造商在市场上获得竞争力和客户忠诚度的关键。因此,绿色供应链管理作为一项各个阶段必须符合环境保护要求的管理实践,已经成为降低环境影响、提高企业绩效的关键理念之一(Zhu et al., 2005),同时还可以根据公司的边界被广泛地划分为组织内部实践和组织间实践(Zhu et al., 2013)。

为了从绿色供应链协作中获得更多利益,核心企业必须通过建立一个组织间团队,有效和高效地管理其内部和外部流程,共享信息,共同解决环境问题,这就是绿色供应链整合(Wu, 2013)。绿色供应链整合是指将环境实践与供应链合作伙伴有效整合,将企业内部流程与外部协作进行无缝连接,实现企业间的及时沟通,通过与供应链合作商共同解决问题来提高效率和降低成本(Du et al., 2018;Wu, 2013)。诸如三星、华为等许多制造商已将它们的供应商和客户整合到解决环境问题的活动中。尽管越来越多的研究者认为绿色供应链整合是一个多维的概念,但以往的研究并没达成共识。例如,一些学者将绿色供应链整合分为内部和外部绿色供应链整合(Yang et al., 2013),其他学者将绿色供应链整合分为绿色利益相关者整合、绿色内部整合和绿色供应商整合。

其中,绿色供应商整合是指核心企业将供应商整合到其环境规划计划中,以共同决策和解决环境问题。该战略主张通过分享知识、信息和对双方运营模式的理解,与供应商制定环境目标,这有助于更好地界定各方的环境责任和义务(Andersen and Gadde, 2019)。伴随着整合,企业和供应商还将共同实施各种实践,如质量管理,以减少商品或服务对环境的不利影响。

研究者从资本投资、关系治理和过程协调三个方面对影响绿色供应商整合的因素进行了广泛的研究。从资本投资的角度看,特殊资产投资、社会资本和承诺都表现出对绿色供应商整合的实际或潜在影响(Lee and Min, 2015;Wang et al., 2018)。在关系治理方面,企业通过合同、风险分担和管理模式,限制和控制与供应商的环境合作活动来降低环境风险(Lo et al., 2018)。此外,企业和供应商通过实施环境战略和结构整合来激励绿色供应商整合(Leonidou et al., 2017)。

在实施绿色客户整合的过程中,制造商将客户纳入环境友好型产品的推广和对环境不利影响最小化的操作实践中（Wu，2013；Feng et al.，2018；Huo and Han，2020）。为了成功地做到这一点，制造商必须通过建立共同目标、共享信息、共同决策和共同解决问题等方式，有效地管理与客户的合作关系（Wu，2013）。例如，客户可以分享他们关于环境改善的知识，使公司加快自身的学习过程，从而促进绿色实践。事实上，Verona（1999）指出，客户整合是从客户那里获取外部资源和知识的有效途径。因此，利用客户整合的企业能够更好地促进绿色计划并提高其绩效。从以顾客为导向的角度来看，绿色客户整合反映了制造商及其顾客为满足市场环境要求而做出的共同努力，最终通过最大限度地提高顾客满意度和忠诚度，实现更好的财务业绩。例如，具有以客户为导向的供应链实践的公司往往在财务上表现得更好（Kibbeling et al.，2013），因为以客户为导向的公司往往对市场趋势和需求有着深刻的理解。因此，为了在这个全球化的时代保持竞争力，制造商应该采用以客户为导向的做法，如绿色客户整合，以改善其环境和财务业绩（Cherrafi et al.，2018；Wong et al.，2020）。顾客导向的观点在市场营销文献中受到越来越多的关注，但是它在供应链环境中的应用需要进一步的探索，特别是在"绿色"问题上（Yang et al.，2021）。

碳中和聚焦 2-7

京东方：打造绿色供应链，引领产业绿色发展

要实现我国的碳达峰、碳中和目标，需要在整个供应链推动全面的绿色管理。作为科技企业的卓越代表，京东方科技集团股份有限公司（简称"京东方"）始终关注生态环境保护，并且将"引领绿色发展，共创美好生活"作为企业绿色发展愿景。

京东方不仅在自己的园区推行绿色运营与管理，也携手供应链上下游企业探索运用新技术应对新的环境问题与挑战。面对下游客户，京东方基于客户的环境管理目标，不断推动其自身完善环境信息披露、环境管理优化、使用清洁能源等工作。京东方主要通过采用新技术、新设备和新产品，来达到提高能效、节约资源、降低排放的目的，助力客户打造"绿色工厂""绿色智慧城市""绿色学校"等，实现企业与环境共生发展的良性循环，铸就绿色生态圈。

面对上游的供应商，京东方通过编制《绿色供应链管理规划》实施了全面的绿色管理措施。具体来说，京东方针对绿色供应商管理、绿色回收体系、绿色生产、绿色信息收集监测披露平台等关键环节制定了绿色供应链管理战略，并且自主开发了"绿色产品管理系统（GPM）"和" SAP-IE 进出口模块物流系统"，对绿色供应链实施全线管理，不断建立以资源节约、环境友好为导向的绿色供应链。

打造绿色供应链，可以使得各利益相关方一致应对气候变化、解决资源紧缺等环境问题，并且通过持续的绿色创新，构筑高效、可持续、清洁的生态环境。

资料来源：经济观察网. 京东方：引领绿色发展 共创美好生活 [EB/OL].（2021-05-25）[2022-06-01]. http://www.eeo.com.cn/2021/0525/489308.shtml.

2.2.4 企业社会责任信息及碳信息披露

1. 企业社会责任信息披露的动机

企业社会责任信息披露是指企业定期或不定期对外披露其社会责任的履行情况。国内外学者对企业社会责任信息披露的动机进行了梳理。从利益相关者诉求而言，现有研究提出企业披露社会责任信息是为了满足经济型利益相关者和社会型利益相关者的诉求。从维护与经济型利益相关者关系而获取经济利益角度来看，披露企业社会责任信息减轻了企业与利益相关者间的信息不对称，提升企业信息透明度，从而有利于获得利益相关者的信任，将企业与竞争者区别开来，最终创造竞争优势，提升企业绩效。

例如，从维护与股东和债权人关系的角度来看，对存在再融资需求的企业而言，披露社会责任信息可以增进与投资者的沟通，有利于提升企业外部形象，从而提高企业融资便利性（Cheng et al.，2014），或者帮助企业从财务困境中恢复（Choi and Wang，2009）。此外，企业社会责任披露还可以赢得消费者和客户的认同，从而增加企业的销售收入（Kim，2019）。从维护与政治型利益相关者关系而获得合法性角度来看，随着政府、社区和社会公众对企业履行社会责任提出越来越高的预期和要求，企业通过采取符合法律规定、社区预期和社会规范的行为获得合法性，从而保证企业得以生存下来。研究发现，企业对政府的依赖程度直接影响企业社会责任信息披露的意愿，并且政府对企业的监控强度决定了企业社会责任信息披露质量的高低（Marquis and Qian，2014）。

2. 企业碳信息披露的内容、方式及其影响因素研究

在气候变化的影响下，企业的碳排放将受到更多的约束，企业开展低碳经济活动所形成的碳信息是企业利益相关者决策的重要依据。碳信息是碳交易和碳管理的基础。企业进行碳信息披露是适应低碳经济发展的要求。国内外对于碳信息披露的探究主要集中在三个方面：碳信息披露的框架和内容、碳信息披露的方式以及碳信息披露的影响因素。

在碳信息披露的框架和内容方面，完善的框架体系和内容标准可以规范企业碳信息披露行为，为企业进行碳信息披露提供依据和标准。但由于碳信息披露仍处于初步发展阶段，因此企业的碳信息披露行为并不规范。在实践上，目前，国外已经出现了一些关于碳信息披露的框架，也有一定的代表性，如碳信息披露项目（CDP）使用的调查问卷、加拿大特许会计师协会制定的《气候风险披露指南》、气候风险披露倡议组织（CRDI）制定的《关于气候风险披露的全球框架》、气候披露准则委员会（CDSB）提出的《气候变化报告框架草案》以及美国证券交易委员会（SEC）制定的《与气候变化有关的信息披露指南》。Kolk 等（2008）指出，尽管参与碳信息披露项目的企业数量在逐年增加，但碳信息披露的可比性、可靠性还不够。而中国目前还没建立完整的碳信息披露框架体系。

在理论上，已有一些学者研究了碳信息披露的内容及体系构架。具体而言，构建碳信息披露框架体系的研究并不多。张薇等（2014）认为应该考虑在产权保护的条件下再确立碳排放权会计准则，进而构建碳排放权的会计确认、测度和披露的框架体系。钟凤英和杨滨健（2015）认为企业碳信息披露的框架应该由核算、报告、管理、审计与应用等模块组成，并发挥相互协调的作用；为了促进中国企业碳信息披露质量与碳管理绩效的提升，需要加强相应保障机制的构建，主要包括建立健全政策法规体系、界定参与主体、制定相关标准、采用第三方审计等方面的内容。

近几年，碳信息逐渐引起企业及其各相关方的关注，但国内外企业披露碳信息的方式却不尽相同。美国、欧洲的企业把碳信息纳入会计准则，甚至有些国外企业做得更细致，把碳资产归入财务报表中。现有研究关于碳信息披露的方式主要存在三种观点：表外披露、表内披露，以及表内和表外相结合的披露。

第一，表外披露。实际上，表外披露的具体形式有很多。谢良安（2013）介绍了企业披露碳信息的几种方式：一是通过回应 CDP 问卷的方式进行披露；二是通过企业社会责任报告的方式进行披露；三是基于温室气体核算体系（GHG Protocol，GHGP）的准则进行披露的方式，并认为企业应综合运用这三种方式，使其相辅相成、相得益彰。李艳华（2013）的研究认为，大部分企业倾向于在董事会报告中进行碳信息披露。

第二，表内披露。刘会芹（2015）将碳排放权视为环境会计的组成部分，以二级科目"碳排放权"的形式放在"环境资产"和"投资性环境资产"的报表增设项目下。该研究还基于产权会计理论，用多种途径来确认碳排放权的获取和处理。

第三，表内和表外相结合的披露。国内外研究主要从内外部视角来探究企业碳信息披露的影响因素。就外部因素而言，包括市场、行业、媒体报道、经济、文化、法规和国际环境等。Gonzalez-Gonzalez and Ramírez（2016）的研究发现碳信息披露的可能性和透明程度可以用社会、市场和国际交互的压力影响来解释，例如来自西班牙的证据表明，金融风险、IBEX35 和 FT500 指数等是重要的影响因素。Kalu 等（2016）发现社会和金融市场是碳信息披露的关键影响因素，而经济和组织因素对自愿性碳信息披露的影响并不显著。Gallego-Álvarez and Ortas（2017）的研究发现，不同国家的文化对企业环境可持续发展实践的影响不是单调的。Luo and Tang（2014）用碳披露主要指标、温室气体排放和碳密度数据评价企业的可持续发展能力，发现一个国家的金融发展水平越高，企业越愿意披露更多的碳信息。Wegener（2010）指出区域环境规制对企业碳信息披露有重要的影响作用，而且严格的监管机制和有效的实施是影响企业碳信息披露的关键因素。Guenther 等（2016）的研究表明，媒体报道对碳信息披露具有直接的正面影响。

内部因素包括企业的潜在动机、态度、风险认知、碳绩效、企业规模、财务杠杆、董事会的角色、合法性和价值等。Herold and Lee（2019）利用 DHL、FDX 以及 UPS 的 CDP 数据研究了驱动全球物流行业企业披露碳相关信息的因素。林英晖等（2016）基于计划行为理论研究中国制造企业碳信息披露意愿内在机制的影响因素，结果表明，碳信息披露态度对企业碳信息披露意愿有重要的影响。Elijido-Ten（2017）提出企业对气候变化的认知能力与企业碳信息披露水平之间存在显著的负相关关系。Peng 等（2015）发现高碳排放企业披露碳信息的可能性更大，倾向于披露更多的碳信息，而且绩效更好的企业更愿意进行碳信息披露。Yunus 等（2016）发现在环境敏感行业，企业采取碳管理系统的决策与企业的规模以及财务杠杆有关。陈华等（2013）认为上市企业会利用碳信息自愿性披露的方式来提高企业的合法性，企业的合法性压力越大，披露的碳信息越多。

2.3 企业社会责任和碳中和行为的效果

2.3.1 企业社会责任行为的效果

企业履行社会责任的目的是满足利益相关者的诉求，获取合法性和建立声誉，学术界也对企业社会责任产生的效果进行了广泛研究。已有文献对企业履行社会责任的效果的研究主要集中在企业经济后果、企业利益相关者反应和社会责任溢出效应等方面。

1. 企业社会责任的经济后果

企业社会责任的经济后果主要包括企业承担社会责任对其经济绩效和价值创造的影响。自从 Moskowitz（1972）对企业社会责任与企业财务绩效两者间的关系进行实证研究以来，学术界对两者之间的关系进行了广泛研究但并未得出一致的结论。现有研究中，企业社会责任与公司财务绩效之间主要存在四种关系，包括正相关、负相关、不相关（Nelling and Webb，2009），以及非线性关系（李茜 等，2018）。究其原因，Allouche and Laroche（2005）指出企业社会责任与财务绩效的衡量方法是导致两者关系不稳定的关键。

虽然企业社会责任与财务绩效间的关系如何仍旧存在争议，但总体而言，大部分研究倾向于认为二者间存在正相关关系。Waddock and Graves（1997）在其研究中发现企业履行社会责任与企业财务绩效之间存在显著的正相关关系。一定程度上，企业承担社会责任可以被认为是一种营销策略或广告，从而提高企业绩效。在有关我国企业的研究中，尹开国等（2014）以 2009—2010 年非金融业 A 股上市公司为样本，研究发现企业社会责任与企业财务绩效显著正相关。

相反地，也有学者指出企业承担社会责任会损害企业价值。Friedman（1962）提出，企业社会责任就是在遵守法律和相应道德标准的前提下赚尽可能多的钱。也就是说，企业除追求利润最大化以外无须承担额外的社会责任。Aupperle 等（1985）认为，企业履行社会责任将浪费资本和其他有限的资源，与那些不从事履行社会责任相关的活动的公司相比，从事履行社会责任相关的活动的公司会处于竞争劣势。也有研究表明，企业在承担社会责任的同时必然会损害股东的利益，认为企业应该以股东权益最大化为目标，过多地承担社会责任将不利于财务绩效的提升。

总之，尽管目前学术界对于企业社会责任与企业财务绩效之间的关系尚未形成公论，但不管其关系究竟如何，学术界普遍认为企业社会责任主要通过影响利益相关者的反应和行为对企业财务绩效产生影响。

碳中和聚焦 2-8

鸿星尔克"河南暴雨"捐赠事件

自 2021 年 7 月 17 日以来，河南省出现了历史罕见的极端强降雨天气，大部地区降暴雨或大暴雨。在河南出现暴雨灾情后，四面八方的企业都赶来支援，或捐资或捐物，共同帮助河南抗击暴雨。2021 年 7 月 21 日，鸿星尔克的官方微博宣布，紧急捐赠 5 000 万元物资驰援河南灾区。之后，鸿星尔克火上热搜，随着网友喊话"野性消费"，鸿星尔克的销售额暴涨。飞瓜数据显示，在一周内（2021 年 7 月 17 日至 23 日），鸿星尔克仅在抖音的直播就已实现超过 7 700 万元的销售额。企业主动承担社会责任，有助于企业获得社会公众的认可，得到社会公众的支持，提升企业的绩效。由此可见，当企业主动承担社会责任时，会带动企业的效益产生变化。

资料来源：人民网. 探访鸿星尔克四川安岳生产基地：发货量暴增 紧急招人赶货 [EB/OL].（2021-07-27）[2022-06-01]. http://sc.people.com.cn/n2/2021/0727/c345167-34838717.html.

2. 企业社会责任与员工行为

关于企业社会责任与企业员工之间关系的研究，国内外学者的学术成果颇丰。特别是在日益全球化的世界中，企业必须不断寻求物质资源和人才资源来实现并保证自身的全球竞争优势。员工资源作为一项重要资源，尤其是作为创新理念和产品推动力的研发部门人员，在确保竞争优势方面发挥着重要作用。员工层面社会责任的履行还可以有效降低员工离职率，进而降低跨国公司的人力资源成本（李祥进 等，2012）。同时，良好的员工-企业关系可以激励员工的工作热情、提高工作满意度、激发潜能并提高其创新能力，进一步提高公司的生产率和其他业绩表现（Stuebs and Sun，2010）。

因此，企业承担社会责任给员工态度和行为带来了积极的影响效应（刘远、周祖成，2015）。在此研究范畴，学者主要关注企业社会责任对员工忠诚度、员工绩效、员工敬业度的提升和对员工行为的正向影响。在员工忠诚度方面，Barnett and Salomon（2006）研究发现员工对于企业在社会责任履行方面如果具有良好的感知可以提高员工的忠诚度，更有利于企业招募、留住、激励优秀人才。

在员工绩效方面，部分学者基于社会交换理论认为作为对企业履行社会责任的回报，企业社会责任的履行能够提高员工工作绩效。李祥进等（2012）研究表明企业社会责任得到较好的实践时，员工绩效会越高。在员工敬业度方面，Glavas and Kelley（2014）指出企业社会责任会对员工敬业度产生影响。也有学者关注企业社会责任对员工工作行为的影响，如组织公民行为（刘远、周祖城，2015）、反生产行为（王娟 等，2017）。研究表明，企业社会责任有助于增强员工的组织认同感、组织自尊和情感承诺（刘远、周祖城，2015），能够增强员工总体的公平感知（Marique et al.，2014），当员工感知到企业是一个对社会负责的组织时，能够满足他们的安全需求、尊重需求、归属需求和自我实现需求（Bauman and Skitka，2012），当员工感知到企业履行社会责任时，就会减少自身的反生产行为。

3. 企业社会责任与消费者行为

自 20 世纪 90 年代后期以来，随着国际社会对企业社会责任越来越重视，企业社会责任对消费者态度与行为影响的研究也开始受到学术界的关注。研究显示，消费者对企业履行社会责任是关心的（Carrigan and Attalla，2001），企业社会责任会对消费者购买品牌意向的态度产生影响。企业社会责任对消费者购买意向有显著的影响。Murray and Vogel（1997）研究发现，当消费者获得一家企业为履行社会责任付出了努力的信息后，更愿意购买该企业的产品。Handelman and Amold（1999）研究表明，企业社会责任水平（对家庭、社区及国家的贡献）显著影响被试对该零售商的支持程度，尤其当商店被描述为不利于社区家庭、不对当地慈善事业做出贡献时，即使该店铺的形象属性如何好，其支持率也不高。Mohr and Webb（2005）的研究显示，企业负责任的行为正向影响消费者对企业的评价和购买意向，较低的企业社会责任水平会大大削弱消费者的购买意向。

国内学者也在企业社会责任对消费者态度和行为的影响方面开展了实证研究。周延风等（2007）研究表明，无论在善待员工、环境保护还是慈善捐助方面，企业社会责任行为对消费者的购买意向都有显著的影响。周祖城和张漪杰（2007）研究发现，企业的社会责任在行业内履行得相对水平越高（或越低），消费者对其产品的购买意向也相应越高（或越低）。

企业社会责任对顾客品牌态度也会产生影响。现有研究发现，企业社会责任举措有助于培养客户满意度（Luo and Bhattacharya，2006）、影响消费者的口味选择（McWilliams et al.，2006）。消费者可以将高水平的、具有说服力与感染力的社会责任报告视为产品或公司质量的信号（Milgrom and Roberts，1986）。Torelli 等人（2012）研究了不同品牌概念下，消费者对企业社会责任活动的反应，得出对于奢侈品品牌，其从事的社会责任活动与消费者感知到的品牌定位会产生错位，消费者对品牌评价反而会降低。田敏等（2014）通过实验研究，检验了产品相关责任行为、慈善行为、公益实践这三种企业社会责任行为方式对消费者品牌评价的影响，发现企业社会责任行为中产品相关责任行为和慈善行为对消费者品牌评价的提升作用显著，其中产品相关责任行为的影响作用最显著，且产品与企业社会责任行为的匹配性对消费者的品牌评价具有调节作用。

4. 企业社会责任与投资者行为

企业社会责任的履行可以改善企业与投资者的关系。对外部投资者而言，参与企业运营的一大主要方式是投资，这也就意味着企业与外部投资者的接触主要通过融资来实现。企业往往受信息不对称影响导致逆向选择和道德风险，从而受到一定的融资约束，难以得到外部融资。而企业社会责任的履行和信息披露能够显著缓解信息不对称现象以及融资成本，吸引更多的外部投资者关注（Dhaliwal et al.，2011），使外部投资者更加愿意将资金投入其中，从而缓解企业的融资约束程度。

沈艳和蔡剑（2009）认为银行等金融机构在对企业进行贷款审核时，更加注重企业承担社会责任的情况，企业社会责任越强的企业，投资者越倾向于将资金投入其中，其融资能力就越强，企业社会责任的履行有利于企业进行外部融资。而 Dhaliwal 等（2011）

的研究表明，在企业社会责任报告披露后的两年之中，这类企业更容易在证券市场进行股权融资，并且企业社会责任信息披露质量越高，面临的融资约束程度越低。

特别地，在股票和信贷市场较弱的国家，企业社会责任与企业融资渠道和外部融资增长之间的关系更为明显，此外，企业社会责任与企业投资和违约风险之间的关系在商业自由度有限的国家更为明显，而在法律制度较弱的国家，企业社会责任与贸易信贷和未来销售增长之间的关系更为明显（Ghoul et al.，2017）。

5. 企业社会责任的溢出效应

近年来，企业社会责任溢出效应受到理论界和实务界广泛的关注。企业社会责任不仅影响企业自身，更延伸到其他企业和行业。积极承担企业社会责任可以起到良好的示范作用，违反社会责任则易产生负面溢出效应。

社会责任事件的溢出效应主要表现为传染效应和竞争效应两个方面。当社会责任事件涉及某一行业的特质以及竞争公司也具有这些特点时，由于处于同一个行业企业的产品、经营模式、现金流等具有相似性，因此一家公司出现重大社会责任事故，会让投资者质疑整个行业的真实价值（王思敏、朱玉杰，2010），使得传染效应更容易发生（Roehm and Tybout，2006）。同时，也有部分学者发现溢出效应的正面影响——竞争效应。Reily and Hoffer（1983）以汽车行业为研究对象，发现当某一品牌出现危机事件时，会增加消费者对竞争品牌的购买。还有学者发现了溢出效应的两个方面能够同时存在，若投资者对竞争企业持怀疑态度，则表现为传染效应；若显示出投资者需求改变，则表现为竞争效应。

2.3.2 企业碳中和行为的效果

企业碳中和行为是企业以自身的实际行动为减少温室气体排放、应对全球气候变化危机而做出的努力，也是践行国家"双碳"目标的关键方式。因此，从企业碳中和行为的实施效果来看，现有文献主要集中于企业碳中和行为对公司绩效、融资决策等的影响，如图2-9所示。

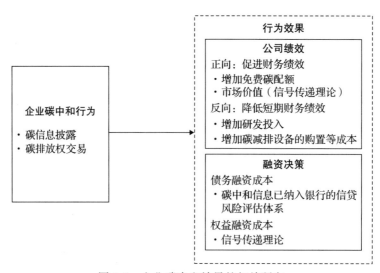

图2-9　企业碳中和效果的相关研究

目前，学术界关于企业碳中和与公司绩效间的关系尚未得出一致的结论。一种观点认为，企业碳中和行为有助于促进企业财务绩效。这主要源于企业碳中和行为可以直接增加企业通过免费碳配额而带来现金流入，也能基于信号传递理论通过提供高质量的碳信息而显著提高市场价值。周畅等（2020）的研究支持了这一观点，验证了企业碳排放权交易有助于提高企业财务绩效这一结论。Matsumura等（2013）研究也指出，企业的碳减排具有价值效应。另一种观点认为，企业碳中和行为会增加企业碳减排相关活动的投入，如碳减排设备的购置、碳减排技术的研发投入、碳减排相关的人员支出等，从而增加企业的成本，降低企业的短期财务绩效。宋晓华等（2019）研究指出，企业的碳信息披露可以促进企业的长期市场价值，但会抑制企业的短期价值。与此相反，沈洪涛和黄楠（2019）研究指出，碳排放权交易能显著提高企业的短期价值，但并不会影响企业的长期价值。总体上，目前学术界大多侧重于探讨宏观层面的碳排放权交易政策实施或微观层面企业碳信息披露对公司财务绩效的影响，但研究结论并不一致，缺乏对企业碳中和行为本身展开的相关研究。

随着绿色金融的发展，企业碳中和对公司融资决策的影响研究也逐渐成为学术界关注的热点。研究表明，碳减排投融资是碳金融发展的重要组成部分（陈智颖等，2020）。因此，企业的碳中和信息无疑也会被纳入银行的信贷风险评估体系。现有研究指出，企业的碳风险与债务融资成本之间存在U形关系（周志方等，2017）。从权益融资成本的角度，崔秀梅等（2016）指出，企业层面的碳信息披露水平有助于降低企业的权益融资成本。李力等（2019）的研究也支持了这一观点，且进一步强调了财务性碳信息披露的效果。然而，曹军新和姚斌（2014）从碳减排与金融稳定之间的关系入手，研究指出碳减排会通过增加企业的减排支出，降低企业的还款能力，进而影响其银行信贷资产的质量。此外，现有企业碳中和的相关研究还涉及对企业竞争优势（周志方等，2021）、碳绩效（周志方等，2019）等的影响。

总体上，现有研究大多侧重于分析环境规制政策、碳排放权交易政策对微观企业行为的影响（胡珺等，2020；杨博文、尹彦辉，2020），仅少量研究分析了企业碳中和行为对公司财务绩效和融资决策的影响。

碳中和聚焦 2-9

重庆农商行用活碳减排支持工具助推绿色低碳发展

碳减排支持工具是碳金融发展的重要组成部分。2021年11月，中国人民银行推出碳减排支持工具，引导金融机构为碳减排重点领域内企业提供优惠贷款。作为中西部首家"赤道银行"，重庆农村商业银行（简称"重庆农商行"）成功获选碳减排支持工具金融机构。为此，重庆农商行严格执行绿色金融标准，提升绿色金融发展质效。在清洁能源、节能环保等重点领域，主动提供资金支持，抓好项目对接服务，推动经济绿色低碳发展，助力经济社会高质量发展。

资料来源：人民网.重庆农商行用活碳减排支持工具助推绿色低碳发展[EB/OL].（2023-02-05）[2023-02-10]. http://cq.people.com.cn/n2/2023/0205/c367643-40289703.html.

本章小结

1. 碳减排和碳抵消是实现碳中和的两大途径。目前,碳中和在政策和技术方面的实现路径也受到了国家、行业、企业三个层面的支持。
2. 为实现我国"双碳"目标,企业在目前积极履行环境责任、主动进行绿色创新、积极推动员工绿色行为等的基础上,同时也要加强企业碳中和责任确认、碳抵消管理,并及时进行碳信息披露等。
3. 企业社会责任会对公司的财务绩效、公司利益相关者反应产生影响,并具有一定的社会责任溢出效应。与企业社会责任类似,企业的碳中和行为也会对公司绩效、融资决策等产生影响。
4. 本章总体框架如图 2-10 所示。

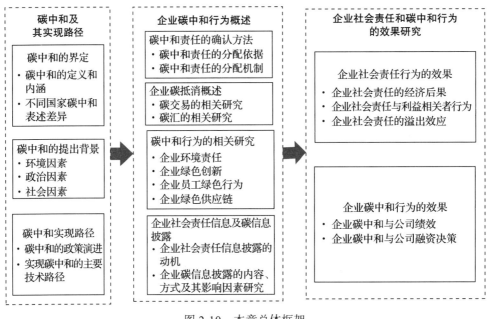

图 2-10 本章总体框架

关键术语

碳中和（carbon neutrality）

碳抵消（carbon offsets）

碳排放权交易（carbon emissions trading）

绿色创新（green innovation）

思考与练习

1. 我国政府提出企业碳中和的现实背景是什么?
2. 我国企业碳中和的研究进展如何?

3. 我国企业碳中和的实施效果如何？

应用案例

宝泰隆：让碳更"绿"，让天更蓝

宝泰隆新材料股份有限公司（简称"宝泰隆"）成立于2003年6月，于2011年3月9日在上海证券交易所成功挂牌上市。公司的主营业务涉及清洁能源、煤基石油化工生产；石墨深加工、石墨烯及应用、针状焦及锂电原材料等新材料开发；石墨和煤炭开采及洗选；发电及供热民生服务。宝泰隆从龙江起步，以碳为基，秉承"实业报国、裕民兴邦"的企业宗旨，实施"煤化工"与"油化工"产业链间的优势互补，建设了国内一流的清洁能源和石墨烯产业基地，是黑龙江省氢能利用及碳中和领军企业。

宝泰隆在新能源领域深化布局，积极推进碳中和产业发展。宝泰隆积极学习国内外先进技术，寻找评估将太阳能、风能等新能源发电、制氢相关技术与公司现有的煤化工产业结合的机会，寻找最佳契合点，以此通过充分发挥太阳能、风能的清洁能源优势，大幅降低宝泰隆对传统化石能源的消耗，有效地促进公司碳中和产业发展。

在国家发展和改革委员会引导资金支持下，宝泰隆已经成功建成了高温煤焦油加氢装置，该装置可以将劣质燃料油转变成高附加值高标准清洁能源，这是煤化工领域一次重大的技术飞跃。现如今，宝泰隆正加快推进传统煤化工向现代新型煤化工的转型升级，并依托"循环经济产业链"，带动企业绿色、高效和循环发展。与此同时，宝泰隆密切跟踪碳捕集与封存技术等其他先进技术，致力于通过在源头降碳减排和利用二氧化碳，实现高碳产业低碳化甚至零碳化发展。

宝泰隆用科技之光让碳更"绿"，天更蓝。在由传统煤化工产业向现代新型煤基石油化工清洁能源产业升级的同时，将在黑龙江省乃至全国起到示范作用，为全国焦化企业走出困境开辟一条升级新路。

资料来源：人民网. 宝泰隆：让碳更"绿"让天更蓝 [EB/OL]. (2021-11-23)[2022-06-01].http://finance.people.com.cn/n1/2021/1123/c1004-32289855.html.

▶ 讨论题

1. 宝泰隆在进行绿色转型升级时利用了哪些先进技术？
2. 宝泰隆是如何推进公司碳中和产业发展的？
3. 你认为宝泰隆在构建"循环经济产业链"时，关键点和难点分别是什么？

学习链接

1. 赵庆，张莹，贾明. 健全企业碳排放报告和信披制度 [N]. 每日经济新闻，2021-11-15（013）.
2. 邓旭，谢俊，滕飞. 何谓"碳中和"？[J]. 气候变化研究进展，2021，17（1）：107-113.

3. 耿涌,董会娟,郗凤明,等.应对气候变化的碳足迹研究综述[J].中国人口·资源与环境,2010,20(10):6-12.
4. 廖维君,范英.国际航空碳抵消协议对不同国家的影响分析[J].中国人口·资源与环境,2020,30(6):10-19.
5. 刘尧飞,沈杰.双循环格局下的供应链价值链绿色化转型研究[J].青海社会科学,2020(6):47-53.
6. 陶锋,赵锦瑜,周浩.环境规制实现了绿色技术创新的"增量提质"吗:来自环保目标责任制的证据[J].中国工业经济,2021(2):136-154.
7. 田丹,于奇.高层管理者背景特征对企业绿色创新的影响[J].财经问题研究,2017(6):108-113.
8. 王灿,张雅欣.碳中和愿景的实现路径与政策体系[J].中国环境管理,2020,12(6):58-64.
9. 王金南,严刚.加快实现碳排放达峰 推动经济高质量发展[N].经济日报,2021-01-04(001).
10. 吴力波,任飞州,徐少丹.环境规制执行对企业绿色创新的影响[J].中国人口·资源与环境,2021,31(1):90-99.
11. 伊晟,薛求知.绿色供应链管理与绿色创新:基于中国制造业企业的实证研究[J].科研管理,2016,37(6):103-110.

第3章 企业碳中和责任分解与确认

本章的核心是介绍 CROCS 企业碳中和管理和激励模型中的"确碳"环节,包括三个层次的内容:一是介绍企业碳足迹记录系统及企业碳账户核算系统,构建企业碳中和责任的量化确认体系以及"从上而下"的立体式碳足迹记录系统,确认企业碳中和的责任范围,并配套以碳账户核算系统用以计量,使得碳中和责任"看得见";二是探讨"主动认领+市场交易"的企业碳中和责任认领机制,厘清企业及其员工主动认领碳中和责任的驱动机制,同时构建企业内部碳交易系统,使得企业碳中和责任"认得够";三是讨论"内部纵向梳理及外部横向协调"的企业碳中和责任分解体系,沿企业内部生产运作过程梳理碳足迹,同时沿供应链横向追踪企业碳足迹,分别从企业内部和企业所在供应链系统中分解并确认碳中和责任,使得碳中和责任"分得准"。最后,本章设计并举例运行了企业的碳资产核算工具——企业碳资产核算表,同时展示了碳资产核算表与传统财务报表的联动关系。

开篇案例

国家电网公司的"碳达峰、碳中和"行动方案

能源是经济社会发展的重要物质基础。2014年,习近平总书记在中央财经领导小组第六次会议上提出"四个革命、一个合作"能源安全新战略,为我国新时代能源发展指明了方向。为此,国家电网积极应对碳排放带来的全球气候变化问题,持续推进碳减排,力争引领全球化的环境治理行动。

实现"碳达峰、碳中和",事关经济社会发展全局和长期战略,需要全社会所有行业的共同努力。要按照全国一盘棋,统筹好发展与安全、政府与市场、保供与节能、成本与价格,研究制定政府主导、政策引导、市场调节、企业率先、全社会共同参与的国家行动方案,整体实施、持续推进。

1. 做好顶层设计,加强政策引导

(1) 统筹制定总体方案和具体措施。出台国家行动方案,量化"碳达峰"的峰值、"碳达峰、碳中和"的具体实施路径、进度表和技术路线图。将主要指标按照统一标准分解到各行业、各地区,结合经济发展需求和承受能力,提出重点行业、重点地区梯次达峰方

案，积极稳妥推进各项工作。

（2）坚持和完善能源双控制度。健全双控管理措施，合理控制能源消费总量，严格控制能源消耗的强度，重点控制化石能源消费，同时从意识层面引导全社会全过程绿色低碳生产生活行为。完善可再生能源消纳保障机制，所有用户公平承担消纳责任。

（3）加强能源电力统一规划。发扬我国电力系统安全运行的经验和优势，坚持电网"统一规划、统一调度、统一管理"的体制优势，充分发挥大电网资源优化配置平台作用，实现"源网荷"协同联动、有效衔接。将电力系统全环节促进能源转型的重大举措、重点工程纳入国家规划，进而实现统筹协调，并且加快具体措施的落地实施。

（4）完善市场机制和价格财税政策。建设全国统一的电力市场，健全能源电力价格合理形成和成本疏导机制。健全辅助服务市场的交易机制，引导火电机组主动参与系统调节。完善抽水蓄能电价形成和容量电费分摊机制，建立储能电站投资回报机制。通过市场化的价格机制，调动用户节能降耗和参与需求侧响应的积极性与主观能动性。

（5）推动碳市场和电力市场协同发展。基于电力市场化改革成果，加快全国碳市场建设，全面建设、完善并实行碳排放权市场化交易。同时要充分考虑碳市场对于电力市场的影响，将电能价格与碳排放成本有机结合，发挥两个市场相互促进、协同互补作用，多维度提高清洁能源的市场竞争力，由用能企业承担碳排放成本，从动机上推动能源清洁低碳转型。

（6）支持低碳技术创新。设立低碳技术研发的专项科研基金，支持清洁能源电力的技术创新。支持低碳技术与管理的科研团队建设，培育相关的专家人才，鼓励各类资本进入低碳技术研发领域。

（7）加强监督检查。建立工作考核机制，制定监管措施和核查制度，协调推进各项工作措施落到实处。

2. 行业发挥实施主体作用，推动国家方案落地

（1）发电企业大力发展清洁能源，加快实施煤电灵活性改造，淘汰不达标落后煤电机组，从源头切断高污染电力生产。提升灵活调节电源的比重，建设调峰电源，发展"新能源+储能"、光热发电，提高整个供电系统的灵活调节能力。加快碳捕捉、碳封存和二次利用技术的发展，力争尽早实现零碳排放。

（2）用电企业主动响应电力系统需求，及时调整社会用电行为和用电模式，积极消纳清洁能源。工业企业加快推进绿色改造，强化余热、余气、余压重复利用，降低能耗、提高能效。

（3）重点行业加大电能替代力度，着力提升电气化水平。各个碳排放行业加强自主创新，开发应用低碳节能技术和商业模式，面向全社会推广绿色交通、绿色建筑，加快构建绿色低碳循环发展经济体系。

3. 社会民众秉持碳中和自觉，形成绿色低碳的生产生活方式

（1）坚持"绿水青山就是金山银山"理念，积极参与国土绿化行动，不断增加森林面积和蓄积量，加快山水林田湖草的系统化治理，增强自然生态系统的固碳能力。

（2）自觉开展绿色生活创建活动，全社会倡导简约适度、绿色低碳生产生活方式，引导培育绿色、健康、安全的消费潮流。

（3）大力推广使用节能环保产品，提高各个用能主体的用能水平和效率。

国家电网公司的"双碳"总体行动方案体现了从上到下的路径设计思维，从顶层设计出发，落实到行业和企业层面，同时还需要社会公众的共同努力配合。

资料来源：国务院国有资产监督管理委员会. 国家电网公司发布"碳达峰、碳中和"行动方案 [EB/OL].（2021-03-04）[2022-06-26]. http://www.sasac.gov.cn/n2588025/n2588124/c17342704/content.html.

3.1 企业碳中和责任的碳足迹记录和碳账户核算

2020年的中央经济工作会议明确指出：要抓紧制定2030年前碳排放达峰行动方案，支持有条件的地方率先达峰；要加快调整优化产业结构、能源结构，大力发展光伏发电、风电等可再生能源发电，推动煤炭消费尽早达峰；加快建设全国用能权、碳排放权交易市场，完善能源消费双控制度。在国家出台规制政策、公众环保意识逐渐提高、来自非政府组织的低碳压力甚至企业对自身环境友好型要求的背景下，企业逐渐将低碳化、绿色化纳入自身运营管理中。碳中和目标驱使企业在考虑经济利益的同时兼顾环境效益和社会效益，但兼顾环境效益和社会效益极有可能影响企业最大经济利益的实现，而如果环境效益未被清晰地量化展示，企业会缺乏向碳中和目标努力的内生动力。因此为了在实践中落实碳中和目标，宏观政策实施必须落地，将碳中和责任落实到企业组织，从上到下界定相关主体的权利、产权和责任，使企业能够清晰地"看得见"自身的碳中和责任。

二氧化碳是最常见的温室气体，但引起温室效应的气体远不止二氧化碳一种，因此本书所指的"碳"是广义的温室气体，在具体量化过程中使用二氧化碳当量（carbon dioxide equivalent）的换算方法，将不同温室气体的所有变暖影响加在一起，以便给出温室气体总排放量的单一度量。

根据温室气体核算体系，温室气体正排放降低又可分为三个范围：一是降低直接温室气体排放，包括企业直接控制或拥有的排放源所产生的排放，如生产过程中产生的温室气体、拥有的交通工具所释放的温室气体等；二是降低电力产生的间接温室气体排放，是由企业消耗的外购电力产生的温室气体排放，包括蒸汽、供暖和供冷等；三是降低其他间接温室气体排放，主要来自企业供应链中其他企业的排放。企业碳中和责任的履行旨在减少范围一到范围三的温室气体排放（见图3-1）。

企业履行碳中和责任的前提是"责任到企"，即企业首先要明确自己的减排任务，因此首先要使企业的碳中和责任"看得见"。碳达峰、碳中和政策都是国家设定的宏观环境治理目标，国家整体要从下到上盘查汇总全国的碳排放数据，并以碳盘查的结果作为阶段性碳减排的目标起点，以"2030碳达峰，2060碳中和"为时间轴，设定国家某一周期（通常以年为计划周期）的整体碳排放额度，之后从上到下开展碳配额分配；依据不同行业的碳排放特点、历史排放数据等标准，国家将整体的碳排放额度具体分配至各个行业，形成行业碳配额；而企业要履行碳中和责任，要在所属行业主动认领自身的碳配额，实现企业碳中和责任的可视化。

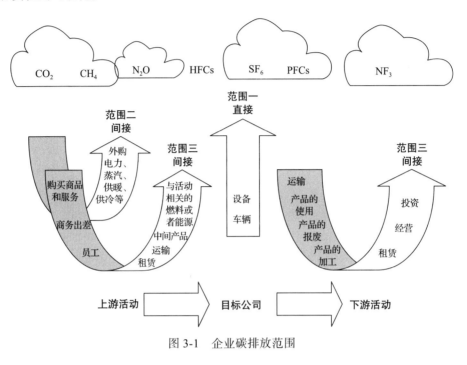

图 3-1　企业碳排放范围

注：HFCs 是氢氟碳化物，SF_6 是六氟化硫，PFCs 是全氟化碳，NF_3 是三氟化氮。

3.1.1　碳责任盘查："从下而上"的碳足迹系统

各个企业要积极响应国家政策，通过对产品进行全生命周期的碳足迹追踪，确定自身碳盘查的边界、明确自身的碳排放源，盘查碳排放量，经过汇总校验后形成企业碳排放数据。关键步骤阐述如下。

（1）确认碳盘查边界。一个企业组织可以有多个设施（例如一家企业有多个下属子公司，或者一个工厂有厂房、宿舍、食堂等），这些设施的碳排放累加后才能得到一个完整的数据，所以在进行碳盘查前，企业需要先确定自己的组织边界，也就是确定盘查范围都包括哪些设施。企业组织有两种方法来进行边界判断。一是控制权法，即对企业拥有财务或运营控制权的设施进行温室气体排放计算。其中，财务控制权是指一个企业组织有能力指导某个设施业务的财政和运营政策，以期从中获得经济利益；运营控制权是指一个组织或其子公司拥有在运营层面引入和实施其运营政策的全部权力。二是股权持分法，即基于企业对各个设施的所有权比例来进行温室气体排放计算。如果有一个设施被多家企业控股，那控股企业们需要使用相同的汇总方法。

（2）识别碳排放源。按照温室气体的三大范围进行排查梳理，具体类型如表 3-1 所示。

表 3-1 识别碳排放源

范围	类别	活动举例
范围一 直接温室气体排放	电力、热力、蒸汽或其他化石燃料制造能源产生的温室气体排放	企业内部的锅炉运行,自有发电机运行
	生产过程中由于物理、生物或化学过程造成的温室气体排放	冷媒灌注(物理过程)、啤酒酿造(生物过程)、水泥生产(化学过程)
	拥有控制权下的原料、产品、垃圾与员工交通等运输过程	公务用车排放
	逸散性气体排放	灭火器、冰箱、化粪池
范围二 间接温室气体排放	所消耗购入的外部电力、热力、蒸汽或其他化石燃料制造能源产生的温室气体排放	电力购入
范围三 其他间接温室气体排放	因组织活动引起的,而被其他组织拥有或控制的温室气体排放源	委托第三方的运输、"供—产—销"供应链共担排放、员工自用上班车辆

(3)记录活动水平数据。详细记录企业各类活动的能源消耗或排放数值。

(4)选择碳排放因子。碳排放因子是指每一种能源燃烧或使用过程中单位能源所产生的碳排放数量。一般在使用过程中,根据 IPCC 的指引,可以认为某种能源的碳排放因子是不变的,IPCC 的指南中列示了各种能源的碳排放因子。能源的种类很多,所含的热量也各不相同,为了便于相互对比和在总量上进行研究,经常将各种能源折合成标准煤来表示,标准煤也称为煤当量,具有统一的热值标准。我国规定每千克标准煤的热值为 7 000 千卡(29 307.6 千焦)。常见能源的换算标准如表 3-2 所示。

表 3-2 最终能源与标准煤的换算系数表

能源名称	平均低位发热量(KJ/kg)	折标准煤系数(kg 标煤)	能源名称	平均低位发热量(KJ/kg)	折标准煤系数(kg 标煤)
原煤	20 934	0.714 3	煤油	43 124	1.471 4
洗精煤	26 377	0.900 0	柴油	42 705	1.457 1
洗煤煤泥	8 374	0.285 7	液化石油气	47 472	1.619 8
焦炭	28 470	0.971 1	天然气	35 588	1.214 3
原油	41 868	1.428 6	焦炉煤气	16 746	0.571 4
燃料油	41 868	1.428 6	其他煤气	10 463	0.357 0
汽油	43 124	1.471 4			

资料来源:1. IPCC 于 2019 年发布的《IPCC 2006 年国家温室气体排放清单指南 2019 修订版》。
2. 国家统计局能源统计司.《中国能源统计年鉴:2020》[M]. 北京:中国统计出版社,2021.

1 吨标准煤完全燃烧产生的"二氧化碳(CO_2)"的碳排放因子(单位:吨碳/吨标煤)是:国家发展和改革委员会能源研究所推荐值为 0.67,日本能源经济研究所参考值为 0.68,美国能源部能源信息署参考值为 0.69。

(5)计算碳排放量。企业碳排放量=活动水平数据×碳排放因子。

基于各个企业的碳盘查，各个行业汇总核查行业内所有企业的碳排放量，形成行业碳排放总量；最终通过汇总核查明确某一周期内全国的碳排放总量，并以此作为国家设计整体碳减排目标的起点。"从下而上"的碳足迹系统将碳排放量从企业层面一直汇总至国家层面，盘查摸清了企业、行业乃至国家阶段性碳排放的"家底"，如图3-2所示。

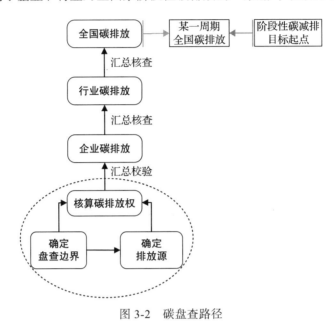

图 3-2　碳盘查路径

3.1.2　碳责任落实："从上而下"的碳配额分配

1. 宏观层面碳责任落实

基于阶段性碳盘查的结果，国家设立阶段性的碳减排目标，据此设定国家某一周期的整体碳排放额度。一方面利用"政府之手"发挥行政力量，设立法律法规，设置"碳税"管控系统，确立行业标准，将碳中和目标纳入国民经济和社会发展规划，组织编制和实施相关的中长期专项规划和年度计划，强制性规划不同产业、行业的碳中和责任，为各个行业分配免费的碳配额；另一方面利用"市场之手"发挥市场力量，为企业碳减排等技术提供价格信号和激励，构建碳交易市场，配套设置社会碳审计职能，引导不同产业、行业的企业自觉履行碳中和责任，激活碳配额的市场属性。

在宏观层面的整体碳配额下，依据行业碳排放特点、行业历史排放数据等标准，将碳配额分配至各个行业；再依据行业标准，结合企业的发展阶段、经营规模、能源技术水平、生产结构和能源结构等因素，利用空间联立方程组估算出适应企业的"合理碳排放量"，分配恰当的免费碳配额。

2. 中观层面碳责任落实

在碳配额的约束下，企业需要规划自身的碳减排任务，首先要规划独立排放的减排任务，包括企业内部的、无须与其他组织和个人划分责任的碳减排责任，即 GHG 划定的范围一和范围二的碳减排责任；其次也要规划共担排放的减排任务，即 GHG 划定的范围三的碳减排责任。具体而言，一家企业范围一的碳减排需要降低直接温室气体排放，包括企业直接控制或拥有的排放源所产生的排放，如生产过程中产生的温室气体，拥有的交通工具所释放的温室气体等；范围二的碳减排则需要降低电力产生的间接温室气体排放，是由企业消耗的外购电力产生的温室气体排放，包括蒸汽、供暖和供冷等。除此以外，企业碳减排责任还包括与供应链上下游共同承担的碳减排责任，即范围三的碳减排责任，如降低其他间接温室气体排放，这主要来自企业供应链中其他企业的排放，需要与上下游合作谈判，分解出企业在供应链交点处的碳减排责任。

3. 微观层面碳责任落实

企业结合企业内部部门的具体职能，将碳减排责任分配至各个部门和部门员工，各个部门及其员工明确各自的碳减排任务。其中，员工的碳减排责任可以分为工作场景的碳减排责任与生活场景的碳减排责任。工作场景的碳减排责任由所属部门依据员工的工作属性予以分配，生活场景的碳减排责任具有全社会公民的普适性，由国家环保部门进行统一规定。

至此，"从上而下"的"看得见"的立体式碳责任分配系统完成构建（见图 3-3）。

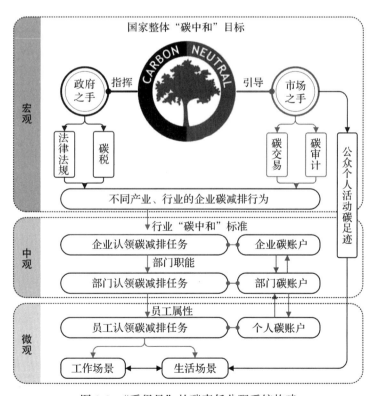

图 3-3 "看得见"的碳责任分配系统构建

> 碳中和聚焦 3-1

碳足迹

　　碳足迹的概念来源于生态足迹，主要是指在人类生产和消费活动中所排放的与气候变化相关的气体总量，相对于其他碳排放研究的区别，碳足迹是从生命周期的角度出发，分析产品生命周期或与活动直接和间接相关的碳排放过程。碳足迹的计算通常有四步：选择计算中要包括的气体排放源、收集燃料用量的数据、查询碳排放因子及计算碳足迹。

　　资料来源：REES W E. Ecological footprints and appropriated carrying capacity: what urban economics leaves out[J]. Environment and urbanization,1992(2):121-130.

3.1.3　碳责任量化：碳账户的构建

　　构建了"从上而下"的立体式碳责任分配系统后，需要进一步数字化碳责任，将碳减排责任以具体的数量落实到各个层级，因此需要设计与立体式碳责任分配系统配套的碳排放的确认、计量、记录和报告碳资产的碳账户。

　　首先，为了计量碳排放，将碳排放数字化，需要建立一套独立的第三方碳排放核算标准，在整个碳账户系统中一贯执行。在国际层面上，IPCC 公布了《国家碳排放核查清单指南》，目前部分发达国家根据这一指南形成了国家层面的碳排放核算体系。除此以外，国际标准化组织（ISO）制定了 ISO 14064 标准体系，也为第三方核算机构提供了碳排放核算体系。在碳账户建立初期，我国可以借鉴国际标准，随着我国的碳中和责任履行的深入，要逐渐建立更符合国内需求的中国碳核算标准。

> 碳中和聚焦 3-2

国际碳排放核算体系 ISO 14064

　　2006 年 3 月 1 日，国际标准组织 ISO 发布了关于温室气体排放标准 ISO 14064。作为一个温室气体的量化、报告与验证的实用工具，ISO 14064 应用于企业量化、报告和控制温室气体的排放与消除。

　　ISO 14064 标准由三部分组成，包括一套温室气体计算和验证准则，为政府和工业界提供了一系列综合的程序方法，旨在减少温室气体排放和促进温室气体排放交易。标准规定了国际上最佳的温室气体资料和数据管理、汇报和验证模式。组织可以通过使用标准化的方法，计算和验证排放量数值，确保 1 吨二氧化碳的测量方式在全球任何地方都是一样的。这使排放声明不确定度的计算在全世界得到统一。

　　ISO 14064-1 是组织层次上对温室气体排放和清除的量化和报告的规范及指南。它详细规定了设计、开发、管理和报告的组织或公司温室气体清单的原则和要求。它包括确定温室气体排放限值，量化组织的温室气体排放，清除并确定公司改进温室气体管理具体措施或活动等要求。

ISO 14064-2 作为项目层次上对温室气体减排和清除增加的量化、监测和报告的规范及指南，着重讨论旨在减少温室气体排放量或加快温室气体清除速度的温室气体项目（如风力发电或碳吸收和储存项目）。它包括确定项目基线及与基线相关的监测、量化和报告项目绩效的原则与要求。

ISO 14064-3 作为温室气体声明审定与核查的规范及指南，阐述了实际验证过程。它规定了核查策划、评估程序和评估温室气体等要素。这使 ISO 14064-3 可用于组织或独立的第三方机构进行温室气体报告验证。

资料来源：IPCC 官网，ISO 官网。

其次，碳账户要与"从上而下"的立体式碳足迹系统适配，因此也要"从上而下"层层构建碳账户系统，既要能分层独立运行，又要能满足整体核算。

1. 宏观层面碳责任量化

国家以整体实现碳中和为目标，依据"双碳"目标实现的进程动态规划每一阶段的整体碳资产，设置国家整体的总碳账户。然后依据国民经济体系中不同产业、行业的特点，将碳减排的任务细分到不同的产业乃至行业，通过法律法规规范企业的碳排放行为，并同时为各个产业、行业设置碳排放配额，设立各个产业的碳账户，乃至各个行业的碳账户。

2. 中观层面碳责任量化

根据行业碳账户中的碳资产额度（即碳配额），各个企业按照规模与属性主动认领碳减排任务，设立企业碳账户，全过程记录并量化碳减排水平。在企业的碳账户中，企业碳排放后结余的碳配额是企业的碳资产；企业超出配额的碳排放是企业的碳负债，不同行业要设置本行业内的碳负债预警值，在预警值之内企业要为碳负债承担高昂的碳税，并通过购买碳配额、碳汇等市场手段抵消多余的碳排放；且碳负债超出预警值的企业要为碳负债承担法律责任，由此控制企业过度追求购买配额或碳汇，不竭尽全力开展碳减排；碳账户中的碳资产和碳负债通过科学的算法进行货币化，企业可以在国家法律法规允许的范围内，依据行业标准进行碳交易。

具体而言，企业的碳账户运营程序如下。

（1）碳排放与碳配额的记录。基于产品碳足迹的企业碳盘查系统实时记录了企业某一周期的碳排放量，还包括企业从碳配额系统中认领的归属本企业的免费碳配额，以及通过碳交易市场购买的额外的碳配额。碳账户系统要与碳足迹系统和碳配额系统实时联动，记录企业的碳排放与碳配额。

（2）确认与计量碳资产/碳负债。企业的碳账户中，某一周期内碳配额与碳排放之差为正则确认为该周期内的碳资产，为负则确认为该周期内的碳负债。

（3）碳账户记录。企业将碳账户的记录纳入财务报表的管理体系，按照一定的周期进行确认、计量与记录，并定时接受碳审计；将碳账户中的碳资产与碳负债按照科学的算法货币化，进而连通财务报表与碳账户。

企业在统一的量化标准下，依据各个部门的职能、员工数量等关键因素，将碳减排任务量具体分配到各个部门，各个部门设置部门碳账户，部门碳账户是企业碳账户的子账户；每个部门都有一定的碳排放额度，构成部门的碳资产，部门超出额度的碳排放也会形成部门的碳负债。

碳中和聚焦 3-3

碳配额

建立碳账户系统，实现碳资产管理的一个重要前提是"从上而下"整体规划碳配额分配，理想成熟的碳配额分配方案需要进行不断的探索与改进，并与国家、产业、行业乃至各个企业碳排放总量控制的总体目标匹配，但是目前所有的方案与模式都是刚刚起步，尚处于摸索前行阶段，我国尚在开展国家碳排放总量控制目标和地方碳排放总量控制目标分解的研究与制定工作。当前阶段必须充分考虑现实，厘清起步阶段面临的困难，由于历史排放数据缺乏、经济发展不确定性大、覆盖范围不一致等原因，根据全国总量确定配额总量的不确定性和技术难度较大。因此在碳市场建设初期，地区碳排放总量控制目标并不是碳市场总量控制的前提，两者并不直接挂钩。

首先，由于覆盖范围不同，碳排放总量控制和碳市场配额总量的两个"总量"的定义有较大区别，因此不具有可比性。碳市场总量只计算重点排放行业及企业的管控气体，仅占地区碳排放的一部分，且计算直接排放与间接排放，而地区碳排放总量控制则针对地区所有行业和所有温室气体的直接排放。

其次，两者的测算相对独立。理论上碳市场配额总量的测算有两种方式。一是根据国家碳排放总量测算，二是根据纳入企业的配额分配结果测算。当前阶段的实践中，"先分配后定总量"已被证明是一种可行的方法，并在国内各试点中得到了广泛应用，欧盟体系也应用了此方法，由于中国和欧盟在两级管理体制、历史排放数据缺乏等方面具有极大的相似性，因此在配额总量设计的思路上可以借鉴欧盟的经验，采取"先分配后定总量"的方法确定碳市场总量，而不依赖于地区的总量控制目标。

因此，在碳市场建设初期，碳市场配额总量并不依赖国家和地区碳排放总量，而是为地区碳排放总量控制提供数据支持。实现"双碳"目标任务艰巨，需要长远规划，久久为功，在初期起步阶段要结合实际，充分考虑现实困难，灵活调节方案。碳市场的配额总量控制需根据国家和地区碳排放总量控制目标制定，在具体的工作中需要相互结合，相互支持。

3. 微观层面碳责任量化

设立个人碳账户，推动企业碳账户、部门碳账户及员工的个人碳账户实现对接，使得货币化的碳排放可以在企业碳账户、部门碳账户和个人碳账户之间流通。个人碳账户记录的信息分为两大模块：工作场景与生活场景。工作场景的个人碳账户是部门碳账户的子账户，确认员工在工作期间的碳减排行为，并量化记录员工的"碳资产"与"碳负债"，企业配套规章制度对员工的低碳行为予以监督与激励。生活场景的个人碳账户记录员工在生活中的碳减排行为，例如低碳出行、环保购物、绿色消费、二手回收等生活行为，生活场景的碳减排行为具有全社会公民的普适性，由国家环保部门进行统一规定，然后结合个人碳账户中记录的员工在生活场景中的碳减排行为数量，量化生活场景下的员工碳减排行为，由个人碳账户确认并记录。员工的个人碳账户中，工作场景与生活场景的碳账户是可以流通的，企业将员工个人碳减排形成的低碳资产折算为货币价值，向员工发放低碳奖金，购买个人碳账户中的碳资产。具体结构如图 3-4 所示。

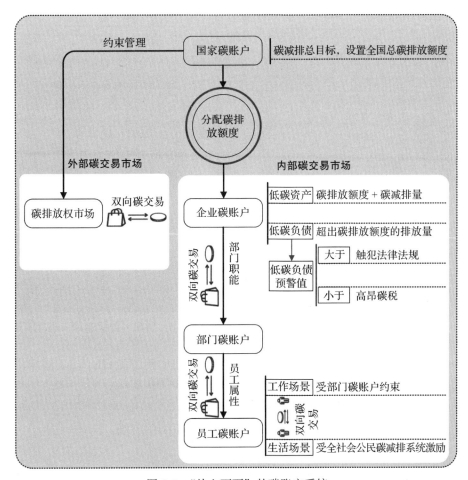

图 3-4 "从上而下"的碳账户系统

碳中和聚焦 3-4

"低碳星球"项目

在面临碳达峰、碳中和这一巨大挑战时，减碳不只是企业的任务，更与我们每个人息息相关。在国家的宏观政策的引导下，推出全民参与的碳普惠活动对助力国家顺利完成

"双碳"目标具有重大意义。

2021年12月17日,作为面向公众的碳普惠平台,"低碳星球"小程序正式上线(见图3-5)。这一小程序由光明日报全媒体、深圳市生态环境局、深圳排放权交易所、腾讯公司联合出品,是深圳落实碳普惠工作体系的重要一步。

"低碳星球"小程序以腾讯地图与乘车码为基础,关注公众绿色出行低碳生活场景,运用科学的方法测算个人碳足迹与碳减排量,并通过一系列碳积分的积累与奖励制度来鼓励公民实现绿色出行,积极参与碳减排活动。在"低碳星球"小程序内共有9大主题星球。在每一个主题的"低碳星球"中还设置了相关彩蛋,点击不同图标会出现不同信息与使用者互动,描述星球现状。用户在微信内搜索"低碳星球"小程序,或在使用腾讯地图App和乘车码微信小程序之后,即可点击进入"低碳星球"。进入小程序首页后,用户将授权建立个人"低碳星球"碳账户并生成一张个人碳账户认证图,领用一颗属于自己的"星球"。随着用户公共出行次数以及微信步数的增加,小程序中的"低碳星球"小游戏将不断累积成长值,逐渐解锁出"沐光之森、绿能群岛、海绵绿都"等不同主题形态,让用户亲身感受从灰霾天空到碧空如洗、从工业城市到低碳家园的奇妙变化。同时,市民使用腾讯乘车码搭乘公交、地铁,每一次绿色出行,减少的二氧化碳排放量,都能获得相应碳积分。该小程序还与腾讯乘车码的兑换商店进行联通,实现相应的积分礼品兑换,进一步激发用户的参与热情。

图3-5 腾讯"低碳星球"小程序页面展示

资料来源:央广网.深圳试点碳账户:用"低碳星球"小程序可积累碳积分[EB/OL].(2021-12-18)[2022-06-26]. https://baijiahao.baidu.com/s?id=1719448247002376372&wfr=spider&for=pc.

碳中和聚焦3-5

企业的碳账户运用举例

某ABC公司属于一家互联网企业,其为了响应国家号召,助力碳达峰、碳中和目标的实现,主动认领碳减排任务并设立企业碳账户。

首先,该企业结合自身情况确定适合本企业的有效碳减排行为。ABC公司着眼自身,将"加快实现自身运营的碳中和"作为目标,提出"减排和绿色电力优先、抵消为辅"的原则。由于其楼宇及数据中心用电间产生的碳排放占比较大,该公司通过建设绿色数据中心、使用零排放的可再生能源电力来缓解这一问题,比如将数据中心建设在水电资源充沛的贵州、风电和光电资源充沛的河北怀来等，还制定设计了整体绿色电力交易策略，锁定风电光伏项目。同时，ABC公司还持续多年推进办公大楼节能工作，进行低碳节能改造。

之后，ABC公司为了能准确计量企业碳排放，在公司内部装有100多个能源采集器，对企业能耗进行监测。由监测可知，ABC公司拥有或控制的温室气体排放源所产生的直接排放量为2万吨。根据测算，ABC公司购买的电力或其他能源所产生的温室气体间接排放量约为20万吨。

假设该公司的额定碳排放量为25万吨，由上述数据计算得出其采购碳排放量与生产碳排放量之和为22万吨，而该企业在2021年度通过销售转移碳排放量为3万吨。根据碳减排公式：碳减排量＝额定碳排放量－实际碳排放量，可知ABC公司2021年度碳减排量为6万吨。

企业碳会计负责将上述数据记录进企业碳账户。通过碳排放核算报表纳入企业财务报表体系，并及时进行录入调整。

3.2 企业碳中和责任的认领机制

"从下而上"的碳盘查系统为国家制定阶段性的碳减排目标提供了依据，进而通过"从上而下"的碳责任分配系统，将国家整体的碳排放额度落实到行业，企业进而在所属行业主动认领自身的碳配额，并通过碳账户系统实现了企业碳中和责任的可视化，使企业"看得见"自身的碳中和责任。然而，"看得见"的前提条件是企业自觉主动从所属行业认领碳中和责任，真正将碳中和思维纳入企业发展战略之中。企业以自身的碳中和自觉为导向，从所属行业充分认领碳中和责任，实现碳中和责任的"认得够"目标，这样才能在生产经营过程中实施具体的碳中和规划。企业愿意认领碳中和责任涉及了企业碳中和自觉性的驱动，具体包括：树立企业碳中和自觉和树立员工碳中和自觉。总体框架如图3-6所示。

3.2.1 企业碳中和自觉的影响因素分析

为了寻求企业认领碳中和责任的动因，本书将建立"碳中和自觉"模型，分析促使企业主动认领碳中和责任的驱动因素。企业碳中和自觉的建立，既有外部驱动因素，又有内部驱动因素。企业谋求节能减排的绿色发展是顺势而为，因此，宏观政策导向是一个重要的外部驱动因素。市场交易的碳排放定价机制将有效识别不同企业的排放和生产效率，通过价格—成本传递，形成有效的优胜劣汰，导致高碳的企业面临越来越大的竞争压力，最终促使碳排放资源向效率优先的产业、地区和企业转移。因此，企业应对碳交易市场的竞争挑战的过程就是认领碳中和责任的过程，进而使得碳交易市场的构建也是一个重要的外部驱动因素。此外，随着碳中和理念的不断推进、深入人心，消费者逐渐构建起低碳的消费理念，偏好低碳商品。此时，企业为了迎合消费者喜好、抢占市场，也会主动认领碳中和责任。因此，消费者的低碳偏好也成为企业碳中和自觉的重要外部驱动因素。

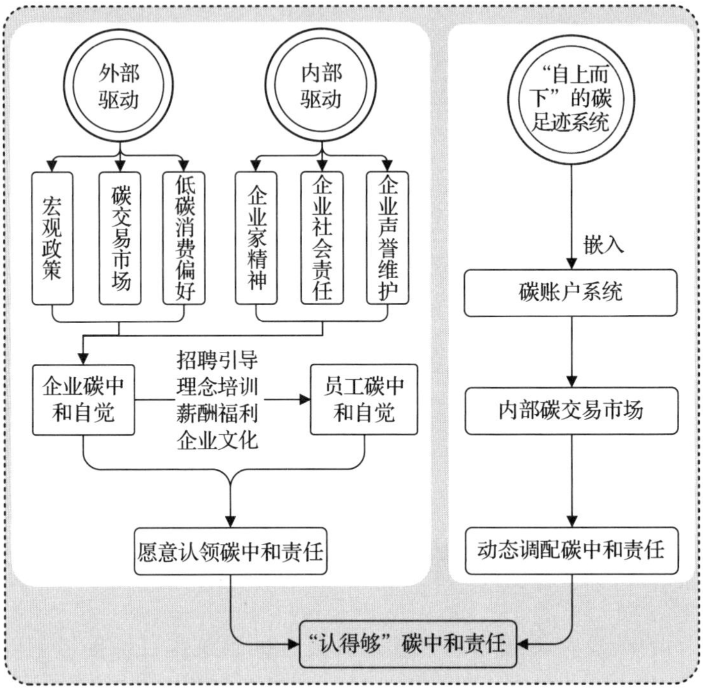

图 3-6　"认得够"碳中和责任确认体系

就企业内部而言，企业家秉承"生态环境更美丽，人类生活更美好"的高层次发展理念，将引导企业向着碳中和目标努力，因此企业家精神是企业碳中和自觉的重要内部驱动因素；环境责任本身就是企业社会责任框架中重要的组成模块，因此社会责任的履行也会促成企业的碳中和自觉，这也是企业碳中和自觉的内部驱动因素；在政策引导、市场推进的碳中和氛围下，企业是否主动承担碳中和责任、承担多少碳中和责任，都将影响社会对企业的评价，因此企业声誉维护也是企业碳中和自觉的内部驱动因素。

综上所述，宏观政策的引导、碳交易市场的构建、消费者对低碳产品的偏好构成了企业碳中和自觉的外部驱动机制；企业家精神、企业社会责任的履行、声誉维护需求等构成了企业碳中和自觉的内部驱动机制。外部驱动与内部驱动共同作用，促使企业建立更成熟的碳中和自觉，主动认领足够多的碳中和责任。

3.2.2　员工碳中和自觉的影响因素分析

企业推行碳中和理念离不开员工这一重要的内部利益相关者的参与和贡献，那么，企业应如何增强员工对碳中和议题的认知和参与？对员工而言，企业的人力资源管理实践对其工作态度、动机和行为具有有效且深远的影响。因此，企业推行绿色碳中和理念，需要通过人力资源管理实践活动将环境保护、碳中和的理念融入员工日常工作中，即通过可持续性人力资源管理深化员工的可持续发展理念、提升员工的碳中和自觉，从而促使员工参与碳中和实践。

作为一种将环境管理与人力资源管理结合起来的人力资源管理方式,可持续性人力资源管理强调通过人力资源管理职能模块的绿色化、可持续化来影响员工绿色碳中和的能力、动机和参与。具体而言,企业可重点在招聘、培训、绩效管理与评估、薪酬福利等方面实施可持续性人力资源管理。

在招聘过程中,企业可以在职位说明书中明确绿色碳中和议题,注重描述企业的可持续发展战略,以便展示企业的环保价值观以及碳中和政策与承诺。在招聘面试中,可以加入可持续发展及碳中和相关问题,以吸引和选拔在环保方面具有潜力的应聘者。

在员工培训开发过程中,可持续性人力资源管理相关的培训主要包括两个方面,一是对员工进行企业环保制度、方针政策及环保文化方面的培训,二是对员工环境管理相关技能和专业知识进行培训。专门的培训开发活动能有效促进员工对环保政策的服从、提高员工的环保责任感、增强员工的碳中和自觉,而且能促进员工参与绿色碳中和实践。

在绩效管理与评估过程中,可持续性人力资源管理将绿色指标、环保绩效管理纳入绩效管理系统。企业可实施的绩效管理手段包括向员工明确碳中和目标与责任、有效衡量绿色环保绩效、在绩效评价过程中纳入环保目标、针对没有实现的碳中和目标设立惩罚制度、征集员工想法用于下一步绩效评估、向员工提供有效的反馈等,确保使每一位员工都参与到环保绩效评价系统,从而提升员工的碳中和自觉。

在薪酬福利制定中,可持续性人力资源管理将环境管理纳入薪酬福利制度,即环境薪酬。当员工为企业碳中和目标做出贡献(如帮助企业减碳的成本)时,企业应把节省下来的成本部分用于奖励这些员工。除货币薪酬之外,企业还可以提供非货币薪酬和福利来奖励有助于碳中和的员工,如提供带薪休假、停车场优先选择权、礼品券等。当员工为企业碳中和及环境管理建言献策时进行"认可奖励",给予其表扬等,这些非经济奖励也能激发员工的积极性。

在授权员工参与中,企业应提升员工参与碳中和的积极性。企业应当培养一种关注可持续发展的组织文化,增强员工授权,使员工心理上得到满足,鼓励全体员工自由参与碳中和实践以及为企业碳中和的实现提出合理的建议。

碳中和聚焦 3-6

绿色员工管理

绿色人力资源管理开始逐渐受到关注,形成一个全新的研究领域。绿色员工管理作为绿色人力资源管理的最核心内容,是绿色发展理念在企业人力资源管理领域最重要的体现。企业可以通过调整企业结构、管理制度、计划活动来应对自然环境变化带来的挑战。环境管理能为企业带来较好的经济效益,越来越多的企业开始将环境管理理念引入到企业管理领域。在实施过程中,需要企业人力资源管理各项职能的协调配合。

资料来源:MCCLOSKEY J, MADDOCK S. Environmental management: its role in corporate strategy[J]. Management decision,1994,32(1):27-32.

3.3 企业碳中和责任的内部分解

通过核算，企业能够清晰地"看得见"自身的碳中和责任，同时充分认领碳中和责任并"带回内部"，接下来需要准确分解，真正落在企业生产经营各个具体的环节，才能实现将碳中和责任真正"责任到人，落到实处"。"分得准"也是关键的一环，根据温室气体核算体系所划分的三个范围的温室气体排放，范围一和范围二温室气体正排放的降低依赖于企业内部分解碳中和责任；范围三的温室气体正排放降低需要在企业所处的供应链系统中合理分解。本节集中介绍企业范围一和范围二温室气体正排放，即企业内部分解碳中和责任。第 8 章详细介绍了供应链碳中和的内容。

3.3.1 企业内部碳中和责任的归集与分配

企业生产活动直接和间接所产生的碳排放是碳中和的首要解决对象。在企业生产过程中，各个职能结构之间的碳排放是相互关联的，这种相互关联、相互影响的关系不是简单的线性关系，受不同机理的影响，企业碳足迹呈现复杂非线性关系。为了能合理测算企业应当主动认领的碳中和责任的量，并在企业内部合理划分碳中和责任，我们秉承"先归集后分配"的逻辑，提出企业内部碳中和责任的分配路径需要遵循六步流程，如图 3-7 所示。

图 3-7 企业内部碳中和责任的分配路径

第一步，将企业内部所有的碳排放按照来源归集为三大类：企业碳足迹是指为支持企业正常生产运营而消耗的能源、物料和废弃物等的直接或间接碳排放有关的物质和能源。企业碳排放主要来源是物料消耗和能源消耗，其中能源消耗包括电能和其他能源消耗（如原煤、天然气、汽油、压缩气体等）；物料消耗包括原材料消耗和工艺辅助物料消耗；废弃物主要是指废水、废气和废渣等。依据碳排放的来源设置基础计量单位，按照国际通用碳排放计算系数为计算依据测算每种来源下的碳排放量，统计出整个企业不同来源的碳排放量。

第二步，将企业内所有具有碳减排潜力的因子归集起来，包括人员、设备、物料、管理、技术、环境等因素。人员是指企业全体员工，人员对企业碳排放的影响是最关键的，管理层的低碳运营理念、员工的节能减排意识、车间工作人员的合格操作技能等，都将对企业碳减排产生积极影响，通过对人进行评估和分析，测算人为因素可以减排的比例。设备是企业碳排放的主体，也是管理的主要对象所在，设备超期使用、不当操作等不仅会影响生产的正常进度，也会导致碳排放的增加，通过对设备的状况及改进空间进行评估与分析，测算设备因素可以减排的比例。物料贯穿于制造业的生产经营全过程，主要有物料供应、物料使用和库存控制，物料的消耗如何降低，如何使用生产效率更高的物料，都将影响企业的碳减排，通过对物料进行评估与分析，测算企业主要消耗物料可以减排的比例。管理约束整个企业的生产经营活动，通过评估企业的维修制度、监督制度、节能减排宣传制度等，测算企业在可行空间内提升管理水平可以减排的比例。技术是企业所应用的制造技术，技术的先进程度决定着企业的资源利用率，需要通过对比行业领先水平，遵守行业减排标准，评估企业工艺提升的空间，测算企业技术提升可以减排的比例。环境是整个企业所有职能区域的公共环境，通过排查整个环境中的碳排放来源，详细记录并评估企业内部耗能、耗料、产生废物的过程，测算可以节能减排的比例。

第三步，基于碳足迹量化记录的归集与分配得到的历史碳排放数据，测算出企业各种类型的碳排放比例，以及碳减排潜力因子测算的潜在碳减排比例，构建空间联立方程组估算出适应企业的"合理碳排放量"。

第四步，计算企业的碳减排目标，将企业现在发生的年度碳排放量与上一步骤中测算出的企业年度"合理碳排放量"相比较，二者的差额即企业的碳减排目标，是企业要主动认领的碳中和责任。

第五步，将企业内部不同来源的碳排放量分配到各个职能区域中。以生产制造为主要活动的企业，主要包括生产区、库存区、办公区、生活区和其他区。在生产经营过程中，依靠碳足迹量化系统全过程跟踪记录，所有职能区域都在碳账户系统中详细记录各种来源的碳排放量。对每个职能区域中的人员、设备、物料、管理、技术、环境等因素进行评估与分析，测算出每个职能区域的潜在碳减排比例，至此，整个企业不同来源的碳排放量以及整个企业的潜在碳减排比例都分配到了五个职能区域中，实现了企业内部碳中和责任的分解。

第六步，各个企业依据自身的生产经营特征，将所有部门归类于五个职能区域之中。同样是依靠碳足迹量化系统全过程跟踪记录，所有部门都在碳账户系统中详细记录各种来源的碳排放量。对每个职能区域中的每个部门的人员、设备、物料、管理、技术、环境等因素进行评估与分析，测算出每个部门的潜在碳减排比例。至此，每个职能区域的所有来源的碳排放量以及潜在碳减排比例均分配到了各自区域管辖的部门之中，实现了企业部门碳中和责任的分解。

以上步骤的总体实施路径如图3-8所示。

3.3.2 企业碳中和的内部定价与交易

在企业内部归集与分配碳中和责任后，碳中和责任要落实到岗、落实到人，企业内部在归集与分配的过程中，已经形成了内部的碳市场，涉及了企业碳中和的内部定价与交易，具体分析如下。

将企业整体的碳中和责任测算并分解到各个职能区域之中，乃至各个部门之中后，还需要通过企业内部碳中和定价构建企业内部的碳交易系统，进而将碳中和责任适度市场化，激发企业各个职能区域、各个部门履行碳中和责任的主观能动性，并利用内部市场合理动态调配企业内部碳中和责任的划分。

企业内部的碳定价依然是基于所建立的碳账户系统，依据国际统一或国内统一的碳核算标准设置单位碳定价。在企业的碳账户中，企业的碳排放额度是企业的碳资产；企业超出额度的碳排放是企业的碳负债；通过归集和分配，企业的碳中和责任分解到五大职能区域模块中，各个职能区域设置碳账户，核算职能区域范围内的碳资产和碳负债；进一步分解后，各个职能区域中的部门设置部门碳账户，核算部门内的碳资产和碳负债；个人碳账户记录的信息分为工作场景与生活场景两大模块，其中员工在工作期间的碳减排行为可以量化记录员工的碳资产与碳负债。

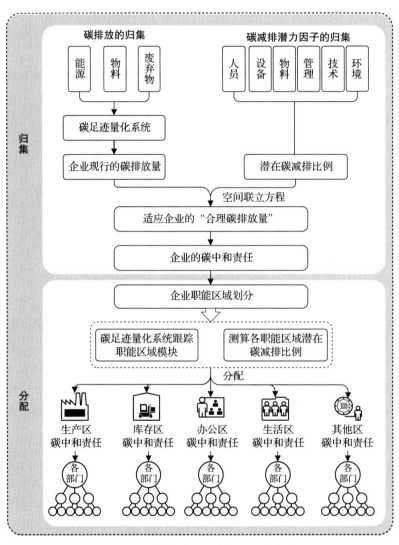

图 3-8　企业内部碳中和责任的归集与分配

碳中和聚焦 3-7

企业内部碳排放额度的分配举例

ABC 公司内有四大职能部门，具体包括技术研发部、市场运营部、行政人力审计部以及信息公关部。ABC 公司 2021 年的碳排放额度为 25 万吨。其将碳排放额度分配到各个职能部门之中,根据测算每个部门的合理碳排放量应如下:技术研发部 10 万吨、市场运营部 7 万吨、行政人力审计部 4 万吨以及信息公关部 4 万吨。而 ABC 公司 2021 年度各部门实际碳排放量为:技术研发部 11 万吨、市场运营部 4 万吨、行政人力审计部 2 万吨以及信息公关部 2 万吨。因此,计算可知,ABC 公司技术研发部碳排放量高于额定 10 万吨,即碳负债增加 1 万吨;市场运营部低于额定碳排放量 3 万吨,即碳资产增加 3 万吨;行政人力审计部低于额定碳排放量 2 万吨,即碳资产增加 2 万吨;信息公关部低于额定碳排放量 2 万吨,即碳资产增加 2 万吨。由此,2021 年度该公司技术研发部碳资产总额为 9 万吨,市场运营部碳资产总额为 10 万吨,行政人力审计部碳资产总额为 6 万吨,信息公关部碳资产总额为 6 万吨。

W 为 ABC 公司市场运营部的一位员工,其 2021 年度个人碳账户中碳排放额度为 15 吨。2021 年,W 在工作环境里通过随手关闭电脑电源、减少使用打印机与复印机次数、下班前提前半小时关掉空调等减排行为实现排放二氧化碳 7.9 吨,在生活环境里通过乘坐交通工具上班、吃饭自带饭盒、节约用电等减排行为实现排放二氧化碳约 6 吨。可知 W 2021 年度共排放约 13.9 吨二氧化碳,实现碳减排 1.1 吨,个人碳资产增加 1.1 吨,碳资产总额为 16.1 吨。

企业在内部的整个组织框架中构建了完备的碳账户系统后,就可以设置企业内部的碳交易市场(企业碳账户、职能区域碳账户、部门碳账户以及员工的个人碳账户)实现对接,统一标准的碳核算保证碳资产可以在企业碳账户、职能区域碳账户、部门碳账户和个人碳账户之间流通。同时,在员工的个人碳账户中,工作场景与生活场景的碳账户也是可以流通的。因此,企业内部从上到下依据自身的需求可以进行双向碳交易,依据碳排放的需求及碳减排的潜力买卖碳资产,企业设置针对各个层级的碳负债预警值,对于超额的碳排放进行约束与惩罚。

企业内部的碳交易有助于构建碳减排的激励体系,促进企业内部职能区域的碳减排潜力探索、各个部门的碳减排技术创新,乃至员工个人的低碳工作及生活行为习惯养成;同时企业在整体认领的碳中和责任范围内,通过构建超额碳排放的预警线,并设置各个层级的碳负债预警值,有利于引入超额碳排放的约束惩罚机制。激励机制与惩罚机制并行构建,双管齐下,才能构建稳定、向好的企业内部碳交易市场,驱动企业上下共同向着碳中和目标努力。

3.4 企业碳资产核算工具

企业碳中和责任确认的过程始终贯穿碳排放的核算量化,随着国家"双碳"政策和有关法律的陆续出台,越来越多的企业需要披露碳排放信息,进而确认碳中和责任,履行减排义务。因此需要工具化口径统一的碳排放核算体系,碳资产核算表未来将与企业三大财务报表并列,成为政府、企业管理者、投资人以及其他利益相关者使用的第四张报表。

3.4.1 碳资产核算表的设计

碳资产核算表既要满足对企业"供—产—销"全流程的碳排放量可视化列示需求，进而为企业碳减排提供决策依据；又要满足对企业碳资产的货币化需求，与传统的三大财务报表关联钩稽，进而对接碳市场交易，并为企业的碳减排效益考核提供数据支撑。基于如上要求，我们设计的碳资产核算表样表如表3-3所示。

表3-3 碳资产核算表

项目	本期数量/吨	本期金额/元	上期数量/吨	上期金额/元
一、碳配额				
免费取得的碳配额				
购入取得的碳配额				
其他方式取得的碳配额				
碳配额总额				
二、碳排放				
采购碳排放				
生产碳排放				
碳排放小计				
销售转移碳排放				
碳排放转移小计				
经营产生碳排放净额①				
三、碳资产净增加额				
期初碳排放权资产余额				
四、期末碳排放权资产余额②				

注：1. 初始计量单位为吨，指所有温室气体转化的二氧化碳当量。
  2. 货币化的计量单位为元，碳排放的货币化金额 = 碳排放数量 × 单位碳排放的期末公允价值（我国碳排放权交易市场的期末收盘价）。
① 经营产生碳排放净额 = 采购碳排放 + 生产碳排放 - 销售转移碳排放
② 期末碳排放权资产余额 = 期初碳排放权资产余额 + 碳配额总额 - 经营产生碳排放净额

首先，企业需要核算碳配额总额，包括免费获取的碳配额、碳交易市场购入的碳配额以及其他方式取得的碳配额。碳配额的总额构成了企业的碳资产总额。其次，企业在"供—产—销"等各个环节上都会形成碳排放，需要分别记录计量，并统一进行核算；同时，在销售环节根据合理的比例系数，将全部或部分碳排放转移至产品使用者；通过碳排放总额减去碳排放转移的额度，核算出企业经营活动产生的碳排放净额。最后，碳配额总额减去碳排放净额即可核算出本期的碳资产增加额，并依据上期结转的碳资产额度，核算出企业期末的碳资产余额。

3.4.2 碳资产核算表科目与会计科目的联动关系

碳资产核算表中详细核算了当期经营活动产生的碳排放（经营产生碳排放净额 = 采购

碳排放额＋生产碳排放额－销售转移碳排放额），而采购、生产和销售的每个环节都会体现在当期的账务处理中，从而使得碳资产核算表科目与会计科目具备数据的协同联动效果。

1. 采购环节

企业向上游供应商购入原材料，财务报表中当期的存货增加，按照消费端承担所有碳排放的原则[①]，上游供应商将售出的原材料相关的碳排放全部转移到企业，企业碳资产核算表中的"采购碳排放"增加；因此，资产负债表中的"存货"增加，与碳资产核算表中的"采购碳排放"同向联动。

2. 生产环节

在企业的生产制造环节中，涉及动力燃料消耗、固定资产折旧、物料消耗等过程。产品直接消耗的原材料、动力燃料、设备折旧等直接记入成本，生产辅助部门等形成的间接费用通过"制造费用"科目归集后合理分配至成本[②]。生产过程使得原材料减少，固定资产的运转按一定周期计提折旧，资产负债表中的"存货""固定资产"减少，利润表中的"营业成本""管理费用"增加，企业碳资产核算表中的"生产碳排放"增加，因此，利润表中的"营业成本""管理费用"与碳资产核算表中的"生产碳排放"同向联动，资产负债表中的"固定资产""存货"则与碳资产核算表中的"生产碳排放"反向联动。

3. 销售环节

销售环节的运输、广告宣传等消耗使得利润表中的"销售费用"增加，这个过程产生的碳排放会被转移给消费者；企业将产成品卖出，利润表中主营业务收入增加，现金流量表中的"销售收入产生的现金"增加，企业碳资产核算表中的"销售转移碳排放"增加。因此，利润表中的"销售费用""营业收入"、现金流量表中的"销售收入产生的现金"与碳资产核算表中的"销售转移碳排放"同向联动。企业碳中和管理过程中涉及的碳核算过程案例可参见附录B。

> **碳中和聚焦 3-8**
>
>
>
> **固定资产的碳核算**
>
>
>
> 在企业的一般业务流程"供—产—销"的环节中，未涉及固定资产的全生命周期碳核算。企业购入固定资产，获得了供应商转移的与固定资产所有相关的碳排放，形成了"固定资产采购碳排放"；企业生产制造环节，固定资产运转折旧，将"固定资产采购碳排放"中计入的碳排放量按照合理的分配方式（例如按照运转时长占总使用寿命的比例），分摊至生产环节，计入生产周期中所生产产品的"生产碳排放"；最终伴随着所生产产品的销售过程，转移至消费者。

[①] 碳排放责任的承担有三种观点：按生产者责任原则划分（由生产者承担）、按消费者责任原则划分（由消费者承担）以及共担责任原则划分（由生产者和消费者共同承担），具体见第2章。

[②] 生产成本的核算过程是一个费用的汇集和分配（摊）的过程，详见成本会计的相关内容。

🏛 **碳中和聚焦 3-9**

企业全流程碳资产核算的应用案例之碳资产核算表建立环节——以 BD 汽车制造企业为例（一）

BD 公司是一家汽车制造业企业。为了核算企业的碳排放，在采购端，BD 公司需要跟踪上游供应商所供应的原材料相关的温室气体排放，以汽车制造业的主要原材料之一钢材为例：提取冶金煤和铁矿石，并将上述矿物运输至钢铁生产企业；然后钢铁生产企业将煤炭、铁矿石以及其他材料投入生产钢板等，并经过铁路运输将钢板运输到组件生产企业生产所需组件，最后组件被运输至 BD 汽车制造企业进行汽车生产。在销售端，BD 公司需要跟踪下游活动的碳排放量，包括汽车运输至展厅，最后由终端汽车消费者购买。

先从汽车制造最远的供应商 A 矿业公司计算，该矿业公司提取了冶金用煤与铁矿石，并使用科学方法测量报告期内范围一的总排放量，再将其总排放量分配给煤炭、铁矿石等矿物，计算得出每种材料每吨的温室气体排放量。当 A 矿业公司将煤炭和铁矿石转移给 B 航运公司时，B 公司就会在其碳资产核算表上记录矿业公司转移来的碳排放量。B 航运公司在航运过程中增加了引擎为船舶提供动力产生的温室气体排放，累计的碳排放总额需要分配给船上装运的所有材料。假设该公司将 40% 的铁矿石和 10% 的煤炭转移给 C 钢铁生产公司，C 钢铁生产公司通过操作熔炉和轧钢设备生产钢板等，产生了范围一的碳排放。通过同样的碳排放核算流程，将购买原材料转移来的碳排放与生产钢板过程产生的碳排放的总额分配给每吨钢板，这些钢板承担着从矿业公司、所有运输环节以及钢板生产过程中产生的所有碳排放。钢板再次经过运输进入 D 汽车组件生产公司，D 公司生产出车门、底盘等组件后，这些组件既包括钢板累计的所有碳排放，还要计入运输以及组件生产过程中产生的碳排放，最后再将组件运送至 BD 公司。BD 公司生产的成品汽车要计入之前所有汽车组件的碳排放，再计入组件运输以及装配过程中产生的碳排放，BD 公司将所有碳排放总额分配给每一辆成品汽车。BD 公司最后将产成品汽车销售并运输至汽车销售展厅，将部分或所有碳排放转移给汽车消费者，消费者将收到一张关于整个生产与运输过程中碳排放量的记录表。

碳核算表使用示例

BD 公司内部将与成品汽车相关的原材料以及在生产过程中产生的碳排放分配给成品汽车。以两种类型的汽车（C1 与 C2）为例。其中，BD 公司期初结余的碳排放权资产余额 10 吨（累积的往期未使用碳配额），本期期末碳交易市场收盘价为 60 元/吨。BD 公司记录并核算本期碳排放（见图 3-9）。

（1）在采购环节，碳资产核算表中有四类原材料，包括钢材、玻璃、塑料以及其他部件，这些原材料都包括了与之相关的开采、生产、分销、运输等所有过程产生的碳排放。其中，1 吨钢材包括 2 吨碳排放，1 吨玻璃包括 1 吨碳排放，1 吨塑料包括 2.5 吨碳排放，平均 1 单位其他部件包括 1.5 吨碳排放。本期 BD 公司购入的钢材、玻璃、塑料以及其他部件分别为 80 吨、30 吨、5 吨、15 吨。本期采购碳排放核算如表 3-4 所示。

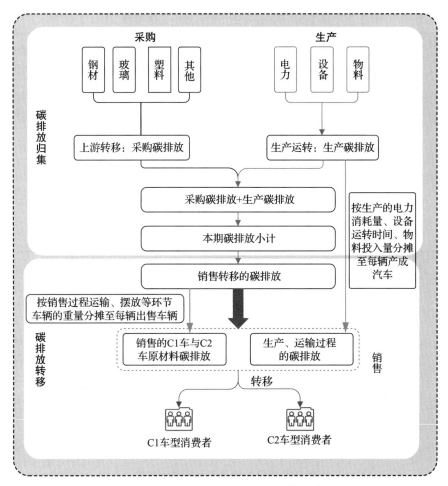

图 3-9 BD 公司当期碳排放核算示意

表 3-4 BD 公司的采购碳排放核算

原材料种类	采购数量 / 吨	碳排放量 / 原材料	碳排放量 / 吨
钢材	80	2 吨碳排放 /1 吨钢材	160
玻璃	30	1 吨碳排放 /1 吨玻璃	30
塑料	5	2.5 吨碳排放 /1 吨塑料	12.5
其他部件	15	1.5 吨碳排放 /1 吨其他部件	22.5
合计			225 吨

（2）在生产环节，首先是物料的投入：BD 公司本期使用 60 吨钢材、22 吨玻璃、2.6 吨塑料、11 吨其他部件来生产 40 辆 C1 型汽车与 10 辆 C2 型汽车。其中，生产一辆 C1 型汽车需要 1 吨钢材、0.4 吨玻璃、0.05 吨塑料、0.2 吨其他部件；生产一辆 C2 型汽车需要 2 吨钢材、0.6 吨玻璃、0.06 吨塑料、0.3 吨其他部件，投入物料的碳核算如表 3-5 所示。

表 3-5 BD 公司生产投入物料的碳核算

产品类型	产品数量/辆	原材料类型	单辆车消耗量/吨	碳排放量/原材料	碳排放量/吨	单辆车物料碳排放量/吨
C1	40	钢材	1	2 吨碳排放/1 吨钢材	2	2 + 0.4 + 0.125 + 0.3 = 2.825
		玻璃	0.4	1 吨碳排放/1 吨玻璃	0.4	
		塑料	0.05	2.5 吨碳排放/1 吨塑料	0.125	
		其他部件	0.2	1.5 吨碳排放/1 吨其他部件	0.3	
C2	10	钢材	2	2 吨碳排放/1 吨钢材	4	4 + 0.6 + 0.15 + 0.45 = 5.2
		玻璃	0.6	1 吨碳排放/1 吨玻璃	0.6	
		塑料	0.06	2.5 吨碳排放/1 吨塑料	0.15	
		其他部件	0.3	1.5 吨碳排放/1 吨其他部件	0.45	

其次是生产过程，购买的电力产生了 120 吨碳排放，设备运转折旧包含了 30 吨碳排放，物料的物理、化学变化过程产生了 50 吨的碳排放，需要根据消耗占比将碳排放分摊至每辆产成品汽车（见表 3-6）：电力按照每种汽车生产线的电力消耗量将碳排放平均分摊至每辆产成品汽车，设备运转折旧按照每种汽车生产线的运转时间将碳排放平均分摊至每辆产成品汽车，物料消耗按照每种类型车型的总物料投入量将碳排放平均分摊至每辆产成品汽车。基于以上分摊原则，根据 40 辆 C1 型汽车的生产过程消耗测算，共消耗了 70% 购入的电力，生产线设备的运转时间占到了 70%，物料的物理、化学变化过程碳排放也占到了 70%；根据生产 10 辆 C2 型汽车的生产过程测算，共消耗了 30% 购入的电力，生产线设备的运转时间占到了 30%，物料的物理、化学变化过程碳排放也占到了 30%。

表 3-6 BD 公司生产期间的碳核算

活动类型	碳排放总量/吨	分配依据	产品类型	分配比例	分配碳排放量/吨	产品数量/辆	单辆车生产期间碳排放量/吨
电力消耗	120	电力消耗量	C1	70%	84	40	2.1
			C2	30%	36	10	3.6
设备运转折旧	30	设备运转时间	C1	70%	21	40	0.525
			C2	30%	9	10	0.9
物料的物理、化学变化	50	物料消耗量	C1	70%	35	40	0.875
			C2	30%	15	10	1.5

因此，根据使用钢材、玻璃、塑料及其他部件的数量，以及分摊的生产过程的碳排放，每辆汽车产成品的碳排放量计算如下：

每辆 C1 型汽车产成品的碳排放量 = 每辆 C1 消耗物料碳排放量 + 每辆 C1 生产期间碳排放量 = 2.825 + 3.5 = 6.325 吨。

每辆 C2 型汽车产成品的碳排放量 = 每辆 C2 消耗物料碳排放量 + 每辆 C2 生产期间碳排放量 = 5.2 + 6.0 = 11.2 吨。

（3）在销售环节，BD 公司本期销售了 35 辆 C1 型汽车与 5 辆 C2 型汽车（见表 3-7），并在销售过程的运输、广告宣传展览等环节产生了 50 吨碳排放，需要按照一定标准将碳排放量分摊至每辆出售的汽车。在运输以及展览摆放过程中，35 辆 C1 型汽车的重量占到了本期销售运输、展览等环节的 80%，5 辆 C2 型汽车的重量则占 20%（见表 3-7）。

表 3-7 BD 公司销售转移的碳排放核算

销售产生的碳排放量/吨	产品类型	销售数量/辆	分配依据	分配比例	分配碳排放量/吨	单辆车销售碳排放量/吨
50	C1	35	车辆重量	80%	40	1.14
	C2	5		20%	10	2.0

在"供—产—销"全流程中，每辆 C1 型车碳排放量为 6.325 + 1.14 = 7.465 吨，每位 C1 型车辆的消费者收到关于所购车辆整个生产与运输过程中碳排放量的记录为 7.465 吨。每辆 C2 型车碳排放量为 11.2 + 2.0 = 13.2 吨，每位 C2 型车辆的消费者收到关于所购车辆整个生产与运输过程中碳排放量的记录为 13.2 吨。

综上，35 辆 C1 型汽车与 5 辆 C2 型汽车的所有碳排放将转移至消费者，BD 公司本期销售转移的碳排放量 = 35 × 7.465 + 5 × 13.2 = 327.275 吨（见表 3-8）。

表 3-8 BD 公司碳资产核算表

项目	本期数量/吨	本期金额/元
一、碳配额		
免费取得的碳配额	0	0
购入取得的碳配额	0	0
其他方式取得的碳配额	0	0
碳配额总额	0	0
二、碳排放		
采购碳排放		
钢材	160	9 600
玻璃	30	1 800
塑料	12.5	750
其他配件	22.5	1 350
采购碳排放总额	225	13 500
生产碳排放		
电力消耗	120	7 200
设备折旧	30	1 800
物料的物理、化学变化	50	3 000
生产碳排放总额	200	12 000
碳排放小计	425	25 500
销售转移碳排放		
C1 型汽车	261.275	15 676.5
C2 型汽车	66	3 960
碳排放转移小计	327.275	19 636.5
经营产生碳排放净额	97.725	5 863.5

（续）

项目	本期数量/吨	本期金额/元
三、碳资产净增加额		
期初碳排放权资产余额	10	600
四、期末碳排放权资产余额	（87.725）	（5 263.5）

碳核算表与财务报表的联动示例如图 3-10 所示。

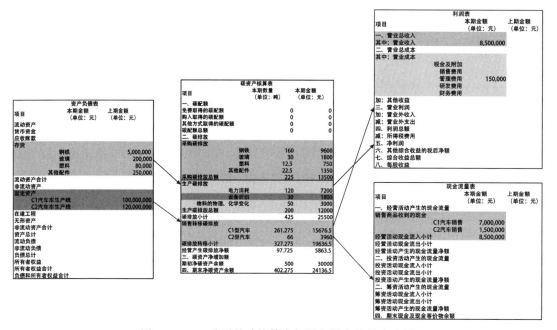

图 3-10　BD 公司的碳核算表与财务报表的联动示例

3.4.3　碳资产核算表与财务报表的钩稽关系

碳排放核算表中科目的货币化金额，与三大财务报表具有钩稽关系，具体关系如下。

与资产负债表的钩稽关系：碳排放权资产能随时在碳排放权市场进行交易，属于公司的流动资产，因此在资产负债表中，于"其他流动资产"项目中列示碳排放权资产的期末账面价值（=期末碳排放权资产数量×期末碳交易收盘价）。

与利润表的钩稽关系：企业的碳排放权资产在碳排放权市场卖出所得，列示于利润表的"营业外收入"科目，交易产生的费用等计入利润表的"营业外支出"科目。

与现金流量表的钩稽关系：企业的碳排放权资产在碳排放权市场卖出所得的现金，列示于现金流量表中的"投资活动产生的现金流量—取得投资收益收到的现金"科目。

碳中和聚焦 3-10

碳排放权交易的会计处理

财政部于 2019 年印发了《碳排放权交易有关会计处理暂行规定》，该规定适用于按照

《碳排放权交易管理暂行办法》等有关规定开展碳排放权交易业务的重点排放单位中的相关企业。这些企业通过购入方式取得碳排放配额的，应当在购买日将取得的碳排放配额确认为碳排放权资产，并按照成本进行计量；通过政府免费分配等方式无偿取得碳排放配额的，不做账务处理。

资料来源：中国政府网．关于印发《碳排放权交易有关会计处理暂行规定》的通知 [EB/OL]．（2019-12-25）[2022-06-26]. http://www.gov.cn/xinwen/2019/12/25/content_5463857.htm.

3.4.4 关键碳指标的设计

2021年10月24日，中共中央、国务院印发《关于完整准确全面贯彻新发展理念做好碳达峰碳中和工作的意见》，指出实现碳达峰、碳中和目标，要坚持"全国统筹、节约优先、双轮驱动、内外畅通、防范风险"原则。其中"节约优先"原则强调，把节约能源资源放在首位，实行全面节约战略。因此，在企业层面要形成切实可行的措施去激励企业碳减排，为企业碳中和管理提供依据。基于碳排放核算体系，设计用于评价企业碳减排效果和碳收益状况的关键碳指标，为企业碳中和管理与激励提供决策依据，指标体系为：碳排放管理能力指标，包括碳排放减少率、单位资产碳排放量；低碳经营能力指标，包括单位销售收入碳排放量、单位利润碳排放量；低碳发展能力指标，包括碳排放权资产增长率、低碳技术研发费用占比。关键碳指标体系的设计如表3-9所示。

表3-9 关键碳指标体系

指标目的	指标名称	计算方法	单位	决策意义
碳排放管理能力	碳排放减少率	（上期碳排放总量－本期碳排放总量）/上期碳排放总量	1	衡量企业的碳减排管理能力
	单位资产碳排放量	期末碳排放总量/期末总资产	吨/元	衡量企业单位资产的碳排放强度；该值越低，企业碳排放管理能力越强
低碳经营能力	单位销售收入碳排放量	期末碳排放总量/当期销售收入总额	吨/元	衡量企业单位销售收入的碳排放强度；该值越低，企业的低碳经营能力越强
	单位利润碳排放量	期末碳排放总量/当期利润总额	吨/元	衡量企业单位利润的碳排放强度；该值越低，企业的低碳获利能力越强
低碳发展能力	碳排放权资产增长率	（本期碳排放权资产－上期碳排放权资产）/上期碳排放权资产	1	衡量企业低碳发展能力
	低碳技术研发费用占比	本期低碳技术研发费用/本期研发费用总额	1	衡量企业对低碳技术的研发投入力度

碳排放管理能力指标侧重激励企业整体统筹经营过程的碳减排措施，强化碳排放相关管控力度，致力于"供—产—销"经营链条上各个环节的碳减排；低碳经营能力指标侧重激励企业通过技术提升、流程优化，进而提高企业经营过程中的低碳获利能力；低碳发展能力指标侧重激励企业的碳减排潜力挖掘，促进企业的低碳技术研发。

本章小结

1. 本章以碳中和为目标导向，通过"看得见→认得够→分得准"的逻辑链条，实现了分解并确认企业的碳中和责任，最后设计了企业碳排放核算工具。
2. 企业碳中和责任确认的主体思路是利用"企业碳足迹记录系统+企业碳账户核算系统"实现碳中和责任的量化。
3. 范围一和范围二的碳排放要从企业内部进行分解确认，范围三的碳排放还需要从企业所在供应链系统中分解并确认碳中和责任。
4. "主动认领+市场交易"是企业碳中和责任认领机制的路径。
5. 构建碳排放核算表能协助企业量化记录碳排放、管理碳资产，并与财务报表合并核算，还可以实现联动监督。
6. 本章总体框架如图3-11所示。

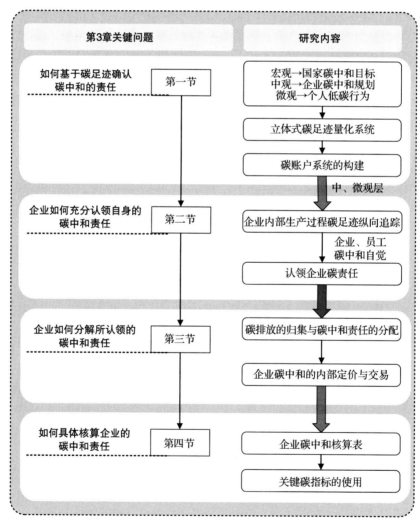

图3-11 本章总体框架

关键术语

碳足迹（carbon footprint）
碳排放权（carbon emission permit）
碳配额（carbon allowance）
碳账户（carbon account）

思考与练习

1. 企业碳中和责任确认体系的逻辑链条是什么？
2. 如何使企业"看得见"自身的碳中和责任？
3. 企业"分得准"碳中和责任的难点是什么？如何破解？
4. 如何驱动企业自觉认领碳中和责任？

应用案例

隆基绿能的碳中和责任确认

成立于2000年的隆基绿能科技股份有限公司（简称"隆基绿能"），是全球最具价值的太阳能科技公司。隆基绿能正走在一条从产品创新改变行业到技术创新改变世界能源格局的创变之路上。从光伏材料、光伏发电设备到太阳能电站系统，为光伏发电事业提供全方位的服务。

光伏作为清洁能源，其本身的生产环节可以实现完全零碳制造，当产业链全生产过程都使用清洁能源，过程中便会是零碳足迹。因此，隆基绿能设立了生产制造经营全过程零碳甚至负碳的战略目标，明确了自身的碳中和责任。

1. 隆基绿能"看得见"的碳中和责任

基于碳中和目标，隆基绿能提出了实现碳中和目标的四个阶段：第一，通过体制机制的灵活性调节以及需求侧响应，形成对新能源的大幅度消纳；第二，大力发展抽水蓄能，为化学储能让渡出一定的时间和发展空间；第三，通过大规模地应用化学储能，真正形成构建以新能源为主体的新型电力系统；第四，通过引入氢能进行深度脱碳，最终实现零碳乃至负碳。以上各个阶段有效衔接又互有交叉，稳步实现碳中和目标。这四个阶段也体现了"从上而下"的碳中和责任规划的过程：宏观层面，国家利用行政力量引导能源结构趋势，形成整个市场对新能源的大幅度消纳主流，奠定了新能源企业发展的市场基础，新能源产业基于市场趋势设立自身的碳中和目标；在新能源产业的总体碳中和目标下，各类新能源企业依据发展程度和自身条件，进一步设立碳中和目标进程，隆基绿能认为应当水电先行，为化学储能让渡充分的发展时间和空间；基于水电先行奠定的清洁能源基础，实现"以清洁能源生成清洁能源"，开启大规模的化学储能应用，构建新型碳中和电力系统，隆基绿能作为光伏龙头，成为开启新型电力系统碳中和目标的先行者，落实自身碳中和目标和进程;发电过程中无法避免的碳排放会随着氢能技术的成熟实现深度脱碳,最终整个电力系统实现碳中和目标。

2. 隆基绿能"分得准"的碳中和责任

为了从企业内部分解隆基绿能的碳中和目标,需要了解隆基绿能主要的生产经营流程。光伏行业有着一条清晰而完整的产业链,主要涵盖硅料、硅片、太阳能电池、光伏组件、应用系统在内的5个产业链环节。每一环节都需要不同的设备技术和组织。隆基绿能的光伏产业涵盖了整个产品生命周期的碳排放量,从原料、制造、运输仓储、废弃到回收等阶段,制造环节覆盖从硅片到组件的整体产业链。隆基绿能的碳中和责任归集要完整包含产业链上的每个环节。

首先,沿着企业碳足迹将完整产业链上的碳排放按照来源归集为三大类:物料消耗包括硅砂、辅料、封装材料(钢化玻璃、EVA、TPT等)、光伏系统集成配套设备(并网控制逆变器、电缆、开关、支架、仪表)等;能源消耗按照生产过程包括从硅砂到冶金硅料、从多晶硅到单晶硅生产过程的能源消耗;废弃物主要是硅砂还原到冶金硅的过程有二氧化碳排放,多晶硅还原、切割、组件封装、系统集成安装等消耗电力所转换计算出的碳当量排放。

其次,将隆基绿能所有具有碳减排潜力的因子归集起来,包括人员、设备、物料、管理、技术、环境等因素。

(1)人员对企业碳排放的影响是最关键的,隆基绿能的管理团队表示:"隆基绿能一直在倡导清洁能源理念,把可持续发展作为企业经营决策的核心衡量标准。通过在生产中使用清洁能源、进行技术创新与供应链协同等,不断提升光伏制造的环境友好度。未来,公司将持续优化供应链、完善制造工艺,进一步减少碳排放量。"这说明隆基绿能的管理层具备很强的低碳运营理念。"山更蓝,水更绿"是隆基绿能的企业文化,重视培养员工的节能减排意识。在碳减排潜力因子的人员维度,隆基绿能具备了很高的碳减排潜力。

(2)设备层面,隆基绿能具备最先进的技术和生成设备,2019年单晶硅片出货量34.83亿片,同比增长59%,单晶电池组件出货量7.07GW,同比增长50%。自2016年起连续三年全球单晶组件出货量蝉联第一。隆基绿能连续扩充产能,在2021年,单晶硅棒/硅片产能达到105GW,单晶电池产能达到37GW,单晶组件产能达到60GW,有效满足全球市场对单晶产品的持续增长需求,先进的设备使得隆基绿能具备了充分的碳减排条件和潜力。

(3)物料贯穿于制造业的生产经营全过程,光伏全产业链上,在原料加工环节实现从硅砂到冶金硅生产的过程中需要大量用电,为了减少火力发电生成的电能,隆基绿能率先在光伏行业倡导和践行"用清洁能源制造清洁能源"。例如,在日照资源丰富地区,利用临海且具有地势落差的地方,以"光伏+抽水储能"结合形成连续性能源,以此实现复制。隆基绿能的这项物料替代使用(水力发电中可重复利用的水资源代替火力发电中煤炭等能源的使用),在物料环节大大提升了碳减排潜力。

(4)在管理制度上,除了企业内部的绿色管理导向,隆基绿能还将碳减排管理延伸至整个供应链。2021年1月，隆基绿能率先发布《绿色供应链减碳倡议》，将绿色理念融入供应链管理体系，协同价值链上的供应商，对产品的绿色属性进行有效管理，减少其制造、运输、储存以及使用等过程的能源资源消耗和污染物排放。隆基绿能也成为光伏行业首个提出"供应链减碳"的企业，得到上百家供应商响应。通过企业内部及沿供应链的碳减排管理提升，能扩大减排的比例，挖掘更深的碳减排潜力。

（5）在技术层面，隆基绿能率先于2013年左右引入金刚线切割技术替代砂浆切割技术，推动了设备与金刚石切割的国产化替代，使得切片环节成本快速下降，效率大幅提升，并引领行业进入"金刚线时代"。叠加隆基绿能2014年切入光伏组件领域，又将PERC电池技术在单晶产业链上成功引入与推广，从此打开了单晶组件快速效率提升与成本下降的局面，隆基绿能主导的单晶市场逐渐占据有利地位，推动了整个光伏产业的成本大幅下降，大大提升了企业碳减排的潜力。

（6）在环境层面，隆基绿能基于"山更蓝，水更绿"的企业文化，严控并详细记录与评估企业内部耗能、耗料、产生废弃物的过程，并积极探索企业环境碳减排的路径。例如，隆基绿能总部大楼的外立面大面积使用光伏板，能基本满足办公区的照明用电需求，将碳减排落实到日常工作环境中，积累了较强的碳减排潜力。

隆基绿能承诺将在2028年实现在全球生产及运营中100%使用可再生电力、在2025年前完成能源管理系统的部署，并以2015年为基准年，提高35%的能源使用效率。依据企业的能源管理系统部署，隆基绿能将碳减排责任分配至各个职能部门：生产制造部门重点是通过不断提升硅料提纯技术，减少提纯过程中电能的损耗；能源部门重点是创新生产电能的方式——以清洁能源生产清洁能源，综合多种绿色能源，合力推进隆基绿能下游清洁能源应用项目落地实施；供应链部门协同上下游供应商共同建立全生命周期绿色供应链管理体系，实现光伏产业用"绿色能源"制造"绿色能源"，打造绿色低碳、循环经济的绿色能源解决方案；其他管理支持类部门也要践行企业绿色文化，减少工作生活环境的碳排放。

3．隆基绿能"认得够"的碳中和责任

隆基绿能的主营业务光伏产业链完全顺应国家宏观战略的"双碳"目标，加上2021年7月我国碳市场交易的正式启动进一步激发了光伏产业的发展动力，消费群体以及合作伙伴的低碳偏好也将逐渐建立，这些因素都是激发隆基绿能迅速发展、加速实现碳中和的驱动力；隆基绿能的领导人倡导"以清洁能源制造清洁能源""负碳地球"，体现了隆基绿能内部的社会责任担当，也使得隆基绿能在"双碳"战略背景下获得了很高的声誉，促进了企业进一步的高速发展、节能减排。因此，隆基绿能的碳减排行为具有很强的主观能动性，主动超前布局全产业链的碳中和。隆基绿能率先垂范，成为零碳制造的先行者和践行者。同时，隆基绿能还将碳减排管理延伸至整个供应链，成为光伏行业首个提出"供应链减碳"的企业。

2019年，国家发展和改革委员会能源研究所、隆基绿能、陕西煤业化工集团有限责任公司联合发布《中国2050年光伏发展展望》（简称《展望》），从技术、成本、模式及效益等角度展示光伏为中国乃至全球遏制气候变化，实现可持续发展所带来的作用和影响。

隆基绿能的"掌舵人"李振国表示，隆基绿能作为清洁能源企业，将持续探索如何从企业角度为绿色地球做出更多贡献。未来将持续并加快技术创新，以进一步降低光伏用电成本，推动清洁能源的普及和利用。《展望》指出，高比例光伏发电的发展，将进一步带来巨大的生态环境效益，显著减轻环境污染，从能源供给的源头减少温室气体的排放。如今，在技术进步带动系统效率提升等因素驱动下，光伏发电成本将快速下降，其成本优势将愈加明显。《展望》提到，2025年前，光伏发电将成为最经济的新增发电技术之一；到2050年，光伏作为中国的第一大电力供给形式，将占全社会用电量的近40%。中国光伏产业或将乘势进入快速发展阶段。《展望》还提到，预计从"十四五"规划期（2020—2025年）开始，中国光伏启动加速部署，2025—2035年，光伏进入规模化加速部署关键时期，预计光伏发电总装机规模在2025年和2035年将分别达到730GW和3 000GW。

隆基绿能在光伏产业链上所做的一系列部署与努力，都将为国家实现"双碳"目标贡献重要力量，甚至将显著助推国家能源结构的改良，为碳中和目标的实现攻克最难的一关。

▶ **讨论题**

1. 隆基绿能的总体碳中和目标是什么？
2. 隆基绿能规划了怎样的碳中和实现路径？
3. 隆基绿能为了分解供应链上的碳中和责任做出了怎样的努力？

学习链接

1. 新浪财经. 贾明：正确认识企业碳中和行为[EB/OL]. (2021-06-16) [2022-06-26]. http://finance.sina.com.cn/esg/ep/2021-06-16/doc-ikqcfnca1305782.shtml.
2. 南方周末. 从源头和入口形成有效的碳排放控制阀门[EB/OL]. (2021-10-29) [2022-06-26]. http://www.infzm.com/contents/216761.
3. 邱德坤. 推动碳排放标准体系建设[N]. 上海证券报, 2022-03-11 (010).
4. 章轲. 两会代表委员建言 适时制定碳排放权交易法[N]. 第一财经日报, 2022-03-10 (A02).
5. 刘杨. 推进碳排放权交易市场建设[N]. 中国证券报, 2022-03-10 (A08).
6. 彭水军, 张文城, 卫瑞. 碳排放的国家责任核算方案[J]. 经济研究, 2016, 51 (3): 137-150.
7. 刘琼, 田有全, SUTHERLAND J W, 等. 产品制造过程碳足迹核算及其优化问题[J]. 中国机械工程, 2015, 26 (17): 2336-2343.
8. 王文举, 向其凤. 国际贸易中的隐含碳排放核算及责任分配[J]. 中国工业经济, 2011 (10): 56-64.

CARBON NEUTRALITY 第4章

企业碳减排激励

本章围绕 CROCS 企业碳中和管理和激励模型中的"减碳"环节,介绍四个方面的内容:首先,基于第 3 章"确碳"部分研究确定的立体式碳足迹量化系统及企业碳中和的责任范围,探讨制度环境对企业碳减排行为的影响;其次,分析市场环境对企业碳减排行为的影响;再次,从企业特征及高管、员工和利益相关者角度分析其对企业低碳战略选择的影响;最后,介绍现有的企业碳减排水平评价方法及工具。

⚙ 开篇案例

中国石化:连续 10 年被评为"中国低碳榜样"

2013 年,中国石油化工股份有限公司(简称"中国石化")推出"碧水蓝天"环保行动;2014 年 6 月,中国石化启动了"能效倍增"专项行动计划;2015 年,中国石化出台了《中国石化环境保护管理办法》;2018 年,中国石化开展"绿色企业行动计划"。中国石化一直全力践行创新、协调、绿色、开放、共享的新发展理念。

中国石化的愿景是打造世界领先洁净能源化工公司,为此提出人才强企、价值引领、市场导向、创新驱动、绿色清洁和开放合作六个发展战略,其中绿色清洁战略是指化石能源洁净化、洁净能源规模化,大力推进污染防治、节能减排,积极开发生产环境友好产品,向碳的"净零"排放迈进,树立行业绿色发展标杆。与此同时,中国石化董事会承诺会积极推动公司完善环境、社会和公司治理(简称"ESG")的治理体系,将 ESG 融入公司重大决策与业务实践。据悉,中国石化已经制定了 14 项 ESG 绩效指标(覆盖温室气体排放、合规经营、污染物排放、安全管理、反腐合规管理等),并将其纳入主要管理人员考核体系中。这意味着中国石化已经把绿色低碳融入公司设计、产品研发、人员管理等各个方面,实现了从高层到员工人人参与低碳的局面。

在"双碳"目标的号召下,中国石化启动碳达峰碳中和战略研究,2021 年签署了《中国石油和化学工业碳达峰与碳中和宣言》,同时提出目标,即确保在国家碳达峰目标前实现二氧化碳达峰,力争在 2050 年实现碳中和。

资料来源:新浪网.2020 中国石化可持续发展报告[EB/OL].[2022-06-26]. http://file.finance.sina.com.cn/211.154.219.97:9494/MRGG/CNSESH_STOCK/2021/2021-3/2021-03-29/6985693.PDF.

4.1 制度环境对企业碳减排行为的影响分析

由于我国各地区的碳排放水平和碳减排压力各不相同,中央、地方政府及其官员在企业碳减排过程中发挥着重要的作用,且与其他国家在制度环境上存在很大差异,故而需要从我国的制度环境入手对其对企业碳减排行为产生的影响进行深入分析。因此,本节将从企业外部监管工具、政府激励政策及地区环境治理水平三个方面探讨制度环境对企业碳减排行为的影响。

碳中和聚焦 4-1

中国式环境规制

不同于西方国家实施环境税收或财政补贴等市场化为主的环境规制方式,中国主要采取行政命令式或者政府绩效考核式的环境规制方式。中国一直致力于各项环境治理工作,并取得了一定成效。在 1987 年出台了《大气污染防治法》,1998 年实行了《酸雨控制区和二氧化硫污染控制区划分方案》。自此逐步展开酸雨和二氧化硫污染防治工作,同时落实有关的污染防治政策和措施,达到了切实改善酸雨控制区和二氧化硫污染控制区的环境质量的目的。

而随着气候问题得到重视,国内环境规制逐渐由"软约束"转向"硬约束",环境保护的重要战略地位得以体现。党的十八届五中全会提出五大新发展理念,将绿色发展上升到一个新的高度。党的十九大报告更是提出"必须树立和践行绿水青山就是金山银山的理念"。加强环境治理、减轻环境污染,建设"天蓝、地绿、水清"的美丽中国,已成为当下全社会共识。

资料来源:余泳泽,尹立平.中国式环境规制政策演进及其经济效应:综述与展望[J].改革,2022(3):114-130.

4.1.1 外部监管工具

已有的外部监管工具包括政府审批政策、碳配额分配政策、处罚政策及第三方核查政策等。

1. 政府审批政策

近年来,我国不断出台各类环保政策指导与支持全国各地的生态文明建设,包括把生态文明建设当作考核地方政府的标准之一、鼓励企业节能减排、严惩乱排乱放现象、鼓励国民使用节能绿色环保能源等。如 2021 年 1 月 1 日起施行的《生态环境部建设项目环境影响报告书(表)审批程序规定》等。

2021 年 5 月 31 日,为全面落实中央关于绿色低碳发展的决策部署,坚决遏制高耗能、高排放(简称"两高")项目⊖盲目发展,生态环境部出台了有关指导意见。从具体内

⊖ "两高"项目暂按煤电、石化、化工、钢铁、有色金属冶炼、建材等六个行业类别统计。

容来看，今后各地将收紧化工、传统能源、金属冶炼、建材等行业的项目审批，从源头上推动碳减排。同时，对"两高"项目的审批作了更为严格的规定，如进一步加强生态环境分区管控和规划约束，严格"两高"项目环评审批，推进"两高"行业减污降碳协同控制等。

2. 碳配额分配政策

2021 年 7 月 16 日，全国碳排放权交易市场启动上线交易，同时地方试点碳市场与全国碳市场并行。上海作为全国碳排放权交易市场的中心，与武汉（碳配额登记系统）共同承担起全国碳排放权交易体系运行的重任。碳排放权交易体系建立以后，由于配额的稀缺性将形成市场价格，因此配额分配实质上是财产权利的分配，配额分配方式决定了企业参与碳排放权交易体系的成本。

其中，碳配额总量设定是实现碳排放权由公共性向稀缺性转变的关键环节，总量设定的松紧决定了碳配额的稀缺程度；配额分配则是形成交易的基础条件，不同的配额分配方法意味着不同的减排成本和收益。碳排放配额分配是碳排放权交易制度设计中与企业关系最密切的环节。例如，分配方法可能成为影响企业在确定产量、新的投资地点以及将碳成本转嫁给消费者的比例等问题上的关键因素。基于上述原因，配额分配方法亦会影响碳排放权交易体系的经济总成本。

（1）配额分配总体框架。根据 2020 年颁布的《全国碳排放权配额总量设定与分配方案》，全国碳排放权交易市场主要覆盖石化、化工、建材、钢铁、有色、造纸、电力（含自备电厂）和航空等八个行业中年度综合能源消费量 1 万吨标准煤（约 2.6 万吨二氧化碳当量）及以上的企业或经济主体（简称"重点排放单位"）。各省级、计划单列市生态环境主管部门应适当扩大纳入全国碳排放权交易市场的行业覆盖范围，增加纳入的重点排放单位，报国务院生态环境主管部门备案。纳入碳排放权交易市场管理的温室气体包括企业化石燃料燃烧排放的二氧化碳、水泥和化工等部分行业在工业过程中产生的二氧化碳，以及电力热力消费间接产生的二氧化碳。配额总量是纳入全国碳排放权交易市场企业的排放上限，根据全国碳排放权交易市场覆盖范围、国家重大产业发展布局、经济增长预期和控制温室气体排放目标等因素确定，具体按照"自下而上"方法设定，即由各省级、计划单列市生态环境主管部门分别核算本行政区域内各重点排放单位配额数量，加总形成本行政区域配额总量基数；国务院生态环境主管部门以各地配额基数审核加总为基本依据，综合考虑有偿分配、市场调节、重大建设项目等需要，最终研究确定全国配额总量。

（2）分配方法。碳交易市场中的碳配额分配方式大致可分为历史法和基准线法两种，且目前以基准线法为主。历史法的基本原理是根据企业历史排放状况和上一年度实际产量来确定当期碳配额数量，是一种基于企业自身历史排放状况的纵（前）向比较方法。根据参照标准的不同，历史法又可分为历史总量法（参照企业历史排放总量制定履约年度碳配额总量）和历史强度法（参照企业历史碳排放强度和上一年度实际产量确定碳配额数量，若设定控排系数，则为历史强度下降法）两种。历史法以其数据要求简单、易于操作、行政管理成本较低等优势，被许多国家碳交易市场广泛应用。基准线法是根据行业基准（产品基准、热量基准、燃料基准、进程排放基准等）和上一年度相应的实际经济活动水平数据确定控排企业的碳配额数量，与企业自身的历史排放状况无关，是一种基于行业排放水平的"横向比较"方法，适用于产品或工艺具有同质性的行业。与历史法相比，基准线法分配标准更加统一，更能体现碳配额的同质性，有利于统一碳市场的构建，但基准线法对数据要求较高，基准值的确定也较为复杂（赵永斌、丛建辉，2017）。

3. 处罚政策

在统一全国碳排放权交易市场后，我国于2020年制定了《碳排放权交易管理办法（试行）》（简称《办法》），处罚规则和法律责任的规定是预防与规制控排企业因主观意愿拒不履行约定碳减排目标的风险。该《办法》规定了下述违规处罚行为：重点排放单位虚报、瞒报温室气体排放报告、拒绝履行温室气体排放报告义务以及未按时足额清缴碳排放配额等；对重点排放单位的违规处罚行为由其生产经营所在地设区的市级以上地方生态环境主管部门责令限期改正，并处以相应的罚款；对违反《办法》规定的，涉嫌构成犯罪的，有关生态环境主管部门应当依法移送司法机关。

4. 第三方核查政策

高质量的温室气体排放数据是碳交易的基础，准确核算和报告企业的温室气体排放量成为一项重点工作，需要对碳排放相关数据及信息的质量进行严格管控，确保企业内部产生的温室气体排放数据被准确核算并报告，供政府、企业、国际社会及公众使用，这个过程即碳市场配额核查的流程，简称碳核查。

碳核查是核查主体根据国家法律法规及相关政策，在传统审计程序的基础上，借助环境学、机械学、工程学等专业知识，对经济实体在生产、经营等过程中产生的温室气体数量进行检查、评价及审核等工作，并出具报告的一种经济行为。其基本要求是保证碳排放数据的可信性、可靠性和获取的高效性，并符合可测量、可报告、可核查的温室气体管理机制的要求，简称碳市场管理机制。目的是通过实施核查碳排放数据的相关措施和保证其结果符合国家相关规定，从而支撑碳市场交易的公平、公正和公开。

监测是指运营商（企业）根据标准化的指南及核算方法学，统计并核算碳排放数据，以保证数据的准确性和科学性；报告是指运营商在保证碳排放数据准确性和科学性的前提下，达到规定门槛的企业或设施根据碳排放报告规则参与报告工作；核查是指第三方核查机构依据相关指南对碳排放数据的收集和报告工作进行合规性的检查，帮助监管部门最大程度地把控数据的准确性和可靠性，以提升排放报告结果的可信度。测量和报告是核查的基础，核查则是通过找出不符合项和上报过程中出现的纰漏和失误对监测收集的数据和报告中的数据进行检查，以确保温室气体排放数据的准确性和可靠性，为碳交易市场的健康有序发展保驾护航（刘学之 等，2018）。

为保障碳排放相关数据准确性和真实性，北京市生态环境局发布了《关于做好2020

年重点碳排放单位管理和碳排放权交易试点工作的通知》(京环发〔2020〕6号),规定第三方核查机构要按照规定程序和要求开展碳排放核查,并提交高质量核查报告,对于经专家评审及抽查发现核查过程和结果存在问题的第三方核查机构,将予以通报并要求其改正。

碳中和聚焦 4-2

相关行业标准介绍

实现碳达峰、碳中和主要技术标准及相关认证实践必不可缺。目前,国际上以生命周期评价 ISO 14040 标准为基础形成的与碳足迹相关量化标准主要有 ISO 14064(1-3)、ISO 14067、GHG Protocol、PAS 2050,以及与碳中和相关的主要标准 PAS 2060、INTE B5 和国际标准化组织正在研究制定的 ISO/WD 14068 标准,下面针对认证领域目前使用较多的两大类标准做简要的解读。

第一大类是温室气体量化标准。其中包括 ISO 14064 系列标准、PAS 2050、GHG Protocol 和 ISO 14067 等标准。

ISO 14064 系列标准:2006 年,国际标准化组织发布 ISO 14064 系列标准,包括 ISO 14064-1、ISO 14064-2 和 ISO 14064-3 三个部分(详见碳中和聚焦 3-2),并于 2018 年和 2019 年进行修订。作为一个实用工具,ISO 14064 使得政府和企业能按统一标准核算温室气体排放量,同时服务于温室气体排放贸易。

PAS 2050:2011 年,英国标准协会发布的《PAS 2050:2011 商品和服务在生命周期内的温室气体排放评价规范》规定了企业到企业(B2B)和企业到消费者(B2C)两种评价方法。它是以生命周期评价方法为基础建立的,实现了使用一种统一的方法评价商品和服务在其整个生命周期内的温室气体排放量的愿望,从而使组织、企业和其他利益相关者受益。

GHG Protocol:2009 年,世界资源组织(WRI)和世界可持续发展工商理事会(WBSCD)首次发布《温室气体核算体系:企业核算与报告标准(修订版)》,2012 年发布了最终版,在欧洲和北美各国得到了比较广泛的应用。我国为了应对气候变化,将其核算方法体系引入到了中国,并进行了部分行业领域的中国化修订,通过采用温室气体计量和管理的综合方法,可以帮助企业清晰梳理温室气体排放情况,设立较为合理的减排目标,最终使企业减少温室气体排放。具体可为产品整个生命周期碳排放盘查提供标准方法,包括整个供应链,从而帮助企业或组织减少在产品设计、制造、销售及使用环节中的碳排放。

ISO 14067:《ISO 14067:2018 温室气体产品的碳足迹量化的要求和指南》是专门针对产品碳足迹的量化和外界交流而制定的,适用于商品或服务(统称产品),其制定参考了 PAS 2050 的基本框架,但内容含有一些已有的通用或地方性的规范,比如在数据切断(cut-off)规则中没有规定具体数值等。

第二大类是碳中和标准。其中包括 PAS 2060 标准、ISO 14068 等。

PAS 2060：2010 年，英国标准协会提出了 PAS 2060 碳中和承诺，即通过温室气体排放的量化、还原和补偿实现与实施碳中和的组织所必须符合的规定。达成碳中和的三种可选择方式：基本要求方式、考虑历史已实现的碳减排方式、第一年全抵消方式。PAS 2060 规定碳中和承诺中必须包括温室气体减排的承诺，鼓励组织采取更多的措施来应对气候变化和改善碳管理。该标准可适用于任何实体，包括地区政府、组织企业、社区、家庭及个人；任何实体所选定的标的物，包括产品、小区、组织等。

ISO 14068：国际标准化组织于 2020 年 2 月成立工作组制定国际标准 ISO 14068。该标准当前还在工作草案（WD）阶段，预计于 2023 年制定完成并发布。ISO 14068 制定重点集中在标准范围、核心术语的定义、减排量要求、碳中和信息交流等方面，将有助于为人们提供一种实现碳中和的统一方法和原则，并支持各国在制定本国气候变化的计划、战略和方案时更好地使用碳中和相关的目标和说明。

资料来源：王宏涛，张隽，李璐."碳达峰、碳中和"标准解读与认证实践[J].质量与认证，2021（5）：38-40.

4.1.2 政府激励政策的影响

近年来，我国地方政府在环境治理方面建立了环境监管体系、财政竞争制度、公众参与机制等三重激励机制，而地方政府的环境治理面临着来自上级政府的环境监管、同级政府间的财政竞争以及社会层面的公众参与等多重激励。

相关激励政策可以从不同的角度来进行分类（操小娟，2014）。以调控方式来划分，激励政策可分为价格型调控工具（如税费和补贴）与数量型调控工具（如碳交易和可更新能源许可证交易）。从目的来划分，激励政策工具又可以分成两类，一是促进碳减排的政策，包括碳税和碳交易；二是促进可再生能源发展的政策，包括补贴、可再生能源交易证书。激励政策的类型众多，在实践中往往有多种不同的组合方式。

（1）税费和补贴的组合。在这一组合类型中，对部分行业和产品实行税收优惠，如对海运公司和航空公司中船舶或飞机运营所需的能源产品予以免税；对用作动力或供热以外用途的能源产品免税；对农林行业中限额以下柴油只征收定额税；对能源消耗大，且与人民生活密切相关的行业（供热、公共交通）给予税收优惠；对超过一定税额的生产企业给予税率优惠，生产企业还可以根据缴纳能源税的数额相应减少在社会养老保险上的支出；对生态能源的使用给予税收优惠。

（2）碳交易和补贴的组合。规定排放限额的同时对企业的减排投资予以补贴的做法，在污染物控制行动中比较常见。在温室气体排放交易体系中，排放配额如何分配是碳交易面临的首要问题。在公平和公正原则下，配额的分配应当以排放和产出为基础，与企业的实际排放活动相对应。此外，碳交易的前提条件是碳排放权可以作为商品，具有稀缺性，可以在市场上交易。企业减排的方式可以是自己减排，也可以是在市场购买碳排放配额，这种机会成本就形成市场价格。如果免费分配碳排放配额，那么政府实际是给企业免除了碳排放的成本，变相地给予企业补贴。

（3）能源税和碳交易的组合。相对价格型政策工具来说，数量型政策的适用范围较窄。在实践中，碳税往往与碳交易混合运用，即采用双轨制方法，一些部门采用数量型的排放权交易制度，其他部门则采用价格型的税收制度。在存在不确定性和总量控制的条件下，双轨制的方法在效率上优于单一的排放权交易方法或碳税方法。例如欧盟能源税指令对成员国的动力燃料、工商业的加热燃料和电力规定了最低税率，征收范围是矿物油、煤、天然气和电力等能源产品，涉及行业包括农林渔业和园艺、建筑和民用工程、私人交通等。在欧盟建立碳交易体系之前，英国在 2001 年就已经向全国工业、商业及公共部门使用的燃料（电力、天然气、固体燃料或液化石油气等）征收气候变化税，对使用石油产品、热电联产和可再生能源的减免税收。虽然没有对居民家庭征税，但是气候变化税将碳减排推及商业和公共部门，不仅提高了能源效率，促进了能源结构的调整，而且减少了碳排放。根据测算，从 2001—2010 年，英国每年减少 250 多万吨碳排放，相当于 360 万吨煤炭燃烧的排放量。

（4）碳减排激励政策工具和可更新能源发展激励政策工具的组合。就碳减排而言，通常有两种途径：一是提高可再生能源在整个能源消耗中的比例，减少传统能源的消耗，从而实现碳减排；二是提高能源效率，减少能源消耗，实现减排。可更新能源发展激励政策工具虽然可以实现碳减排，但是在能源需求增长的情形下，碳的影子价格①不能确定，加之市场效率问题，不能保证碳减排目标的实现；碳减排激励政策可以间接地达到提高可更新能源比重的效果，但是碳排放交易是否能实现这一目标存在不确定性，因为碳交易还不足以减少传统能源和可更新能源之间的成本差别，使可更新能源使用量增长到希望的水平，因此碳减排激励政策工具与可更新能源发展激励政策工具往往需要同时存在。

（5）清洁发展机制（clean development mechanism，CDM）和碳交易的组合。CDM 是一种抵消机制，允许限额交易的参与者跨体制进行减排，以抵消体制内的减排数量。如果通过抵消机制进行减排的评估标准合理有效，抵消机制就能维护政策的减排效果，同时对产业提供一定程度的保护，并减少整体的减排成本。

碳中和聚焦 4-3

党的十八大以来企业生态环境治理激励性政策文件清单

"二氧化碳排放力争于 2030 年达到峰值，努力争取 2060 年实现碳中和"的"双碳"目标是我国向世界做出的庄严承诺，同时也意味着一场广泛而深刻的经济社会系统性变革的开始。实现"双碳"目标任重道远，企业是勇挑时代重任的关键主体。

自党的十八大以来，党中央以前所未有的力度抓生态文明建设，引导企业强化环境责任意识，加强能源资源节约，用政策增强企业绿色低碳发展的自觉性和主动性，推动企业转型与发展。表 4-1 是生态环境部发布的部分自党的十八大以来企业生态环境治理激励性政策文件，包括综合类政策、财政政策、价格政策等，从不同方面指导和激励企业进行正

---

① 在其他投入要素不变的情况下，追加最后一单位碳排放所带来的实际国内生产总值的增量，即我国碳排放的影子价格等于我国碳排放的边际生产力。

确战略选择，实现高质量发展。

表 4-1　企业生态环境治理激励性政策文件清单

政策类型	政策文件
综合类政策	关于构建现代环境治理体系的指导意见
	关于促进光伏产业健康发展的若干意见
	……
财政政策	关于分布式光伏发电实行按照电量补贴政策等有关问题的通知
	关于"十三五"新能源汽车充电基础设施奖励政策及加强新能源汽车推广应用的通知
	关于开展中央财政支持北方地区冬季清洁取暖试点工作的通知
	……
价格政策	关于创新和完善促进绿色发展价格机制的意见
	关于积极推进风电光伏发电无补贴平价上网有关工作的通知
	……
税费政策	关于继续执行光伏发电增值税政策的通知
	关于节能新能源车船享受车船税优惠政策的通知
	……
绿色金融政策	绿色债券发行指引
	企业环境信用评价办法（试行）
	……
生态补偿政策	建立市场化多元化生态保护补偿机制行动计划
	生态综合补偿试点方案
	……
绿色链接	企业绿色采购指南（试行）
	关于进一步做好供应链创新与应用试点工作的通知
	……

党的十九届六中全会通过了《中共中央关于党的百年奋斗重大成就和历史经验的决议》，强调"坚持实施创新驱动发展战略，把科技自立自强作为国家发展的战略支撑""生态文明建设是关乎中华民族永续发展的根本大计，保护生态环境就是保护生产力，改善生态环境就是发展生产力，决不以牺牲环境为代价换取一时的经济增长""更加自觉地推进绿色发展、循环发展、低碳发展，坚持走生产发展、生活富裕、生态良好的文明发展道路"。

企业应当贯彻落实该决议精神，不应为了应付而只做表面功夫，也不应为了利益而进行"伪低碳"，而应当积极响应国家号召，成为绿色低碳发展道路上的主力军。

资料来源：搜狐网. 环境部发布十八大以来企业生态环境治理激励性政策文件清单 [EB/OL].（2021-01-28）[2022-06-15]. https://www.sohu.com/a/447365418_642295.

4.1.3　地区环境治理水平的影响

我国已基本形成相对完整的环境保护体系。然而，不同地区的发展基础和产业结构的不同，使得在低碳转型过程中面临的压力和战略路径大不相同。而且，各地区政府的环境治理能力也存在很大差异，这些区域层面的差异都会影响到当地企业低碳责任的落实和推进。

我国生态环境部、国家发展和改革委员会、国家统计局和国家能源局等部门，已相继颁布了一系列具体文件，基本形成相对完整的环境保护体系。在碳中和愿景下，地区碳中和目标及其作用也在一定程度上参照整体国家环境保护体系建立。该政策体系的主要特征在于环保约束指标的层层分解和考核落实。如中央规定全国主要污染物排放总量和单位GDP能耗的总体控制目标，中央及各省主要领导签订环保目标责任书，将全国指标分解落实到各省；然后各省再将指标分解落实到地级市；各市进一步将指标分配给区县以及乡镇区内的重点污染企业。具体考核方式为中央及各省市分别组成考核工作组，对各省市环保指标的完成情况进行考核，并形成综合报告向社会公告。考核结果作为上级政府决定地方各级领导干部政治任免的重要依据。"十二五""十三五"规划期间，我国的环保目标责任制得到进一步强化。

4.2 市场环境特征对企业低碳价值制造的影响分析

4.2.1 市场环境的影响

市场竞争也是激励企业碳减排的重要外部机制。与行政型规制相比，基于市场激励的经济型规制（如排污费排污权交易）能对绿色创新和企业减碳产生更强的激励作用。企业面临激烈的竞争势必推动企业更加专注于通过积极的碳减排来获得竞争优势。另外，减碳技术的发展，如碳减排技术、碳捕集技术等都为企业推进低碳发展提供了技术支持，进而促进企业以更低的成本投入来实现碳减排，提升企业减排动力。

4.2.2 市场激励工具

市场激励工具是促进企业低碳减排必不可少的关键部分，电力市场、技术市场、碳交易市场、碳信贷市场、低碳产品市场等分别存在大量市场激励工具。

1. 电力市场

2018年，国家发展和改革委员会、国家能源局联合出台了《关于积极推进电力市场化交易 进一步完善交易机制的通知》，提出了推进电力市场化交易的重点措施，对深化电力体制改革，完善电力市场交易机制具有重要的推动作用。

该通知明确要求，各地进一步提高市场化交易电量规模，加快放开发用电计划，扩大市场主体范围，积极推进各类市场主体参与电力市场化交易。"在发电方面，加快放开煤电，有序推进水电、风电、太阳能发电、核电、分布式发电参与交易，规范推进燃煤自备电厂参与交易。在用户方面，放开所有符合条件的 10 千伏及以上电压等级用户，支持放开年用电量 500 万千瓦时以上的用户，积极支持用电量大的工商业、新兴产业、工业园区、公共服务行业等用户进入市场，2018 年全面放开煤炭、钢铁、有色、建材 4 个行业用户发用电计划。在售电方面，将履行相关程序的售电企业视同大用户参与交易，鼓励售电公司扩大业务范围，靠降低成本和提供增值服务参与竞争，支持供水、供气、供热等公共服务行业和节能服务公司从事售电业务，积极支持售电公司代理中小用户参与交易"。

同时，需结合实际统筹发用电侧放开节奏，明确放开各类发电企业、用户进入市场的时间，明确放开比例，完善准入退出机制。鼓励跨省跨区网对网、网对点交易，对有条件的地区，有序支持点对网、点对点交易，支持清洁能源开展交易。进一步完善交易机制，完善市场主体注册制，进入市场的发电企业、用户和售电公司等均要完成注册程序，成为合格市场主体。规范市场主体交易行为，要求市场主体按照交易规则参与各类交易，通过市场竞争形成价格，接受政府有关部门监管，同时明确要求各地有关部门最大限度减少对微观事务的干预。完善中长期合同交易电量价格调整机制，交易双方在自主自愿、平等协商的基础上，在合同中约定建立固定价格、"基准电价 + 浮动机制"、随电煤价格、产品价格联动或随其他因素调整等多种形式的市场价格形成机制。加强事中事后监管，建立健全交易合同纠纷协调仲裁机制，保障电力市场健康运行。深入推进电力市场主体信用建设，开展信用评价，实施守信联合激励和失信联合惩戒。

2. 技术市场

加快低碳技术的发展和应用推广是实现碳中和目标的关键举措。当前的低碳、降碳技术分类如下。

一是"无碳"技术。该技术主要是以无碳排放为根本特征的清洁能源技术，包括风力发电技术、太阳能发电技术、地热供暖与发电技术、水力发电技术、核能技术、生物质燃料技术等，其远大目标是促进清洁能源技术对化石能源的部分取代乃至彻底取代。

二是"减碳"技术。该技术是指利用节能减排技术实现生产、消费、使用过程的低碳，达至高效能、低排放、低能耗、低污染。重点领域主要涵盖电力、热力生产和供应业、石油加工、炼焦及核燃料加工业、化学原料及化学制品制造业等二氧化碳高排放量工业行业。此外，在国土利用领域，倡导资源节约，环境友好，生态整治，节能省地，实现国土空间优化、高效利用与低碳发展；在建筑行业，倡导构建绿色建筑技术体系、发展低碳建筑、推进可再生能源与资源建筑应用、集成创新建筑节能技术、减少电能和燃料的使用，充分考虑建筑规划设计、建造、使用、运行、维护、拆除和重新利用全过程的低碳控制优化；在低碳城市、低碳轻工、低碳流通、低碳旅游、低碳农业、低碳水务发展等领域，倡导循环经济、绿色经济、生态经济与低碳经济的科学技术整合发展，并大力鼓励与低碳消费、低碳生活、低碳数字化空间有关的技术研发与应用；在低碳交通方面，当前还需要特别重视大幅度降低汽车尾气排放、抗御城市灰霾、防治 PM（颗粒物）污染的技术发展。

三是"去碳"技术。该技术特指产业过程中捕集、封存和积极利用排放碳元素的去碳化技术。如果减碳是把碳从多减少,零碳是让它成为零,那么,去碳就是负的碳技术,实现二氧化碳充分利用,即开发以降低大气中碳含量为根本特征的二氧化碳的捕集、封存及利用技术,努力实现碳的零排放。该技术主要包括碳回收与储藏技术,二氧化碳聚合利用等技术。

四是"碳汇"技术。碳汇一般是指从空气中清除二氧化碳的过程、活动、机制,它主要是指森林吸收并储存二氧化碳的多少,或是地面植被、水体等吸收并储存二氧化碳的能力。森林、绿色农田、江河湖海是陆地生态系统中的综合碳库,积极植树造林、营造各种绿色植被,保护蓝色海洋和各类水体生态系统,推行绿色农业、生态农业等,发展与此有关的碳汇技术,如森林碳汇、农作物碳汇、水碳汇等,是应对全球气候变暖的重要手段。

五是"碳中和"技术。碳中和是通过计算二氧化碳的排放总量,然后通过植树补偿、绿色补偿、使用再生能源补偿等方式把这些排放量吸收掉,以达到环保的目的。它是人们对全球气候变暖的现实进行反思后的自省、自律,是人类觉醒后的积极行动。与实现碳中和有关的技术,包括碳信息、碳会计、碳测量、碳交易等软技术,都是值得积极推行的。

3. 碳交易市场

碳交易(即温室气体排放权交易),是为了控制温室气体在全球范围内的排放,尤其是控制二氧化碳排放而产生的市场化机制。该机制起源于1997年《京都议定书》,该文首次提出把市场机制作为解决以二氧化碳为代表的温室气体减排的新路径,在排放总量严格限定的前提下,温室气体排放权成为一种稀缺资源,从而被注入"商品"这一属性。在联合国框架内,使其可以在发达国家与发展中国家间、高排放企业与环保企业间流通并交易,俗称碳排放交易。

碳交易市场是以碳排放权为标的资产进行交易的市场。碳交易市场遵循"总量控制—交易"的原则,政府确定稳定或逐步降低的碳排放总额,并分配给各排放主体碳排放配额,代表各排放主体每年能无偿排放的二氧化碳上限,1单位的配额代表1吨二氧化碳排放当量。"各排放主体实际碳排放量须低于配额,否则将在市场上购买碳排放配额,而排放低于配额的排放主体也可以将过剩的额度拿到市场上交易。在这一市场交易的过程中,碳配额价格得以确定"。

在碳交易市场上,减排成本较低的企业可以进一步加大减排力度,将额外的碳配额出售给减排成本高、碳配额不足的企业。在碳交易机制下,"降碳"直接影响各排放主体的收益与成本,而拥有明确定价、可交易的碳配额将成为一种资产,可以引导更多社会资源参与到碳市场中,最终经济高效地推动整体降碳目标的实现。

4. 碳信贷市场

碳信贷也称碳信用额度,是指吨二氧化碳或二氧化碳当量的排放权或排放许可。一份碳信贷等于1吨二氧化碳或相当的其他温室气体,通常颁给将温室气体控制在排放额度以内的国家或团体,可以按照现行市场价格在国际市场交易。例如,如果能通过种植一定数量的树木将碳排放减少1吨,就能获得一份碳信贷。在全球的碳交易中,碳信贷通过赋予空气污染相应的货币价值创造了温室气体减排的市场。碳信贷的获取途径可以是安装节能技术减少的排放,也可以是碳捕集和碳封存减少的大气碳负荷以及保护森林植被锁定的碳含量。在国际碳交易市场上,发达国家通过碳信贷的交易机制向发展中国家购买碳信贷额度,由此抵消或补偿本国过量的排放,获得生产许可。而出售碳信贷的发展中国家或企业,因为有了经济利益和环境标准的双重约束,都会在自愿的基础上减少碳足迹(高歌,2010)。

5. 低碳产品市场

低碳产品消费是指在生活消费领域,消费者购买和消费符合低碳标准的产品或服务,最大限度地降低能耗、减少污染(刘春玲,2011)。低碳消费是低碳经济的重要组成部分,低碳经济应依托于低碳生活,但是,一些传统的消费模式,包括"过度消费"和"炫耀性消费"等,仍然是消费者接受低碳消费模式的障碍。目前已有研究证明,低碳产品的感知价格高、消费者购买习惯固化、感知可用性低、缺乏市场营销和信息等因素是阻碍消费者选择购买低碳产品的主要原因。因此低碳经济的发展所带来的消费领域的变化过程并不是自发形成的,需要政府和社会的不断引导,培养消费者逐渐形成适应低碳经济的消费观念和消费行为。

4.3 企业特征对企业低碳战略选择的影响分析

本节分别从高层激励和低碳战略、员工培训和低碳实践、技术创新和低碳转型层面出发,分析企业特征如何影响企业低碳战略的实施和落地。

4.3.1 高层激励和低碳战略

作为组织层级中与基层员工日常接触最频繁、最深入的人,高管(尤其是直接主管领导)的言行举止和领导风格对员工低碳行为起着至关重要的作用。员工会追随、学习和模仿上级领导的行为,因此当高管积极参与和践行企业低碳发展战略时,员工也会相应实施更多绿色行为。只有高管在日常管理中真正支持低碳活动,员工才能有效贯彻和执行企业的低碳发展战略。在领导风格的影响方面,绿色变革型领导作为一种聚焦于企业环保目标的领导风格,为企业建立环保愿景、带领员工为企业环保目标奋斗,从而促进员工执行企业的低碳发展战略。

4.3.2 员工培训和低碳实践

在工作场所中,员工参与环保行为的意愿和程度是因人而异的,多种个体因素会影响员工的低碳绿色行为。人口统计因素方面，年长的员工更可能采取节约行为、避免工作场所中破坏环境的行为以及鼓励和促进同事参与低碳行为。环保态度和价值观方面，个体对环保问题持有不同的立场和看法，环保态度和价值观较强的员工具有更强的低碳意识，因此更倾向于支持企业的低碳行动。动机和意图方面，员工在工作中的自主动机、外部动机以及绿色行为意图均能促使员工实施低碳行为。情绪状态方面，员工的积极情绪能够促进员工的低碳绿色行为。工作态度方面，当员工对其工作感到满意时会更愿意为企业发展贡献自己的力量，从而积极参与实施企业的低碳战略。

4.3.3 技术创新和低碳转型

基于企业技术创新及战略变革两个视角，学术界对企业绿色转型展开了相关的研究。其中战略转型包含战略内容和战略决策程序两个维度，并且在战略内容维度内，公司层、经营层和职能层三个层次战略内容的变化相互支持和约束，从而使整个企业战略发生系统性变化（李小玉 等，2015；田虹、王宇菲，2020）。当前对于企业环境战略转型的驱动要素研究大都集中于环境规制、利益相关者压力和组织价值观以及组织文化等方面，少有文献将环境战略转型中的各种环境要素集中起来进行系统性的分析。

碳中和聚焦 4-4

技术创新助力比亚迪低碳可持续发展

2021 年 10 月 30 日，习近平总书记出席二十国集团领导人第十六次峰会，提出中国会持续推进能源、产业结构转型升级，推动绿色低碳技术研发应用，支持有条件的地方、行业、企业率先达峰，为全球应对气候变化作出积极贡献。

我国是全球第一大汽车生产国和消费市场，因此汽车产业是能源消耗与碳排放的主要产业之一，其碳减排的"成绩单"对我国"双碳"目标的实现至关重要。

众所周知，铅酸电池的使用寿命较短，在生产和废弃过程中还会给环境带来更大的污染和危害，与当前社会环保诉求、低碳要求相矛盾。而铁锂电池更轻量化、小型化且绿色环保，有助于新能源汽车整车能耗的降低。因此，汽车无铅化一直是广大消费者的呼声。然而当前市面上的电池技术并不成熟，很难满足市场需求。在这种情形下，作为汽车产业支柱的比亚迪率先实现彻底无铅化的产品，其最新发布的 DM-i 超级混动系统，搭载的是磷酸铁锂蓄电池，也是目前唯一实现无铅化的产品。截至 2021 年 10 月底，比亚迪累计销售新能源汽车超过 130 万辆。

除此之外，在国家"2030 年碳达峰、2060 年碳中和"政策背景下，比亚迪积极响应，不断挖掘自身潜力，开发一系列绿色技术产品，如光伏、储能、电动汽车、云轨、电动叉车及 LED 等，打通了能源从获取、存储到应用各个环节，为国家的绿色发展贡献力量。

2021 年 11 月 6 日，第四届中国国际进口博览会期间，比亚迪获颁国内首张 SGS 承诺碳中和符合声明证书。这无疑是对比亚迪在低碳创新方面的巨大认可。而比亚迪也表示，将持续加大技术创新力度和资源投入，一路坚持绿色、低碳、可持续发展理念不放弃。

资料来源：新浪网.再当"排头兵"！比亚迪获颁国内首张SGS承诺碳中和符合声明证书[EB/OL].（2021-11-12）[2022-07-01]. https://k.sina.com.cn/article_7517400647_1c0126e4705901panp.html.

在战略变革视角下，部分研究聚焦于绿色战略对企业转型绩效和形象价值提升的重要性（Nußholz，2017）；在绿色创新视角下，相关研究多集中在绿色产品、过程和管理三方面对企业绩效的提升作用（孙丽文、任相伟，2020）。有研究基于知识图谱的思想与方法，通过对绿色战略相关研究进行系统梳理后发现，可持续发展是绿色战略研究兴起的前提，管理层意愿对绿色战略的制定和实施有推动作用，创新能突破绿色战略实施障碍，企业社会责任履行有助于树立绿色形象并促进企业绩效，绿色供应链管理是企业实现绿色战略的重要途径。

在绿色转型的路径研究方面，张辉（2020）以高质量发展为研究视角，论证了国有企业绿色技术创新、绿色组织创新和绿色产业链创新三条升级路径；刘尧飞和沈杰（2020）基于"双循环"新发展格局提出供应链和价值链的绿色转型逻辑和路径；张友国（2021）从技术创新能力、绿色金融、低碳循环生活体系、生态环境治理、体制机制完善等角度提出产业体系绿色现代化的模式与路径。

碳中和聚焦 4-5

企业绿色创新的影响因素研究

Li等（2018）研究探讨了环境合法性（外部非正式机制）对企业碳信息披露的影响，并研究了绿色创新（内部正式机制）作为中介的作用。研究结果表明，环境合法性对企业碳信息披露的可能性有显著的负面影响，绿色工艺创新起到了中介作用，而绿色产品创新没有显著的中介作用。

综合动态能力视角和社会网络理论，来自Huang等（2017）的研究确定了影响企业绿色创新的因素，并考察了影响因素、绿色创新和企业绩效之间的关系。研究表明动态能力、协调能力和社会互惠是绿色创新的重要驱动力，包括绿色产品创新和绿色工艺过程创新。

1. 企业的动态能力

企业动态能力是企业整合、重新配置、获得和释放资源的过程，反映了在环境波动条件下企业资源整合的能力。在竞争密集的环境中，企业可以保持一个动态的互补能力池来转换现有的资源基础和内部化外部资源。动态能力视角表明，动态能力有助于企业感知和抓住机会，并在组织的各个层次重新定义关键知识，修改现有资产，发展新的技能，以应对新出现的威胁和机会。因此，动态能力可能引发更多的绿色产品或过程，促进绿色创新。具有动态能力的企业将能更有效地把握机会，发展新的技能，以应对新出现的威胁和机会。因此，企业的动态能力越强，就越能促进企业绿色创新和实现碳减排。

2. 企业的协调能力

在为客户和其他利益相关者创造价值的过程中，企业的协调能力需要整合个人和其他资源。由于创新的成功依赖于来自不同背景和领域的人之间的有效沟通和协作，因此顺畅高效的协调是信息渠道，有助于减少寻求必要信息所需的时间和投入。通过专家知识的协调分配，组织成员可以更好地识别和利用分布式知识，探索新知识。协调能力可以被视为一种动态能力，旨在整合组织成员的不同专业技能，促进横向交流，加深跨越职能和权力界限的知识流动。因此，为有效实现绿色管理，企业需要发展协调能力，并且改变现有工作流程和传统做法，探索突破性和创新性的业务流程和方式，以降低碳排放。

3. 企业的社会互惠

社会互惠为企业提供了更多样化的信息和广泛的知识资源，这些资源可以与企业相结合。根据社会网络理论，互惠与高水平的信任相关，这促进了持续的知识共享和交流，合作伙伴之间的紧密联系和频繁互动有助于他们从其他人那里获取社会支持和资源。因此企业可以利用这些资源来识别环境趋势和机会，确定哪些产品属性和设计在环境中具有竞争优势。生产和供应链之间的互惠关系有助于开发新的绿色产品或工艺所需的先进制造方法。战略合作伙伴将共同探索绿色创新和环境成果改善的新机会，这有助于企业在不断变化的市场中保持竞争力。

资料来源：1. LI D, HUANG M, REN S, et al. Environmental legitimacy,green innovation,and corporate carbon disclosure: evidence from CDP China 100[J]. Journal of business ethics, 2018(150):1089-1104.

2. HUANG J W, LI Y H. Green innovation and performance: the view of organizational capability and social reciprocity[J]. Journal of business ethics, 2017,145(2):309-324.

3. LEONIDOU L C, CHRISTODOULIDES P, KYRGIZI L, et al. Internal drivers and performance consequences of small firm green business strategy: the moderating role of external forces[J]. Journal of business ethics, 2017,140(3):585-606.

4.4 企业碳减排水平评价方法及工具

本节主要介绍企业层面的碳减排水平评价方法及相关工具，主要包括碳标签、绿色治理评价体系，以及企业碳排放水平和减排水平的核算方法。

4.4.1 企业碳减排评价工具

2021年12月24日，《企业碳评价标准》（T/CGDF 00026—2021）正式发布。该标准由企业绿色发展研究院主持编制，经中国生物多样性保护与绿色发展基金会发布。该标准是国内第一个跨行业的减碳团体标准，也是首个由需求侧牵引的企业减排标准，为企业进行"碳评价"提供了可具体落实的路线图和工具箱，未来有可能成为在ISO质量体系、安全生产体系之后的又一个标准体系。该标准还首次提出了"碳码""碳票"等概念，以企业为基本单元，将碳减排落实到每一个产品和每一个工艺过程。该标准从战略、产品、组织行为、研发投入及生产技改、供应链、碳公益、信息披露七个方面对企业开展"碳评价",由评审专家组进行评价和审定,对评分超过"合格"线的企业颁发"企业绿标签"。

> **碳中和聚焦 4-6**
>
> **低碳经济下碳标签制度的诞生与发展**
>
> 碳标签自 2006 年开始就得到世界范围内的广泛关注,其中英国是最早将碳标签从理论推向实践的国家。2007 年,英国专门设立了"Carbon Trust"机构,并发布了全球首个碳标签。碳标签有助于引导消费者进行低碳消费,倒逼企业进行绿色化改造,推动低碳产业和低碳经济的发展。因此,多数国家都倾向于开展碳标签制度,来赢得利益相关者的支持。截至目前,全球已经有超过 12 个国家的政府部门和行业协会开始制定产品碳标签的推广活动,并要求其供应链产品也贴有碳标签。
>
> 中国在 2018 年开始推动"碳足迹标签"计划,《中国电器电子产品碳标签评价规范》《LED 道路照明产品碳标签》团体标准的发布,标志着中国首例电器电子行业先行开启"碳足迹标签"试点计划。于中国而言,建立权威的、完整的、可行的碳标签制度迫在眉睫。
>
> 资料来源:百度. 碳标签是企业的下一个全球"绿色通行证"[EB/OL].(2021-04-26)[2022-06-15]. https://baijiahao.baidu.com/s?id=1698067267648563794&wfr=spider&for = pc.

4.4.2 企业绿色治理评价体系

1989 年,英国环境经济学家大卫·皮尔斯等首次在《绿色经济的蓝图》中提出"绿色经济",他们认为经济和环境互相影响,将环境融入资本的投资中有助于解决经济增长和环境之间的矛盾。而生态环境问题的复杂性客观上要求社会各组成部分共同参与其中,因此推进"绿色治理",并在此基础上形成一个"绿色社会",用社会共同的力量应对生态环境问题成为必然选择。

当前,针对企业碳减排水平及绿色治理水平的评价,许多机构的认知仍然停留在 ESG 层次。同时,各国的绿色行动局限于单一主体自发的绿色管理、绿色行政等层面,企业和政府各自为战。因此,需要加强绿色治理理论、绿色治理准则研究,以更好地指导绿色治理实务,推动绿色发展(南开大学绿色治理准则课题组,2017)。

近年来,不少学者从企业绿色治理体系方面展开了一系列研究,例如苑琳等(2016)从系统论的视角认为,绿色治理是一个由政府绿色治理(绿色行政等)、社会绿色治理(社会组织、公众、媒体、专家学者等推动)、市场绿色治理(企业及其他市场组织推动)等子系统构成的协同体系,各个治理主体和子系统分别发挥着不可替代的功能。李维安(2017)从世界观和价值观的视角认为,绿色治理是人类认识到自身可能成为自然生态毁灭者,面对一个地球的新"天人合一观";南开大学绿色治理准则课题组从生态治理的视角认为,绿色治理是以建设生态文明、实现绿色可持续发展为目标,由治理主体参与、治理手段实施和治理机制协同的公共事务性活动；史云贵等（2019）从"绿色"意蕴与治理内涵相结合的视角认为，绿色治理是多元治理主体以绿色价值理念为引导，基于互信互赖和资源共享，合作共治公共事务，以实现"经济—政治—文化—社会—生态"持续和谐发展的美好生活的活动或活动过程。然而，实践表明，对于这一特殊公共产品，单一的政府和市场的供给与治理都存在"失灵"，因此，需要倡导一种更为多元化主体的治理模式。齐岳等（2018）结合绿色治理背景，利用层次分析法构建了包括经济、社会、环境三个分目标的生态文明评价指标体系，并基于多目标决策提出绿色治理决策选择模型及探讨决策过程。侯纯光等（2018）对中国绿色化进程空间格局动态演变及其驱动机制进行了研究。

也有学者构建了企业绿色治理评价指标体系。李维安等（2019）从绿色治理架构、机制、效能和责任等4个维度对企业绿色治理行为进行分析，提出了绿色治理评价指标体系，如表4-2所示。

表4-2 绿色治理评价指标体系

	四维度	十二要素
绿色治理	绿色治理架构	绿色理念和战略
		绿色组织与运行
	绿色治理机制	绿色运营
		绿色投融资
		绿色行政
	绿色治理效能	绿色考评
		绿色节能
		绿色减排
		绿色循环利用
	绿色治理责任	绿色公益
		绿色信息披露
		绿色包容

资料来源：中国上市公司绿色治理评价系统。

李维安（2017）指出，为了提升我国绿色治理水平，需完善绿色治理架构和机制，引导绿色治理实践向"内生嵌入"转化；强化绿色治理制度供给，以准则导向提升上市公司绿色治理水平；提升国有企业绿色创新效率，加速绿色创新成果转化应用；推动金融机构绿色治理转型，统筹金融业绿色治理监管；升级绿色信息披露要求，提高上市公司绿色信息披露质量；持续推广绿色治理指数，践行价值投资与绿色治理的有机结合。

绿色治理的观念是在综合考量企业社会责任的四个层次之后，提出的"以生态文明建设、实现绿色可持续发展为目标的治理观念，是企业社会责任的新思路"。绿色治理是一种能为绿色生产、管理、供应链、金融等独立概念提供理论框架的"元规则"。在资源型经济转型背景下,企业绿色治理特别是煤炭企业的绿色治理受到利益相关者的普遍关注。

孙兴好等(2021)基于企业的自然资源基础观,收集和整理企业绿色治理和企业竞争力指标数据,建立了企业绿色治理和企业竞争力评价指标体系,以中国沪深两市重污染行业上市公司为研究对象,实证分析企业绿色治理对企业竞争力的影响。企业绿色治理评价指标体系如表4-3所示。

表4-3 企业绿色治理评价指标体系

解释变量	维度	指标名称	指标含义
企业绿色治理	污染防治	环保投入	环保投入、排污费、环保费、绿化工程及环保工程支出等
		研发投入	企业技术创新经费支出
	产品管理	材料利用率	用存货周转率来计算
		设备利用率	用固定资产周转率来计算
		应收账款	企业年报应收账款
		应收账款周转率	销售收入/平均应收账款
		应付账款	企业年报应付账款
		应付账款周转率	销售成本/平均应收账款
	可持续发展	企业社会贡献率	企业净利润、薪酬、税金等贡献值总量/平均资产总额
		CSR评级得分	和讯网CSR评级得分

4.4.3 企业的碳排放水平和碳减排水平

就企业碳减排环节而言,初级指标中的采购碳排放是指企业从上游供应商购买原材料所产生的温室气体排放量,生产碳排放是指将原材料投入至生产制造环节所产生的温室气体排放量,碳排放小计是企业在采购和生产制造环节中所产生的碳排放量之和,因而碳排放=采购碳排放+生产碳排放。销售转移碳排放是指在销售环节的运输、广告宣传等消耗过程中产生的碳排放量,而这一过程的碳排放也要转移至消费者,计入碳排放转移小计。企业经营产生碳排放净额是指企业在采购和生产制造环节实际产生的碳排放量与销售环节转移出的碳排放量的差值,即经营产生的碳排放净额=企业采购碳排放+生产碳排放-销售转移碳排放。

二级指标首先衡量企业在"供—产—销"生产经营全链条上的减排水平,包括绝对碳减排水平和相对碳减排水平。其中,绝对碳减排水平是指企业当期碳排放与上一期碳排放相比的差值,以及企业当期碳排放与同行当期碳排放平均水平的差值。该指标主要衡量企业碳排放水平相比上期和同行当期平均水平的增加或减少额。由于这两项指标衡量碳减排水平,因此均取绝对值。

企业绝对碳减排水平的计算公式为

绝对碳减排水平 1 = | 企业当期碳排放水平 − 企业上期碳排放水平 |

绝对碳减排水平 2 = | 企业当期碳排放水平 − 同行当期碳排放平均水平 |

相对碳减排水平是指企业当期碳排放强度与上期碳排放强度的差值，以及企业当期碳排放强度与同行当期平均碳排放强度的差值。两项指标均取绝对值来作为相对碳减排水平。其中，企业碳排放强度是指企业每单位产值所带来的二氧化碳排放量。该指标主要用来衡量企业发展水平与碳排放量之间的关系，如果企业每单位产值在增加的同时，所带来的二氧化碳排放量相比上期和同行平均水平在下降，那么就说明企业实现了低碳的发展模式。与绝对碳排放水平不同，碳排放强度指标是一个相对指标，即相对于企业产值而言，碳排放会增加或减少多少。

企业相对碳减排水平的计算公式为

相对碳减排水平 1 = | 企业当期碳排放强度 − 企业上期碳排放强度 |

相对碳减排水平 2 = | 企业当期碳排放强度 − 同行当期碳排放平均强度 |

为了更好衡量企业碳中和发展进程，我们提出碳中和进程指标，用来衡量企业实现 2060 年碳中和目标的发展进程，计算公式为

$$碳中和进程 = \frac{当期碳减排量}{当期碳排放净额} \times (2060 - 当前年份)$$

若计算结果越大，说明企业当前碳中和进程越好。

碳中和聚焦 4-7

企业全流程碳资产核算的应用案例之碳减排环节——以 BD 汽车制造企业为例（二）

碳减排过程及记录

在制度环境、市场环境以及企业自身技术和战略转型的压力或激励下，BD 公司在经营全流程开展了碳减排的规划，并在本期初见成效。BD 公司本期的碳减排过程如表 4-4 所示。

表 4-4 BD 公司的碳减排过程

序号	减排举措	减排环节	碳减排比例
1	提高太阳能在制造过程中能源消耗的比例，减少传统能源的消耗	生产环节—电力消耗	14%
2	自主开发并使用"去碳"技术（碳回收与储藏技术，二氧化碳聚合利用等技术）	生产环节—物料的物理、化学变化	2%
3	在高管企业社会责任意识逐渐提升过程中，企业组织价值观以及组织文化变化，使得企业设备运转更高效（及时关停，高效运转）	生产环节—设备运转	1%
4	利益相关者压力下，对销售环节进行了低碳调整	销售环节—运输与展览	3%

根据减排环节及减排比例可获知,在生产环节和销售环节 BD 公司减排量如表 4-5 所示。

表 4-5 BD 公司的碳减排量核算

序号	减排环节	减排比例	减排前碳排放量 / 吨	减排后碳排放量 / 吨
1	生产环节—电力消耗	14%	120	103.2
2	生产环节—物料的物理、化学变化	2%	50	49
3	生产环节—设备运转	1%	30	29.7
4	销售环节—运输与展览	3%	50	48.5

减排后生产环节碳排放量为 181.9(= 103.2 + 49 + 29.7)吨,减排后销售环节碳排放量为 48.5 吨。

归集分配到每辆汽车的碳排放量都减少了,减排后的生产环节和销售环节每辆车碳排放核算如表 4-6 所示。

表 4-6 BD 公司减排后生产和销售环节单辆车碳排放核算

活动类型	车型	减排前单辆车生产期间碳排放量 / 吨	减排比例	减排后单辆车生产期间碳排放量 / 吨
电力消耗	C1	2.1	14%	1.806
	C2	3.6		3.096
设备运转折旧	C1	0.525	1%	0.520
	C2	0.9		0.89
物料的物理、化学变化	C1	0.875	2%	0.858
	C2	1.5		1.47
销售环节	C1	1.14	3%	1.106
	C2	2.0		1.94

BD 公司本期碳减排活动涉及生产和销售环节,综合分析后得知,"供—产—销"全流程中:

每辆 C1 型汽车碳排放量 = 物料碳排放量 + 减排后生产环节碳排放量 + 减排后销售环节碳排放量为 2.825 + 3.184 + 1.106 = 7.115 吨;每位 C1 型汽车的消费者收到关于所购车辆整个生产与运输过程中碳排放量的记录为 7.115 吨。

每辆 C2 型汽车碳排放量 = 物料碳排放量 + 减排后生产环节碳排放量 + 减排后销售环节碳排放量为 5.2 + 5.456 + 1.94 = 12.596 吨;每位 C2 型汽车的消费者收到关于所购车辆整个生产与运输过程中,碳排放量的记录为 12.596 吨。

综上,35 辆 C1 型汽车与 5 辆 C2 型汽车的所有碳排放将转移至消费者,BD 公司本期销售转移的碳排放量 = 35 × 7.115 + 5 × 12.596 = 312.005 吨。

基于以上分析,减排后的碳核算表如表 4-7 所示。

表 4-7 BD 公司减排后的碳资产核算表

项目	本期数量 / 吨	本期金额 / 元
一、期初碳排放权资产余额	10	600
二、碳排放		
采购碳排放		
钢材	160	9 600
玻璃	30	1 800
塑料	12.5	750
其他配件	22.5	1 350
采购碳排放总额	225	13 500
生产碳排放		
电力消耗	103.2	6 192
设备折旧	29.7	1 782
物料的物理、化学变化	49	2 940
生产碳排放总额	181.9	10 914
碳排放小计	406.9	24 414
销售转移碳排放		
C1 型汽车	249.025	14 941.5
C2 型汽车	62.98	3 778.8
碳排放转移小计	312.005	18 720.3
经营产生碳排放净额	94.895	5 693.7
三、碳配额		
免费取得的碳配额	0	0
购入取得的碳配额	0	0
其他方式取得的碳配额	0	0
出售的碳配额	0	0
碳配额总额	0	0
四、期末碳排放权资产余额	(84.895)	(5 093.7)

注：碳配额总额 = 免费取得的碳配额 + 购入取得的碳配额 + 其他方式取得的碳配额 - 出售的碳配额。由于国家核证自愿减排量购买价格低，仅为碳排放配额价格的 20%，因此期末碳排放权资产余额的金额低于实际碳排放配额的价格。

本章小结

1. 本章基于第 3 章 "确碳" 部分研究确定的立体式碳足迹量化系统及企业碳中和的责任范围，分别探讨了制度环境、市场环境、企业特征对企业碳减排行为的影响。
2. 本章介绍了现有的企业碳减排水平评价方法、评价工具及会计核算方法。
3. 本章总体框架如图 4-1 所示。

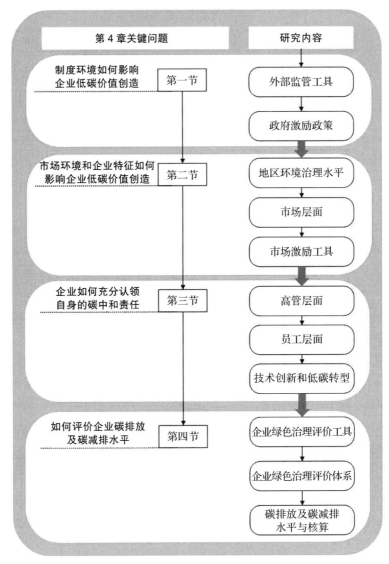

图 4-1　本章总体框架

关键术语

环境规制（environmental regulation）
循环经济（circular economy）
企业碳减排（corporate carbon reduction）

思考与练习

1. 企业减碳环节需要考虑的主要因素有哪些？
2. 影响企业碳减排行为的动机是什么？
3. 影响企业员工碳中和绿色行为的因素有哪些？

4. 个体层面、领导层面及企业层面的影响因素应怎样划分？
5. 应从哪些角度衡量我国制度环境对企业碳减排行为的影响？
6. 企业碳减排应如何核算？

应用案例

蒙牛：打造可持续的地球

在蒙牛集团（简称"蒙牛"）《2020可持续发展报告》中，蒙牛积极响应"中国2060年前实现碳中和"的国家目标，承诺在全行业率先实现碳中和，并将定期公布减排目标和路径。蒙牛将携手全产业链，通过开展绿色生产、打造负责任供应链、践行循环经济等方式，引领全行业迈向碳中和，以切实行动守护人类和地球共同健康。

作为中国乳业的巨头，蒙牛早在2010年就因坚守"产品设计、原料采购、半成品、成品、销售运输、使用和回收"等全过程的低碳规范，成为"低碳领袖——中国低碳发展型领先品牌"。如今，蒙牛已将绿色理念贯穿于全过程，在企业与消费者之间形成一条牧场到餐桌的绿色产业链。如积极使用太阳能光伏发电、沼气发电等可再生资源和清洁能源，在包装上使用FSC认证（即全球森林体系认证）的环保包材，对乳制品加工过程中生产的废水实现回收利用。

绿色可持续发展是当今社会发展的趋势，在这种情形下，企业要积极承担起社会责任，树立良好的低碳形象，同时向员工普及低碳相关知识，培养员工绿色低碳意识，实现全员参与低碳。在2021年9月召开的中国乳制品工业协会第二十七次年会上，蒙牛副总裁魏薇表示："绿色低碳转型不仅是一次自上而下的主动改革，更是一次4万名蒙牛人全员参与的变革，蒙牛以'从身边小事做起，将低碳理念融入工作、融入生活'的方式，将可持续发展理念融入工作方式、生活方式、企业文化，守护人类和地球共同健康。"

据悉，围绕集团可持续发展"打造可持续的地球"战略，蒙牛开展了一系列绿色可持续活动以提升全员绿色可持续发展意识。其中包括"蒙牛线上种树活动"——通过钉钉线上平台联动蚂蚁森林客户端，组建蒙牛"特仑苏"公益林、蒙牛"冠益乳"公益林等，倡导员工践行低碳环保生活方式，2020年员工参与总数5 535人，共种树92棵，二氧化碳减排161.3吨；"蒙牛绿色行动代言宣传片"——选取蒙牛各层级、各部门的员工为蒙牛绿色行动的代言人，拍摄以实现"守护人类与地球共同健康"的梦想为主线的视频宣传片"To Dream"；"蒙牛家族光盘行动"——员工们积极响应光盘倡议，通过"光盘打卡小程序"记录光盘行动，2020年累计光盘打卡15 396次。

资料来源：蒙牛《2020可持续发展报告》。

▶ 讨论题

1. 蒙牛遵循了怎样的低碳规范？
2. 从产业角度如何进一步推行绿色产业链？
3. 蒙牛如何倡导员工践行低碳环保生活方式？
4. 从企业角度如何进一步倡导员工践行低碳环保生活方式？

学习链接

1. 艾伦·麦克阿瑟基金会网站,https://ellenmacarthurfoundation.org/.
2. 张智光.面向生态文明的超循环经济:理论、模型与实例[J].生态学报,2017,37(13):4549-4561.
3. 杨志江,罗掌华.我国经济增长方式绿色转型的驱动因素研究[J].科学管理研究,2019,37(1):9-12.
4. 曹东,赵学涛,杨威杉.中国绿色经济发展和机制政策创新研究[J].中国人口·资源与环境,2012,22(5):48-54.
5. 杨世迪,惠宁.国外生态文明建设研究进展[J].生态经济,2017,33(5):181-185.
6. 陈仕华,郑文全.公司治理理论的最新进展:一个新的分析框架[J].管理世界,2010(2):156-166.
7. 侯纯光,任建兰,程钰,等.中国绿色化进程空间格局动态演变及其驱动机制[J].地理科学,2018,38(10):1589-1596.
8. 焦崤,赵国浩.煤炭企业绿色低碳发展战略选择研究:基于层次分析法[J].华东经济管理,2019,33(5):168-176.
9. 刘学元,丁雯婧,赵先德.企业创新网络中关系强度、吸收能力与创新绩效的关系研究[J].南开管理评论,2016,19(1):30-42.
10. 李维安.绿色治理:超越国别的治理观[J].南开管理评论,2016,19(6):1.
11. 李维安,徐建,姜广省.绿色治理准则:实现人与自然的包容性发展[J].南开管理评论,2017,20(5):23-28.
12. 田虹,王宇菲.动态环境下的企业环境战略转型研究综述与基本框架构建[J].科技管理研究,2020,40(5):233-242.

第5章 企业碳抵消和碳资产管理

本章主要介绍 CROCS 企业碳中和管理和激励模型中的"抵碳"环节。企业在致力于实现碳中和的过程中最核心的任务毫无疑问是碳减排。然而,企业在实现碳中和的过程中除开展碳减排之外,还需要进一步针对不可减排的部分进行碳抵消,即可以通过投资森林、购买环境权益等方式来抵消碳减排之后剩余部分的排放。从企业碳资产管理角度,企业既可以购买碳汇资源帮助企业自身实现碳中和,也可以提供碳汇帮助其他企业实现碳中和。

开篇案例

东航执飞我国首班全生命周期碳中和航班

2021年10月12日,东航 MU5103 "上海虹桥—北京首都"航班上,客舱广播响起:"女士们、先生们,您今天乘坐的是东方航空'全生命周期碳中和航班',本次航班产生的二氧化碳当量,东航通过支持植树造林、可再生能源发电、天然气发电等项目实现了抵消,我们非常荣幸与您携手共同开启'绿色飞行'空中探索之旅。"据此,全国第一班"全生命周期碳中和"航班成功首航。同时,东航也计划在10月12日至12月10日期间执行约780班次的全生命周期碳中和航班,总航迹逾百万千米。

特别地,东航 MU5103 不仅实现了航班运行中的碳抵消,还迈向了产业链上游。通过与中国石化、中远海运进行联合,从而使得本次航班的航油实现了从原油开采、运输、航空燃油炼制、存储及成品油燃烧的"全生命周期碳中和"。

此外,东航的碳中和航班还基于东航 App 打通了旅客互动途径,进而使得旅客能清晰地看到碳中和航班专属标记;同时,乘坐碳中和航班的旅客还将收到助力碳中和的邀请短信,作为"东方万里行"的会员,旅客可以使用 100 分的积分参与碳中和行动,支持植树造林、可再生能源发电等碳中和项目,进而抵消飞行过程中产生的碳足迹。

资料来源:腾讯网.减塑、碳抵消,东航执飞我国首班全生命周期碳中和航班 [EB/OL].(2021-10-12)[2022-06-20]. https://new.qq.com/omn/20211012/20211012A0564I00.html.

5.1 企业不可减排的碳排放水平评价体系

尽管碳抵消强调企业可以通过投资森林、购买碳信用额度的方式抵消企业在生产经营活动中的碳排放，但这并不意味着企业可以无休止地通过这种方式为企业的碳排放负债买单。因为纯粹地通过购买碳信用额度的方式进行碳抵消很容易被认为是企业继续进行碳排放，实现"一切照旧"（business as usual）的一种"漂绿"行为，进而失去了企业合法性。同时，基于第 4 章内容，企业要实现碳中和，应该首先实实在在地为碳减排付出努力，其次才是考虑通过碳抵消的方式将无法削减的碳排放进行抵消。因此，为了能进行具备"合法性"的碳抵消，企业需要构建不可减排的碳排放水平评价体系，从而识别企业在生产经营活动中真正无法削减的碳排放水平，使得企业实质性的碳抵消水平只包含那些企业在通过所有减少或避免碳排放的努力之后仍然存在的碳排放。

碳中和聚焦 5-1

国际航空碳抵消和减排计划在曲折中前行

2016 年 10 月，国际民用航空组织（ICAO）第 39 届大会通过了国际航空碳抵消和减排计划（CORSIA），该计划要求在 2021—2026 年初期，第一批航空公司抵消任何超过排放基准的碳增长，并且在之后 ICAO 的 191 个成员国的所有航空公司都将被强制执行。然而，国际航空碳抵消和减排计划只是一个抵消计划，实际上并没有限制碳排放量，也就是说碳排放量的增长在理论上没有限制。如果这一计划获得了成功，那么将使得航空业受到指责，因为抵消二氧化碳排放量的增长与真正的减排是不一样的。

资料来源：中国民航网．国际航空碳抵消和减排计划在曲折中前行 [EB/OL]．(2018-02-08)[2022-06-20]. http://www.caacnews.com.cn/1/88/201802/t20180208_1240593.html.

基于此，本节将基于第 3 章中为确认碳排放而构建的"自上而下"的立体式碳足迹系统以及第 4 章中为实现碳减排而构建的激励体系，最终构建出一套识别企业不可减排的碳排放水平的评价体系，指标体系构建思路如图 5-1 所示。首先，基于碳排放范围核算三个范围内的碳排放量，并基于第 3 章中构建的碳足迹量化系统核定企业、部门及个人的碳减排任务；其次，基于第 4 章中激励企业努力碳减排的影响因素分析企业能实现的最大碳减排能力，而这一能力也与企业认领的碳减排任务相互匹配；最后，基于碳减排任务和碳减排能力计算无法减排的碳排放水平。

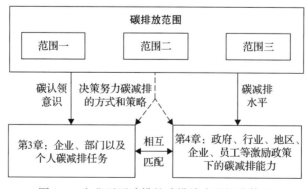

图 5-1 企业不可减排的碳排放水平评价体系

5.2 影响企业决定碳抵消水平的因素

从本质上讲,企业通过过度使用碳抵消手段实现的碳中和是一种"漂绿"行为,也是企业象征性碳中和的表现。现实中,企业受到一系列企业层面、行业层面等因素的影响,推动企业采取"漂绿"手段。其中,"漂绿"行为是企业"夸大善行、掩饰恶行"的行为,会误导利益相关者的决策进而对财务绩效产生影响。例如,"双碳"目标提出以来,许多企业相继发布碳中和承诺以及行动路线图,有的企业甚至提出了超越自身发展阶段的目标,这无疑会使企业为了实现这一目标而过度采取碳抵消行为。

因此,企业在主观因素和客观因素上的差异使得不同企业在碳抵消水平决定上存在显著的差异。特别地,公众可以基于碳抵消水平的高低来判定企业合理的碳抵消水平。具体而言,当企业碳抵消水平在某一特定阈值内,将被视为合理的碳抵消行为;而当企业碳抵消水平超出该阈值,则超出部分被视为不合理的碳抵消行为。具体如图5-2所示。

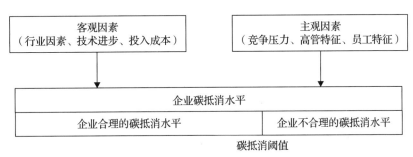

图 5-2 企业特征对碳抵消行为的影响

5.2.1 客观因素

1. 行业因素

2010年10月,党的十七届五中全会正式审议并通过了《中共中央关于制定国民经济和社会发展第十二个五年规划的建议》,并于2011年3月正式公布了《中华人民共和国国民经济和社会发展第十二个五年规划纲要》。该纲要第二十一章内容为"积极应对全球气候变化",强调要控制温室气体排放,大幅降低能源消耗和二氧化碳排放强度,并且要建立完善温室气体排放统计核算制度,进而逐步建立碳排放交易市场。

在此基础上,2011年12月,国务院印发了《"十二五"控制温室气体排放工作方案》的通知。通知的主要目标是控制二氧化碳的排放以及甲烷、氧化亚氮、氢氟碳化物、全氟化碳、六氟化硫等温室气体的排放,并明确要求到2015年全国单位国内生产总值二氧化碳排放比2010年下降17%。同时,要求基本建立温室气体排放统计核算体系,并逐步形成碳排放交易市场。此外,通过低碳试点形成一批各具特色的低碳省区和城市。

特别地,在加强温室气体排放核算工作方面,要求构建国家、地方以及企业三级温室气体排放的基础统计和核算工作体系,进而建立温室气体排放数据信息系统,并且定期编制国家和省级温室气体排放清单。在建立碳排放交易市场方面，则建立自愿减排交易机制，并且开展碳排放权交易试点。

为有效落实《中华人民共和国国民经济和社会发展第十二个五年规划纲要》提出的建立完善温室气体统计核算制度，逐步建立碳排放交易市场的目标，推动完成国务院《"十二五"控制温室气体排放工作方案》提出的加快构建国家、地方、企业三级温室气体排放核算工作体系，实行重点企业直接报送温室气体排放数据制度的工作任务，国家发展和改革委员会在2013—2015年间分三批组织编写了24个行业的温室气体排放核算方法与报告指南。

碳中和聚焦 5-2

国家发展改革委办公厅分批次印发温室气体排放核算方法

国家发展和改革委员会在2013年发布的指南所涉及的行业包含陶瓷、水泥、平板玻璃、民航、镁冶炼、化工、钢铁、发电、电网、电解铝；2014年发布的指南所涉及的行业包含独立焦化、煤炭、石油和天然气、石油化工；2015年发布的指南所涉及的行业包含电子设备制造，氟化工，工业其他行业，公共建筑，机械设备制造，矿山，陆上交通运输，其他有色金属冶炼和压延加工业，造纸业，食品、烟草及酒，饮料和精制茶业。

资料来源：1.中华人民共和国国家发展和改革委员会.国家发展改革委办公厅关于印发首批10个行业企业温室气体排放核算方法与报告指南（试行）的通知[EB/OL].（2013-10-15）[2022-06-20]. https://www.ndrc.gov.cn/xxgk/zcfb/tz/201311/t20131101_963960.html?code=&state=123.

2.中华人民共和国国家发展和改革委员会.国家发展改革委办公厅关于印发第二批4个行业企业温室气体排放核算方法与报告指南（试行）的通知[EB/OL].（2014-12-03）[2022-06-20]. https://www.ndrc.gov.cn/xxgk/zcfb/tz/201502/t20150209_963759.html?code=&state=123.

3.中华人民共和国国家发展和改革委员会.国家发展改革委办公厅关于印发第三批10个行业企业温室气体核算方法与报告指南（试行）的通知[EB/OL].（2015-07-06）[2022-06-20]. https://www.ndrc.gov.cn/xxgk/zcfb/tz/201511/t20151111_963496.html?code=&state=123.

24个行业指南要求核算的排放源包括化石燃料燃烧排放、工业生产过程排放/特殊排放、扣除排放（主要是指二氧化碳和甲烷回收利用、固碳产品等）以及净购入电力和热力隐含的四类排放。同时，根据指南要求，所有行业均需要核算二氧化碳的排放，6个行业需要核算甲烷的排放，4个行业需要核算全氟碳化物和六氟化硫的排放，3个行业需要核算氢氟碳化物的排放，2个行业需要核算氧化亚氮排放，仅1个行业需要核算三氟化氮排放。因此，不同行业需要核算的碳排放水平并不一致，进而使得不同行业的碳排放水平有所不同而导致抵消水平也不一致。

2. 技术进步

技术进步、能源结构调整以及效率的提升是企业实现碳减排的主要驱动因素，而技术进步作为关键性因素之一，不仅对企业碳减排产生影响，而且会影响企业的碳抵消行为。从现实来看，技术进步对企业碳排放的影响存在双重性，即技术进步可能推动企业实现节能减排而促进企业碳排放水平的降低，也可能在推动经济增长的同时反而导致企业碳排放水平的增加，具有不确定性。在这种情况下，当企业通过技术进步导致碳排放水平反而增加时，企业就有可能为了实现碳中和而过度选择碳抵消方案，进而导致不合理的碳抵消水平。

此外，技术进步主要聚焦于企业通过提高技术将属于范围一的碳排放水平降低。然而，不同企业因自身技术等原因导致碳减排能力并不一致，这使同行业企业间容易相互竞争而导致企业通过不合理的碳抵消方式实现碳中和。

碳中和聚焦 5-3

技术进步在碳减排中的双刃效应

技术进步能影响经济增长和能源效率，进而导致其对碳排放水平的影响呈现出双刃效应。具体而言，若技术进步增长率的变化能促进产出与消费得以持续，则将导致碳排放水平的增加；若经济增长速度高于碳排放增长速度，则工业行业的整体碳排放水平将降低。同时，从能源效率角度来看，高能源强度和以煤炭为主的能源结构会抑制碳排放水平的降低。因此，为了更加有效降低碳排放水平，应该首先注重重工业尤其是能源供应行业和资源采掘行业的碳减排。

资料来源：金培振，张亚斌，彭星. 技术进步在二氧化碳减排中的双刃效应：基于中国工业 35 个行业的经验证据 [J]. 科学学研究，2014，32（5）：706-716.

3. 投入成本

在实现碳中和过程中，企业的投入成本包含企业为实现碳减排而投入的成本以及为实现碳抵消需要投入的成本。一方面，企业需要对碳减排和碳抵消的投入成本进行对比。当碳抵消投入成本明显低于碳排放投入成本时，企业更有可能过度使用碳抵消的方式。另一方面，供应链体系中的企业可能存在"搭便车"行为，进而导致企业降低碳减排的投入而更倾向于通过碳抵消的方式实现碳中和。例如，当只有供应商进行了碳减排，但是制造商却没有进行碳减排投入的时候，制造商反而分享了供应商进行碳减排产生的收益，这就导致了"搭便车"行为的发生。

5.2.2 主观因素

1. 竞争压力

竞争压力是影响企业战略活动的一个重要因素，而企业碳中和目前已成为企业战略活动的重要部分，进而使得竞争作为一种外部机制，会对企业碳中和活动产生影响。特别地，面临竞争压力越大的企业越希望在实现碳中和过程中获得合法性和竞争优势，而会努力降低其需要抵消的碳排放水平。

激烈的市场竞争往往会导致企业盈利降低而导致较高的财务压力，容易诱发企业投机行为的出现，进而使得企业需要维护自身声誉，并提高合法性。此时，企业积极承担碳减排责任并且减少碳抵消水平将更容易获得利益相关者的认可与支持。因为企业能清晰地意识到一旦自己通过不合理的碳抵消水平实现碳中和之后，利益相关者会很快抛弃自己而支持竞争者。同时，当企业以社会期望的方式进行碳抵消活动之后，会获得社会合法性，有助于企业建立与利益相关者之间的信任，从而保持持续性的竞争优势。

2. 个人特征

个人特征主要包含年龄、社会背景、职业背景、任期、教育、薪酬等。从经济学的角度来看，高管及员工会受到市场信息不对称效应的影响，因此并不是"合乎理性的人"，这进而会导致高管和员工的个人特征对企业行为产生影响。首先，年龄越大的人，变得更加保守，而越会遵守道德伦理原则，这就使得年龄越大的高管更愿意通过更新生产设备降低碳排放，而不愿意通过碳抵消的方式象征性地降低碳排放水平。其次，女性高管相对男性高管更加注重企业社会责任，更能与利益相关者之间建立良好的关系而满足利益相关者的诉求，因此更愿意通过碳减排的方式实现碳中和，进而降低碳抵消水平。最后，教育水平对个人的认知能力和价值观具有重要影响，受教育水平更高的人更有能力平衡各方利益相关者之间的诉求。随着碳中和的重要性日益突出，更高教育水平的高管及员工会更愿意主动承担碳减排责任来满足相关需求，进而降低不合理的碳抵消水平。

> **碳中和聚焦 5-4**
>
> **如何避免依赖碳抵消手段的伪低碳转型**
>
> 面对气候变化对碳减排的必然要求，企业应化被动为主动，逐步优化管理和考核指标向碳考核转变，建立激励约束机制，从低碳技术研发、产品设计、运营管理、供应链管理等方面开展碳绩效考核工作，全面调动企业人员参与减碳的积极性，以实现在提高企业效益的同时不断降低企业自身和全供应链的碳排放。例如，国企员工的晋升和薪酬与企业碳减排水平挂钩，民企员工薪酬与碳减排和低碳收益挂钩等。
>
> 同时，传统能源企业要以碳中和为契机，围绕核心业务在工艺与技术方面加大研发和投资力度，拓展低碳转型的解决方案，确保技术的持续创新与升级，避免一味依赖碳抵消手段的伪低碳转型。
>
> 资料来源：郑慧瑾，贾明.企业实施碳中和战略要把握五个关键点[N].每日经济新闻，2022-01-05（004）.

5.3 企业碳排放权交易市场

5.3.1 碳排放权交易

企业碳中和的意图在于推广低碳生产模式，引导企业转向低碳高质量发展，而过度强调碳抵消如碳交易市场等的作用无疑会削弱企业自身承担的碳减排主体责任，使企业不积极投入到实质性的碳中和活动中。因此，本节主要对碳排放权交易市场进行简要介绍。

1. 碳排放权交易的发展

全球变暖与碳排放权交易发展历史如图 5-3 所示。

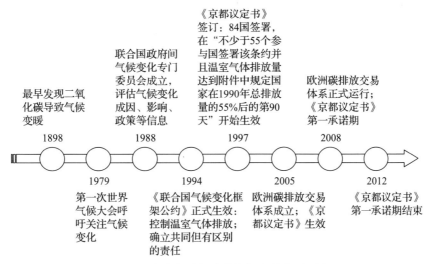

图 5-3 全球变暖与碳排放权交易发展历史

早在 1898 年，就有科学家指出燃烧煤炭和石油产生的二氧化碳将导致气候变暖。然而，正式提出"大气中二氧化碳浓度增加将导致地球升温"这一观点是 1979 年在瑞士日内瓦召开的第一次世界气候大会上。通过该会议，国际社会开始逐渐关注到气候变化这一问题的重要性，并于 1988 年成立了联合国政府间气候变化专门委员会。它的主要任务是对气候变化科学知识的现状，气候变化对社会、经济的潜在影响以及对如何适应和减缓气候变化的可能对策进行评估。1990 年，联合国政府间气候变化专门委员会发布了第一份评估报告，确定了气候变化的科学依据，认为持续的人为温室气体排放将导致气候变化，并促使第二次世界气候大会作出制定《联合国气候变化框架公约》（UNFCCC）的决定，该公约于 1994 年 3 月 21 日正式生效。《联合国气候变化框架公约》确立的应对气候变化的最终目标是将大气温室气体的浓度稳定在防止气候系统受到危险的人为干扰的水平上，并确立了国际合作应对气候变化的基本原则，主要包括"共同但有区别的责任"原则、公平原则、各自能力原则和可持续发展原则等。

进一步，1997 年 12 月在日本京都由《联合国气候变化框架公约》参加国三次会议制定了《京都议定书》，全称是《联合国气候变化框架公约的京都议定书》，并于 1998 年 3 月 16 日至 1999 年 3 月 15 日间开放签字，共有 84 国签署，到 2009 年 2 月，一共有 183 个国家通过了该条约（超过全球排放量的 61%），值得注意的是美国虽然在议定书上签字但并未核准，之后首先退出了《京都议定书》。

同时，《京都议定书》规定，它在"不少于 55 个参与国签署该条约并且温室气体排放量达到附件中规定国家在 1990 年总排放量的 55% 后的第 90 天"开始生效，这两个条件中，"55 个国家"的条件在 2002 年 5 月 23 日达到，2004 年 11 月 18 日达到了"55%"的条件，《京都议定书》在 90 天后于 2005 年 2 月 16 日开始生效。

《京都议定书》要求，从 2008—2012 年，欧盟二氧化碳等 6 种温室气体（二氧化碳、甲烷、氧化亚氮、氢氟碳化物、全氟化碳、六氟化硫）年平均排放量要比 1990 年的排放量低 8%。基于此，为了帮助其成员国履行减排承诺，获取运用总量交易机制减排温室气体的经验，欧盟制定了排放交易体系，并于 2005 年年初试运行，2008 年年初开始正式运行。特别地，该体系采用分权化治理模式，进而使得所覆盖的成员国在排放交易体系中拥有相当大的自主决策权。

随着《京都议定书》第一期承诺结束，加拿大于 2011 年 12 月正式退出。同时，俄罗斯、澳大利亚和日本均反对履行第二承诺期，最终导致《京都议定书》失败。

碳中和聚焦 5-5

《京都议定书》主要内容

《京都议定书》的目标是"将大气中的温室气体含量稳定在一个适当的水平，进而防止剧烈的气候改变对人类造成伤害"。这是人类历史上首次以法规的形式限制温室气体排放。为了促进各国完成温室气体减排目标，《京都议定书》允许采取以下四种减排方式。

（1）可以采用国际排放贸易机制（emission trading, ET），两个发达国家之间可以进行排放额度买卖的"排放权交易"，即难以完成削减任务的国家，可以花钱从超额完成任务的国家买进超出的额度。

（2）以"净排放量"计算温室气体排放量，即从本国实际排放量中扣除森林所吸收的二氧化碳的数量。

（3）可以采用清洁发展机制（CDM），促使发达国家和发展中国家进行项目级的减排量抵消额的转让与获得，从而在发展中国家实施温室气体减排项目，实现共同减排温室气体的目的。

（4）可以采用联合履行机制（joint implementation, JI）或"集团方式"，即欧盟内部的许多国家可视为一个整体，采取有的国家削减、有的国家增加的方法，在总体上完成减排任务。

因此，《京都议定书》建立了旨在减排的 3 个灵活合作机制——国际排放贸易机制（ET）、清洁发展机制（CDM）和联合履行机制（JI），这些机制允许发达国家通过碳交易市场等灵活方式完成减排任务，而发展中国家可以获得相关技术和资金。

资料来源：百度百科。

2. 我国碳排放权交易的发展

碳排放权交易是控制温室气体排放的一种市场化手段。而清洁发展机制为我国国内碳交易市场的发展奠定了基础。2011年之前，我国作为清洁发展机制的卖方帮助《京都议定书》中的国家完成减排目标做出了重要贡献，也积累了一定的经验。随后，我国开始发展国内碳交易市场。

2011年以来，我国在北京、天津、上海、重庆、湖北、广东、深圳7个地方率先开展了碳排放权交易试点工作，为我国碳市场的建设积累了宝贵经验。我国碳排放权交易发展脉络如图5-4所示。

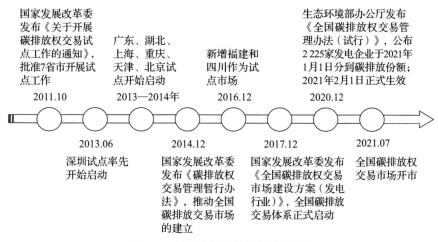

图5-4　中国碳排放权交易发展脉络

2011年10月29日，国家发展和改革委员会发布了《关于开展碳排放权交易试点工作的通知》，同意北京市、天津市、上海市、重庆市、湖北省、广东省及深圳市开展碳排放权交易试点。要求试点地区制定碳排放权交易试点管理办法，明确试点的基本规则，测算并确定本地区温室气体排放总量控制目标，研究制定温室气体排放指标分配方案，建立本地区碳排放权交易监管体系和登记注册系统，培育和建设交易平台，做好碳排放权交易试点支撑体系建设，保障试点工作的顺利进行。进一步，为保障资源减排交易活动有序开展，调动全社会自觉参与碳减排活动的积极性，国家发展和改革委员会在2012年6月印发了《温室气体自愿减排交易管理暂行办法》的通知。

在此背景下，深圳市于2013年率先启动了碳排放权交易试点市场，将2009—2011年任一年度碳排放总量超过1万吨的企业以及碳排放总量超过5000吨的建筑纳入标准，覆盖635家工业企业和197栋大型公共建筑。随后，上海市、北京市、广东省、天津市、湖北省以及重庆市先后启动碳排放权交易试点市场。其中，在启动当年，上海市纳入2010—2011年二氧化碳排放量超过2万吨的工业企业和二氧化碳排放量超过1万吨的非工业企业；北京市纳入2009—2011年间二氧化碳排放量1万吨（包含间接排放）的企业；广东省纳入2011—2014年任一年二氧化碳排放量超过2万吨（或综合能源消费量1万吨标准煤）的企业；天津市纳入钢铁、化工、电力、热力、石化、油气开采等重点排放行业和民用建筑领域中2009年以来排放二氧化碳2万吨以上的企业；湖北省纳入碳排放配额管理的企业为湖北省2010年、2011年任一年综合能耗6万吨及以上的工业企业；重庆市纳入2008—2010年二氧化碳排放量超过2万吨（包含间接排放）的企业。

2014年12月，国家发展和改革委员会发布了《碳排放权交易管理暂行办法》，进一步推动了全国碳排放权交易市场的建立。随后，福建省和四川省在2016年启动建设本省碳排放权交易试点工作。其中，福建省纳入2013—2015年中任意一年综合能源消费总量达1万吨标煤以上的电力、石化、化工、建材、钢铁、有色、造纸、航空、陶瓷等9个行业企业。特别地，2017年12月，国家发展和改革委员会发布了《全国碳排放权交易市场建设方案（发电行业）》，以发电行业为突破口率先启动全国碳排放交易体系，标志着全国碳排放交易体系正式启动。

进一步，2020年12月25日，生态环境部审议通过了《碳排放权交易管理办法（试行）》，并于12月31日正式公布。该办法公布了2 225家发电企业将于2021年1月1日起分到碳排放份额。同时，该办法指出属于全国碳排放权交易市场覆盖行业和年度温室气体排放量达到2.6万吨二氧化碳当量的单位应当列入温室气体重点排放单位。此外，重点排放单位需要控制温室气体排放并且报告碳排放数据以及清缴碳排放配额。特别地，连续两年温室气体排放未达到2.6万吨二氧化碳当量和不再从事生产经营活动而不再排放温室气体的单位应当从重点排放单位名录中移出。该办法也对碳排放配额的分配和登记、碳排放交易、排放核查与配额清缴、监督管理、罚则进行了规定。

3. 全国碳排放权交易市场的有效性

自2021年7月全国碳排放权交易市场开市后，上海环境能源交易所发布了《关于全国碳排放权交易相关事项的公告》，对全国碳排放权交易的交易方式、交易时段、交易账户等相关事项进行了明确，以规范全国碳排放权交易及相关活动，保护各方交易主体的合法权益，维护交易市场秩序。

（1）碳排放权交易市场的作用。众所周知，股票交易的标的是企业的价值，每家企业因为投资者对其价值判断的不同而构成交易市场，即认为企业价值被低估的投资者，从认为企业价值被高估的投资者手中买入股票，形成交易。这里，核心是投资者对企业价值的预期决定股票交易的形成。在股票市场上，最重要的是能让投资者之间在公平的原则下自由交易，投资者对公司价值的判断支撑股价的波动。

然而，碳排放权是碳排放企业排放多余的温室气体而需要具备的资格。碳排放企业从其他企业购买碳排放权而获得相应的资格，这个碳排放权的交易价格就是碳排放企业为了获得碳排放权而支付的成本。

理论上，从买方角度来看，当这个成本小于企业自主减排温室气体的成本时，碳排放企业才会考虑购买碳排放权而实现更大的经济价值。也就是说，当企业选择自主减排这部分温室气体而需要花费的成本大于从市场购买碳排放权的价格时，碳交易才会形成。从卖方角度来看，只有当碳排放权卖方企业的碳创汇成本小于碳排放权交易价格时，交易才会形成，因为在这种情况下卖方企业才可以通过碳交易获益。

因此，碳交易实现的基本前提是碳创汇企业的成本≤碳交易价格≤碳排放企业减排成本。在这种情况下，通过碳交易能让企业的价值得到帕累托改进，即卖方和买方的收益都得到提升。这是碳交易市场建立的理论根基，即利用市场手段来配置资源以实现碳减排。

但是，要注意的是，碳排放企业可能通过碳交易方式来抵消碳排放，从而放弃实质性的碳减排。碳创汇企业也可能因为短期内涌入大量的卖方企业而导致碳交易价格下降，从而遭受打击。这些碳交易市场的负面性需要引起重视。故而，要正确发挥碳交易市场的作用，就需要首先理清碳交易市场和股票交易市场的区别，从而能为设计最佳的碳交易规则提供依据。

（2）碳排放权交易市场与股票市场的区别。将碳交易市场与股票交易市场在多个维度上进行对比，会发现存在以下多方面的不同。

一是交易标的不同。在股票市场中，投资者可以在众多不同的上市公司之间进行选择，不同的上市公司具有不同的投资价值和不同的股票交易价格，并且不同公司的股票之间不能相互转化。而在碳交易市场中，所有交易双方进行交易的对象是唯一确定的，即碳排放权，并且从不同企业购买得到的碳排放权可以合并。这种交易标的的同一性就决定了在碳交易市场上某一时间只存在一个碳交易价格。

二是买方报价不同。在股票市场中，投资者根据对企业价值的判断来申报购买价格。而在碳交易市场中，碳排放企业并不需要向交易系统申报购买价格，而是根据系统中所呈现的售卖价格，从高到低挑选卖方，向系统提交购买申请。那么，企业申报碳排放权交易时则需要参照自身的碳减排成本，并且选择的卖方报价要低于自身的碳减排成本。故而，每家碳排放企业实际上只有一个最大的买方价格。

三是卖方报价不同。在股票市场中，持有公司股票的投资者可以自主向系统申报卖出价格，并且所申报的价格可以低于股票成本，理论上可以接近于0。也就是说，在股票市场中投资者会以低于成本的价格卖出股票。而在碳交易市场中，碳排放权卖出企业在制定卖方价格时，最低的卖价应该是本行业中碳创汇企业的最大成本。如果卖价低于这一水平，就会导致一部分碳创汇企业无法通过碳交易获利而被市场淘汰。并且，面对碳交易中的卖方市场，卖方企业都希望尽量以更高的价格来成交，故而卖方报价有最低价格。

（3）构建有效的碳排放权交易市场。就政策导向而言，碳交易市场的建立能激励更多的碳创汇企业投入，同时鼓励碳排放企业尽最大努力减排。只有这样，才是迈向碳中和的最有效路径。那么，实现这一目标就需要保证建立碳交易价格的上升通道。碳交易价格的上升有利于激励碳创汇企业的投入，同时也会激励碳排放企业减排。

那么，如何支撑起碳交易价格的上升通道？从短期来看，如果碳创汇企业有收益，那么大量企业涌入必然导致碳汇资源供给增大，进而导致碳成交价格降低，在极端的情况下会导致许多碳创汇企业受损而危害这一行业的发展，而不利于碳中和长期目标的实现。故而，政府在碳市场基础上，要建立保障机制，维护碳创汇企业的利益，如设置最低成交价。

随着碳汇资源供给的增加，利润稳定的碳排放企业的减排动力会降低，会更多去购买碳汇进行碳抵消，而不是进行碳减排。这背离了碳中和的政策目标。政府还需要限制碳排放企业的碳抵消比例,例如与企业碳减排量挂钩。

在碳交易中,政府需要更为细化地设置调控方案才能保证发挥碳交易市场机制的最佳效果。简单地依靠所谓"市场发现价值"的市场机制在碳交易中可能弊大于利。

5.3.2 碳排放权交易市场规则与碳抵消

2021年5月,生态环境部发布了《碳排放权交易管理规则(试行)》。该规则指出全国碳排放权交易市场的交易产品为碳排放配额。碳排放配额交易以"每吨二氧化碳当量价格"为计价单位,买卖申报量的最小变动计量为1吨二氧化碳当量,申报价格的最小变动计量为0.01元人民币。

特别地,重点排放单位可以通过协议转让、单向竞价或其他符合规定的方式进行碳排放权交易。其中,协议转让是指交易双方进行协商达成一致意见并确认成交的交易方式,包括大宗协议交易和挂牌协议交易两种方式。大宗协议交易是指双方通过交易系统进行报价、询价并确认成交的交易方式;挂牌协议交易是指交易主体通过交易系统提交卖出或买入挂牌申报,意向受让方或出让方对挂牌申报进行协商并确认成交的交易方式。而单向竞价是指交易主体向交易机构提出卖出或买入申请,交易机构发布竞价公告,多个意向受让方或出让方按照规定报价,在约定时间内通过交易系统成交的交易方式。

同时,企业参与碳排放权交易时需要在交易机构开立交易账户,并在注册登记机构和结算银行分别开立登记账户和资金账户。其中,卖方企业卖出交易产品的数量不得超出其交易账户内可交易的数量,而买方企业买入交易产品的资金不得超出其资金账户内的可用资金。

进一步,全国碳排放权交易市场于2021年7月16日正式开市,首批纳入的企业仅包含发电行业。然而,从2011年7个地方碳市场试点至今,我国碳市场经历了十多年的探索历程。这些碳交易试点覆盖了电力、钢铁、水泥、石化、公共建筑等20多个行业近3 000家重点排放单位。据生态环境部公布的数据,截至2021年6月,试点省市碳市场累计配额成交量达4.8亿吨二氧化碳当量,成交额约114亿元。通过对碳排放权交易市场的相关规则与企业碳抵消水平之间的关系进行简单分析,具体如图5-5所示,分析不同市场机制下碳排放权交易的相关规则对企业碳抵消水平的影响,从而促进全国碳市场的发展。

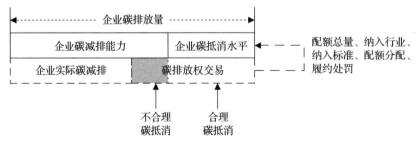

图5-5 碳排放权交易对企业碳抵消行为的影响

（1）配额总量。碳排放配额是指重点排放单位拥有的二氧化碳排放限额。然而，不同碳交易市场的配额总量并不一致，这就使得企业分配到的碳排放配额存在差异。例如，拥有更高配额的企业可以使用更高的碳抵消水平，并且企业可以通过购买获得更高的碳抵消水平，从而使得企业可能采用不合理碳抵消方式而不愿意进行实质性碳减排。

（2）纳入行业。不同碳交易市场纳入的行业也并不相同，例如北京市于2013年11月启动了碳交易市场，纳入行业包含电力、热力、水泥、石化、交通、其他工业和服务业，而天津市于2013年12月启动了碳交易市场，纳入行业包含电力、热力、钢铁、化工、石化、油气开采、建材、造纸、航空。纳入行业的地区差异性会导致企业碳抵消水平并不一致。特别地，尽管2021年全国碳市场正式启动，但仅包含2 225家发电企业。

（3）纳入标准。不同交易市场的纳入标准也不一致，例如北京市要求在5 000吨碳排放量以上，而天津市需要在10 000吨碳排放量以上，这就使得天津地区的企业更可能通过不合理的碳抵消方式实现碳中和。

（4）配额分配。根据《碳排放权交易管理办法（试行）》，生态环境部会根据国家对温室气体排放控制的要求以及经济、产业结构、能源结构和污染物排放等因素确定碳排放配额的总量和分配方案；随后省级生态环境主管部门根据生态环境部的分配方案，向区域内重点排放单位分配本年度碳排放配额。特别地，碳排放配额以免费分配为主，可适当引入有偿分配。此外，重点排放单位如果对碳排放配额有异议，可在接到通知的七日内向主管部门提出复核申请，而主管部门需要在十个工作日内做出复核决定。

因此，在配额分配方面，虽然所有试点市场均强调初始配额免费分配，但方法并不完全相同。例如，北京市、天津市、上海市均采用历史法和基准线法，而重庆市则采用政府总量控制与企业竞争博弈相结合的方法。

（5）履约处罚。不同市场的履约处罚差异较大，例如北京市要求未按规定报送碳排放报告或核查报告处5万元以下罚款，未足额清缴部分按市场均价3～5倍罚款，而天津市则要求违约企业限期改正，且3年不享受优惠政策。因此，处罚力度的不同会使得企业在是否采用碳抵消的方式实现碳中和时进行考量，进而使得处罚力度更大地区的企业更倾向于通过实质性碳减排方式降低碳排放量，降低不合理碳抵消水平。

5.4　影响企业碳抵消方案选择的因素

5.4.1　碳抵消方案的类型

现有的碳抵消手段有限，并且自然空间上森林所能承载的碳抵消能力并不能消化目前的全球碳排放总量。因此，企业选择恰当可行的碳抵消方案是企业有效实现碳中和责任补偿的关键。

企业要实现碳中和目标，在尽最大努力减少自身碳排放的同时，需要针对无法减排的部分，审慎评估和使用碳抵消方案。具体而言，当前我国碳抵消方案主要包括基于碳排放权交易和基于自然的解决方案两种。

1. 基于碳排放权交易的解决方案

针对碳排放权交易，清洁发展机制是我国碳市场发展的起点，为我国碳交易机制的发展奠定了基础。而国家核证自愿减排量（Chinese certified emission reduction，CCER）是我国基于清洁发展机制模式延伸的中国特色产物，是指依据国家发展和改革委员会发布施行的《温室气体自愿减排交易管理暂行办法》的规定，经其备案并在国家注册登记系统中登记的温室气体自愿减排量。进一步，生态环境部于2020年12月发布的《碳排放权交易管理办法（试行）》对CCER进行了明确的规定，CCER是指对我国境内可再生能源、林业碳汇、甲烷利用等项目的温室气体减排效果进行量化核证，并在国家温室气体自愿减排交易注册登记系统中登记的温室气体减排量。特别地，该办法强调重点排放单位每年可以使用CCER或生态环境部另行公布的其他减排指标，抵销其不超过5%的应清缴碳排放配额。同时，用于抵销的减排量不得来自纳入全国碳排放权交易市场配额管理的减排项目。

碳中和聚焦 5-6

清洁发展机制

清洁发展机制是《京都议定书》中引入的履约机制之一，是允许发达国家与发展中国家进行碳减排抵消额度的转让与获得，进而在发展中国家进行与温室气体有关的减排项目。清洁发展机制包含两方面的目标：一方面，帮助发达国家实现碳减排项目抵消的转让与获得；另一方面，帮助发展中国家实现可持续发展，进而为最终目标做出相应的贡献。

清洁发展机制是现存唯一能够获得国际认可的碳交易机制。截至2011年，我国已经批准的清洁发展机制项目数有3 105个，已经注册的项目数有1 503个，已经签发的项目数有500个。

资料来源：百度百科。

CCER抵消机制是我国碳排放权交易制度体系的重要组成部分，CCER的纳入可以丰富交易种类，提升市场流动性，提高企业参与碳交易的积极性。同时，实际碳排放量超标的企业可以向实际碳排放量较少的企业购买富余的碳排放权配额，从而最终实现碳中和。具体运行模式如图5-6所示。

在CCER实施过程中，企业如果要开发CCER项目，需要经历严格的项目备案和减排量备案流程，项目备案是对项目合格性的评判，而减排量备案则是对已合格项目所产生减排量的量化过程，

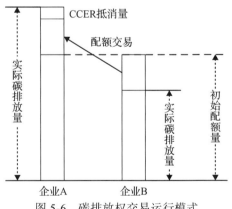

图5-6 碳排放权交易运行模式

共包含六个步骤，分别是：项目文件设计、项目审定、项目备案、项目实施与监测、减排量核查与核证、减排量签发。其中，项目设计文件是申请CCER项目的必要依据，是体现项目合格性并进一步计算与核证减排量的重要参考；项目审定包含合同签订、审定准

备、项目设计文件公示、文件评审、现场访问、审定报告的编写及内部评审、审定报告的交付并上传至国家发展和改革委员会网站等七个步骤；项目备案是指国家主管部门接到项目备案申请材料后，对其进行评估审查并备案；进一步，经备案的自愿减排项目产生减排量之后，企业在经国家主管部门申请减排量备案前，应由经国家主管部门备案的核证机构核证，并出具减排量核证报告；国家主管部门接到减排量签发申请材料后，对其进行评估审查，最终对符合条件的减排量予以备案。经备案的减排量则称为"国家核证自愿减排量"，单位以"吨二氧化碳当量"（tCO_2e）计。

《温室气体自愿减排交易管理暂行办法》在施行过程中存在着温室气体自愿减排交易量小、个别项目不够规范等问题，需要修订，导致 CCER 抵消机制起步于 2012 年 6 月，暂停于 2017 年 3 月。在这个阶段，共计有 2 891 个 CCER 项目被开发，其中完成项目备案的有 1 047 个，完成减排量备案的有 247 个，累计已完成减排量备案的 CCER 为 4 980 万吨。2020 年 12 月发布的《碳排放权交易管理办法（试行）》对 CCER 进行了重新规定，并且明确了允许使用 CCER 的类型。

然而，CCER 抵消量仅占 5%，目前全国碳排放市场的碳排放权交易主要通过碳排放配额实现。例如，上海环境能源交易所每日交易数据显示，2021 年 11 月 30 日，全国碳市场碳排放配额挂牌协议交易成交量 344 048 吨，成交额 14 778 355.94 元；大宗协议交易成交量 2 686 319 吨，成交额 112 337 492.84 元。同时，截至该日，累计成交量 43 231 710 吨，累计成交额 1 847 125 699.64 元。

2. 基于自然的解决方案

除碳排放权交易外，碳中和的另一个抓手是加大生态系统建设，提高基于自然的解决方案（NBS）来提升吸碳能力。NBS 是指通过对生态系统的保护、恢复和可持续管理，从而减缓气候变化，同时利用生态系统及其服务功能帮助人类和野生生物适应气候变化带来的影响与挑战。因此，针对基于自然的解决方案，通过可持续地管理、修复和保护生态系统等方式，积极利用自然和人工生态系统服务来实现可持续发展目标，包括诸多基于生态系统的方法，如植树造林和可持续森林管理、保护修复湿地以及草地、气候智慧型农业等（见图 5-7）。

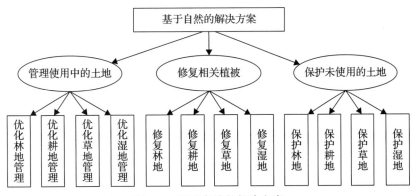

图 5-7 基于自然的解决方案

碳中和聚焦 5-7

保护海洋生态系统和抵消碳排放

为了更好地保护环境，减少碳排放进而实现碳中和目标，起亚即将启动"蓝碳"项目。海洋作为最有效的碳吸收体之一，该项目将重点关注海洋生态系统，主要通过与外部合作伙伴合作的方式恢复和保护韩国沿海湿地。这是由于韩国拥有世界上最广泛的潮汐泥滩环境，有利于提高"蓝碳"水平。同时，起亚还将与海洋清理组织合作，有效地清除海洋中的塑料，并阻止新的塑料进入海洋。

资料来源：网易新闻。

5.4.2 成本－收益视角下的碳抵消方案的选择

一般而言，当重点排放单位的碳配额不足时，其可以通过 CCER 机制进行碳抵消。但是，重点排放单位买入 CCER 的比例受到限制，若企业不能完全通过购买 CCER 的方式满足履约要求，则需要通过碳交易市场和基于自然的解决方案进行抵消。在政府、市场、企业相互作用下，企业从成本－收益视角选择最优的碳抵消方案是有效促进企业实现低碳高质量发展的关键。企业碳抵消方案的总体思路如图 5-8 所示。

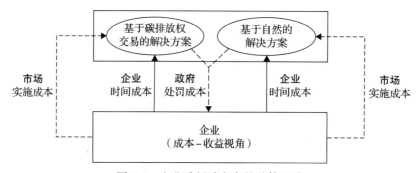

图 5-8 企业碳抵消方案的总体思路

1. 实施成本

从碳抵消方案实施成本的角度出发，全面分析基于碳排放权交易和基于自然的解决方案下企业需要投入的成本，这是决定企业选择何种碳抵消方案的关键因素。例如，从碳排放权交易的角度来看，北京大学国家发展研究院徐晋涛教授指出，假定在当前的工业技术水平下，如果参照 2012 年的排放水平，电力行业实现二氧化碳减排 15%，要求有效碳价为 218.92 元/吨，实现减排 85% 对应的有效碳价为 500 元/吨，但从基于自然的解决方案的角度来看，荒山造林一亩⊖地的成本为 200～300 元，如果折算成吸收的二氧化碳，每吨碳的成本是 13 元。这样看来，基于自然的解决方案对企业而言就具有很大的吸引力。

⊖ 一亩 = 666.67m²。

2. 行政处罚成本

从行政处罚成本的角度出发，政府对企业超额排放的监管和处罚力度也会影响企业对碳抵消方案的选择。企业实际碳排放量高于初始配额之后却仍然不采取碳抵消措施，企业就将面临行政处罚。此时，如果处罚成本高于企业通过碳排放权交易进行碳抵消的成本，企业就更愿意采取碳排放权交易这一方案；当处罚成本低于企业通过碳排放权交易进行碳抵消的成本但高于基于自然的解决方案的成本时，企业则更愿意采取基于自然的解决方案进行碳抵消。

3. 投入时间成本

从碳抵消方案的投入时间成本角度来看，基于碳排放权交易和基于自然的解决方案所消耗的时间并不一致。碳排放权交易是一个短期的过程，更适用于企业当年的碳抵消；而基于自然的解决方案是一个长期的过程，需要企业持续通过保护、恢复和可持续投入的方式促进生态系统的发展（如植树造林），且该过程是一个逐渐累加的过程而难以短期见效。因此，如果企业更加注重将碳抵消手段作为未来企业抵消不可减排碳排放的后补措施，那么企业也就更可能选择基于自然的解决方案。

5.5 企业碳抵消核算

企业可以基于期初碳排放总量、采购所得原材料的碳排放、生产活动的碳排放以及销售商品转移的碳排放计算出企业当期碳排放总量。基于此，如果企业核定碳排放量水平高于企业当期碳排放总量，则形成碳资产，可以在碳交易市场上进行出售；如果企业核定碳排放量水平低于企业当期碳排放总量，则形成碳负债，需要通过碳抵消的方式进行抵消。特别地，我国企业可以通过CCER机制以及基于自然的解决方案获得一定量的碳排放配额从而抵消相应的碳排放，相关内容已经在5.4.1节进行详细介绍，这里不再赘述。然而，当企业通过以上两种方式仍然不能抵消碳减排不足的排放水平时，企业就需要从碳排放权交易市场上购买相应的碳配额进行抵消。

2021年是全国碳排放权交易市场首个履约年，全国要在2021年12月31日前完成2019—2020年碳排放权配额的履约工作。全国碳排放权交易市场的交易产品为碳排放配额。基于该市场，重点排放单位能对碳排放配额进行买卖。如果重点排放单位的碳排放权配额不足，则可以通过碳排放权交易市场购买，从而获得相应的碳排放配额。

2021年12月31日，全国碳排放权交易市场第一个履约周期顺利结束，共纳入发电行业重点排放单位2 162家，碳排放配额累计成交1.79亿吨，累计成交额达76.61亿元，碳排放配额履约完成率为99.5%。

> **碳中和聚焦 5-8**
>
> **全国碳排放权交易市场第一个履约周期顺利结束**
>
> 全国碳排放权交易市场第一个履约周期从2021年1月1日至2021年12月31日，

共包含了 2 162 家发电行业重点排放单位，年覆盖温室气体排放量约 45 亿吨二氧化碳。自 7 月 16 日碳交易市场正式启动以来，企业碳减排意识逐步提升，市场活跃度也逐步提高。同时，相比于 7 月 16 日首日开盘价，12 月 31 日收盘价为 54.22 元 / 吨，涨幅为 13%，这表明碳排放权交易市场运行健康有序，这也促进了企业温室气体的减排以及绿色低碳的转型。特别地，全国碳交易市场作为推动实现"双碳"目标的重要政策工具的作用得以显现。

资料来源：生态环境部. 全国碳市场第一个履约周期顺利结束 [EB/OL]. (2021-12-31) [2022-06-20]. http://www.mee.gov.cn/ywgz/ydqhbh/wsqtkz/202112/t20211231_965906.shtml.

5.5.1 重点排放单位的碳抵消核算

为了核定企业的碳排放水平，企业需要参考国家发展和改革委员会印发的不同行业《企业温室气体排放核算方法与报告指南》中相应的碳排放基准值进行核定。实际上，被纳入重点排放单位的企业能从地方政府免费获得一定的碳排放配额，同时也能参与政府拍卖获得相应的碳排放配额，这也形成了重点排放单位的实际碳资产总额。

重点排放单位需要每年编制上一年度温室气体排放报告，经过第三方机构核查之后，在规定时间内向上级碳交易主管部门提交碳排放报告和核查报告。主管部门确认结果并通知重点排放单位之后，企业需要履行上一年度的配额清缴义务，即向上级主管部门提交不少于上一年度确认之后的碳排放配额。因此，当重点排放单位的碳配额不足以抵消其最终碳排放量，即存在碳负债时，企业需要通过 CCER 抵消机制或在碳交易市场上购买碳配额。基于此，企业需要及时掌握自身碳排放情况，确定实际配额与碳排放量之间的关系，从而合理选择减排措施。因此，在履约期间，重点排放单位需要加强减排潜力分析并节约运行成本，尽最大可能进行碳减排，并在履约期截止之前在碳交易市场上购买足额的碳配额以满足履约义务。特别地，企业在碳排放交易市场上购买碳资产的资金不得超出其交易账户内的可用资金，这就要求企业需要拥有足够的现金流。

相反，当重点排放单位的碳配额足以抵消其最终碳排放量，即存在碳资产时，企业可以在碳交易市场上出售自身多余的碳配额，从而获得利润。然而，碳交易市场上的价格在每个交易日均可能存在一定波动（见表 5-1）。因此，重点排放单位需要建立碳资产交易管理流程，对交易市场上的碳价进行合理预测，从而在合适的时机卖出富余的碳配额。

表 5-1 全国碳排放权交易市场 2022 年 4 月碳价变动情况

交易日期	开盘价（元/吨）	最高价（元/吨）	最低价（元/吨）	收盘价（元/吨）
2022 年 4 月 29 日	58	59	58	58.8
2022 年 4 月 28 日	59	59	59	59
2022 年 4 月 27 日	60	60	59	59
2022 年 4 月 26 日	60	60	60	60
2022 年 4 月 25 日	60	60	60	60

资料来源：上海环境能源交易所。

以下是两个重点排放单位进行碳抵消核算的案例。其中，重点排放单位 A 的案例将具体呈现企业存在碳负债给企业带来的损失，重点排放单位 B 的案例将具体呈现企业存在碳资产给企业带来的收益。

企业 A 是一家主营家用电器的大型企业，年销售收入超过 1 亿元。尽管企业在节能减排过程中不断加强能源管理和技术改造工作，并详细核算了企业在节能项目改造工作中的投入金额、节电量、节能量以及减排量，但是企业的碳排放量仍然超过了碳配额，存在碳负债，进而需要在碳市场购买足额的碳配额完成履约任务。但是，企业在前期对碳交易重视程度不够，没有很好地预测碳价变化，最终使得企业以较高的碳价买入缺少的碳配额，导致企业履约成本大幅上升。

相反地，企业 B 是一家集研发、设计与生产于一体的大型高科技企业，年销售收入超过 2 亿元。该企业始终坚持质量管理和清洁生产，认真执行各项环保指标项目。同时，企业还通过自动化改造，不断加强产品研发与设计，最终实现单品能耗的降低。该企业在履约期间内积累了大量的碳资产，能通过碳交易市场进行销售。为了进一步规范碳交易流程，该企业还成立了专门的碳交易管理小组，负责估算企业自身每月的碳排放量以及碳交易市场碳价的变化趋势。最终，该企业在碳价较低时购买了大量的碳配额，并且在碳价较高时将碳资产进行售卖，从而获得了较高的利润。

5.5.2 非重点排放单位的碳抵消核算

非重点排放单位由于没有被碳交易主管部门强制纳入碳交易范围，因此不需要承担相应的履约义务。一般而言，非重点排放单位可以分为三种类型。第一，企业主动申请加入碳交易体系，可以视为重点排放单位，其碳抵消水平核算与重点排放单位相同。第二，开发被政府认可的碳减排资产，进而能在碳交易市场上出售该减排项目产生的 CCER。第三，通过企业自身积极的节能减排、碳披露以及碳中和等自愿减排行为打造企业自身的低碳品牌，提高企业声誉。因此，非重点排放单位可以通过自身的碳减排获得政府认可的减排碳资产，进而在碳交易市场上进行销售，从而获得利润。

碳中和聚焦 5-9

企业全流程碳资产核算的应用案例之碳抵消环节——以 BD 汽车制造企业为例（三）

BD 公司被纳入重点排放单位，省级生态环境主管部门基于上一年实际碳排放量，采用基准法核算了该公司所拥有的配额量，并进行免费分配。BD 公司免费取得的碳配额为 70 吨。按照碳排放权交易市场的碳价 60 元 / 吨进行计算，本期金额中免费取得的碳配额为 4 200 元。特别地，BD 公司在经营过程中积极进行碳减排，除通过技术改造等方式进行碳减排外，还通过植树造林的方式进行碳排放量的抵消，获得碳配额共 1.395 吨，其金额为 1.395 × 60 = 83.7 元。然而，碳排放总量仍然超过了政府分配的配额。为了完成配额清缴，BD 公司首先通过购买 CCER 的方式进行碳抵消，该交易市场仅允许企业通过 CCER 抵消应缴碳排放配额的 5%。因此，BD 公司购买的 CCER 碳配额为 3.5 吨，价格为碳排放配额价格的 20%，为 12 元/吨，则 CCER 取得的碳配额金额为 3.5 × 12 = 42 元。同时，BD 公司在经营过程中直接在碳交易市场上购买了 15 吨碳配额，碳价为 60 元/吨，其金额为 15×60 = 900 元。此外，汽车行业的平均碳抵消量为 15 吨二氧化碳当量，且该省的平均碳抵消量为 10 吨二氧化碳当量。

基于以上分析，BD 公司抵消后的碳核算表如表 5-2 所示。其中，碳配额总额 = 免费取得的碳配额 + 购入取得的碳配额 + 其他方式取得的碳配额 − 出售的碳配额 = 70 +（3.5+15）+1.395−0 = 89.895 吨。类似地，碳配额总额的本期金额则为 5 225.7 元。最后，期末碳排放权资产余额 = 期初碳排放权资产余额 − 经营产生碳排放净额 + 碳配额总额 = 10−94.895 + 89.895 = 5 吨。期末碳排放权资产余额的本期金额则为 132 元。需要注意的是，由于 CCER 购买价格低，仅为碳排放配额价格的 20%，因此期末碳排放权资产余额的平均金额低于实际碳排放配额的价格。

表 5-2　BD 公司碳资产核算表

项目	本期数量/吨	本期金额/元
一、期初碳排放权资产余额	10	600
二、碳排放		
采购碳排放		
钢材	160	9 600
玻璃	30	1 800
塑料	12.5	750
其他配件	22.5	1 350
采购碳排放总额	225	13 500
生产碳排放		
电力消耗	103.2	6 192
设备折旧	29.7	1 782
物料的物理、化学变化	49	2 940
生产碳排放总额	181.9	10 914
碳排放小计	406.9	24 414
销售转移碳排放		
C1 型汽车	249.025	14 941.5
C2 型汽车	62.98	3 778.8
碳排放转移小计	312.005	18 720.3
经营产生碳排放净额	94.895	5 693.7
三、碳配额		
免费取得的碳配额	70	4 200
购入取得的碳配额		
拍卖取得的碳配额	0	0

(续)

项目	本期数量/吨	本期金额/元
CCER 取得的碳配额	3.5	42
碳交易取得的碳配额	15	900
其他方式取得的碳配额		
森林碳汇	1.395	83.7
出售的碳配额	0	0
碳配额总额	89.895	5 225.7
四、期末碳排放权资产余额	5	132

注：碳配额总额=免费取得的碳配额+购入取得的碳配额+其他方式取得的碳配额−出售的碳配额。

5.6 企业碳中和目标下碳抵消水平的确认

5.6.1 碳抵消水平的计算

2019年12月16日，为了配合我国碳排放权交易的开展，规范碳排放权交易相关的会计处理，财政部根据《中华人民共和国会计法》和《企业会计准则》等相关规定制定了《碳排放权交易有关会计处理暂行规定》，明确重点排放单位应该设置"碳排放权资产"这一会计科目，核算通过购买方式取得的碳排放配额，但是并没有将免费取得碳排放配额纳入相应的会计科目。同时在财务报表附注中需要披露与碳排放配额交易相关的数据以及碳排放配额变动表。

考虑到碳排放权交易是碳抵消的重要方式，且企业为了实现自身的碳中和目标需要通过碳抵消的方式抵消无法实现减排的碳排放量，我们设计了用于评价企业碳抵消水平的关键碳指标。基于该指标，能帮助企业更好地进行碳资产管理与激励。具体指标包含：碳抵消率、碳抵消成本率以及碳抵消增长率。关键碳抵消指标的设计见表5-3。

表5-3 关键碳抵消指标

指标名称	计算方法	决策意义
碳抵消率	碳抵消量/碳排放总量	衡量企业的碳抵消能力；值越大说明企业抵消能力越强，但减排能力越弱
碳抵消成本率	碳抵消总成本/营业总收入	衡量企业的碳抵消成本；值越低说明企业碳减排能力越强
碳抵消增长率	（本期碳抵消量−上期碳抵消量）/上期碳抵消量	衡量企业碳抵消发展能力

5.6.2 碳抵消水平的确认

在"双碳"目标背景下，企业的最终目的是实现碳中和。因此，企业需要基于自身情况制定短、中、长期战略，这就需要企业在碳减排过程中确认最佳的碳抵消水平。具体而言，可将碳中和目标下碳抵消水平的确认分为两种情况。

第一，企业预测碳交易市场的价格会逐渐增加或自身碳减排能力逐渐增强，因此企业在短期内更可能通过碳抵消的方式实现碳排放水平的降低，进而通过技术改造以及产品研发设计等方式在未来实现更大程度的碳减排，最终使得确认的碳抵消水平逐渐降低。例如，企业 C 是一家年收入过亿元的大型塑料部件生产商，其制定的碳减排目标为在 2028 年实现碳达峰，并在 2040 年实现碳中和。同时，企业预测碳价会由现在的 58 元/吨逐渐上升到 78 元/吨。为了实现长期碳中和目标，企业 C 十分注重产品研发设计以及新能源项目的开发，预计在 2027 年完成。但企业 C 在短期内碳减排能力不足，为了使得期末碳排放水平降低，企业需要通过碳抵消的方式从碳市场购买大量碳配额。在 2027 年之后，企业 C 将新产品以及项目投入运营，使得其生产效率显著提升，碳减排能力大幅增强，进而仅需要从碳市场购买少量的碳配额即可满足目标要求，而此时碳价已经上升到 68 元/吨，显著降低了企业 C 的履约成本。同时，随着自身减排能力的增强，企业 C 的实际碳排放水平逐渐低于核定碳排放水平，能通过销售富余的碳配额而获取利润。

第二，企业预测自身的财务能力会逐渐增强，因此企业在短期内不太可能通过大量的碳抵消来降低期末碳排放水平，而更倾向于等待有足够财务能力之后用多余的资金购买大量的碳配额以抵消自身的碳排放水平。例如，企业 D 是一家年收入过亿的大型高科技研发企业，净利润较低，但预计未来净利润会大幅增加，其制定的碳减排目标为在 2028 年实现碳达峰，并在 2040 年实现碳中和。尽管企业当前通过内部节能减排以及技术升级等方式进行碳减排，但期末碳排放水平仍然较高。当前企业 D 净利润较低使得其自由现金流较少，导致该企业无法从碳市场购买大量的碳配额进行抵消，从而在短期内的碳抵消水平较低。从长期来看，企业 D 预计未来会拥有较高的自由现金流，因此计划通过购买大量碳配额进行碳抵消，从而实现碳中和。

5.6.3　合理碳抵消水平的确认

企业要实现碳中和应该首先尽自身最大可能实施碳减排，然后再通过碳抵消的方式实现碳中和。例如，深圳大兴丰通雷克萨斯汽车销售服务有限公司虽然实际碳排放量仅为 17.984 吨二氧化碳当量，但该公司引入了碳管理系统，实时管理门店的用能和碳排放，并且投资建设了 400 千瓦分布式光伏系统，每年可以实现约 40 万千瓦时绿电的使用，同时还在汽车电池回收、充电设施减排、智能车联网的特色服务等领域不断探索，努力促进汽车经销店向绿色低碳、节能环保方向转型升级。通过上述三种方式进行碳减排之后，最后才是通过购买 CCER 的方式进行碳抵消。该公司最终实际注销的减排量为 18 吨二氧化碳当量，实现了碳中和目标。

然而，由于我国并没有对碳抵消额度进行限制，这就使得一些企业为了实现碳中和而过度使用碳抵消的方式，从而很容易被认定为是一种"漂绿"行为，进而遭受到环保组织和媒体的质疑。因此，需要确认企业的合理碳抵消水平。

期望水平由企业过去的目标、绩效以及其他类似组织过去的目标或绩效决定，能为企业的战略决策水平提供一个重要参照点。基于此，企业及其外部利益相关者可以通过评估当前实际绩效与期望水平之间的差距来决定其后续的战略行为。因此，在企业进行碳抵消的过程中，期望水平是评判企业合理进行碳抵消的必要途径之一。如果企业的碳抵消水平高于期望水平,则会使得利益相关者认为该企业没有尽最大努力进行碳减排,进而给企业及其决策者带来较大的外部经营压力。相反,如果企业的碳抵消水平低于期望水平,则容易获得利益相关者的支持。本书认为期望水平可以从行业层面、地区层面以及企业历史碳抵消水平三个方面进行确认,即同行业企业间的平均碳抵消水平、同地区企业间的平均碳抵消水平以及企业历史的碳抵消水平能作为企业合理碳抵消水平的参照。

(1)行业层面的合理碳抵消水平。同行业企业之间通常拥有相似的经营方式,这也使得企业的碳排放源更加相似。因此,将同行业企业之间的平均碳抵消水平作为目标企业碳抵消的期望值更有利于促进目标企业提高自身的竞争优势。同时,同行业企业的平均碳抵消水平能给外部利益相关者一个更为直接的参照标准,能促进企业及外部利益相关者更好地评估和审查企业当前碳抵消水平的合理性。

(2)地区层面的合理碳抵消水平。位于同一个地区的企业之间通常会面临来自地方政府的压力。特别是对纳入重点排放单位的企业而言,地方政府能直接决定重点排放单位的碳排放配额。因此,将位于同一个地区的企业之间的平均碳抵消水平作为目标企业碳抵消的期望值能帮助企业获得地方政府的支持。如果企业实际碳抵消水平明显高于当地企业的平均碳抵消水平,更有可能被地方政府认为该企业没有为碳减排做出实质性贡献;但当企业实际碳抵消水平明显低于当地企业的平均碳抵消水平时,就容易获得地方政府的支持与帮助。

(3)基于企业历史的合理碳抵消水平。除与外部企业的碳抵消水平进行比较确认合理碳抵消水平之外,基于企业自身历史碳抵消水平的比较也十分重要。例如,考虑到企业自身经营的特殊性,一些企业很难在短期内通过技术升级改造等方式进行碳减排,但其减排能力仍然在逐步增加,且碳抵消水平相对于上一年有大幅降低,但如果与企业同行业或同地区企业的平均碳抵消水平相比,可能仍然较高。此时,需要基于历史碳抵消水平计算企业合理碳抵消水平。

为了更加综合衡量企业合理碳抵消水平,我们基于层次分析法计算了上述三种碳抵消期望水平的权重,进而基于权重计算企业合理碳抵消水平。具体而言,结合专家打分法,通过两两比较的方式确定合适的标度,最终发现行业平均碳抵消水平和地区平均碳抵消水平同等重要,而这两者相对于企业自身历史碳抵消水平更加重要,为3分。基于此得到三种期望水平下的判断矩阵,如表5-4所示。

表5-4 三种不同期望碳抵消水平的权重判断矩阵

	历史碳抵消水平	行业平均碳抵消水平	地区平均碳抵消水平
历史碳抵消水平	1	3	3
行业平均碳抵消水平	0.33	1	1
地区平均碳抵消水平	0.33	1	1
合计值	1.67	5	5

基于表5-4中的合计值,我们进一步计算了碳抵消期望水平的权重。历史碳抵消水平 = 1.67/11.67 = 0.14;行业平均碳抵消水平 = 5/11.67 = 0.43;地区平均碳抵消水平 = 5/11.67=0.43。因此,企业综合性合理碳抵消水平确认公式如下:

$$综合性合理碳抵消水平 = 0.43 \times 行业平均碳抵消水平 + 0.43 \times 地区平均碳抵消水平 + 0.14 \times 企业历史碳抵消水平$$

5.7 企业碳资产管理

企业进行碳资产管理的目的在于更有效率地使用碳资产从而为企业创造更高的收益。碳资产分为配额碳资产和减排碳资产。其中，重点排放单位能够免费获得或参与政府拍卖获得相应的配额碳资产；非重点排放单位则可以通过自身的减排行为获得政府认可的减排碳资产。随着低碳经济的重要性日益突出，企业在碳减排过程中也面临着来自政府、市场以及企业自身经营发展的风险与机遇，从而促进企业进行碳资产管理。

5.7.1 企业碳资产管理的要素

企业碳资产管理的要素包括：设立碳资产管理机构、建立碳排放监测系统、制定碳减排策略以及开展碳交易和履约。

（1）设立碳资产管理机构。碳资产管理机构的主要任务是针对企业碳资产开发、碳市场分析、碳配额管理、排放报告编制、质量控制、审核风险控制、碳交易运作等进行实时跟踪和反馈，从而帮助企业提出解决方案。

同时，该机构还应该根据重点功能节点设置数据分析、报告编制、审核质控、交易管理等子部门，这些子部门将分别与企业其他专业部门进行信息对接与方案评估改进，通过跨职能部门的整合和优化合作，提升综合管理能力以获得减少碳排放的最大潜力。

（2）建立碳排放监测系统。企业在低碳发展过程中，通过碳排放监测系统能完整掌握碳排放数据，从而能让碳资产管理机构制定恰当的减排目标。在该系统中，企业需要购入相应的监测和计量设备，并定期核准，从而使得企业可以查询全部生产活动过程中产生的碳排放信息以及相关活动记录，包括生产活动及管理沟通中所产生的关键问题，实时统计企业碳排放量及碳资产管理情况。最终通过"自上而下"或"自下而上"的方式制定相应的减排目标。其中，"自上而下"强调企业根据集团总体减排目标和子公司及部门情况进行分解；"自下而上"则强调企业根据子公司减排目标制定集团总体减排目标。

（3）制定碳减排策略。企业碳减排策略的核心是通过最小的成本获得最大的减排成效。因此，企业基于监测系统制定减排目标之后，应该通过技术改造、提高能源使用效率、新能源开发利用等方式有针对性地实施减排计划，从而尽最大努力实施碳减排。

（4）开展碳交易和履约。当企业通过最大努力实施碳减排之后，企业可以根据配额量和排放量之间的差距进行碳交易，进而完成履约任务。如果企业存在配额缺口，则需要根据碳交易市场情况，对CCER或配额的价格进行预测，从而确定交易时间、价格和数量。在正式履约之前，企业可以根据碳交易市场情况及时调整交易策略。同时，非重点排放单位可以选择恰当时机出售CCER而获得资金。

5.7.2 企业碳资产管理体系的建立

重点排放单位与非重点排放单位的碳资产管理体系存在一定差异。为了满足重点排放单位合规履约的要求，需要构建一套完善的碳资产管理体系，应至少包含以下七个步骤。

第一，建立企业低碳工作领导小组。企业需要成立由高管负责、多部门联席、职能明确的工作小组，从而使得企业碳减排战略得以有效实施。

第二，建立碳排放核算机制。企业进行碳资产管理的前提是拥有能够测量和核查的基础数据，这就需要企业建立碳排放核算机制，量化企业业务范围内各部分的碳排放，从而规划碳减排目标，帮助企业节约成本。具体而言，企业碳盘查的步骤包含以下几点：确定组织边界和运营边界、识别碳排放源头、收集活动数据和排放因子、选择计算方法、制作碳排放清单和报告、选择第三方核查机构进行核查。

第三，碳减排潜力及成本分析。除对碳排放量进行估计之外，企业还需要分析自身的减排潜力和成本，从而选择最优的减排方式。

第四，内部节能减排。节能减排是一个系统性和综合性的工作，常见的节能减排项目包含优化物流运输、使用节能电器、安装太阳能等。

第五，碳资产投资管理。即企业需要制定碳资产投资管理流程和办法，并成立碳资产投资小组对其进行具体的实施。

第六，碳资产交易管理。重点排放单位需要根据自身碳配额确定相应的交易需求。如果碳配额不足则需要购买 CCER 或配额以满足履约需求。同时，企业还需要比较减排成本和碳交易市场价格，确定最优的方式满足履约需求。因此，企业需要编写碳资产投资方案，并在得到审批之后在碳交易市场进行碳资产交易。

第七，碳资产管理内部控制体系。内部控制的目标是为了合规经营、提升资产安全性以及提高收益。因此，内部控制体系通常包含风险控制环境、风险评估、风险控制活动、信息沟通与反馈以及监督。

对于非重点排放单位，其碳资产管理体系应至少包含以下几点：建立碳排放核算机制、碳减排潜力及成本分析、内部节能减排、碳资产管理内部控制体系。

本章小结

1. 企业碳抵消是指企业可以通过投资森林、购买环境权益等方式来抵消碳减排之后剩余部分的碳排放。
2. 企业不可减排的碳排放水平评价体系需要基于碳减排任务和碳减排能力进行计算。
3. 企业碳抵消水平的影响因素主要包含行业因素、技术进步、投入成本、竞争压力、高管特征和员工特征。
4. 《京都议定书》建立了旨在减排的 3 个灵活合作机制——国际排放贸易机制（ET）、联合履行机制（JI）和清洁发展机制（CDM），这些机制允许发达国家通过碳交易市场等灵活方式完成减排任务，而发展中国家可以获得相关技术和资金。
5. 碳排放权交易市场与股票市场存在类似的地方，但也存在一定的区别。
6. 我国建立了 7 个地方碳交易试点市场，这些试点市场分别建立了各自的市场交易规则。我国也于 2021 年正式启动了全国碳排放权交易市场。

7. 我国碳抵消方案主要包含碳排放权交易和基于自然的解决方案两种,企业可以从实施成本、行政处罚成本及投入时间成本三个方面考量,进而选择合适的碳抵消方案。
8. 合理碳抵消水平可以基于行业平均碳抵消量、地区平均碳抵消量和企业历史碳抵消量进行确认。
9. 企业碳资产管理体系主要包含建立企业低碳工作领导小组、碳排放核算机制、碳减排潜力及成本分析、内部节能减排、碳资产投资管理、碳资产交易管理、碳资产管理内部控制体系。
10. 本章总体框架如图 5-9 所示。

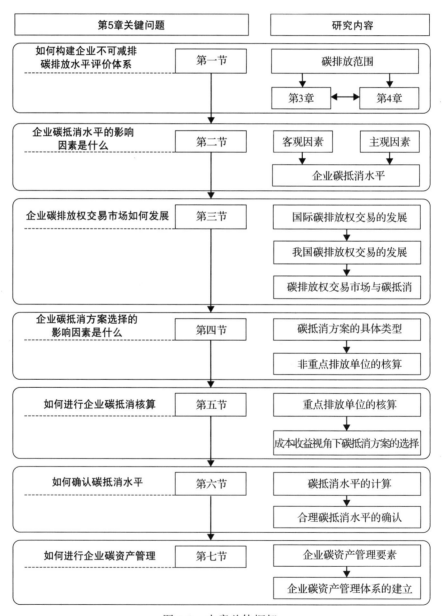

图 5-9　本章总体框架

关键术语

企业碳抵消（corporate carbon offsetting）
碳排放权交易（carbon emissions trading）
碳排放配额（carbon emission allowance）
国际排放贸易机制（emission trading）
联合履行机制（joint implementation）
清洁发展机制（clean development mechanism）
国家核证自愿减排量（Chinese certified emission reduction）
碳资产管理（carbon asset management）

思考与练习

1. 什么是企业碳抵消？
2. 什么会影响企业碳抵消水平？
3. 《京都议定书》的主要内容是什么？
4. 我国碳交易试点市场的规则是什么？
5. 什么是国家核证自愿减排量（CCER）？
6. 企业碳抵消方案包含哪两个方面？企业如何选择合适的碳抵消方案？
7. 企业合理碳抵消水平如何确定？
8. 如何进行企业碳资产管理？

应用案例

联想集团的碳抵消行为

2022年10月13日，联想集团宣布其发起的业内首个碳抵消服务实现重要里程碑：通过购买Think系列PC（包括台式机、工作站、笔记本），联想的客户已合计抵消了超过100万吨的二氧化碳，相当于215 000多辆载客车辆在一年内所排放的温室气体总量。同时，联想集团还宣布将进一步扩大碳抵消服务的支持范围，其中包含部分ThinkSystem服务器产品组合。

联想集团的碳抵消服务是指企业和消费者只须购买相应的产品，就可以抵消其PC或者服务器从制造到运输过程中产生的碳排放，以及设备全生命周期内消耗的电力。以吨为单位，该服务会为客户提供明确且便于追溯的信息，让客户清楚其所购产品能够抵消的碳排放量。同时，联想集团还会通过与国际性咨询机构ClimeCo合作，将碳抵消资金用于联合国批准的环保项目，如电池、风车、太阳能、可再生能源，以及采用农副产品发电的创新技术等。例如，联想集团碳抵消服务新添的安徽寿县生物质能利用项目每年可减少约131 545吨二氧化碳当量。

联想集团全球可持续发展服务执行总监Claudia Contreras表示："我们的终极目标是

减少对环境的影响,碳抵消服务作为一款经第三方认证的有力工具,将持续推动全球气候行动。今天我们抵达的里程碑以及在碳抵消服务中增加更多服务器产品组合,都体现了我们助力企业和用户应对气候变化的热情与决心。这也是我们从 PC 厂商向全方位服务供应商转型迈出的坚实一步,未来我们将继续为客户提供解决方案,帮助客户实现其可持续发展目标。"

碳抵消服务只是联想集团可持续创新举措的一部分。"环境保护管理工作不仅限于碳抵消服务,联想集团拥有一个丰富的环保工具库。我们还结合了硬件、基础设施、软件和服务,与我们的合作伙伴共同打造创新的可持续 IT 解决方案,推动净零排放目标实现。正因如此,我们将继续促进循环经济发展,减少整个价值链中产生的浪费,降低产品中原始材料的使用,重视可再生能源,并始终遵守与我们使命相一致的、严格的供应商标准。"Claudia Contreras 对此表示。

例如,联想 TruScale 以订阅模式或"即服务"的方式为用户提供技术设备和服务,从而最大限度地减少整个价值链中产生的浪费。具体而言,TruScale 能够帮助企业实现 IT 设备的再利用和回收,有效加强循环经济,遏制浪费。

另外,联想集团还率先使用并与业内同行共享了多种创新技术,如低温锡膏焊接技术。该技术可在 PC 制造生产过程中减少温室气体排放。此外,联想集团"海神"温水水冷技术通过循环使用温水冷却系统,为客户提供了业界领先的数据中心效率(PUE),还能帮助客户减少高达 40% 的电力消耗。在产品制造过程中,联想集团采用了废旧塑料再生技术,扩大了可再生材料的使用类型,如在设备制造中使用可再生镁等材料。

为了推动低碳转型,联想集团承诺到 2030 年,计划实现运营性直接及间接碳排放减少 50%、部分价值链的碳排放强度降低 25%。联想集团的长期愿景是在 2050 年年底之前实现净零排放。目前,联想集团正在与"科学碳目标倡议"组织合作,设立更细化的目标,并确认路线图。此外,在绿色制造方面,联想集团参与起草制定的首个 ICT 行业零碳工厂标准也已发布。联想集团目前在合肥、武汉、成都、惠阳的生产基地也已经实现了国家级绿色工厂,并在此基础上继续推进向"零碳工厂"转型。

资料来源:联想网站. 100 万吨!业内首个碳抵消服务迎来重要里程碑 [EB/OL].(2022-10-13)[2023-03-10]. https://brand.lenovo.com.cn/brand/PPN01482.html.

▶ 讨论题

1. 联想集团的碳抵消方式是什么?
2. 针对上述碳抵消方案,联想集团的碳抵消量是否合理?
3. 结合我国实际情况,谈谈企业应该如何助力"双碳"目标的实现?

学习链接

1. 贾明. 碳交易启动在即 需构建更有效的碳交易市场 [N]. 每日经济新闻,2021-06-29(003).

2. 孟早明，葛兴安，等.中国碳排放权交易实务[M].北京：化学工业出版社，2017.
3. 百度.CCER重启在即，绿证和CCER如何取舍？[EB/OL].（2021-08-23）[2022-06-01]. https://baijiahao.baidu.com/s?id=1708847453143360450&wfr=spider&for=pc.
4. 付秋芳，忻莉燕，马士华.惩罚机制下供应链企业碳减排投入的演化博弈[J].管理科学学报，2016，19（4）：56-70.
5. 郑慧瑾，贾明.企业实施碳中和战略要把握五个关键点[N].每日经济新闻，2022-01-05（004）.
6. 北京大学国家发展研究院.徐晋涛：大国承诺与中国能源模式的必要转型[EB/OL].（2020-11-09）[2022-06-01]. https://www.nsd.pku.edu.cn/sylm/gd/508093.htm.
7. 金培振，张亚斌，彭星.技术进步在二氧化碳减排中的双刃效应：基于中国工业35个行业的经验证据[J].科学学研究，2014，32（5）：706-716.
8. DHANDA K K, HARTMAN L P. The ethics of carbon neutrality: a critical examination of voluntary carbon offset providers[J]. Journal of business ethics, 2011, 100（1）: 119-149.
9. 王遥，王文涛.碳金融市场的风险识别和监管体系设计[J].中国人口·资源与环境，2014，24（3）：25-31.
10. 石敏俊，袁永娜，周晟吕，等.碳减排政策：碳税、碳交易还是两者兼之？[J].管理科学学报，2013，16（9）：9-19.
11. 马秋卓，宋海清，陈功玉.碳配额交易体系下企业低碳产品定价及最优碳排放策略[J].管理工程学报，2014，28（2）：127-136.

第6章 企业碳中和信息披露

本章的重点在于介绍 CROCS 企业碳中和管理和激励模型中的"披碳"环节,企业碳中和信息披露是企业通过选择恰当的披露内容、途径、语言和时机而将碳中和(包括碳减排和碳抵消)信息传递给利益相关者,使其获悉企业履行碳减排和碳抵消责任的重要方式。这不仅能满足利益相关者的诉求、管理企业与利益相关者间的关系,也是企业迈向碳中和的重要方式。然而,当前企业在碳信息披露方面缺乏明确的标准、规范和体系,使得企业在披露相关信息时缺少参照。基于此,本章首先分析了企业碳中和信息披露的表现以及影响企业碳中和信息披露的内外部因素;其次揭示了利益相关者诉求对企业碳中和信息披露语言选择的影响;再次分析了企业碳中和信息披露方式的选择,以及企业碳减排和碳抵消信息披露方式选择的影响因素;最后介绍了企业碳信息披露的实践管理工具。

开篇案例

上市公司年度报告增加协同做好"碳达峰、碳中和"准则

根据修订后的《中华人民共和国证券法》(简称《证券法》)、《上市公司信息披露管理办法》(简称《信披办法》),证监会对《公开发行证券的公司信息披露内容与格式准则第 2 号—年度报告的内容与格式》《公开发行证券的公司信息披露内容与格式准则第 3 号—半年度报告的内容与格式》进行了修订,并于 2021 年 5 月 7 日至 2021 年 6 月 7 日公开征求意见,后发布施行。该次修订有助于规范上市公司定期报告的编制及信息披露行为,保护投资者的合法权益。

本次修改总体保持了原有的框架结构,内容上的变动分为六个部分。一是落实修订后的《证券法》和《信披办法》,增加公司董监高对定期报告审核程序和发表异议声明的规范要求。二是根据创业板、科创板等相关法规,要求在年报中披露行业竞争力等相关信息。若创业板、科创板公司上市时未盈利,则要求在实现盈利前在年报中披露尚未盈利的原因、影响及风险。若公司具有表决权差异安排,还要求在年报中披露该安排在报告期内的实施和变化情况。三是按照《公司信用类债券信息披露管理办法》规定,要求公开发行

企业债券、公司债券以及银行间债券市场非金融企业债务融资工具的公司在定期报告中以专门章节披露债券情况，并有针对性地调整债券相关情况的披露内容。四是结合退市规则，若公司年度扣非前后净利润存在负值，则要求在年报中披露营业收入扣除情况。五是对于占用担保、子公司管理控制、表决权委托及财务公司关联交易等情况，在定期报告中分别做出专门的信息披露要求。六是为协同做好"碳达峰、碳中和"、乡村振兴等工作，鼓励公司在定期报告中披露为减少其碳排放所采取的措施及其效果，以及巩固拓展脱贫攻坚、乡村振兴等工作的相关情况。

资料来源：搜狐网.上市公司年度报告增加协同做好"碳达峰、碳中和"准则 [EB/OL].（2021-06-29）[2022-06-26]. https://www.sohu.com/a/474712271_121134460.

6.1 企业碳中和信息披露的表现及影响因素分析

6.1.1 企业碳中和信息披露的表现和类型

1. 企业碳中和信息披露的当前表现

2022年1月，责扬天下（北京）管理咨询有限公司联合金融界发布了《2021中国上市公司碳信息透明度》报告（简称《报告》），该报告以香港联合交易所（简称"联交所"）、上海证券交易所（简称"上交所"）、深圳证券交易所（简称"深交所"）上市主体发布的3 661份企业2020年度ESG、社会责任或可持续发展报告为研究对象，深入分析了中国上市企业在国家"双碳"政策和资本市场规则指引下对于碳排放、碳管理和碳战略等信息披露要求的响应程度。

根据上述报告的调研结果，披露碳信息的上市企业比例整体处于低位。在全部调研样本中，总计732家企业披露了气候变化、碳相关内容，占比约为20%。其中，联交所上市企业碳信息披露活跃程度明显高于上交所和深交所（见图6-1）。在2 580份联交所上市企业发布的报告中，进行了碳信息披露的企业占比约为18%。

同时，《报告》从专项政策/治理、风险/机遇分析与评估、系统性应对措施、目标设定、专项披露、参与联盟/倡议六个方面对企业应对气候变化的行动进行了统计分析（见图6-2）。总体而言，企业在风险/机遇分析与评估、目标设定两个方面表现较优，而在参与联盟/倡议方面则处于起步阶段。

从行业碳信息披露情况来看，各行业均进行了不同程度的探索。其中，对监管政策反应敏锐的金融、房地产等行业在碳目标设定、风险分析和管理等方面表现优异；采掘、电力等重点减排行业在碳排放数据披露、各类减碳增汇措施等方面优先进行了探索，例如已有33%的采掘行业企业进行了碳排放披露。

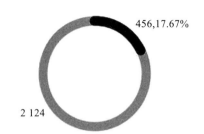

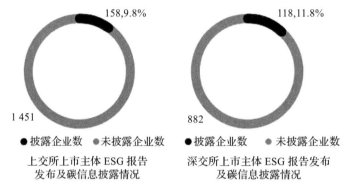

图 6-1　联交所、上交所和深交所上市主体 ESG 报告碳信息披露情况对比

图 6-2　企业应对气候变化行动的六类指标

2. 企业碳中和信息披露的类型

根据企业在信息披露过程中如何发布有关碳减排和碳抵消的相关信息，可以将企业碳中和信息披露划分为实质性披露和象征性披露两种类型。企业碳中和信息的实质性披露是

指企业强调对节能、减排、降耗等实质性减排措施和手段及其成效进行披露,而较少强调实施碳抵消方案相关的信息披露,即"重减排、轻抵消"。这符合企业碳中和战略的核心部分,即强调通过技术改进、设备更新等方式实现碳足迹过程中企业可减排部分的最大化和不可减排部分的最小化。例如,中国石油天然气集团有限公司(简称"中国石油")在《2020企业社会责任报告》中详细披露了其碳减排措施及成效,主要包括设立低碳关键技术等系列重大科技攻关项目(例如,CO_2捕集、驱油与埋存关键技术及应用和CO_2捕集、驱油与埋存关键技术示范工程)、加快核心技术突破和减少生产过程中的温室气体排放等。

而企业碳中和象征性披露是指企业在信息披露中强调有关投资森林、购买碳信用产品等碳抵消方案相关信息的披露,而较少涉及碳减排相关信息的披露,即"重抵消、轻减排"。这表现为企业碳中和过程中的"漂绿"做法,即只关注碳排放的补救措施,而忽略从源头上减少碳排放等实质性措施,属于"避重就轻"的碳中和信息披露行为。例如,包括企业责任(Corporate Accountability)、全球森林联盟(Global Forest Coalition)和国际地球之友(Friends of the Earth International)在内的三家非政府组织共同发布了《大骗局:污染大户如何以"净零"为名拖延、欺骗和否认气候议程》,该报告对壳牌、道达尔、微软、雀巢、美国联合航空、沃尔玛、摩根士丹利、亚马逊等公司的碳中和承诺和实践进行了质疑和批评,认为它们并没有深入开展碳减排行动,而是通过森林抵消、植树造林和技术修复来抵消碳排放,以在核心业务方面获取更多利润,这一举动会继续造成环境污染。

碳中和聚焦 6-1

防范企业低碳"漂绿",首先应从提高信息透明度着手

2021年11月26日,生态环境部2021年第四次部务会议审议通过《企业环境信息依法披露管理办法》(简称《管理办法》)。会议强调,要扎实推进环境信息依法披露制度建设,健全信息披露法律法规和规范要求,加快制定相关配套文件和技术规范。2022年2月8日,《管理办法》正式施行。

2021年12月31日,生态环境部进一步制定了《企业环境信息依法披露格式准则》(简称《准则》)。《准则》指出,纳入碳排放权交易市场配额管理的温室气体重点排放单位应当披露碳排放相关信息。

《管理办法》和《准则》的制定,对企业碳排放信息公开形成了制度压力。但在实践中,一些企业在碳信息披露方面,承诺大于行动的情况时有发生,具体表现为企业在减碳中空喊口号,而没有实质性的碳减排措施,或是减排承诺的目标与实际减排量严重不符,这都是典型的"漂绿"行为。

企业低碳"漂绿"的行为不仅会减弱当期的企业绩效,不利于企业的高质量发展,还会误导环保部门对碳排放控制成效的判断,不利于我国有序实现"双碳"目标。综合来看,企业低碳"漂绿"主要受到三个方面因素的影响。

第一，信息不透明，即利益相关者无法得知企业是否履行了承诺。企业的碳信息相关披露碎片化呈现于企业社会责任报告、企业报表等，且多倾向于文字描述，缺乏定量描述，内容不够详细具体，过于笼统，无法呈现企业具体的减碳措施及进度，这就使得利益相关者无法得知企业减碳所取得的成效和存在的问题，进而无法获取真实可靠的信息以帮助其进行决策。基于此，企业的"漂绿"行为畅通无阻。

第二，惩罚不突出，即企业即使被发现"漂绿"，对自身产生的影响也不大。由于目前对于企业"漂绿"行为的处罚力度较弱、时效性不强、惩戒机制不完善，因此企业的"漂绿"行为被曝光之后，对企业自身发展所产生的影响和后果并不严重，造成企业的"漂绿"成本相对较低，便会进一步刺激企业进行"漂绿"。基于此，企业的"漂绿"行为更加不受约束。

第三，实施成本高，即企业认为践行承诺的成本太高，对企业而言"不划算"。企业在向低碳或零碳业务转型过程中，要实现所做出的减碳承诺，将碳减排措施纳入行动，需要投入大量人力、资金等资源，付出巨大成本，这对于企业来说是一笔不菲的支出。出于经济利益的考虑，部分企业可能会在碳减排过程中搞些"小动作"，在减碳中出现言行不一的情况。

基于以上原因，防范企业低碳"漂绿"需要从三方面着手。

首先，提高信息透明度。碳信息披露要公开透明，需要第三方核查和踏勘，并进行强制性的信息披露，企业应该以透明的方式获得、记录、分析碳排放相关数据，包括核算边界、排放源、活动水平数据、排放因子数据、核算方法、核算结果等，从而确保核查人员和主管机构能还原以及重复验算排放的计算过程，另外企业还应向社会公开企业排放控制的关键数据、配额总量和配额分配情况。只有提高碳信息的透明度，才能确保碳信息的真实可靠性，从而有助于利益相关者做出正确决策。

其次，完善惩戒机制。强制性制度压力会使企业因为"漂绿"行为遭受到更大的处罚，从而提高企业的"漂绿"成本，所以要进一步完善相关法律法规，明确不同类型、不同程度的"漂绿"行为所产生的影响和后果。政府执法部门应加大对企业"漂绿"行为的监管和处罚力度，提高案件处理效率，对于社会影响力大的"漂绿"事件，更要及时公开处理进程及调查情况，要让行政处罚踩到涉事企业痛处，引导资本市场对其进行惩戒。这类措施会在一定程度上对企业产生威慑作用，减少企业的"漂绿"行为。

最后，要提升企业主动性。当前，绿色低碳发展是大势所趋，企业应当顺势而为，不应拘泥于眼前利益，而应认识到，绿色低碳所创造的价值是不可估量的，且对企业的高质量发展以及社会的可持续发展会产生深远影响，减碳所付出的成本是值得的。因此，企业应加强对绿色发展的认识与了解，充分理解绿色发展带来的经济效益和社会效益，使绿色发展意识深入企业文化，进一步强化企业碳减排的责任意识。企业领导层应自上而下营造和传导绿色发展理念，这有助于企业主动实施碳减排措施以及披露相关碳信息。

资料来源：赵庆，张莹，贾明. 防范企业低碳"漂绿"，首先应从提高信息透明度着手 [N]. 每日经济新闻，2022-01-24（5）.

6.1.2 外部因素对企业碳中和信息披露行为的影响

企业作为市场经济中的微观主体，其信息披露的选择受到外部环境因素的影响。外部因素主要包括行业、媒体等利益相关者群体。

1. 行业

不同行业在资产结构、外部环境等方面存在差异，反映了该行业的基本状况和发展趋势。行业特征包含行业类型、行业竞争、同行业行为等多种因素。若行业的碳减排压力很大而碳减排技术成熟，且行业竞争激烈，则该行业普遍采取低碳化发展的思路。进一步，该行业内的企业就会更加重视有关碳减排信息的披露。这表现为企业会注重实质性碳信息披露，以获得合法性和竞争优势。例如，当企业属于有色金属矿业、电力、热力等高能耗行业时，会更加关注企业碳减排过程中的节能管理，以及通过加大研发力度，寻找更环保的产品、生产工艺、技术等来降低碳排放，这使得企业在信息披露过程中会更侧重碳减排信息的披露。

> **碳中和聚焦 6-2**
>
> **高能耗的水泥行业要求企业加强碳排放信息披露**
>
> 2021 年 5 月 21 日，国家市场监管总局、工信部和国家发展改革委等七部门发布了《关于提升水泥产品质量 规范水泥市场秩序的意见》，表示要持续推进水泥行业绿色发展。鼓励企业大力加强创新战略，积极采用节能减排技术以提高水泥行业的能源资源使用效率。同时，持续推进污染物减排，实现碳排放与污染物的协同控制，确保在 2030 年前水泥行业碳排放实现达峰。
>
> 特别地，要建立做好全国碳市场碳排放数据报告和核查工作的长效机制。此外，要推动水泥行业实施污染物有组织、无组织排放深度治理，有条件的地区开展超低排放改造。最后，要鼓励企业进行碳排放信息披露，建立并有效实施环境管理体系及能源管理体系，促进水泥低碳产品认证与标识工作的开展，持续推进绿色工厂和绿色供应链创建，最终实现水泥行业绿色和可持续发展。
>
> 资料来源：人民资讯. 七部门：持续推进水泥行业绿色发展 促进水泥行业生产方式自动化、智能化 [EB/OL].（2021-05-26）[2022-07-01]. https://baijiahao.baidu.com/s?id=1700782202996241081&wfr=spider&for=pc.

2. 媒体

媒体在信息时代扮演着非常重要的角色。在资本市场上，媒体对于信息披露、汇集与扩散发挥着关键的中介作用，并极大地降低了信息搜集成本，使得人们可以便捷地获取多样信息。因此，媒体信息传递不仅能降低企业与利益相关者之间的信息不对称，而且能通过宣传和引导，对企业环境违规行为进行监督和治理。如果企业的新闻价值越大、社会知名度越高，那么企业受到的媒体关注度也会越高。较高的媒体关注度会引导企业开展实质性碳信息披露，而降低象征性碳信息披露。例如，国企在国民经济中具有重要的政治地位，其行为受到更多的媒体关注，因而更需要对碳减排过程中的具体措施、细节以及成效等碳信息进行披露。

碳中和聚焦 6-3

媒体关注对企业碳信息披露的影响

从合法性压力、政府压力、债权人压力和社会压力四方面入手，可以探究新闻媒体对于企业碳信息披露的影响。其中，企业置身于社会当中，与周围的居民、政府和各种组织组成一个整体。随着人们环保意识的增强，越来越多的人开始关注环境保护。同时，人们也意识到企业在生产经营过程中，在创造利益的同时，把污染转嫁给了周边环境，特别地，企业周边的居民成为这种污染的直接受害者。企业只有处理好与周边社区的关系，才能得到社会的接纳和认可，从而更好地占领市场。而新闻媒体作为一种有效的传播手段，可以提高社会公众对企业的关注度。新闻媒体对企业的报道越多，企业所承受的社会公众压力就越大，企业就会披露更多的碳信息。

资料来源：赵选民，王晓菲. 公共压力与企业碳信息披露：来自中国资源型企业的证据[J]. 财会月刊，2015（36）：102-106.

6.1.3 内部因素对企业碳中和信息披露行为的影响

除了外部因素，企业也需要在战略选择的过程中考虑内部因素的影响。只有内外部环境相互协调，才能使企业了解到该做什么、想做什么以及能做什么。企业内部因素主要包括企业战略定位和高管个人特征等因素。

1. 企业战略定位

企业战略定位是企业战略中最为明显的表现，体现了企业短期和长期发展的目标，以及为了实现目标而制定的各阶段的规划。因而，企业战略定位也会对其碳中和信息披露行为产生影响。具体而言，如果企业制定了明确的低碳发展路径，并在公司内部得到各层领导和基层员工的支持，那么企业也会更多地披露与实质性碳中和行为相关的信息。

碳中和聚焦 6-4

碳标签体系践行者 TCL 获中国首张电器产品碳标签证书

在 2021 年 7 月 17 日的第四届中国低碳之路高峰论坛上，中国电子节能技术协会向 TCL 科技集团股份有限公司（简称"TCL"）颁发了国内首张电器产品碳标签评价证书，该证书是电器产品行业的第一张碳标签产品认证证书。自此，TCL 成为国内第一个电器产品（智屏）碳标签评价获证企业。

作为领先全球的大国品牌，TCL一直以来都是中国应对气候变化的坚定前行者、中国碳标签体系的践行者。TCL曾积极参与中国碳博会、工信部低碳技术创新联盟等多个国内外平台组织的研讨及实践活动，同时也积极参与全球气候变化政策研究、碳标签标准制定、技术评估推广，以及低碳领域的实践工作等。

下一个十年将是碳标签认证发展的十年，碳标签有望成为未来低碳发展的主流。面对实现碳中和目标时间紧、任务重等新形势下的挑战和机遇，社会各界应当在碳标签评价工作中努力提高全社会的低碳意识，让每个公民成为低碳环保事业的传播者和践行者，从而以更快速度实现全社会碳中和目标。

资料来源：腾讯网. 碳标签体系践行者TCL获中国首张电器产品碳标签证书[EB/OL].（2021-07-20）[2022-07-01]. https://view.inews.qq.com/a/20210720A05DZS00.

2. 高管个人特征

高管作为企业战略的制定者，其个人特征会影响企业的战略决策和经营决定。根据高层梯队理论，企业高管的个人特征（如政治关联、性别和性格等）会对碳信息披露行为产生影响。政治关联作为一种关系型资产，不仅能给企业带来利益，也能给高管带来私人收益。为了维系政治关联带给高管的价值，高管会更关注政府推崇的碳信息披露方式，即实质性碳信息披露，而非象征性碳信息披露。就性别而言，女性高管更重视有关碳减排信息的披露，以获得利益相关者的支持，弥补自身合法性劣势。就性格而言，自大的高管认为其不需要依赖利益相关者的支持，而更少选择实质性碳信息披露。

6.2 利益相关者诉求视角下企业碳中和信息披露的语言选择

企业如何披露碳中和相关信息的关键在于披露语言的选择。语言作为一种信息传递的工具，可以操控信念、形成态度观点，借此进行行为诱导。由于利益相关者会基于企业披露的碳中和信息来评价公司回应各利益相关者诉求的状况，因此企业会通过选择最佳的碳中和信息披露语言来维护各利益相关者间的关系。本节将介绍企业信息披露语言的特征、利益相关者诉求满足对企业碳中和信息披露语言选择的影响，以及利益相关者诉求冲突对企业碳中和信息披露语言选择的影响三个方面。

6.2.1 信息披露语言的特征

文本语言与图像语言在特征（如构成元素、信息结构、表达态度观点的方式、读者信息处理方式、信息的确定性）、作用机制（如表达、传递特定信息的方式）和主要应用场景（如说明、论述、捕捉注意力）等方面均存在显著差异，如表6-1所示。

表 6-1 文本语言与图像语言的比较

语言类型	特征	适用情景	影响使用的因素
文本（verbal）	(1) 构成元素：文字、语句	(1)(5)→系统论证	个体层面（教育经历、职业经历、从军经历） 企业层面（企业绩效、竞争压力、潜在竞争者） 制度层面（法制水平、宗教文化）
	(2) 信息结构：线性、累积、跨时空	(2)(5)→详细说明	
	(3) 态度观点：描述性（代词）	(2)(3)(4)→叙事	
	(4) 读者感知处理方式：序列		
	(5) 内容表意的确定性：高		
图像（visual）	(6) 构成元素：图标、图片、图形	(10)→渗透	信息的类型（整体信息、局部信息） 信息理解复杂度（复杂、简单） 受众的特征（专业熟悉度、个人能力）
	(7) 信息结构：空间的、整体的、即时的	(7)(8)(9)→吸引注意力	
	(8) 态度观点：象征性		
	(9) 读者感知处理方式：片段的、即时的	(6)→信息具体化	
	(10) 内容表意的确定性：低		

资料来源：MEYER R E, JANCSARY D, HÖLLERER M A, et al. The role of verbal and visual text in the process of institutionalization[J]. Academy of management review, 2018, 43(3): 392-418.

与图像语言相比，文本语言更加适合用于论证、因果解释以及叙事。文本语言遵守一定的社会规范，且具有高确定性的特点，因而可以提供有逻辑性的论据，而这种特征是图像语言所不具备的。文本语言表达信息时所具有的清晰结构和时间先后顺序使文本语言更加适合解释因果关系。与图像语言相比，文本语言建立在清晰的句式和语法上，且具有较低的歧义。例如，文本语言可以进行可能性预测（如某项活动确定、可能或不可能举办）和表达态度（比如认为某件事应该发生或可能会发生），这些信息很难用图像语言表达。同时，文本语言可以明确指出对象及其属性，这种明确性使得文本语言可以强化论证。

相对而言，图像语言模式则在思想渗透、注意力聚焦及信息具体化方面较文本语言模式更具优势。图像语言能传递无法用文本语言合理表达的信息，借此对读者思想进行渗透。如果要领略图像语言背后的含义，需要经过思维活动的再加工。主观判断以及感知的直接性，使得图像语言更加容易吸引读者注意力。此外，图像信息能被读者基于主观认识迅速地理解和感知，吸引注意力，并强有力地表达、传递和激发出读者的态度与情感。这些特点都使得图像语言特别适用于在信息交流中对某些信息进行突出强调而引起读者的注意。图像语言所表达的信息更加逼真和可信。图像语言能给人物、物体和事件更加具体性、物质性的视觉感受，从而有效地说服读者图像中所表达的信息是客观真实存在的，而这是使用文本语言所难以达到的。

碳中和聚焦 6-5

2018 年中国石油社会责任报告中用图像展示利益相关者参与企业决策情况

利益相关者是指能够影响企业决策和活动或受企业决策和活动影响的团体或个人，包括政府、员工、客户、消费者、合作伙伴、机构和社区等。利益相关者参与企业社会责任工作有利于加深彼此的了解、信任和合作，有利于企业更好地发展。中国石油坚持诚信、互动、平等的原则，建立健全了利益相关者沟通参与机制。通过多种方式收集、整理和分析利益相关者的期望与诉求，多举措加强与利益相关者的沟通交流，邀请利益相关者参与企业可持续发展相关决策和活动，并借鉴国际标准和国内外先进经验，在实践中持续改进利益相关者参与效果。

2018年，中国石油推动利益相关者参与企业有关重大决策和相关活动，进一步增进媒体、公众对公司的了解。在2018年的企业社会责任报告中，详细展示了中国石油采取职工代表大会、信息告知、研讨会、对话交流等多种方式，通过开展加油体验日、大学生记者团走进中国石油、开门开放办企业等活动，促进与利益相关者的沟通。

社会各界了解兰州石化炼油生产状况

环保志愿者参观俄油项目中心控制室

居民代表了解大港石化环境监测实时数据

厦门理工学院汽车系副教授讲解45升油箱能加出47升油的原因

社会各界参观塔里木油田展览馆

媒体参观山东销售公司

加油站开放日活动

资料来源：《2018年度中国石油社会责任报告》。

6.2.2 利益相关者诉求满足与企业碳中和信息披露语言选择

利益相关者往往对企业的碳中和水平、进度存在一个预期水平，且该水平会受到企业历史水平（历史因素）以及同行业或同地区其他企业水平（社会因素）的影响。企业实际减排绩效和期望绩效之间的差距或企业实际碳抵消水平和期望碳抵消水平之间的差距都称为"绩效差距"。如何有效引导利益相关者的预期，防止因利益相关者预期与实际绩效不一致或偏差过大而对企业与利益相关者间的关系产生不利影响，对于企业维护与利益相关者之间的关系具有重要作用。

对企业碳中和信息披露管理而言，一方面需要调控利益相关者预期企业碳中和进度的持续加快而给企业带来的压力，另一方面要避免利益相关者认为公司碳中和执行不力而损害公司与利益相关者之间的关系。因此，企业应该从选择最佳的碳中和信息披露语言（如文本语言、图像语言、文本—图像复合语言）的角度出发来管理利益相关者预期。例如，当企业处于正向社会绩效反馈时（例如利益相关者预期企业的碳中和进度持续加快），那么，企业应避免使用形象化的图片，而需要通过使用文本语言来描述企业碳中和的复杂性，以减弱利益相关者对于碳中和进度持续加快的预期。反之，当企业实际碳中和进度低于利益相关者期望水平时，此时使用文本语言来解释企业为何碳减排不足就会缺乏说服力，而难以让利益相关者信服，但可以尝试利用图像语言具有的思想渗透和注意力吸引的特性来改变利益相关者对于企业不积极减排的认识，进而维护企业与利益相关者之间的良好关系。

6.2.3 利益相关者诉求冲突与企业碳中和信息披露语言选择

在企业实现"双碳"目标的过程中，需要面对不同的利益相关者，而这些利益相关者诉求之间很有可能存在冲突。如表6-2所示，对政府、消费者、员工、非政府组织（NGO）、社区等利益相关者而言，其可能期望企业披露更多的碳减排信息，以明确企业在推进节能减排、提高资源利用效率等方面的成果，从而实现企业的社会价值。而投资者和债权人可能更多关注企业碳抵消方面的信息，期望能够看到企业通过碳交易、植树造林等碳抵消方式实现的经济价值。因此，如何回应多维利益相关者诉求冲突也是企业碳中和信息披露过程中面临的巨大挑战。当外部诉求产生冲突时，通过信息披露语言的选择性使用以调控冲突各方可获得的信息是企业解决外部诉求冲突的重要途径。

表 6-2　多维利益相关者诉求冲突

关键利益相关者诉求		实现企业经济价值	
		投资者： 经济利益最大化	债权人： 偿付能力
实现企业 社会价值	政府："双碳"目标等	冲突	冲突
	消费者：低碳产品或服务	冲突	冲突
	员工：低碳工作场景	冲突	冲突
	NGO：生态圈保护	冲突	冲突
	社区：生态环境	冲突	冲突

利益相关者诉求冲突下的企业碳中和信息披露语言选择取决于对利益相关者诉求压力之间的比较。例如，当政府给企业施加的诉求压力大于投资者或债权人的诉求压力时，企业可以用更多的图片来描述其碳减排方面的信息，用更多的文字描述碳抵消方面的信息；而当投资者或债权人给企业施加的诉求压力大于政府的诉求压力时，企业可以更多用图片描述碳抵消方面的信息。

6.3　企业碳中和信息披露方式的选择及其影响因素分析

本章前两节旨在解决影响企业是否披露以及以何种语言披露碳中和相关信息的问题，

而企业同样还需要进一步关注碳减排和碳抵消相关信息的披露形式选择,如信息披露的内容选择、途径选择和时机选择等。

6.3.1 企业碳信息披露方式选择

围绕碳信息披露方式选择,本部分提出企业碳中和信息披露选择的要点可以从内容选择、途径选择以及时机选择三个方面入手(见表6-3)。就内容选择而言,可结合企业碳账户、部门碳账户、个人碳账户及企业碳抵消账户(如投资森林或购买碳信用资产等账户)确定企业应当披露的碳减排信息和碳抵消信息。就途径选择而言,企业碳信息披露的途径包括发布年度报告、公司网站发布新闻、发布企业社会责任报告和召开新闻发布会等多种形式,依据不同的分类方式,可将其划分为官方与非官方沟通、口头与书面沟通、直接与非直接沟通等多种类型,不同的沟通方式在披露信息的针对性、传播及时性和扩散范围等方面均存在差异。例如,中国石化通常以发布企业社会责任报告的方式,传递企业在绿色低碳方面与践行绿色生产、应对气候变化、强化环境管理和保护生态环境等方面相关的措施。通过阅读企业社会责任报告,投资者、消费者和政府等利益相关者可以系统获取企业当年在低碳发展方面的有关信息。就时机选择而言,企业发布碳中和相关信息的时间可以是固定时间,也可以是非固定时间,如特殊事件前后等。

表6-3 企业碳中和信息披露方式选择

披露方式	关键要素
内容选择	企业碳账户
	部门碳账户
	个人碳账户
	企业碳抵消账户
途径选择	官方与非官方沟通
	口头与书面沟通
	直接与非直接沟通
时机选择	固定时间
	非固定时间

碳中和聚焦6-6

健全企业碳排放报告和信披制度

近日,中共中央、国务院印发《关于完整准确全面贯彻新发展理念做好碳达峰碳中和工作的意见》,并印发《2030年前碳达峰行动方案》。该意见中明确提出,需健全企业、金融机构等碳排放报告和信息披露制度。同时,通知中也明确提出了"相关上市公司和发债企业要按照环境信息依法披露要求,定期公布企业碳排放信息"的重点任务。

据了解,我国碳排放信息披露制度尚不健全,信息披露标准和准则还有待进一步完善。企业在碳信息披露的内容、方式等方面仍存在较大差异,"不主动、不充分、不规范"是目前我国企业在碳信息披露过程中存在的三个主要问题。

一是企业碳信息披露动力不足。动力不足表现在我国许多企业碳信息披露不主动,例如企业披露碳信息之后将会面临来自社会各界的舆论压力,出于商业利益的考虑,企业会将碳信息披露视为工作负担。

二是企业碳信息披露标准不清。标准不清表现为企业碳信息披露在内容、语言、时机和方式等方面的标准不清晰,企业披露的碳信息内容和语言无统一规定和格式,企业在何时以何种方式披露碳信息尚没有较为明确的规定,这些都会造成企业间披露的碳信息不具备可比性。

三是企业碳信息披露质量不高。质量不高表现在企业碳信息披露只披露成效,而不披露问题所在,甚至会出现碳信息造假的情况。一些上市公司为了营造和维护公司优良的品牌形象,对碳信息进行导向性的筛选和描述,或者伪造相关碳数据,这会严重损害碳信息的公正透明性。

要改善企业碳信息披露,应从以下三方面入手。

第一,加强企业碳信息披露必要性的认知。首先,企业应该强化碳信息披露的意识,树立低碳观念,自觉培养社会责任意识。其次,企业应当积极响应政府低碳政策,加强对碳信息的认识与了解,能够系统、合理地识别分析气候变化所带来的碳风险与机遇,将碳信息披露纳入企业战略管理层面,积极披露相关碳信息,以不断强化企业的竞争优势和公司治理,促进企业的可持续发展。此外,企业的同业组织、行业协会应当积极对企业提倡和推广碳披露理念,借助与企业紧密联系的优势,推动企业碳披露的普及。

第二,构建企业碳信息披露实践体系和最佳披露方式。我国企业在碳信息披露方面缺乏统一的披露标准,相关主管部门可以参考国际通行的权威碳信息披露框架,结合我国实情,出台统一的碳信息披露框架。同时还应规定企业碳信息披露的固定方式,而不是零散分布于企业报表、企业社会责任报告中。

第三,建立碳信息披露监督机制,提高企业碳信息披露的质量。碳信息披露监督机制应包括企业的内部监督机制与外部监督机制,以此来解决企业碳信息披露内容的真实性和完整性等质量问题。内部监督机制主要包括管理层监管和企业内部监督部门的监管;外部监督机制主要包括政府监管、行业监督、独立的第三方鉴证机构监管以及公众监督。只有形成良性的内外互动的监督机制,才能提高企业碳信息披露的质量,保障利益相关者的权利得以实现。

资料来源:赵庆,张莹,贾明.健全企业碳排放报告和信披制度[N].每日经济新闻,2021-11-15(013).

6.3.2　企业碳减排信息披露方式选择的影响因素分析

制度理论认为,企业是嵌入在社会制度环境之中的个体,企业可以通过不同的战略选择来回应制度压力带来的影响。现有理论表明,制度压力可以划分为正式制度压力和非正式制度压力。正式制度压力是指来自政府和国家推行的成文的正式规则系统对企业施加的压力，如法律、法规和契约等；非正式制度压力侧重于不成文的非正式规则系统给企业施加的压力，如风俗、规则和习俗等，由政府之外的其他组织创造、传播和执行。因此，企业在进行战略决策时，不仅受到法律、法规和契约等正式制度的约束，还会受不成文的社会规则、风俗习惯和潜规则等非正式制度的制约。

就企业碳减排信息披露方式的选择而言，同样会同时受到政府政策等正式制度压力和同行规范等非正式制度压力的影响。例如，当政府部门对企业碳减排信息披露给出明确的要求和标准体系时，企业在披露方式的选择上就需要以符合政府标准为首要目标。另外，由于碳减排中涉及复杂的技术性问题，因而企业在披露相关专业信息时，也要结合沟通对象的特征而选择恰当的信息呈现方式。例如，在与投资者沟通时，可以通过定期披露常见指标（如二氧化碳排放量）的方式来披露碳减排信息；而与非政府组织沟通时，可以通过在公司官网上披露关键专业指标的方式来呈现公司碳减排方面的成效。

制度压力的作用效果也受到组织层面、高管层面因素的影响。组织层面的情境因素包括企业所有权性质、财务状况、行业特征、市场地位、企业声誉等。例如，国家电网属于电力行业的领军企业，拥有较高的社会声誉，其会定期发布年度企业社会责任报告，也会不定期通过官方媒体等渠道发布碳减排方面的措施。高管层面的因素包括个人价值导向、专业背景和薪酬激励因素等。例如，拥有博士学位的高管更注重企业在碳减排信息披露上的综合性，在内容上囊括企业碳账户、部门碳账户、个人碳账户和企业碳抵消账户，在途径上采用官方与非官方沟通相结合的方式等。

6.3.3 企业碳抵消信息披露方式选择的影响因素分析

在利益相关者压力视角下，企业会基于对外部环境的理解来采取相应的行动，以寻求战略目标的实现。不同的利益相关者对企业碳抵消信息的需求是不同的。政府作为企业最重要的利益相关者之一，希望企业采取实质性的碳减排行动，而在必要情况下才使用碳抵消手段；投资者往往关注企业通过碳市场交易来降低企业碳中和的成本，实现企业在资本市场上的利润最大化；而消费者、社会公众则关注企业如何通过植树造林等社会公益方式来抵消碳排放。因此，利益相关者诉求压力的影响效果也会受到利益相关者自身对企业重要性的影响。对与衣食住行密切相关的行业中的企业而言，消费者就是重要的利益相关者。那么，企业通过植树造林等方式进行碳抵消也可以成为公司战略的一部分，进而赢得消费者等利益相关者的支持。例如，肯德基大力宣传的"自然自在"活动就是企业通过修复草地、建设森林等行为迈向碳中和的重要方式。

6.4 企业碳信息披露实践管理工具

企业碳信息披露不仅需要了解如何披露软信息，以明确企业碳信息披露的内容、时机和方式，而且也应当知晓硬信息的披露，即如何通过货币化的数据进行碳信息的统计和核算，并按照规定的格式、内容和方法，计入资产负债表、利润表和现金流量表这三大会计报表中。碳资产核算表可能与企业三大财务报表并列，成为政府、企业管理者、投资人以及其他利益相关者都能看到的第四张报表，倒逼企业加大在环境保护方面的投入，加速绿色发展转型。本节首先梳理从碳责任分解和确认、碳减排和碳抵消行为中提炼的关键指标（初级指标和二级指标），并介绍关键指标的概念、构成和计算方法等。其次，基于 BD 汽车制造企业的实例，将企业在碳资产核算中涉及的会计科目的数据予以列示。最后，依据 2022 年《碳排放权交易有关会计处理暂行规定》中的要求，明确碳资产核算表中相关科目与资产负债表、利润表和现金流量表这三大会计报表中的联动关系。

6.4.1 企业碳信息披露的重要指标

与企业财务信息披露不同，企业碳信息披露的重要指标不仅包括了直接能计入碳资产核算表中的初级指标，也包括通过初级指标加工计算后得到的二级指标。初级指标能够帮助投资者明晰企业在"供—产—销"环节上的碳排放信息，捕集企业获得的碳配额，计算出企业当年获得的碳排放权资产余额。而二级指标有助于政府和投资者了解企业当期在碳减排和碳抵消方面的成效和不足，评估企业碳减排的潜力和碳中和发展进程。

依据第 3~5 章提及的指标，本节提出企业在碳责任确认、碳减排和碳抵消三个环节中所要披露的关键初级指标和二级指标，如表 6-4 所示。

表 6-4 企业碳信息披露的重要指标

指标	碳责任确认	碳减排	碳抵消	说明
初级指标	无	采购碳排放	免费取得的碳配额	来源于碳资产核算表的会计科目
		生产碳排放	购入取得的碳配额	
		碳排放小计	其他方式取得的碳配额	
		销售转移碳排放	碳配额总额	
		碳排放转移小计	期初碳排放权资产余额	
		经营产生碳排放净额	期末碳排放权资产余额	
二级指标	碳减排潜力	绝对碳减排	碳抵消率	基于初级指标计算加工而来
		相对碳减排		
		碳中和进程		

1. 碳责任确认环节

碳排放潜力指标是指在考虑当前企业碳排放水平的基础上，企业在"供—产—销"这一经营链条上能够努力达到的最大减排量。其计算公式是：碳减排潜力 = 预期最大减排量 / 当前碳排放量。

2. 碳减排环节

在碳减排环节，企业重点披露经营产生的碳排放净额、企业绝对碳减排水平、企业相对碳减排水平和企业碳中和进程的相关数据。这些关键指标的计算公式可参考本书第 4 章 4.4.3 节部分的内容。

3. 碳抵消环节

在初级指标中，免费取得的碳配额是指企业得到政府分配的免费碳配额。该指标根据政府整体分配给各个行业的碳配额，结合企业的发展阶段、经营规模、能源技术水平、生产结构和能源结构等因素，利用空间联立方程组估算出适合企业的"合理碳排放量"，而计算得出企业免费取得的碳配额（具体见第 3 章）。购入取得的碳配额由政府拍卖所取得的碳配额、CCER 取得的碳配额和碳交易取得的碳配额组成。其中，政府拍卖所取得的碳配额，是指政府通过拍卖的形式让企业有偿地获得配额，政府不需要事前决定每一家企业应该获得的配额量，拍卖的价格和各个企业的配额分配过程由市场自发形成；CCER 取得的碳配额是指企业直接购买 CCER 而获得的碳配额；碳交易取得的碳配额是指企业通过碳交易市场而购入的碳排放配额。其他方式取得的碳配额包括森林碳汇、草原碳汇、绿地碳汇、湿地碳汇等。碳配额总额用来衡量企业拥有的碳配额总量。计算公式是：碳配额总额 = 免费取得的碳配额 + 购入取得的碳配额 + 其他方式取得的碳配额。期初碳排放权资产余额 = 上期期末碳排放权资产余额。本期期末碳排放权资产余额 = 期初碳排放权资产余额 + 碳配额总额 − 经营产生碳排放净额，该指标用来衡量企业在本期期末所拥有的碳资产。若该值为正，则为资产；若为负值，则为负债。

二级指标为碳抵消率，是指碳抵消量与碳排放总量的比值。该指标用来衡量考虑到企业碳排放总量的情况下，其碳抵消量的占比。若比例越大，说明企业碳抵消水平越好。

碳中和聚焦 6-7

企业全流程碳资产核算的应用案例之碳信息披露环节——以 BD 汽车制造企业为例（四）

企业碳信息披露表不仅包括企业碳资产核算表中所涉及的初级指标，也涉及经过加工初级指标而得来的二级指标。这里以 BD 公司为例，基于第 3~5 章所涉及关于碳责任确认、碳减排和碳抵消水平的具体数据，将信息展示在企业碳信息披露表中，如表 6-5 和表 6-6 所示。

表 6-5 BD 公司碳资产核算表——初级指标披露

项目	本期数量 1/ 吨	本期金额 1/ 元	本期数量 2/ 吨	本期金额 2/ 元
一、期初碳排放权资产余额	10	600	10	600
二、碳排放				
采购碳排放				
钢材	160	9 600	160	9 600
玻璃	30	1 800	30	1 800

(续)

项目	本期数量1/吨	本期金额1/元	本期数量2/吨	本期金额2/元
塑料	12.5	750	12.5	750
其他配件	22.5	1 350	22.5	1 350
采购碳排放总额	225	13 500	225	13 500
生产碳排放				
电力消耗	120	7 200	103.2	6 192
设备折旧	30	1 800	29.7	1 782
物料的物理、化学变化	50	3 000	49	2 940
生产碳排放总额	200	12 000	181.9	10 914
碳排放小计	425	25 500	406.9	24 414
销售转移碳排放				
C1型汽车	261.275	15 676.5	249.025	14 941.5
C2型汽车	66	3 960	62.98	3 778.8
碳排放转移小计	327.275	19 636.5	312.005	18 720.3
经营产生碳排放净额	97.725	5 863.5	94.895	5 693.7
三、碳配额				
免费取得的碳配额	0	0	70	4 200
购入取得的碳配额	0	0		
拍卖取得的碳配额			0	0
CCER取得的碳配额	0	0	3.5	42
碳交易取得的碳配额	0	0	15	900
其他方式取得的碳配额				
森林碳汇			1.395	83.7
出售的碳配额	0	0	0	0
碳配额总额	0	0	89.895	5 225.7
四、期末碳排放权资产余额	（87.725）	（5 263.5）	5	132

注：经营产生碳排放净额 = 采购碳排放额 + 生产碳排放额 − 销售转移碳排放额；
碳配额总额 = 免费取得的碳配额 + 购入取得的碳配额 + 其他方式取得的碳配额；
期末碳排放权资产余额 = 期初碳排放权资产余额 + 碳配额总额 − 经营产生碳排放净额。

表 6-6 BD 公司碳信息披露表——二级指标披露

项目	数值
1. 碳减排潜力	4.2%
2. 碳减排水平	
绝对碳减排水平1	2.83 吨
绝对碳减排水平2	2.105 吨
相对碳减排水平1	50.277 5 吨/亿元
相对碳减排水平2	17.222 5 吨/亿元
3. 碳中和发展进程	1.13
4. 碳抵消水平	22.1%

根据 BD 公司碳资产核算表中的一级指标，本部分进一步计算 BD 公司碳信息披露中所涉及的二级指标。

（1）对于碳减排潜力，根据当期 BD 公司碳减排实际水平，假设预期最大减排量为 4 吨，按照期末碳交易市场收盘价 60 元/吨，预期最大减排金额为 240 元。根据公式：

$$碳减排潜力 = 预期最大减排量 / 当前经营产生碳排放净额$$

代入预期最大减排量 4 吨，当前经营产生碳排放净额 94.895 吨，得到碳减排潜力为 4.2%。

（2）对于碳减排水平，由于案例中所计算碳减排基于同一期，因此本期 1 等同于企业上期，本期 2 等同于企业当期。根据公式：

$$绝对碳减排水平 1 = |企业本期 2 碳排放水平 - 企业本期 1 碳排放水平|$$

代入企业本期 1 碳排放水平 97.725 吨和本期 2 碳排放水平 94.895 吨，得到绝对碳减排水平 1 为 2.83 吨，金额为 169.8 元。根据公式：

$$绝对碳减排水平 2 = |企业当期碳排放水平 - 同行当期碳排放平均水平|$$

假设企业同行当期碳排放平均水平为 97 吨，得到绝对碳减排水平 2 为 2.105 吨，金额为 123.6 元。根据公式：

$$相对碳减排水平 1 = |企业当期碳排放强度 - 企业上期碳排放强度|$$

假设 BD 公司本期 1 产值为 1 亿元，本期 2 产值为 2 亿元。代入公式，得到企业本期 2 碳排放强度为 47.447 5 吨/亿元。本期 1 碳排放强度为 97.725 吨/亿元。那么相对碳减排水平 1 为 50.277 5 吨/亿元。根据公式：

$$相对碳减排水平 2 = |企业当期碳排放强度 - 同行当期碳排放平均强度|$$

假设 BD 公司同行当期产值为 1.5 亿元，本期 2 产值为 2 亿元。那么同行当期碳排放平均强度为 64.67 吨/亿元。代入企业当期碳排放强度 47.447 5 吨/亿元，得到相对碳减排水平 2 为 17.222 5 吨/亿元。

综上，无论绝对碳减排水平还是相对碳减排水平，企业碳减排技术手段都取得了成效，达到了企业节能减排的目的。

（3）对于企业碳中和进程，根据公式：

$$碳中和进程 = \frac{当期碳减排量}{当期碳排放净额} \times (2060 - 当前年份)$$

已知当期碳减排量为 2.83 吨，当期碳排放净额为 94.895 吨，当前年份为 2023 年，可以计算出碳中和进程为 1.1。

（4）对于企业碳抵消率，根据公式：

$$企业碳抵消率 = 碳抵消量 / 碳排放总量$$

已知企业碳抵消量为 89.895 吨，碳排放总量为 406.9 吨，得到企业碳抵消率为 22.1%。

6.4.2 企业碳资产核算表与财务报表的联动关系

在 3.4.3 节碳资产核算表与财务报表钩稽关系的基础上，根据 BD 公司的实际数据，本部分进一步列示碳资产核算表中科目与三大财务报表科目的钩稽关系和联动示例（见图 6-3）。

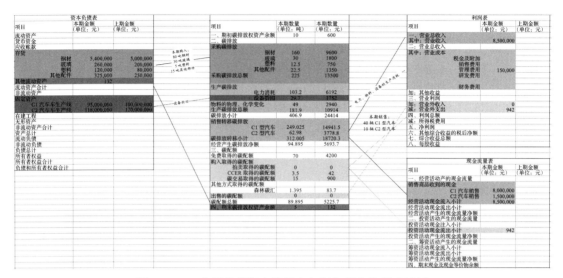

图 6-3　BD 公司的碳资产核算表与财务报表的联动示例

与资产负债表的钩稽关系：碳排放权资产能随时在碳排放权市场进行交易，属于公司的流动资产，因此在资产负债表中，于"其他流动资产"项目中列示碳排放权资产的期末账面价值（期末碳排放权资产数量 × 期末碳交易收盘价）；企业购入的碳配额，列示于资产负债表中"银行存款"或"其他应付款"；免费取得的碳配额不作账务处理；企业出售的碳配额，列示于资产负债表中"银行存款"或"其他应收款"。

与利润表的钩稽关系：企业出售的碳资产为企业在碳排放权市场卖出所得，列示于利润表的"营业外收入"科目，企业购买的碳资产产生的费用计入利润表的"营业外支出"科目。

与现金流量表的钩稽关系：企业的碳排放权资产在碳排放权市场卖出所得的现金，列示于现金流量表中的"经营活动产生的现金流量－收到其他与经营活动有关的现金"科目。如果企业购买碳配额，则列示于现金流量表中的"投资活动产生的现金流量－支付其他与投资活动有关的现金"科目。

6.4.3　第三方碳信息鉴证——引入区块链技术是开展碳信息审计的效率之举

随着我国将碳中和纳入国家重大发展战略并启动碳交易市场，企业碳信息的重要性日益突出，真实公允的碳信息需求推动了碳信息审计业务的发展。区块链技术因具有提升审计效率、降低审计成本、遏制舞弊和提高审计时效性的优势，弥补了传统审计效率较低、工作量较大、审计风险较高和审计流程单一的缺陷，在财务报表审计业务流程中越来越受到重视。碳信息审计面临着碳排放监测核算技术烦琐、碳信息集成困难和可视化不足等问题，而利用区块链技术进行数据的全流程确权，能准确记录碳数据的产生、交换、转移、更新、开发利用的整个过程，预计能大大提升碳信息审计的质量和效率。

1. 区块链技术可以用于企业碳排放数据的全流程监测与记录

基于企业的数字化平台，引入区块链技术从源头记录企业的燃料消耗量，并对燃煤热值、元素碳含量等实测参数在采样、制样、送样、化验检测、核算等环节的规范性和检测报告的真实性两个方面进行监测。区块链作为分布式数据库系统，具有去中心化、可追溯、不可篡改等特点，为碳排放数据核查的精细化提供了强力支撑。

（1）区块链的数据层能保障碳排放数据的安全存储与责任落实。企业生产环节的碳排放参数借助各项探测技术获得，并通过多个传感器被实时传送至数据层，进行封装存储；区块链体系中的时间戳、Merkle树、非对称加密和哈希函数等技术点，确保了数据的可追溯性和不可篡改性；企业各部门需要在区块链节点上注册，负责数据的存储和验证，同时每个板块都要写入生产负责人、碳信息披露人、项目管理人、生产项目名称、碳排放预算、实际碳排放量等信息，使项目的每个环节都可以追溯到责任人。

（2）区块链的网络层和共识层能实时跟踪监管企业的碳信息披露。区块链网络层会对企业碳数据进行验证，若企业的碳排放信息不符合政府发布的碳排放项目信息披露机制和规定细则，则验证不通过，交回整改；在区块链共识层中，分布式一致性技术和数据验证机制可以实现在不同节点对数据达成高效共识。

综上，区块链的链式结构可以对企业碳排放数据进行全流程监测和记录，将符合各项标准的企业真实碳排放数据存储下来，为碳审计证据的获取及其真实有效性提供保障。

2. 区块链技术可以用于取证和跟踪企业的碳交易流程

区块链的链式存储结构能在取证和跟踪企业的碳交易流程中发挥巨大作用。

（1）将企业的碳配额和历史碳交易数据存储在区块链中，不同节点互相连接，能够形成一个完整的数据链条。技术人员可以建立标准化的数据接口，通过节点数据的读取实时获取被审计单位更新的碳交易内容，同时借助数据链条获取每次碳交易的上下游信息。

（2）利用区块链的链式存储结构实现多信息系统交互。审计人员可以借助区块链技术将被审计单位的碳信息系统与环保、金融等机构的信息系统进行交互，把有关信息存储至区块链上，实时动态核查是否存在异常的碳交易信息和交易数据更改的痕迹。同时结合实时预警系统，可以取证和跟踪企业的碳交易流程，及时发现漏洞，防范舞弊风险。

综上，对碳信息审计而言，一方面借助区块链技术的去中心化和可追溯的优势，能够大大降低数据被篡改的发生率，保留数据完整性，碳信息高度的透明和开放能够显著提高碳信息审计证据的有效性；另一方面，区块链技术对数据的实时搜集和预警机制可以帮助审计师实现实时的碳信息追踪，提升碳信息审计的质量和效率。

3. 区块链技术可以解决碳信息审计抽样偏差，极大降低碳信息审计风险

重点排放单位的碳信息庞杂，使用传统的审计抽样方法隐藏着大量碳排放数据被忽视、有价值的数据未被获取的风险，引入区块链技术可以有效避免这些问题。

（1）区块链技术的时间戳机制保证了其不可篡改性，提供了稳定的审计线索，为碳信息审计人员可以获取被审计单位的全部数据提供了保障，减少了由样本推断总体带来的偏差。

（2）区块链技术与人工智能、云计算、大数据等技术的配合使用，能从总体上进行数据分析和数据挖掘，将存储于区块链中的大量数据价值释放出来，帮助审计师发现碳审计的核心问题，进行精确延伸取证，从而实现碳审计目标。

综上，碳信息审计人员借助区块链技术将大量繁杂的抽样取证工作转向数据分析工作，能有效克服碳信息审计的抽样偏差，降低重点排放单位的碳审计风险。

本章小结

1. 本章介绍了企业碳中和信息披露的两种方式，即"重减排、轻抵消"的实质性披露和"重抵消、轻减排"的象征性披露。
2. 企业碳信息披露方式包括：语言选择、内容选择、途径选择和时机选择。
3. 构建企业碳信息披露实践体系和最佳披露方式需要综合考虑宏观制度环境和微观组织特征的影响。
4. 企业碳信息披露需要从披露软信息和硬信息两个方面同时入手，即通过货币化的数据进行碳信息的统计和核算，将企业碳信息规范化地计入资产负债表、利润表和现金流量表这三大会计报表中。
5. 本章总体框架如图6-4所示。

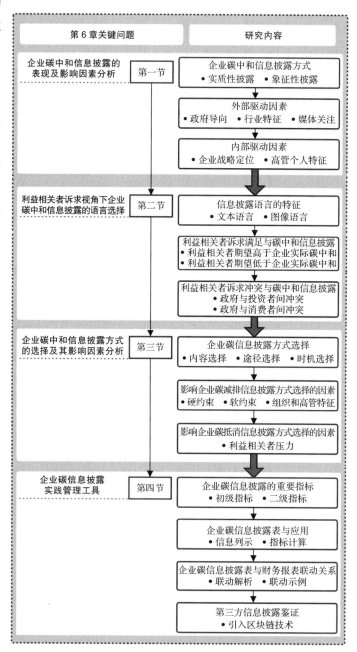

图6-4 本章总体框架

关键术语

企业碳信息披露（corporate carbon information disclosure）
利益相关者诉求（stakeholder demand）
企业实质性信息披露（corporate substantial carbon information disclosure）
企业象征性信息披露（corporate symbolic carbon information disclosure）

思考与练习

1. 请举例说明企业碳中和信息披露表现和类型体现在哪些方面？
2. 企业外部环境如何影响其碳中和信息披露行为？
3. 利益相关者的重要性正在不断提升，但不同利益相关者的诉求可能不相同，甚至有可能相互冲突。此时，企业应该如何选择碳中和信息披露的语言以平衡不同利益相关者的诉求冲突？
4. 企业碳信息披露方式选择有哪些？试谈谈影响企业碳抵消信息披露方式选择的因素有哪些？
5. 请叙述企业碳信息披露的关键初级指标和二级指标有哪些，其含义和计算方法是什么？
6. 练习编制碳信息披露表。

假设 ABC 是一家火电企业，全国碳交易市场价格为 60 元/吨。

在碳配额方面，本期免费取得的碳配额为 3 万吨，购入取得的碳配额为 5 万吨，其他方式取得的碳配额为 4 万吨。上期免费取得的碳配额为 2 万吨，购入取得的碳配额为 6 万吨，其他方式取得的碳配额为 2 万吨。

在碳排放方面，本期采购碳排放为 4 万吨，生产碳排放为 3 万吨，销售转移碳排放为 1 万吨。上期采购碳排放为 5 万吨，生产碳排放为 4 万吨，销售转移碳排放为 3 万吨。

请按照以上信息，依据所学知识制作火电企业 ABC 碳信息披露表，并用文字描述计算过程。

应用案例

加强火电行业企业的碳信息披露体系建设

全球气候变暖等环境问题已经对人类的生产生活产生重大影响。随着全球经济的快速发展，越来越多的国家、企业以及非政府组织开始关注碳信息披露等相关问题，如美国、英国、澳大利亚等国家先后制定了强制性的碳信息披露相关法案，意图能在一定程度上遏制碳排放。中国作为全球最大的发展中国家，也是全球最大的碳排放国家，必须在国际环境保护中承担更大的责任。我国政府和企业也越来越重视碳信息披露对于自身发展和环境的影响。根据国际非政府组织碳信息披露项目（CDP）发布的《2017 年

CDP 中国报告》，中国企业回复 CDP 问卷的数量达到 56 家，再创历史新高，回复率为 42.7%，处于中等水平。这一结果说明中国在应对气候变化方面已经具备良好的基础，但在此方面尚未进行专门立法，在具体政策制定层面仍有较大的提升空间。

电力行业是我国生态环境部实施监控的重点行业，火力发电仍然是我国主要的发电方式，其碳排放量巨大。因此，火电行业应大力加强碳信息披露，运用恰当的方式将碳减排和碳抵消方面的措施与成效呈现在利益相关者面前，以满足政府、公众、投资者、债权人等重要利益相关者对企业的诉求。中国华能国际电力股份有限公司（简称"华能国际"）是中国最大的独立发电公司之一，在全国范围内开发、建设和经营管理大型火力发电厂，拥有净发电装机容量 15 936MW。华能国际作为电力行业的代表性企业，虽然披露内容和披露质量都高于行业平均水平，但仍然没有出具独立的碳信息披露报告，披露形式也没有明确统一的标准，且针对碳信息披露所产生的市场反应并没有做出回应与调整。这充分说明企业和投资者还未对碳信息披露给予足够的重视，国家和政府更要对我国碳信息披露制度和市场加以关注。此外，从国家和政府角度看，虽然近几年国家有关部门针对一些重污染行业出台了环境信息披露政策，比如 2016 年中国人民银行、财政部和国家发展改革委等七部委联合印发《关于构建绿色金融体系的指导意见》（银发〔2016〕228 号），提出要"逐步建立和完善上市公司和发债企业强制性环境信息披露制度"，但至今仍然没有形成一套标准化、规范化的披露体系，政府也欠缺对碳信息披露市场的监管。从企业和投资者的角度看，企业和机构投资者只关注企业的短期经济效益，缺少环境保护意识，没有足够重视企业碳信息披露问题。

资料来源：王婧. 碳信息披露对电力行业上市公司股价影响研究：以华能国际为例 [J]. 煤炭经济研究，2020，40（7），71-75.

▶ 讨论题

1. 请说明火电行业企业碳信息披露的作用在哪里？
2. 你认为火电行业企业的碳信息披露会受到哪些因素的影响？
3. 如何构建火电行业企业的碳信息披露体系？请从碳信息披露方式上加以说明。

学习链接

1. 赵庆，张莹，贾明. 健全企业碳排放报告和信披制度 [N]. 每日经济新闻，2021-11-15（013）.
2. 南方周末. 企业关于碳中和的两大错误心态与十大认知误区 [EB/OL].（2021-08-19）[2022-07-01]. www.infzm.com/contents/212038.
3. 赵庆，张莹，贾明. 防范企业低碳"漂绿"，首先应从提高信息透明度着手 [N]. 每日经济新闻，2022-01-24（005）.
4. 赵选民，王晓菲. 公共压力与企业碳信息披露：来自中国资源型企业的证据 [J]. 财会月刊，2015（36）：102-106.

5. LUO X R, WANG D, ZHANG J. Whose call to answer: institutional complexity and firms' CSR reporting[J]. Academy of management journal, 2017, 60(1): 321-344.

6. 田利辉, 王可第. 社会责任信息披露的"掩饰效应"和上市公司崩盘风险: 来自中国股票市场的 DID-PSM 分析 [J]. 管理世界, 2017 (11): 146-157.

7. LI S, LU J W. A dual-agency model of firm CSR in response to institutional pressure: evidence from Chinese publicly listed firms[J]. Academy of management journal, 2020, 63(6): 2004-2032.

8. 陈华, 王海燕, 荆新. 中国企业碳信息披露: 内容界定、计量方法和现状研究 [J]. 会计研究, 2013 (12): 18-24, 96.

9. 何玉, 唐清亮, 王开田. 碳信息披露、碳业绩与资本成本 [J]. 会计研究, 2014 (1): 79-86, 95.

10. 温素彬, 周鎏鎏. 企业碳信息披露对财务绩效的影响机理: 媒体治理的"倒 U 型"调节作用 [J]. 管理评论, 2017, 29 (11): 183-195.

11. MEYER R E, JANCSARY D, HÖLLERER M A, et al. The role of verbal and visual text in the process of institutionalization[J]. Academy of management review, 2018, 43(3): 392-418.

企业碳中和效益和长效激励

本章的主要目的在于介绍 CROCS 企业碳中和管理和激励模型中的"激碳"环节,详细阐述了基于利益相关者感知视角下企业碳中和真诚性的利益相关者反应及其对企业韧性等碳中和效益的影响,企业碳中和效益对碳中和责任再确认的影响,以及企业低碳效益评估的实践工具。

开篇案例

中国平安:认真践行低碳承诺 协同促进绿色发展

中国平安保险股份有限公司(简称"中国平安")于 1988 年成立,是我国第一家股份制、地方性的保险企业。在企业发展的过程中,中国平安受到了来自各级政府及监管部门、客户和社会各界的大力支持,逐渐成长为我国三大综合金融集团之一。同时,中国平安也是我国金融牌照最齐全、业务范围最广泛的个人金融生活服务集团之一。目前,中国平安总资产已经突破 10 万亿元,成为全球资产规模最大的保险集团。一直以来,中国平安以"成为国际领先的个人金融生活服务提供商"为愿景,致力于成为国际领先的个人金融生活服务集团,恪守企业社会责任,为股东、客户、员工、社会等利益相关者创造最大化的价值,从而实现公司与利益相关者共同且可持续的发展。为此,中国平安构建了可持续发展模型,如图 7-1 所示。

可持续发展模型强调,中国平安要坚持"专业创造价值"的理念,与利益相关者(如股东、客户、员工、社区与环境、合作伙伴)携手,依托"金融和科技"两大引擎,以房产服务生态圈、智慧城市生态圈、汽车服务生态圈、金融服务生态圈、医疗健康生态圈五大生态圈为土壤,据此来实现保护绿色环境、促进和谐社会、保持可持续的经济建设三大目标。

中国平安多年来通过绿色运营来践行企业的低碳政策,为保护环境做出了巨大贡献,给利益相关者带来了社会价值。对于我国提出的碳中和目标,中国平安积极响应,致力于减少碳排放、降低能源消耗总量,以应对全球气候变暖的趋势。

中国平安的低碳政策成效显著,如表 7-1 所示。多年来,中国平安携手利益相关者积极履行碳中和责任,2020 年较 2019 年在碳排放总量和低碳潜力方面都显著下降,为实现我国的"双碳"目标贡献了巨大力量。

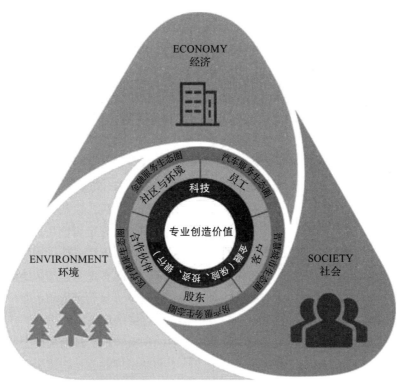

图 7-1 中国平安可持续发展模型

表 7-1 中国平安低碳成果显示 （单位：吨二氧化碳当量）

时间	碳排放总量	低碳潜力（通过电子化业务间接减少的碳排放总量）
2019 年	797 251	64 497
2020 年	530 299	53 092

资料来源：中国平安 2019 年财务报表，中国平安 2020 年财务报表。

对于员工，中国平安定期组织环境公益活动，为员工传播低碳理念，努力给员工创造健康的工作环境。除此之外，中国平安坚持节能改造、智慧办公的方式，以保证企业在运营的过程中不对环境造成直接污染，进而实现节能减排。

对于社会公众，中国平安主动落实国家精准扶贫战略，通过大力实施"三村工程"助力乡村振兴，为中国梦的实现贡献力量。

对于其他利益相关者，中国平安保障客户利益、推动股东参与、支持社区发展，以确保合作伙伴互利共赢；此外，中国平安通过多元化业务发展，全面达成了联合国可持续发展目标。

资料来源：中国平安官网. 可持续发展承诺与模型 [EB/OL]. [2022-08-01]. https://www.pingan.cn/sustainability/management/committment.shtml.

7.1 企业碳中和效益与利益相关者感知

本节简要概述了企业碳中和效益的类型、利益相关者感知的概念与类型，以及企业碳中和真诚性感知的关键识别因素、评价指标体系和评估方法。

7.1.1 企业碳中和效益

企业积极开展碳中和行为能给企业带来直接的经济价值，也能满足利益相关者的低碳诉求，获得利益相关者的支持。这都有助于企业规避风险，实现低碳价值创造。本质上，企业碳中和行为是企业实现其经济价值增值的重要基础，也是企业实现其长期可持续发展的必然路径。具体来说，企业碳中和效益主要包括经济效益和非经济效益两类。

企业碳中和经济效益是指企业碳中和行为对企业经济价值实现的影响。一般而言，企业碳中和行为可以通过两个途径来提高企业的经济价值：第一，在碳交易市场上，企业的免费配额碳资产节余、碳排放权配额交易等碳资产管理可以为企业带来直接的经济价值增值；第二，企业在产品市场上的碳减排可以降低企业整体的环境风险，进而通过降低资本市场上的融资成本、增加企业产品的销售收入等方式，最终实现企业经济价值增值。

企业碳中和非经济效益是指企业碳中和行为对企业非经济价值（如企业声誉、企业韧性）实现的影响。企业碳中和行为除了能为企业带来直接的经济价值之外，还能通过提高企业的社会声誉、提高利益相关者感知及其对企业的积极评价，进而提高企业韧性，促进企业经济价值之外的非经济价值的实现。企业碳中和非经济效益是构建企业长期可持续发展的核心因素，也是促进企业高质量发展的关键。

7.1.2 利益相关者感知概述

利益相关者是指能够影响一个组织目标的实现，或者受到一个组织实现其目标过程影响的所有群体和个人。对企业来说，利益相关者包括企业的股东、债权人、员工、消费者、供应商等交易伙伴，也包括政府部门、本地居民、本地社区、媒体、环保主义等压力集团，甚至包括自然环境、人类后代等受到企业经营活动直接或间接影响的客体。

基于利益相关者的视角，管理学已经发展出了相对比较成熟的利益相关者理论。利益相关者理论是指企业的经营管理者为综合平衡各个利益相关者的利益要求而进行的管理活动。与传统的股东至上主义相比较，该理论认为任何一个公司的发展都离不开各利益相关者的参与，企业追求的是利益相关者的整体利益，而不仅仅是利益相关者个体的利益。不仅如此，现有利益相关者管理理论的研究重点也从关注利益相关者个体，发展到关注企业和利益相关者之间的关系，再到关注企业和利益相关者之间的网络关系，其研究逻辑不断深入。

> **碳中和聚焦 7-1**
>
> **利益相关者理论**
>
> 利益相关者理论认为企业的经营管理活动是建立在各个利益相关者的相互作用结果之上，企业的生存和发展依赖于企业对各利益相关者利益要求的回应质量，而并非单单取决

于股东，企业追求的是利益相关者的整体利益，而不仅仅是单一主体的利益。

利益相关者理论的关键论点是：现代公司是由多个地位平等的利益相关者组成，股东只是其中的一员。因此，管理者不仅要为股东服务，还要为公司所有利益相关者的利益服务。利益相关者是与公司有着合法利益的个人或组织，债权人和公司的员工等具有特殊资源者也同样是公司的利益相关者。利益相关者不仅要积极地为自身的利益做考量，还应该关注其他利益相关者的合法利益，并且要使其他利益相关者的利益最大化。利益相关者理论可以对企业经营管理进行相关的道德评价、管理哲学思想的指导，利用利益相关者理论的哲学思想对公司进行管理，相较于传统公司管理方式会更有效。

资料来源：王运转. 利益相关者理论下的会计政策选择研究 [J]. 财经理论与实践，2005（6）：63-65.

对企业来说，关注利益相关者感知可以帮助识别和满足利益相关者诉求，提高利益相关者对企业及其产品的信任度。利益相关者感知是指企业的利益相关者对企业、政府等利益主体专业性、权威性及责任意识等的感知，可以反映利益相关者对利益主体的信任程度。目前，利益相关者感知的相关研究较少。有研究基于风险感知的视角，探究了公众社区参与意愿对公众风险感知的影响，进而探讨对利益相关者感知的影响，从而构建了公众和政府之间的信任关系框架，得出风险感知是公众社区参与意愿影响利益相关者感知的重要机制的结论。

围绕企业碳中和行为，结合企业伪善的相关研究，企业真诚碳中和行为和"漂绿"碳中和行为会带来截然相反的利益相关者感知。企业碳中和行为可能是企业积极推进和落实碳中和相关政策的结果，也可能是企业为获得合法性所采取的一种必要的应对策略。现有研究指出，当企业存在伪善行为，即企业宣传的企业社会责任理念与其实际行动不一致时，企业的社会责任行为会引发公众及利益相关者对企业伪善的感知和识别，进而引发负面效应。例如，当企业一方面对外宣传其积极履行碳中和行为，另一方面又被曝光出企业碳排放超标，这就极容易让公众认为企业的碳中和行为并非真诚的，而是一种"漂绿"行为。因此，从利益相关者感知的视角，利益相关者对企业碳中和行为的感知主要分为真诚行为和"漂绿"行为两类。

在实践中，企业夸大宣传、偷换概念、误导消费者等"漂绿"现象层出不穷，这会直接影响利益相关者感知，降低投资者对公司的信任和满意度，进而对企业经济价值产生负面效应。企业碳中和"漂绿"行为具有负面效应，并不会产生激励效应，而企业碳中和真诚行为是实现企业碳中和长效激励效应的关键。为此，本章接下来将重点关注企业碳中和真诚性的长效激励效应。

7.1.3 企业碳中和真诚性的关键因素和评价指标体系

鉴于企业真诚碳中和行为和"漂绿"碳中和行为会带来截然相反的利益相关者感知，因此明确区分企业真诚碳中和行为和"漂绿"碳中和行为是研究企业碳中和实施效果的基础，也是评估企业碳中和实施效果的关键。

真诚性的概念主要包括自我认知、无偏见、真诚行为和关系真诚性四个部分。真诚性并不是个人与生俱来的内在品质，而是由他人归因于个体的一种特征。对企业碳中和行为来说，根据认知反应论，利益相关者对企业碳中和真诚行为的感知会直接决定他们对企业的评价。本节拟从利益相关者感知的视角，参考第 6 章提出的相关财务指标，依据企业碳中和的投入水平、持续性、实施效果三个维度，分别确定企业碳中和的关键评价要素和评价指标。

具体来说，确定企业碳中和的投入水平可从企业碳减排资金投入水平、企业碳抵消资金投入水平以及企业碳中和人员投入水平这三个关键评价要素入手。其中，企业碳减排资金投入水平采用企业碳减排资金投入与总资产的比例来衡量；企业碳抵消资金投入水平采用企业碳抵消资金投入与总资产的比例来衡量；企业碳中和人员投入水平采用企业碳中和人员数目与公司总人数的比例来衡量。

基于企业碳中和的实施时间持续性、资金投入持续性和人员投入持续性三个关键评价要素，可以确定企业碳中和的持续性水平。其中，企业碳中和实施时间持续性采用企业碳中和实施的年数来衡量；资金投入持续性采用虚拟变量来衡量，如果企业碳中和资金持续投入则为 1，否则为 0；人员投入持续性采用虚拟变量来衡量，如果企业碳中和人员逐年增加则为 1，否则为 0。

此外，可从企业碳减排水平、企业碳抵消水平和企业碳中和进程三个要素出发，确定企业碳中和的实施效果。其中，企业碳减排水平采用当期碳排放与上期碳排放的差额来衡量；企业碳抵消水平采用碳抵消量与当期碳排放的比例来衡量；企业碳中和进程采用当期碳减排量与当期碳排放净额的比例，然后乘以 2060 与当前年份的差额来衡量。

企业碳中和真诚性的评价指标体系如表 7-2 所示。

表 7-2 企业碳中和真诚性的评价指标体系

维度	关键评价要素	评价指标
企业碳中和的投入水平	企业碳减排资金投入水平	企业碳减排资金投入 / 总资产
	企业碳抵消资金投入水平	企业碳抵消资金投入 / 总资产
	企业碳中和人员投入水平	企业碳中和人员数目 / 公司总人数
企业碳中和的持续性	实施时间持续性	企业碳中和实施的年数
	资金投入持续性	企业碳中和资金是否持续投入
	人员投入持续性	企业碳中和人员是否逐年增加
企业碳中和的实施效果	企业碳减排水平	｜当期碳排放 − 上期碳排放｜
	企业碳抵消水平	碳抵消量 / 当期碳排放
	企业碳中和进程	（当期碳减排量 / 当期碳排放净额）×（2060− 当前年份）

7.1.4 评估企业碳中和的真诚性

通过识别企业碳中和真诚性的关键影响因素，构建碳中和真诚性评价指标体系，可以有效评估企业碳中和的真诚性，具体思路如图 7-2 所示。

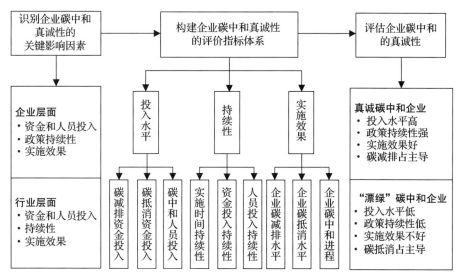

图 7-2 从利益相关者感知视角评估企业碳中和真诚性

基于表 7-2 所列示的企业碳中和真诚性的评价指标体系，我们构建了如下公式来计算企业碳中和的真诚度：

$$\text{Sincerity}_{it} = \sum_{i=1}^{9} \lambda_i C_i$$

式中，Sincerity_{it} 表示 i 公司 t 年度的碳中和真诚度；λ 表示各项评价指标的权重；C 表示经过归一化处理的各项评价指标。

根据 Sincerity 的数值，可以对企业碳中和的真诚度进行评价，其综合评价值越高，说明企业碳中和的真诚度越高。通过上述评价指标体系的构建、评估和量化，我们提出了企业碳中和真诚度指数，有助于系统、全面、多维度地分析和评价我国企业碳中和真诚度的现状，为企业及利益相关者提供有用的决策信息。

7.2 企业碳中和真诚性与消费者购买行为

7.2.1 消费者绿色消费行为培育

绿色消费是一种既满足个人对产品或服务的需要，同时又对环境损害最小的消费活动，即指消费者在商品的购买、使用和后期处理等消费行为中尽力将对环境的负面影响最小化的消费行为。然而，与非绿色产品相比，绿色产品往往具有价格昂贵、质量较差等缺点，这也是造成目前我国消费者绿色消费规模有限、绿色重复消费行为不明显等现象的主要原因。为了实现我国提出的"双碳"目标，培育消费者的绿色消费行为迫在眉睫。

绿色消费行为的转变不仅是行为模式的转变，更是消费心理的转变。现有理论研究指出，个人的绿色消费行为受其个体享乐、获益及规范三种目标动机的影响。基于此，培育消费者绿色消费行为的主要方式包括：增强绿色消费理念、从消费侧促进减排、构建绿色消费激励机制和道德与规范约束等。

1. 增强绿色消费理念

政府和社会应该深入开展绿色消费的全民教育，广泛推进绿色消费的宣传工作，增强消费者的环保意识和绿色消费理念。在消费者环保意识方面，培育消费者的环境认知、环境责任感、环保感知等心理意识有助于转变消费者对绿色产品和环境保护的态度，进而促进其绿色消费行为。然而，环保意识与环境行为之间仍会受到其他外部情景因素的制约，如意识强度、个体因素、可行性等，这也是导致消费者环保意识与实际绿色消费行为之间不一致的主要原因。消费者环保意识的培育涉及全社会的方方面面，包括国家的宣传教育、学校教育以及企事业单位的扎实推进等。

在个人情感方面，培育消费者对绿色产品的情感，以及在消费过程中产生的个人情感，都会直接影响消费者对绿色产品的购买意愿。绿色产品本身会激发消费者的环境保护意识，进一步强化消费者对绿色产品的情感，例如来自家乡的绿色产品会唤起消费者对家乡环境保护的情感，消费过程中的环保体验与产品的融合也会强化消费者对该产品的情感等。

2. 从消费侧促进减排

消费者的绿色消费需求会直接引导供给侧的绿色生产和供给，而培育消费者的绿色消费需求可以从引导消费者重视产品或服务的碳标签和碳信息披露做起。碳标签也被称为碳足迹标签，是指在商品销售时直接告知消费者该商品所包含的碳信息，一般会将该商品生产过程中所产生的温室气体排放量数据列示在商品标签上。碳标签有助于消费者直接准确地了解产品或服务在全生命周期中的碳排放情况。碳信息披露更多是企业层面的，企业会定期披露碳排放信息和环境信息。碳信息披露可以反映企业层面对自然环境和气候变化造成的影响，也可以反映企业为应对气候变化所做出的努力。随着中国低碳经济的发展，引导消费者重视企业层面的碳信息披露、产品或服务层面的碳标签，鼓励消费者购买具有碳标签的产品，可以直接引导供给侧的绿色生产和供给，从源头上实现节能减排的目的。

3. 构建绿色消费激励机制

构建绿色消费激励机制有利于促进消费者的绿色消费行为。具体来说，政府层面可以通过完善相关配套政策（如增加税收优惠、增加补贴等方式）来实现绿色消费激励。例如，对于符合条件的节能、节水、环保项目或产品，可按照相关规定享受一定的税收优惠政策；此外，在绿色产品投入市场初期，政府可以通过提供固定额度的补贴或价格折扣等方式培育消费者的绿色消费习惯，刺激消费者对绿色产品的需求及购买意愿。通过上述激励机制可以在一定程度上解决消费者因绿色产品的价格高昂而不愿购买绿色产品的问题，从而构建绿色消费的激励机制。

4. 道德与规范约束

道德与规范约束是指个人对于道德与规范的主观遵守，促使个人形成绿色消费认知，从而进行个人的绿色消费行为。绿色消费行为不仅能满足消费者对产品或服务的需求，同时也会获得自我的道德肯定和他人的积极评价，提高个人的社会形象。有研究表明，消费者的印象管理动机和社会规范信念有助于促进购买绿色产品。

综上可知，构建绿色消费激励机制可以使消费者获益并在短期内影响个人的绿色消费行为，但个人长期中形成的绿色消费理念、绿色消费需求、道德与规范才是培育个人绿色消费行为习惯的根本。

碳中和聚焦 7-2

"碳积分"引导消费者低碳行为

随着绿色发展、可持续发展理念深入人心，适度节约、绿色低碳、文明健康的现代生活方式和消费模式正在走进人们衣食住行的方方面面。武汉市是国家第二批"低碳试点城市"，正在加快推动绿色低碳发展，推动减污降碳协同增效，着力推进近零碳、低碳试点示范建设。为了让更多的市民参与低碳生活，武汉市正在推进建立"碳积分"及碳汇生态产品价值实现平台，市民只需要通过绿色出行、垃圾分类、节水节电等相关低碳行为，就可以兑换优惠产品和服务。与此同时，为了引导消费者选择节能空调、冰箱、热水器等节能家电低碳产品，创建一批国家级绿色商场，武汉市将启动"低碳生活家+"行动计划，建设"碳宝包"低碳生活家平台。武汉市积极落实碳达峰、碳中和目标要求，引导消费者的低碳行为，将低碳理念践行到实处，为我国实现碳达峰、碳中和的目标贡献力量。

资料来源：生态环境部. 武汉加快推动减污降碳协同增效 推进近零碳、低碳试点示范建设[EB/OL]. (2021-08-13)[2022-08-01]. http://www.mee.gov.cn/ywdt/dfnews/202108/t20210813_856228.shtml.

7.2.2 企业碳中和真诚性、低碳溢价与消费者购买行为

根据利益相关者理论，消费者是企业外部利益相关者的典型代表。现有消费者行为的研究表明，绿色低碳相关的产品都可能对消费者的购买态度和意向产生积极影响。本节从低碳溢价的角度分析企业碳中和真诚性对消费者购买行为的影响。低碳溢价是指消费者愿意为购买低碳产品而支付更高的价格。

企业碳中和真诚性能够提升消费者对于产品的购买意愿及重复购买行为，主要表现在以下两个方面：一方面，基于信号传递理论，管理层在公司经营中的低碳发展理念可以通过企业碳中和真诚性展现，向消费者传递企业产品具有绿色低碳的信息，进一步提高消费者支付更高的价格获得低碳产品的意愿；另一方面，从社会信任的角度，企业的诚实道德品质可通过企业碳中和真诚性表现出来，有助于增加消费者对企业的低碳信任度。因此，企业碳中和真诚性会通过低碳溢价进一步影响消费者购买意愿及重复购买行为。

7.3 企业碳中和真诚性与利益相关者反应

企业碳中和会影响利益相关者感知,即利益相关者对公司的直接评价,进而影响利益相关者对企业的回馈。企业开展碳中和的首要驱动力是提升企业整体竞争力、满足消费者的低碳诉求和获得政府支持。本节重点关注消费者、员工、政府等利益相关者对企业碳中和真诚性的反应。

7.3.1 企业碳中和真诚性与员工行为

员工积极参与碳中和绿色行为能够助力企业碳中和目标的实现,反过来,企业的碳中和成效也会对员工产生一系列影响。具体而言,企业碳中和成效对现有员工和潜在员工的态度与行为均有重要影响,如图7-3所示。

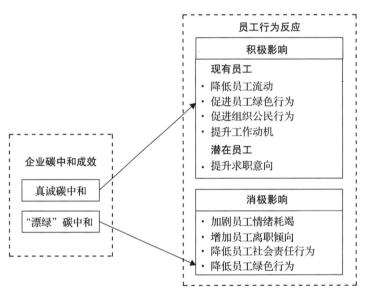

图7-3 企业碳中和成效对员工行为的影响

第一,良好的碳中和成效能够提高企业的声誉和形象,提升员工的自豪感和组织认同感,使员工更加愿意留在企业工作,降低员工的离职率。企业成功推行碳中和、参与企业社会责任行为能够促进员工参与更多的绿色行为,包括碳中和绿色行为及组织公民行为等。此外,碳中和成效能够增强员工的工作动机,赋予员工独特的竞争优势。

第二,良好的碳中和成效能够提高企业对求职者的吸引力,提升潜在员工的求职意愿。研究表明,很多求职者在求职时倾向于考虑组织的价值观,求职者往往会关注企业的环保绩效,并在选择工作时将其作为一项考虑指标。良好的绿色碳中和成效能够为企业树立良好的社会形象,形成雇主品牌效应,在招聘过程中作为独特的优势提升对求职者的吸引力,以便招聘到高质量的潜在员工。

第三,企业"漂绿"碳中和可能对员工行为产生负面影响。企业也有可能参与虚伪、不真诚的碳中和行为,即"漂绿"碳中和。虚伪投机的"漂绿"行为会导致员工对企业产生一系列负面的态度和行为。当企业进行"漂绿"碳中和、说一套做一套时,员工会形成企业伪善的感知,进而降低自身的社会责任行为和绿色行为、增加离职倾向、加剧自身的情绪耗竭。

碳中和聚焦 7-3

亚马逊:员工抗议公司的气候变化公关政策

良好的碳中和成效能够提高企业的声誉和形象,提升员工的自豪感和组织认同感;反之,企业虚伪、不真诚的碳中和行为会导致员工对企业产生一系列负面的态度和行为。2018年年底,有倡导者向亚马逊股东提交了一项决议,呼吁公司制定气候计划。2019年,数千名员工指出了亚马逊公司气候措施的诸多缺点,并在一封公开信上签名,要求亚马逊采取更具体的措施来减少碳排放。最终,迫于压力,亚马逊 CEO 杰夫·贝佐斯披露了该公司的碳足迹,并宣布了新的气候行动。此外,亚马逊发言人称:亚马逊计划到 2030 年使用 100% 可再生能源,并在 2040 年达成净零碳排放。员工作为企业的利益相关者,有能力和责任监督企业的行为,尤其是在全球气候变暖的严峻情况下,员工更要发挥优势,保证企业的行为符合全球碳中和的目标。

资料来源:碳排放交易网.数百名亚马逊员工抗议公司的气候变化公关政策[EB/OL].(2020-01-28)[2022-08-01]. http://www.tanpaifang.com/tanguwen/2020/0128/67891.html.

7.3.2 企业碳中和真诚性与政府行为

在利益相关者群体中,政府是推动碳中和政策制定及落实的重要驱动力量,同时也是企业碳中和行为的监督者和激励者,企业碳中和真诚性对政府碳配额确定和政府碳补助均具有重要的影响。

企业碳中和真诚性有助于企业获得更多的碳补助。一方面,基于合法性理论,企业碳中和真诚性可以直接反映企业响应政府碳中和政策所承担的社会成本,有利于建立良好的政企关系,获得政府的认可,从而促使企业获得更多的碳补助;另一方面,根据政治锦标赛理论,地方政府为了自身的政绩,会关注辖区内碳中和政策的完成情况,更依赖于帮助完成政绩任务目标的企业,从而给予此类企业一些碳补贴。

企业碳中和真诚性有助于增加企业碳配额收益。一方面,企业碳中和真诚性有助于显著降低企业的碳排放,促使企业将多余的碳配额通过碳排放权交易市场转化为直接现金流,增加收益;另一方面,企业碳中和真诚性有助于企业与政府建立良好的政企关系,促使企业获得更多的免费碳配额,增加其碳配额收益。

7.4 企业碳中和真诚性、利他型社会责任与企业韧性

企业韧性是指企业在复杂多变环境中保持其稳定性和灵活性,并能在危机中生存下

来且获得持续增长的能力。现有研究指出,传统互惠型社会责任难以形成高韧性组织,而基于间接互惠机制的利他型社会责任是企业构建高韧性组织的重要路径(贾明 等,2020)。其中,传统互惠型社会责任是指企业通过履行社会责任满足各方利益相关者的诉求,建立与多维利益相关者之间的直接互惠关系。尽管互惠型社会责任能够获得利益相关者的支持与帮助,但这种互惠型的社会责任体系难以维系,其根源在于以下三个方面。

第一,利益相关者在得到企业的好处后并不能持续地给予企业所需要的回馈,这种回馈机制一旦消失,互惠关系就很容易瓦解。

第二,当企业面临系统性风险,企业及其利益相关者都面临生存危机时,企业利益联盟体系内的有限资源不足以支撑整个利益体系的正常运行。此时,企业固定的互惠交换对象将无法有效应对系统性危机。

第三,互惠型社会责任会强化企业的圈子文化,使企业与其有利益交换关系的群体之间的联系加强。相应地,企业就会疏远与其没有利益交互联系的群体,进而减少非关联利益相关者的支持。

然而,利他型社会责任可以通过激活更广泛的社会资源网络、释放不计回报的支持和保证资源投入的可持续性三个方面来促进企业与社会群体间的间接互惠机制。相对于直接的交换关系,间接互惠能够吸引、触发与企业并没有直接关系的其他社会群体,进而给予企业支持与回馈。这种网络的拓展性使得企业可以在面对各种危机时都可能得到支持。在间接互惠模式下,社会群体给予企业回馈的动机是利他性的,这就保证了社会群体在投入资源支持企业时并不期待回报,更能淡化功利性的考量,使得这些社会群体能给予更全面的支持去帮助企业度过危机。命运共同体使得掌握资源的一方在间接互惠机制的触发下提供持续性的支持,甚至会不计成本、舍弃个体利益而维护企业的生存。这种巨大的力量不是互惠型交换关系所能达到的,只有依靠间接互惠和企业的利他精神,才能激发资源投入的可持续性。

碳中和聚焦 7-4

建立间接互惠机制,提高企业韧性

在应对有可能出现的重大风险时,企业最需要的就是掌握得到不确定性帮助的核心能力。因此,为提高企业韧性,促进企业长期可持续发展,从间接互惠机制的角度出发,构建利他型企业社会责任战略是增强企业韧性的必然选择,进而亟须在以下两个方面采取针对性的举措。

一是对内真诚,即对内社会责任强调对待直接利益相关者(如员工、消费者)要真诚且可持续,减少功利化的思想,保持思想和行动的一致性。

二是对外利他,即对外社会责任要强调公益性、利他性,并不求回报(例如参与同企业业务无关的公益性项目)。新西兰的一家巧克力公司每年都举办"巧克力豆奔跑大赛",

将比赛中出售巧克力豆所获得的盈利全部捐给慈善机构，用以救助绝症儿童或无家可归的孩子和老人。该公司于 2017 年因资金断裂宣布破产，此时，当地人纷纷捐款，共筹集到资金 1500 万新西兰元，进而将公司从破产边缘救活。显然，如果企业通过对外利他的方式能够激活、建立与各利益相关者之间的间接互惠机制，这一机制将显著提高企业韧性，从而帮助企业防范化解重大风险。

资料来源：每经网. 后疫情时代, 如何防范化解重大风险和构建组织韧性 [EB/OL].（2020-12-24）[2022-06-01]. https://m.nbd.com.cn/articles/2020-12-24/1580077.html.

企业碳中和政策具有公益性的特征，属于利他型社会责任的范畴。首先，企业碳中和真诚性并不以企业自身的经济利益为首要目标，而是企业为应对气候变化这一全球挑战而主动承担的社会责任。其次，企业碳中和真诚性需要企业实质性投入大量资源，故而具有明显的利他动机。因此，企业碳中和真诚性有助于企业通过间接互惠机制提高企业韧性，促进企业的可持续发展。不仅如此，企业碳中和真诚性能够进一步反映企业对内外部利益相关者真诚和不求回报的特点，这正是高韧性组织建立间接互惠机制的主要体现。因此，企业碳中和真诚性可以促进企业建立与社会群体间的间接互惠机制，进而有助于提高企业对危机的适应能力，实现企业与社会和自然的共生发展。

7.5 企业碳中和效益、时间压力与碳中和责任再确认

从动态的视角来看，当期企业碳中和真诚性对消费者、员工和政府等利益相关者和企业韧性的影响会直接影响到下一期企业碳中和责任的再确认。企业碳中和真诚性具有直接和间接的激励效应，通过低碳溢价而直接影响消费者行为，通过影响员工、政府和其他利益相关者而产生间接激励效应，从长期来看，企业碳中和真诚性可以提升企业韧性。

企业碳中和责任确认的关键在于确定适应企业的"合理碳排放量"，并依据企业实际的年度碳排放量与"合理碳排放量"的差距确定其碳减排目标。由第 3 章可知，碳减排潜力因子是影响企业"合理碳排放量"及碳减排目标的核心因素。而企业碳中和的直接和间接效益会直接增加企业在人员、设备、技术等碳减排潜力因子上的投入，直接影响企业的"合理碳排放量"和碳减排目标，进而影响企业碳中和责任的再确认。

同时，从企业碳中和自觉（见图 3-6）的角度看，企业碳中和效益也是影响企业碳中和自觉的一个重要且不可忽视的因素。企业碳中和自觉会受到宏观政策、碳交易市场和低碳消费偏好等外部驱动因素，以及企业家精神、企业社会责任和企业声誉维护等内部驱动因素的影响。实际上，企业碳中和效益会进一步激发企业碳中和自觉的内部驱动因素，如增强企业社会责任感、提高企业声誉和激发企业家精神等，这些反过来又会有助于强化企业碳中和自觉。不仅如此，企业碳中和效益会进一步通过招聘引导、理念培训、薪酬福利、企业文化等方式强化员工碳中和自觉，使企业愿意认领更多的碳中和责任，最终实现

企业碳中和效益到企业碳中和责任再确认的正向动态反馈激励效应。

企业碳中和的时间压力也会影响企业碳中和效益到企业碳中和责任再确认的正向动态反馈激励效应，如图7-4所示。我国"双碳"目标的实现具有明确的时间节点，即"2030年前实现碳达峰，2060年前实现碳中和"，企业碳达峰和碳中和的时间节点不能晚于国家制定的时间标准。当相关企业面临较大的碳中和时间压力时，企业碳中和效益的正向动态反馈激励效应就会更有效。此时，企业会适时根据最终目标达成前的时间压力对企业的碳中和责任进行调整和再确认，促进企业主动承担更大范围的碳中和责任，在实现企业自身直接和间接激励效应最大化的同时，也助力供应链整体碳中和的协同发展。

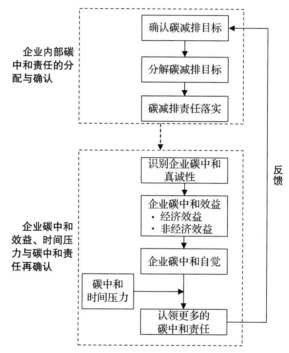

图 7-4　企业碳中和效益、时间压力与碳中和责任再确认

碳中和聚焦 7-5

管控不到位，能耗"双控"面临较大压力

据调查，辽宁省一些地方的高耗能、高排放项目（简称"两高"项目）存在管控不到位的情况，持续改善环境质量压力大，实现碳达峰、碳中和的目标任重道远。辽宁省作为我国重要的老工业基地之一，其经济增长对能源消费的依赖性较强，因此全省能源结构偏重。在辽宁省，有一些地方和部门对绿色低碳发展的认识还不够到位，而且对于"两高"项目管控不力；更严重的是，有的地方政府甚至违规推动"两高"项目建设。

相关数据显示，2020年，辽宁省规模以上工业综合能源消费量达1.62亿吨标准煤，较2018年增长22.7%。对照碳达峰、碳中和的战略目标要求，我国要在2030年实现碳达峰，辽宁省现在的表现还远远不够，面临着能耗"双控"工作较大的压力。因此，为助力我国早日实现碳达峰、碳中和目标，相关省份和企业要适时对企业的碳中和责任进行调整和再确认，把时间压力摆在突出位置，主动承担更大范围的碳中和责任。

资料来源：生态环境部. 辽宁一些地方项目管控不到位 能耗"双控"面临较大压力 [EB/OL].（2021-04-28）[2022-08-01]. http://www.mee.gov.cn/xxgk2018/xxgk/xxgk15/202104/t20210428_831105.html.

7.6 企业低碳效益评估的实践工具

7.6.1 企业短期低碳效益评估

为了能更直观和清晰地反映企业的短期低碳效益，可以采用碳排放利润率、碳排放毛利率和碳排放每股收益率三个指标进行评估。

1. 企业短期低碳效益的财务指标分析

（1）碳排放利润率。碳排放利润率是指年度净利润占企业当期碳排放总量的百分比，用于衡量企业当期碳排放投入资本的获利能力。其计算公式为

$$碳排放利润率 = 净利润（元）/ 企业当期碳排放总量（吨） \tag{7-1}$$

式（7-1）中，净利润是指企业当期利润总额减去所得税后的金额，即企业的税后利润。企业当期碳排放总量是指期初碳排放总量、采购原材料碳排放量和生产活动碳排放量的合计值，再减去销售商品转移的碳排放量，即当期碳排放总量 = 期初碳排放总量 + 采购原材料的碳排放量 + 生产活动碳排放量 – 销售商品转移的碳排放量，单位是吨。该指标可以反映企业当期每吨碳排放量产生收益的能力，该指标越高，表明企业单位碳排放量产生净利润的能力越强。

（2）碳排放毛利率。碳排放毛利率是指年度营业毛利占企业当期碳排放总量的百分比，用于衡量企业当期碳排放投入资本产生毛利的能力。其计算公式为

$$碳排放毛利率 = [营业收入（元）- 营业成本（元）] / 企业当期碳排放总量（吨） \tag{7-2}$$

式（7-2）中，企业当期毛利是指公司当期营业收入减去营业成本后的金额；企业当期碳排放总量的衡量同式（7-1）。该指标可以反映企业当期每吨碳排放量产生毛利收益的能力，该指标越高，表明企业单位碳排放量产生毛利的能力越强。

（3）碳排放每股收益率。碳排放每股收益率是指单位碳排放量产生每股收益的能力，即普通股股东每持有一股普通股所能享受的碳排放利润。其计算公式为

$$
\begin{aligned}
&碳排放每股收益率 \\
&= \frac{每股收益（元）}{企业当期碳排放总量（万吨）} \\
&= \frac{净利润（元）}{企业当期碳排放总量（万吨） \times 当期流通在外普通股的算术加权平均数}
\end{aligned}
\tag{7-3}
$$

式（7-3）中，每股收益是指普通股股东每持有一股普通股所能享受的企业净利润或承担的净亏损，可以反映股东价值表现，也可以衡量企业的经营成果、普通股获利水平等信息；企业当期碳排放总量的衡量同式（7-1），但采用万吨为量级单位。与碳排放利润率指标相比，碳排放每股收益率指标可以反映股东价值，直接体现了企业当期每吨碳排放量产生每股收益的能力，可以站在股东的角度更好地反映企业的低碳效益。碳排放每股收益率指标越高，表明企业单位碳排放量产生每股收益的能力越强。

2. 企业短期低碳效益指标的优缺点

理论上，通过上述碳排放利润率、碳排放毛利率和碳排放每股收益率指标可以直观地反映企业的短期低碳效益，优势在于以下三点。第一，可以直接反映企业当期低碳活动的财务效益情况。上述三个指标都反映了企业当期单位碳排放量产生收益的能力，包括净利润、毛利和每股收益的情况。第二，有利于进行企业间和行业间差异的比较。碳排放利润率、碳排放毛利率和碳排放每股收益率均为财务比率指标，可以排除企业规模上的差异甚至行业间的差异，使得该指标可以在企业的不同时期、不同企业之间具有一定的可比性。第三，有利于分析影响企业低碳效益的具体因素。碳排放利润率、碳排放毛利率和碳排放每股收益率均采用企业的财务收益数据和当期碳排放量数据计算获得，这也直接决定了影响企业低碳效益的因素包括企业的财务收益和当期碳排放总量。通过对相关数据的进一步分析和挖掘，可以更深入地了解影响企业低碳效益的具体原因。

但需要注意的是，一些企业的低碳效益指标如碳排放利润率会在短期内显著降低，这可能不是企业单位碳排放量产生收益的能力显著下降造成的，而可能是由于企业销售受阻或存货积压，导致大量的产品仍滞留在企业。此时，虽然企业的净利润并未涵盖该批产品，但该批产品在销售时可以转移到下游企业的碳排放量已全部计入当期碳排放总量，进而导致碳排放利润率指标在当期显著下降。从长远来看，当该批产品售出时，当期的碳排放收益率指标会显著增加。因此，在使用短期低碳效益指标时，需要结合企业的存货周转率等指标来进行具体分析。

此外，碳排放利润率、碳排放毛利率和碳排放每股收益率指标都只能反映企业短期的低碳效益情况，而无法反映其长期的低碳效益。一方面，与低碳效益指标相关联的企业财务收益包括企业当期的净利润、毛利或每股收益，均无法反映企业长期的财务收益情况；另一方面，企业每年的碳排放总量也是在不断变化，会受企业采购原材料的碳排放量、生产活动产生的碳排放量以及期初的碳排放量等多种因素影响。因此，在实际运用的过程中，应注意避免过度依赖这些指标而造成管理层的短视行为。

7.6.2 企业长期低碳效益评估

为了了解企业的长期低碳效益，可以采用净现值法来进行评估。

1. 企业长期低碳效益的评估工具——净现值法

净现值（NPV）是指未来资金（现金）流入（收入）现值与未来资金流出（支出）现值的差额。从长期低碳效益评估的角度看，企业的长期低碳效益主要包括开展低碳行为或进行低碳项目投资后企业经营现金净流量的现值（即经营净现值）和碳减排所带来的碳汇或碳配额节约的市场价值的现值（即减碳收益净现值）两部分。因此，企业长期低碳效益的净现值是指企业开展低碳行为或进行低碳项目投资后企业未来经营过程中各年现金净流量按照折现率计算的现值与减碳收益的现值之和。其计算公式为

$$\mathrm{NPV} = \sum_{t=0}^{n} \frac{\mathrm{NCF}_t}{(1+r)^t} + \sum_{t=0}^{n} \frac{\mathrm{CRB}_t}{(1+r)^t} \tag{7-4}$$

式（7-4）中，NPV 表示企业长期低碳效益的净现值；NCF_t 表示第 t 期的现金净流量；CRB_t 表示第 t 期项目的减碳收益，即项目所产生的碳减排量按照期末碳交易市场收盘价计算的市场价值；r 表示折现率；n 表示评估的项目期间。

采用净现值法来评估企业长期低碳效益时的决策标准是：若净现值大于等于零，则表示企业开展低碳行为或进行低碳项目投资后的长期低碳效益为正；若净现值小于零，则表示企业长期低碳效益为负。

净现值可以直接反映企业开展低碳行为或进行低碳项目投资后未来现金流量和减碳收益的总现值减去初始低碳项目投资之后的价值。若该净现值大于零，则表示企业开展低碳行为或进行低碳项目投资会为投资者带来超过其要求的收益率，为企业创造更多的价值；若该净现值等于零，则表明企业开展低碳行为或进行低碳项目投资后创造的价值刚好满足投资者要求的收益率，并不会改变企业当前的市场价值；若该净现值小于零，则表明企业开展低碳行为或进行低碳项目投资后创造的价值低于投资者要求的收益率，会降低企业当前的市场价值。

2. 采用净现值法进行企业长期低碳效益评估的流程

净现值法被广泛应用于公司金融领域，帮助企业进行投资项目决策。当采用净现值法作为评估企业长期低碳效益的决策工具时，可以避免仅采用当期财务绩效和碳排放总量数据时可能存在的短视后果，其更关注企业的未来长期价值评估和长期低碳效益评估。在实际运用净现值法时，仍须按以下几个步骤来对企业长期低碳效益进行评估。

（1）识别企业重要的低碳行为或低碳转型投资。为实现我国的"双碳"目标，企业在实际经营过程中运用了许多手段和方法，如更换更清洁和低碳的设备、采用低碳原材料、采用清洁电力等。在进行企业长期低碳效益评估之前，需要分类和识别企业重要的低碳行为或低碳转型投资，这是采用净现值法进行计算的基础。

（2）确定与企业低碳行为或低碳转型投资相关的潜在收益。在识别了企业重要的低碳行为或低碳转型投资之后，需要进一步收集相关资料，明确企业低碳行为或低碳转型投资对企业的潜在影响，如提高消费者的忠诚度、提升企业与员工的关系、促进企业创新、获得更多的媒体关注、提高企业的经营效率等。在此基础上，需要进一步量化企业低碳行

为或低碳转型投资会如何影响企业的财务效益和社会效益，例如对企业销售量、产品价格等的影响，明确其对未来期间经营现金流入量的影响。同时，也需要量化企业低碳行为或低碳转型投资所带来的碳排放量降低额，通过碳交易市场上的碳汇价格或碳配额价格，进一步明确企业低碳行为或低碳转型投资所带来的减碳收益。

（3）量化与企业低碳行为或低碳转型投资相关的成本。针对企业重要的低碳行为或低碳转型投资，需要根据企业在不同时期或阶段进行的相关投入或支出，量化与之相关的成本，例如初始低碳设备投入成本、后续期间的设备投入成本、未来期间低碳设备的折旧计提等，并明确其对未来期间经营现金流出量的影响。

（4）构建情景和相关假设。理论上，净现值是对企业未来可持续经营期间的所有现金流进行折现得到的。然而，在实际计算时根本无法获取企业未来期间的所有现金流。通常，在运用净现值法时会构建情景和设定相关假设，从而帮助预测未来期间的现金流量。一方面，对未来一定存续期间（通常为5~10年）内的现金净流量（= 经营现金流入量 − 经营现金流出量）进行预测，假定一定存续期后企业的增长率，以此增长率来估算未来期间的现金净流量，从而实现对未来所有期间现金净流量的估计；另一方面，根据企业低碳行为或低碳转型投资的风险，设定相关的假设，确定适当的折现率。

（5）计算企业低碳行为或低碳转型投资的净现值。根据前面预测的未来期间的现金净流量、折现率、存续期等数据，按照净现值的计算公式，分别计算出企业低碳行为或低碳转型投资的经营净现值、减碳收益净现值和长期低碳效益的净现值。进一步，根据净现值法的决策标准，评估企业的长期低碳效益。

3. 采用净现值法进行企业长期低碳效益评估的优缺点

采用净现值法进行长期低碳效益评估的优势在于以下三点。第一，净现值具有可加性。企业重要的低碳行为或低碳转型投资通常不止一项，无论分别计算每项低碳转型投资的净现值法再相加，还是合并计算多项低碳转型投资的净现值，其结果都是一致的。因此，净现值法便于企业根据自身需要同时考虑企业多个低碳转型投资和企业低碳行为对企业长期低碳效益的影响。第二，净现值考虑了货币时间价值。由于货币具有时间价值，因此不同时点的经营现金净流量不能直接相加。而净现值法考虑了预期期限结构和利率的变化，通过确定适当的折现率，最终计算出的净现值考虑了货币时间价值对未来期间现金净流量的影响，能够反映企业长期低碳行为经营收益的现时价值。第三，净现值考虑了碳减排效果。企业开展低碳行为或进行低碳项目投资的重要目的之一是降低企业的碳排放量，实现企业碳排放降低甚至净零排放。通过确定适当的碳汇或碳配额市场价格，根据企业实现的碳减排量可以直接计算出企业在项目期间的减碳收益及其现值，直接反映企业低碳行为获得的减碳收益的现时价值。

不可否认的是，净现值法也存在一定的局限性。采用净现值法进行企业长期低碳效益评估时需要构建情景并设定一定的假设条件，比如假定一定存续期后企业的增长率、设定适当的折现率和碳汇价格等，而这些假设条件都是基于现时情况进行理性预测和估计的。

然而，随着项目的不断开展，会有更多的新信息导致项目的推进发生变化，而基于现在的隐含假设所计算的净现值可能无法灵活地满足后续新信息的要求。

7.6.3 企业长期低碳效益评估的应用

以汽车制造企业 BD 公司为例，BD 公司正在对其一条生产线是否开展低碳项目投资进行决策分析。为替换原有的传统非低碳产品，该公司正在研究开发一种明显具有绿色低碳标识的新产品 C3，市场前景良好。该新产品需要使用一种绿色低碳新材料，并需要购置相应的设备。BD 公司决定对这种新产品所使用的绿色低碳新材料及其设备投资进行成本效益分析。

（1）新产品 C3 需要绿色低碳新材料生产设备购置费为 16 000 000 元，使用年限为 5 年，设备残值为 1 000 000 元，按直线法计提折旧，每年折旧费为 300 000 元；预计 5 年后该设备可出售，其售价与其残值相等。

（2）预计使用该绿色低碳新材料后新产品 C3 各年的销售量依次为 500 件、500 件、800 件、1 000 件、900 件；新产品 C3 的市场销售价格为每件 316 000 元，假定考虑通货膨胀和市场竞争因素，售价每年将以 2% 的比率增长；新产品单位付现成本为 289 400 元，以后随着原材料价格的大幅度上涨，单位付现成本每年将以 5% 的比率增长。

（3）与原有的传统非低碳产品相比，预计新产品 C3 的单位碳减排量为 0.6 吨。

在此基础上，做出如下假设：

第一，假定不考虑投资期间内需要垫支和收回的营运资本。

第二，公司所得税税率为 25%，假定在整个经营期内保持不变。

第三，假定该项目风险与公司项目风险相同，公司的加权平均资本成本为 10%。

第四，假定项目投资期间内期末碳交易市场收盘价为 60 元/吨。

根据上述相关数据，分别编制新产品 C3 的经营收入与付现成本预测表，然后编制新产品 C3 的净现值计算表，如表 7-3 和表 7-4 所示。

表 7-3　新产品 C3 的经营收入与付现成本预测

年份	第 1 年	第 2 年	第 3 年	第 4 年	第 5 年
销售量 / 件	500.00	500.00	800.00	1 000.00	900.00
单价 / 元	316 000.00	322 320.00	328 766.40	335 341.73	342 048.56
销售收入 / 元	158 000 000.00	161 160 000.00	263 013 120.00	335 341 728.00	307 843 706.30
单位付现成本 / 元	289 400.00	303 870.00	319 063.50	335 016.68	351 767.51
付现成本总额 / 元	144 700 000.00	151 935 000.00	255 250 800.00	335 016 675.00	316 590 757.88

在上述案例中，新产品 C3 的长期低碳效益净现值包括经营净现值和减碳收益净现值两部分，其中经营净现值为 –36 079.13 元，减碳收益净现值为 97 583.87 元。根据评估企业长期低碳效益时的决策标准，新产品 C3 的长期低碳效益净现值合计为 61 504.74 元，大于零，因此该低碳投资项目是可行的。

表 7-4 新产品 C3 的净现值计算

项目	当年	第 1 年	第 2 年	第 3 年	第 4 年	第 5 年
项目存续期现金流量：						
销售收入		158 000 000.00	161 160 000.00	263 013 120.00	335 341 728.00	307 843 706.30
销售成本（付现成本）		144 700 000.00	151 935 000.00	255 250 800.00	335 016 675.00	316 590 757.88
设备折旧		300 000.00	30 000.00	30 000.00	30 000.00	30 000.00
息税前利润		13 000 000.00	9 195 000.00	7 732 320.00	295 053.00	(8 777 051.57)
所得税		1 250	3 250 000.00	2 298 750.00	1 933 080.00	(2 194 262.89)
净利润（无负债）		3 750	9 750 000.00	6 896 250.00	5 799 240.00	(6 582 788.68)
折旧		300 000.00	30 000.00	30 000.00	30 000.00	30 000.00
经营现金流量		33 750	10 050 000.00	6 926 250.00	5 829 240.00	(6 552 788.68)
固定资产投资：						
设备投资	16 000 000.00					
营运资本：						
投资与营运资本增加值	16 000 000.00	0.00	0.00	0.00	0.00	(1 000 000.00)
现金净流量	(16 000 000.00)	10 050 000.00	6 926 250.00	5 829 240.00	251 289.75	(5 552 788.68)
累计现金净流量	(16 000 000.00)	(5 950 000.00)	976 250.00	6 805 490.00	7 056 779.75	1 503 991.07
加权平均资本成本		10%	10%	10%	10%	10%
经营净现值：	(36 079.13)					
碳减排量		300.00	300.00	480.00	600.00	540.00
减碳收益		18 000.00	18 000.00	28 800.00	36 000.00	32 400.00
减碳收益净现值	97 583.87					
净现值合计	61 504.74					

但需要注意的一点是，如果仅按照传统的净现值准则进行企业长期低碳投资项目评价，得到的项目净现值为本案例中的经营净现值，即 –36 079.13 元，这意味着这个项目是不可行的。然而，在考虑了减碳收益净现值后，项目的总体净现值大于零，是可行的，这意味着纳入减碳收益净现值会增加传统净现值准则下的项目净现值，提高投资项目的收益率，甚至可能会使传统净现值准则下不可行的项目变得具有可行性。因此，随着我国碳交易市场的全面推进，以及碳达峰、碳中和"1+N"政策体系的全面推进和落实，减碳收益会成为影响投资项目评价的重要决定因素，也必将成为企业长期低碳效益评估中的重要组成部分。

本章小结

1. 在企业碳中和背景下，可从真诚行为和"漂绿"行为两个方面对利益相关者感知的类型进行分类。
2. 从企业碳中和的投入水平、持续性、实施效果三个维度可以构建企业碳中和真诚性的评价指标体系。
3. 企业碳中和真诚性会直接影响消费者、员工和政府等利益相关者行为。
4. 企业构建高韧性组织主要是基于间接互惠机制的利他型社会责任，而非传统互惠型社会责任。
5. 企业碳中和效益和时间压力是影响企业碳中和责任再确认的重要因素。
6. 企业短期低碳效益评估的实践工具主要包括碳排放利润率、碳排放毛利率和碳排放每股收益率指标，而企业长期低碳效益评估可以采用净现值法。
7. 本章总体框架如图 7-5 所示。

关键术语

利益相关者感知（stakeholder perception）
利益相关者反应（stakeholder response）
碳中和真诚性（carbon neutral sincerity）
企业韧性（enterprise resilience）
利他型社会责任（altruistic social responsibility）
时间压力（time pressure）
碳中和效益（carbon neutral benefits）
低碳效益评估（low carbon benefit assessment）

思考与练习

1. 利益相关者感知的概念是什么？在企业碳中和背景下，利益相关者感知的类型有哪些？

2. 影响企业碳中和真诚性的关键因素有哪些？如何评估企业碳中和的真诚性？
3. 企业碳中和真诚性如何直接影响利益相关者（如消费者、员工和政府）行为？
4. 企业碳中和真诚性对于构建企业韧性有何作用？如何理解企业碳中和的长效激励效应？
5. 结合企业碳中和责任再确认，如何理解企业碳中和真诚性的正向反馈激励效应？
6. 企业短期和长期低碳效益评估的实践工具分别都有哪些？

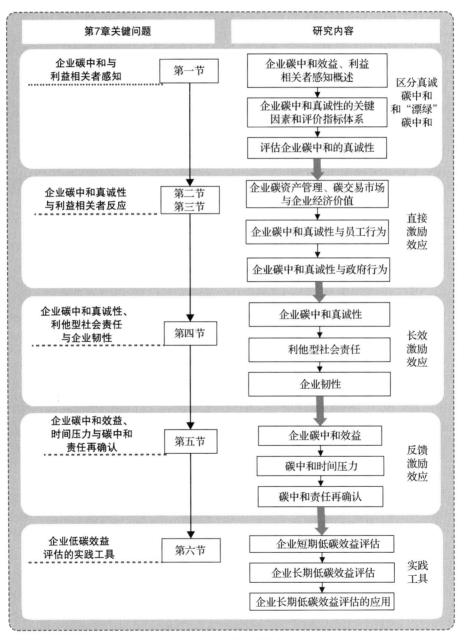

图 7-5　本章总体框架

应用案例

BY 公司：通过绿色低碳可持续发展，为客户提供高质量居住产品

BY 公司作为全国龙头房企和转型中的高科技综合性企业，始终秉承着"我们要做有良心、有社会责任感的阳光企业"的企业文化，在碳达峰、碳中和的战略目标下，坚持将绿色环保作为企业经营管理的指导原则，并且力求降低在业务发展过程中所产生的碳排放，实现低碳运营的目标。

BY 公司坚持绿色低碳可持续发展，严格建造绿色建筑，保护社区环境。在"双碳"背景下，绿色建筑成为摆在各大房企面前的重要课题。2020 年 7 月，住房和城乡建设部、国家发展改革委和教育部等七部门联合发布了《绿色建筑创建行动方案》。方案提出，到 2022 年，城镇新建建筑中绿色建筑面积占比要达到 70%。BY 公司严格按照国家规定的绿色建筑标准进行设计建造，并且在施工时，采用多种绿色环保技术手段（如推广采用永久性的照明设备替代临时性灯具），减少损耗与碳排放，尽力将施工过程对社区环境造成的影响降到最低，最大化保护社区环境。此外，BY 公司将节能降耗预置在开发阶段，防止交付客户后，发生装修环节的后续污染。经过 BY 公司多年在碳排放上的努力，其温室气体排放量有了明显的改善，如表 7-5 所示。

表 7-5 BY 公司温室气体排放量

ESG 指标	2020 年	2019 年	2018 年
二氧化碳当量排放（范围一、二）	334 232.62 吨	550 405.47 吨	1 303 982.65 吨
百万营业收入二氧化碳排放量	0.72 吨 / 百万元	1.13 吨 / 百万元	—

BY 公司采取低碳政策以来，成效显著。从 2018 年至 2020 年，BY 公司的二氧化碳当量排放和百万营业收入二氧化碳排放量逐年递减。这样的成果离不开 BY 公司积极开展绿色建筑标准研究、深度参与绿色建筑和低碳建筑的开发工作，不断完善公司自身的绿色建筑标准体系。除此之外，BY 公司将低碳政策践行到企业的绿色运营、绿色施工、绿色办公、绿色租赁等多方面，持续不断地将可持续发展理念贯彻到公司的方方面面，不断地为客户提供"更绿色、更宜居、更健康"的居住产品，提高客户的居住质量。

资料来源：BY 公司《2020 年可持续发展报告》。

▶ 讨论题

1. BY 公司为实现"双碳"目标做出了哪些努力？
2. BY 公司积极地践行可持续发展目标，为属于其利益相关者的客户创造了哪些价值？
3. 你认为 BY 公司进行的一系列低碳努力，会如何影响公司的长期发展？

学习链接

1. 每经网. 后疫情时代 如何防范化解重大风险和构建组织韧性 [EB/OL].（2020-12-24）[2022-06-01]. https://m.nbd.com.cn/articles/2020-12-24/1580077.html.
2. 贾明, 向翼, 张喆. 企业社会责任与组织韧性 [J]. 管理学季刊, 2020, 5（3）: 25-39, 163.
3. 王运转. 利益相关者理论下的会计政策选择研究 [J]. 财经理论与实践, 2005（6）: 63-65.
4. 贺立龙, 朱方明, 陈中伟. 企业环境责任界定与测评: 环境资源配置的视角 [J]. 管理世界, 2014（3）: 180-181.
5. 解学梅, 王若怡, 霍佳阁. 政府财政激励下的绿色工艺创新与企业绩效: 基于内容分析法的实证研究 [J]. 管理评论, 2020, 32（5）: 109-124.
6. 刘远, 周祖城. 员工感知的企业社会责任、情感承诺与组织公民行为的关系: 承诺型人力资源实践的跨层调节作用 [J]. 管理评论, 2015, 27（10）: 118-127.
7. 乔国平. 碳排放交易制度对企业创新激励研究: 基于企业现金流和资产收益率视角的分析 [J]. 价格理论与实践, 2020（10）: 167-170.
8. 田敏, 李纯青, 萧庆龙. 企业社会责任行为对消费者品牌评价的影响 [J]. 南开管理评论, 2014, 17（6）: 19-29.
9. 王娟, 张喆, 贾明. 员工感知的企业社会责任与反生产行为: 基于亲社会动机和内在动机的视角 [J]. 预测, 2017, 36（5）: 8-14, 23.
10. 王娟茹, 崔日晓, 张渝. 利益相关者环保压力、外部知识采用与绿色创新: 市场不确定性与冗余资源的调节效应 [J]. 研究与发展管理, 2021, 33（4）: 15-27.
11. 辛杰. 企业社会责任的价值创造机制研究 [J]. 管理学报, 2014, 11（11）: 1671-1679.

第8章 供应链碳中和

本章的主要目的在于介绍供应链碳中和进程中不同的供应链碳责任分配主体与分配方式，探讨不同分配主体与分配方式的优缺点；介绍供应链上下游成员间碳减排的控制机制与保障机制、供应链碳抵消与供应链碳披露的方式方法，以及供应链碳中和价值延伸的方式与路径。

🌀 开篇案例

隆基绿能"以光伏发电制造光伏产品"的"Solar for Solar"理念

2018年，在第24届联合国气候变化大会上，隆基绿能提出了"以光伏发电制造光伏产品"的"Solar for Solar"理念，致力于实现光伏全产业链零碳排。

为此，2020年隆基绿能完成了全价值链温室气体排放核算和鉴证，运营边界内的（范围一、范围二）温室气体排放量为2 573 016吨二氧化碳当量，价值链（范围三）温室气体排放量为20 920 503吨二氧化碳当量。2020年，隆基绿能可再生电力使用比例为41.83%，在云南的5个工厂实现了100%可再生电力，相当于减少温室气体排放1 356 216吨二氧化碳当量。截至2020年，隆基绿能已经在28个生产经营场所中的4个安装了能源管理系统，在29个生产经营场所（含1个总部园区）中的5个安装了共计50个充电设施，综合能源利用率较2015年提高了49.77%。

未来，隆基绿能将在供应链上与上下游企业合力，建立绿色供应链体系，开展绿色供应商评价；开展更精确的价值链碳排放核算，在全价值链碳排放核算的基础上不断降低产品碳足迹；协调供应商共建绿色价值伙伴，为上下游企业提供节能减排赋能支持，推动全价值链绿色低碳发展。

资料来源：《2021隆基气候行动白皮书》。

在供应链情境下，从供应链协作的角度看，以供应链商流和信息流明晰供应链碳足迹的发生轨迹、以供应链成员间真实的物流和资金流明确各方须承担的碳中和责任和碳减排目标，最后依靠供应链核心企业的市场领导地位和供应链引领能力，与政府和相关行政机构密切配合，通过供应链协作机制与治理机制的恰当设计，促使供应链上下游中小企业认可和接受自身须承担的碳减排和碳中和责任，并自发、自愿地参与到碳减排和碳中和的实践中，最终实现供应链整体链条上的碳中和。

供应链碳中和的实现不仅能为供应链企业带来经济价值、社会声誉，助力整体环境改善，供应链企业在实现碳减排和碳中和过程中的资源投入和展现出的低碳真诚性也将被其利益相关者感知到，从而提升利益相关者对企业的正面评价，促使利益相关者更愿意参与和企业的协作及在协作中为企业提供便利，最终提高企业韧性，为企业带来除经济价值之外的非经济价值，促进企业的高质量发展。

8.1 供应链碳责任分配

在市场上，个体消费者或组织消费者购买到的任何实物产品和无形服务，都是经过相应供应链全链条的加工和运作的。在传统的实物产品供应链中，各级供应商提供原材料及半成品的开采和加工，核心制造商提供终端产品的组装或生产，销售商提供终端产品的营销和售后服务。在服务供应链中，虽然最终的服务产品是无形的，但服务生产商也需要为提供无形的服务而消耗一定的水电煤气资源，购买实物辅助用品及其他支撑性设施。在实物供应链与服务供应链的各个环节中，每一个上游企业的生产经营活动都会产生一定的碳排放，而基于这些碳排放产生的中间产品又将被下游企业所购买，为下游企业进一步的生产经营活动服务。那么，生产这些中间产品所产生的碳排放，哪些应该由生产企业承担，哪些应该经由供应链的物流传递而由下游购买企业承担，就是供应链碳责任分配所要解决的关键问题。

由于供应链系统中上下游企业间的物流关系及生产关系是错综交织的，供应链碳责任分配也十分复杂。因此需要借助供应链核心企业的供应链话语权和领导力，以及供应链外的行政力量来达成责任分解目标。供应链中需要分配的碳责任，既包括供应链中各生产环节所产生的碳排放，也包括供应链不同生产环节间原材料、半成品及其他辅助产品的物流运输环节产生的碳排放。要实现供应链中的碳责任分配，不仅要落实仅归属每个企业自身生产活动碳排放的碳责任，更重要的是要明确在供应链不同环节间的物流活动产生的碳责任的归属。

碳中和聚焦 8-1

供应链与供应链管理

2017 年 10 月，国务院办公厅发布的《关于积极推进供应链创新与应用的指导意见》中指出："供应链是以客户需求为导向，以提高质量和效率为目标，以整合资源为手段，实现产品设计、采购、生产、销售、服务等全过程高效协同的组织形态。"

供应链中具有物流、商流、信息流和资金流四个重要的流。物流记录了物资从一地运输到另一地的情况；商流是指商品所有权的转移，是一种非物理性的移动；信息流记录了产品的流动方向；资金流记录了伴随着物的所有权的变更，资金的进出情况。供应链管理就是以物流为中心，围绕物流的商流、信息流、资金流的管理。其目的是从顾客需求出发，将顾客的需求转化为设计，基于设计进行采购、生产、销售和服务。

资料来源：赵先德，唐方方. 区块链赋能供应链 [M]. 北京：中国人民大学出版社，2022：202.

8.1.1 供应链碳责任的分配主体

供应链碳责任分配主体的界定有两种不同方式：生产端主体承担制、生产端与消费端主体共同承担制。

1. 生产端主体承担制

生产端主体承担制不将消费端主体（个人消费者或企业消费者）纳入碳责任分配主体，供应链碳责任分配的主体均为产品或服务在生产端各环节上的企业。通过供应链生产端各主体间的碳责任划分，最终提供给消费端的是零碳产品，消费端主体只承担在后续使用特定产品或消费特定服务时所产生的碳排放的碳责任。这一碳责任主体确认方式的优点是供应链应承担的碳排放总量较易确认，不需要设计向消费端分配碳责任的分配机制。然而，这一主体确认方式也存在着明显的弊端。在当今的国际分工与消费格局下，发展中国家承担了大量资源消耗型、劳动密集型的基础生产活动，这些生产活动所产生的产品绝大多数是被发达国家消费者所消费的。以美国为例，其2022年人口规模达3.33亿，约占世界总人口的4.4%，却消费了世界近40%的消费品。在这一格局下，如果不将消费端主体纳入碳责任分配主体，将极大增加发展中国家生产企业的碳责任和碳减排负担，规避发达国家消费端应承担的碳责任，使原本就在国际供应链体系中处于弱势地位的发展中国家企业因被分配更多的碳减排责任而付出更多的成本，进一步加剧发达国家与发展中国家间企业的利润差距和发展不平衡。

碳中和聚焦 8-2

BD 公司案例中生产端主体承担制下的碳责任分配主体

以 BD 公司新能源汽车的供应链为例，一台新能源汽车约有 2 万个零部件，汽车主机厂直接负责装配的零部件接近 2 000 个，其供应链结构大致如图 8-1 所示。

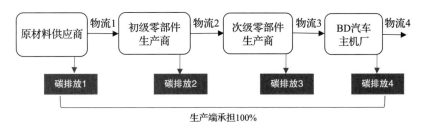

图 8-1　新能源汽车供应链示意

按照生产端主体承担制的碳责任分配主体确认方式,在上述简化的新能源汽车供应链中,原材料供应商、初级零部件生产商、次级零部件生产商,及 BD 汽车主机厂承担从原材料开采、生产初级零部件、生产次级零部件、BD 汽车主机厂将次级零部件组装成整车的过程中所有消耗的原材料、能源及各个环节间物流运输所产生的碳排放责任总和。

2. 生产端与消费端主体共同承担制

生产端与消费端主体共同承担制将消费端主体(个人消费者或企业消费者)也纳入碳责任分配主体中来,通过设置生产端向消费端碳排放转移的结转系数,将生产端产生的碳排放的一定比例结转给消费端主体,使消费端主体也承担产品或服务在生产端各环节上产生的碳排放的碳责任中的一部分。这一方式的优点是使生产端企业承担的碳责任更加合理,有利于从消费端引导消费者提升碳减排意识,关注购买产品或服务的碳排放量,减少过度消费,进而倒逼生产端企业积极开展碳减排实践。这一方式的缺点是消费端主体应承担的碳责任的核算方式和分配机制较难确定,不同产品和服务间较难统一,且一定程度上受制于生产端企业的碳减排能力和参与积极性。一些碳减排能力不足或碳减排参与积极性不高的生产端企业可能会借此向消费端转嫁较多的碳责任。因此,这一方式的实施需要更多的宏观机制设计和保障措施。例如,由政府、行业组织就特定产品或服务的碳责任在生产端主体和消费端主体间的碳责任分配方式进行设计与论证,制定行业标准。同时,将消费端主体应承担的碳责任与产品或服务的售价相联系,那些承担碳责任较高的产品或服务的价格将高于同类产品,该产品或服务的价格竞争力将降低,从而抑制生产端企业向消费端主体过度转嫁碳责任的行为。

> **碳中和聚焦 8-3**

BD 公司案例中生产端与消费端主体共同承担制下的碳责任分配主体

同样以 BD 公司新能源汽车的供应链为例,其包含终端消费者的供应链结构大致如图 8-2 所示。

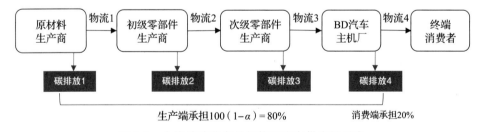

图 8-2 含终端消费者的新能源汽车供应链示意

按照生产端与消费端主体共同承担的碳责任分配主体确认方式,在上述简化的含终端消费者的新能源汽车供应链中,假定生产端向消费端碳排放转移的结转系数 $\alpha = 20\%$,则原材料供应商、2万个初级零部件生产商、2 000个次级零部件生产商，及BD汽车主机厂将从原材料开采、生产初级零部件、生产次级零部件、BD汽车主机厂把次级零部件组装成整车及各个环节间物流运输过程中所有消耗的原材料和能源所产生的碳排放责任总和中的20%转移给终端消费者。终端消费者在购买新能源汽车时，除了支付新能源汽车的市场销售价格，还须支付由生产端转移而来的20%的碳排放责任的货币价格。对于生产端向消费端碳排放转移的结转系数，不同行业应根据各自行业特征和碳排放水平具体设定。

8.1.2 供应链碳责任的分配方式

无论采用生产端主体承担制还是生产端与消费端主体共同承担制，在生产端的碳责任确定后，都要在供应链不同的环节上进行分配，可以采用的分配方式有以下两种。

1. 谁生产谁负责制

具体而言，严格以供应链中不同企业的生产活动为依据来划分企业碳责任。供应链每个流通环节上的企业所采购的原材料、半成品及其他辅助产品生产所产生的碳排放，以及将上述采购物品运输到企业的物流环节所产生的碳排放均归属于上游供应企业。生产企业仅承担自身对所采购的原材料、半成品及其他辅助产品进行组装、再加工及深加工等过程所产生的碳排放，以及将自身组装、再加工及深加工产生的物品运输给下游采购企业的物流环节所产生的碳排放，这些碳排放责任不再经由供应链的物流传递而传递到下游企业。

这种谁生产谁负责的碳责任分配方式，优点是简洁明了，较容易确定供应链上不同企业的碳排放量及其应当承担的碳减排责任。但是，这种方式忽略了不同企业间碳排放量和碳减排能力的差异化水平，不利于最大化发挥供应链整体碳减排能力和供应链碳中和的实现。例如，在一条供应链中，某些环节原材料使用多、加工改造程度深，其资源和能源消耗就多，产生的碳排放量就高，须承担的碳减排责任相应也较多。如果这些环节上企业的碳减排能力不足以中和自身的碳排放量，容易出现无法完成自身碳减排责任的情况。相对而言，同一条供应链中另一些资源消耗少、加工改造程度浅的环节，其碳排放量和须承担的碳减排责任较少，相应企业不仅能轻松完成自身的碳减排责任，甚至还会造成一定的碳减排能力浪费。

碳中和聚焦8-4

BD公司案例中谁生产谁负责制下的碳责任分配方式

如图8-3所示，在BD公司新能源汽车的供应链中，原材料供应商承担自身原材料开采及加工过程中消耗的资源和能源，以及物流1所产生的碳排放责任；初级零部件生产商承担自身将采购的原材料加工成初级零部件的加工过程中消耗的能源，以及物流2所产生的碳排放责任；次级零部件生产商承担自身将采购的初级零部件加工成次级零部件的加工过程中消耗的能源，以及物流 3 所产生的碳排放责任；BD 汽车主机厂承担自身将 2 000 个次级零部件进行组装的过程中消耗的能源，以及物流 4 所产生的碳排放责任。

图 8-3　新能源汽车供应链上的碳责任分配示意

2. 谁能力强谁负责制

这一分配方式的核心思想是使企业的碳排放量和碳减排能力得到最优匹配，供应链中碳减排能力较强的企业在完成自身生产责任所应承担的碳减排责任后，可利用自身富余的碳减排能力帮助供应链上其他环节碳减排能力较弱的企业，将其无法成功减排的碳责任减排掉，从而最终实现供应链整体碳减排的最优化。

碳中和聚焦 8-5

BD 公司案例中谁能力强谁负责制下的碳责任分配方式

如图 8-3 所示，在 BD 公司新能源汽车的供应链中，假设 BD 汽车主机厂的碳减排能力很强，除了完成自身组装活动以及物流 4 所产生的碳排放的减排责任后，还有一定的碳减排能力富余。而 2 万个初级零部件生产商中有一些企业因为规模小、资金有限、技术与设备更新不及时等原因，碳减排能力无法完成自身生产活动所产生的碳排放的减排责任。此时，BD 汽车主机厂可以使用自身富余的碳减排能力帮助这些初级零部件生产商承担一部分碳减排责任，从而使得供应链整体碳减排能力得到最大限度发挥。

更进一步，当供应链中存在多个碳减排能力富余和多个碳减排能力缺乏的主体时，要确定最佳的富余碳减排能力分配方式，可以建立 Stackelberg 博弈模型，利用演化博弈理论得到共担碳减排行为的演化稳定策略，进而明确供应链上交易界面处的碳减排责任划分。具体而言，为得到最佳的碳减排能力富余企业与碳减排能力缺乏企业的合作组合，在上述新能源汽车供应链中，需要分别构建不同的碳减排能力富余企业与碳减排能力缺乏企业的合作模式，并利用演化博弈理论不断调整合作组合。

8.2　供应链碳减排

在明确了供应链中不同企业的碳减排责任之后，就需要供应链中的企业切实践行碳减排责任，以实现供应链碳中和的最终目标。企业的碳减排实践开展需要技术与管理两个层面的支持。技术层面是为企业提供能提高能源利用效率、降低对化石能源的依赖、提高可再生能源利用效率的技术手段。管理层面则是通过引导、奖励和惩罚等手段激励碳排放主体参与和践行碳减排。本书关注的重点是从管理视角，探讨不同的控制机制对供应链企业开展碳减排实践的促进作用。

供应链是一个有机统一的生态系统，供应链上下游企业整体的碳减排和碳中和的实现是一个持续推进、不断优化的过程。供应链上企业众多，处于供应链不同位置的企业由于分工、经营领域不同，不同成员间在碳减排和碳中和的能力与效果上存在很大差异，因此影响到供应链整体的碳减排水平和碳中和进度。此外，供应链碳减排中还容易出现"搭便车"的行为，即某些企业依赖供应链上下游伙伴的碳减排成效以实现预期的供应链整体碳减排与碳中和效果，但自身并不积极投入资源推行碳减排。对于供应链上碳减排不力和"搭便车"行为两种情况，则需要借助于其与供应链成员间的交易性控制机制和关系性控制机制来督促、激励这类企业开展碳减排，从而提高供应链整体的碳减排水平。另外，对于供应链上碳减排效果强、向其他企业提供碳抵消能力输出的企业，也同样需要有一定的供应链协作保障机制，以鼓励其继续提高碳减排能力，为供应链整体碳中和目标的实现做出更大的贡献。

8.2.1 供应链碳减排的控制机制

为了促使供应链上下游中小企业主动认可自身须承担的碳减排责任，并积极参与碳减排实践，需要依靠供应链核心企业的市场领导地位和供应链引领能力，以及与政府和相关行政机构密切配合。

碳中和聚焦 8-6

控制机制

控制机制，也称治理机制，是营销渠道、供应链、战略联盟、合资企业等众多合作关系考虑的核心问题。它是指交易关系中的一方通过使用权力、权威及其他技巧与方法来监控和影响另一方的行为、流程、产出的过程。在供应链碳减排情境下，为激励和监督中小企业碳减排实践，避免供应链碳减排中的"搭便车"行为，有效保障供应链成员在碳减排和碳中和上的投入收益，以最大化供应链碳减排和碳中和总体效果，供应链核心企业需要对上下游中小企业采取恰当的控制机制。

根据内在结构和作用机理的不同，控制机制分为交易性控制机制与关系性控制机制两大类。

1. 交易性控制机制

交易性控制机制起源于交易成本理论，它基于人们的经济理性，通过正式化的指令、规章、监督、经济刺激等手段引导组织行为，管理组织间关系。交易性控制机制有契约、专项投资、权力、监督、司法制度等多种形式。

（1）契约。在众多的交易性控制机制中，契约被认为是确保企业投资安全、抑制机会主义行为的最有效且使用最多的方式。契约明确规定了交易双方的权力、义务、交易流程、冲突解决方式、违约赔偿、结算方式、物流运输以及各种潜在问题的处理方式等细节，一份正式契约创建了一个合法化的交易环境。在该环境下，交易各方都要按照契约规定的方式从事组织活动，一旦违背契约条款，就会受到相应的惩罚。在企业间交易中，为了制定一份可信且具有远见性的契约，交易双方需要对未来交易进行预测、识别潜在风险、制定风险应对策略，以便实现双方共赢。由于契约只能在事先规定好的范围内对交易关系起到约束作用，因而无法完全抑制所有的机会主义行为，但交易组织可以通过加强契约全面性的方法来减少交易中事前机会主义行为发生的可能。在供应链碳减排过程中，可以通过契约明确各供应链成员须承担的碳减排责任，以及不履行相应碳减排责任后须承担的经济惩罚后果，以此来激励和监督供应链成员的碳减排行为。

（2）专项投资。专项投资是企业针对特定公司或价值链伙伴所做出的高度专业化的持久性投资，这些资产既可以是生产设备、厂房、机器、电脑等有形资产，也可以是人员、知识、技术、专利等无形资产。专项投资将供应链企业嵌入在特定的交易关系当中，一旦关系终结，企业所投入的专项资产的价值将会丧失。在供应链碳减排过程中，核心企业可以通过让上下游企业投入用于碳减排的技术、能力、设备、人员培训等方面的专项资产的方式将上下游企业切实锁定在碳减排的行为当中。只有切实执行碳减排，这些投资的价值才不会损失。

（3）权力。权力是一方影响另一方行为的能力，就是使某个体去做在其他情况下不会做的某件事情的能力。在供应链交易中，核心企业基于较高的市场地位、较大的采购量与市场份额、先进的技术等对上下游中小企业具有较大的议价权和选择权，可以通过使用权力向上下游中小企业设置碳减排要求，促使这些中小企业切实开展碳减排行为。

2. 关系性控制机制

任何组织的经济活动都嵌入在其所处的社会网络和人际关系当中，社会交往和人际关系除满足组织进行经济活动所必需的人际接触的需要外，也通过影响组织成员的态度和行为影响着组织的外部表现。因此，关系性控制机制对经济活动也有着十分重要的作用。本部分在交易性控制机制治理作用研究的基础上，进一步探讨核心企业的关系性控制机制运用对供应链成员碳减排和碳中和行为的影响作用，以及与交易性控制机制的互补作用。个人关系、信任、关系规范都是常用的关系性控制机制。总体而言，关系性控制机制的使用是指核心企业通过与上下游中小企业建立价值共享、相互信任、长期导向的合作关系，以情感为纽带，以长期合作为引领，感化和激励中小企业开展碳减排实践。在供应链碳减排过程中，无论供应链成员间有关碳减排的条款制定得如何详细，都会遇到未被包含在契约中的权变因素，这时就需要供应链核心企业与上下游中小企业通过关系性控制机制相互激励与约束，秉承共同的价值观与长期合作导向，为供应链碳减排和碳中和的最终目标持续努力。

（1）个人关系。伙伴组织的个体业务人员（边界人员）通过社会往来、业务互动而培养起来的亲密私人关系与友谊。根据个人关系的定义与内涵，个人关系对组织经济交易的正向作用主要表现为两种形式：一种是个人关系作为一种资源和情感的获得方式，在确立和维护组织间关系时发挥的积极作用；另一种是作为一种非正式的治理机制，个人关系对交易组织经济行为的规范和约束作用。

（2）信任。组织对交易伙伴有信心，认为其是诚实和善意的、会真心关心自己的利益、在遇到困境时值得依靠。当供应链核心企业与上下游中小企业间具备良好的信任时，双方互不担心对方的信息泄露和投机行为，核心企业愿意为上下游中小企业提供碳减排的技术、设备与资金支持，上下游中小企业也愿意向核心企业分享自身的碳排放信息。

（3）关系规范。由决策制定者制定并指导实现组织目标行为的共同规范，它反映了各方为了实现共同和各自目标而合作时所采取的态度和行为。当供应链核心企业与上下游中小企业在碳减排和碳中和发展意愿上达成一致时，双方会自觉监督自身行为、交流信息，从而规避单边的投机行为，共同致力于碳减排和碳中和目标的早日实现。

资料来源：控制机制相关学术论文整理。

8.2.2 供应链碳减排的保障机制

供应链碳减排行为不是供应链上某个企业的独立行为，而是供应链上所有企业的行为总和，需要供应链核心企业与上下游企业间进行流程整合。同时，碳减排行为涉及新技术、新设备、新工艺的使用与研发，需要大量的资金投入，而供应链上下游中小企业通常规模小、资金流动性差、抗风险能力弱，以及从金融机构直接获得融资服务的能力较低。此时，核心企业的加入可以通过与金融机构合作或独立向上下游中小企业提供供应链金融服务，解决上下游中小企业在碳减排过程中的资金需求问题。最后，供应链的数字化转型有利于提高核心企业与上下游中小企业的协作效率和信息沟通效率，也是供应链碳减排的有力保障。

碳中和聚焦 8-7

供应链整合

供应链整合是指企业通过与供应链伙伴的战略性合作，同时管理内部和外部流程以获得高效的产品流、服务流、信息流和资金流，为顾客创造低成本及高效能的最大价值。整合的内容包括信息、运作流程、物流、资金流等。供应链整合是一个多维度概念，按整合发生位置可分为内部整合和外部整合。其中，内部整合是指企业内部不同部门打破职能间隔，整合流程；外部整合细分为供应商整合与客户整合，指通过战略联盟、信息共享、交流、流程同步、联合产品开发和协同工作等方式，与客户和供应商进行协作。内部整合对外部整合具有支撑和促进作用。

资料来源：YANG Q, GENG R Q, FENG T W. Does the configuration of macro- and micro-institutional environments affect the effectiveness of green supply chain integration?[J]. Business strategy and the environment, 2020, 29(4): 1695-1713.

1. 绿色供应链整合

供应链碳减排实践的实施离不开供应链成员间的信息交流、知识互补与资源共享。绿色供应链整合可以极大地提高供应链核心企业与上下游中小企业在这些行为上的效率，有效保障供应链碳减排实践的有效开展。绿色供应链整合是指将环境实践与供应链合作伙伴进行有效整合，将企业内部流程与外部协作进行无缝衔接，最终通过与供应链合作商共同解决问题以提高效率和降低成本。绿色供应链整合是一个多维的概念，最为常见的分类是将其分为绿色供应商整合、绿色客户整合和绿色内部整合。

（1）绿色供应商整合。它是指为共同决策和解决环境问题，核心企业将供应商整合到其环境规划计划中的程度。绿色供应商整合主张通过分享知识、信息和对双方运营模式的理解，与供应商共同制定环境目标。伴随着整合，企业和供应商还将共同进行各种实践以减少产品或服务对环境的不利影响。

（2）绿色客户整合。制造商将客户纳入环境友好型产品的推广和对环境不利影响最小化的操作实践中。为了达成该目的，制造商必须通过建立共同目标、共享信息、共同决策，以及共同解决问题，有效地管理其与客户的合作关系。例如，为了促进绿色实践，客户可以通过分享关于环境改善的知识，使公司能加快自身的学习过程。

（3）绿色内部整合。企业在开展碳减排实践的过程当中，也需要提高组织内部跨职能部门之间的沟通与协作效率。因此，企业也应当基于自身碳减排实践的需要，建立有效的组织内部跨部门协作机制，整合组织内部信息沟通、资源流通与政令传达的流程。

2. 金融支持

企业的碳减排实践，需要大量管理与技术创新的支持，而创新又需要大量资金的支撑。中小企业业务量小、流动资金少，很难独立负担碳减排实践所需资金。在融资方面，中小企业也因为体量小、抗风险能力差，而面临相当大的融资困难。一旦供应链中的中小企业因为资金短缺而无法开展碳减排实践，将对整个供应链的碳减排实践与碳中和的达成产生负向的多米诺效应。因此，有效解决中小企业融资难的问题，切实保障中小企业在碳减排实践中的资金需求，对供应链整体的碳减排和碳中和的达成至关重要。供应链金融的出现为这一问题提供了解决方案，既有效解决了中小企业的融资难题，确保供应链正常运转，又为银行提供了新的开源途径，具有显著的经济与社会意义。

碳中和聚焦 8-8

供应链金融

供应链金融服务是指银行围绕核心企业，以中小企业与核心企业的真实交易关系及库存为担保，在明确上下游中小企业的资金流、物流和信息流的基础上，为中小企业提供资金支持的一类金融服务。供应链金融把单个企业的不可控风险转变为供应链企业整体的可控风险。供应链金融业务可大致分为三类：存货类、预付款类及应收账款类。三类业务分别以应收账款和存储在仓库（一般由贷款方指定）中的货物等流动资产、自身对供应商的提货权或货权以及应收账款为担保基础，从银行取得资金。

研究表明，供应链成员间权力不对等的现象使供应链中订货、付款、库存、物流管理等交易机制向权力较大一方倾斜。不对等的交易机制使权力较小一方预付或赊销垫付大量资金，并承担着由权力较大一方转嫁来的库存与物流成本，一旦流动资金无法负担日常运作需要，就会产生融资的需求（见图8-4）。供应链成员间的权力关系对供应链交易机制的影响作用与权力较大一方在供应链中的位置无关，但权力较小一方采用的金融产品类型与其所处供应链位置有关。

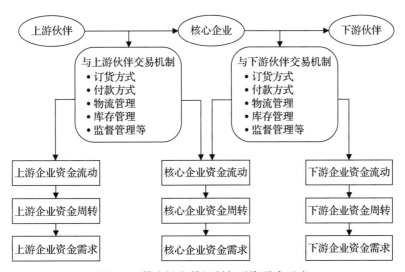

图 8-4 供应链交易机制与融资需求示意

资料来源：杨倩，赵先德，宋晓. 权力关系视角下供应链企业融资需求成因分析 [J]. 管理案例研究与评论，2015，8（5）：445-456.

3. 数字化技术

供应链碳减排实践离不开上下游企业的协调配合与合作创新。数字技术、自动化、人工智能在产业链供应链不同环节的应用能大大提升供应链上下游的协作效率和创新水平。在信息技术迅猛发展的今天，数字技术、自动化和人工智能在产业链供应链发展过程中发挥着越来越重要的作用。国务院办公厅发布的《关于积极推进供应链创新与应用的指导意见》指出，"随着信息技术的发展，供应链已发展到与互联网、物联网深度融合的智慧供应链新阶段"。供应链的数字化转型有利于统一供应链各环节间的衔接界面，标准化信息流、物流、资金流在供应链各流程间的存储及流通方式，使得供应链在市场环境和客户需求发生变动时，能及时获取必要信息和对资源进行调整以应对变化。

碳中和聚焦 8-9

区块链助力"双碳"目标实现

在工信部于 2016 年发布的《中国区块链技术和应用发展白皮书》中，区块链被定义为"分布式数据存储、点对点传输、共识机制、加密算法等技术的集成应用"。在供应链碳减排的实践中，面临着缺乏可信的碳排放数据库、数据真实性不高、时效性差、关联度低等问题。区块链具有去中心化、不可篡改、匿名性等关键技术特征，而区块链技术的这些特征可以极大缓解供应链碳减排中的这些缺点和痛点。例如，区块链数据透明可追溯和信息不可篡改的天然优势，可以准确界定供应链各成员的碳排放情况和应承担的碳责任，有效规避了个别企业在供应链碳减排的"搭便车"行为，从而切实激发个体企业的碳减排责任感和行动力，进而有效提升供应链各环节整体产出效率和资源利用率，激活相关企业和工艺的市场价值与竞争力。

2020 年 3 月，国网电商公司组织发布了"区块链+双碳目标"十大场景，包括基于区块链的碳资产交易、共享充电桩、需求侧响应、虚拟电厂、清洁能源消耗、冬奥绿电溯源、综合能源、能源跨境贸易、共享储能、能源大数据中心等。国家电网有限公司依托区块链信息基础设施打造了国内最大的能源区块链公共服务平台"国网链"。此外，在冬奥会期间，国网北京电力、国网电商公司将可再生能源发电、配套电网输电情况、冬奥场馆用电情况等关键环节数据上链，为每一度绿电生成"绿电消纳凭证"。区块链绿电交易平台很好实现了参与交易的可再生能源电厂发电数据、绿电交易数据、所有场馆用电数据接入区块链，实现了全流程溯源。

在助力"双碳"过程中，区块链技术也无法独立存在，只有融合了大数据、知识图谱、隐私计算、物联网等技术，成功打通数据孤岛、对链上数据进行分析汇总，才能更好发挥区块链的作用，最终打造出更可视、更可信的碳监管环境。

资料来源：1. 赵先德，唐方方. 区块链赋能供应链 [M]. 北京：中国人民大学出版社，2022：202.
2. 百家号. 助力"双碳"目标实现，打造可持续性的碳金融市场 [EB/OL].（2021-08-31）[2022-08-01]. https://baijiahao.baidu.com/s?id=1709594523793164519&wfr=spider&for=pc.

8.3 供应链碳抵消

供应链企业在积极实践碳减排、将自身的碳排放量控制在最低水平之后，还可以通过一系列碳抵消措施来抵消自己不能完全减掉的碳排放，实现净零碳排放。与碳减排能力一样，供应链成员间的碳抵消能力也存在差异，每个企业单独进行核算会浪费掉一些碳抵消能力强的供应链企业的碳抵消能力，也会使得某些企业由于承担了过重的碳减排责任而产生高水平的碳抵消需求。因此，供应链上下游企业应采取协同碳抵消的措施来最优化碳抵消方式，使供应链整体的碳减排和碳中和效果最佳。

供应链协同碳抵消要充分发挥供应链核心企业的领导和监督能力，在明确供应链中不同企业的碳减排责任、碳减排效果、碳抵消需求、碳抵消能力的水平和合理性的基础上，密切协调供应链上下游企业，有效配置不同供应链成员间的碳抵消需求和碳抵消能力，从整体上达到供应链碳抵消最优化。

如图 8-5 所示，供应链核心企业凭借供应链的中心地位和对上下游企业较大的话语权和影响能力，在督促鼓励上下游企业自主提高碳减排能力的同时，识别和抑制上下游企业在碳减排过程中的"搭便车"行为。在此基础上，供应链核心企业协调完成供应链协同碳抵消的全过程。

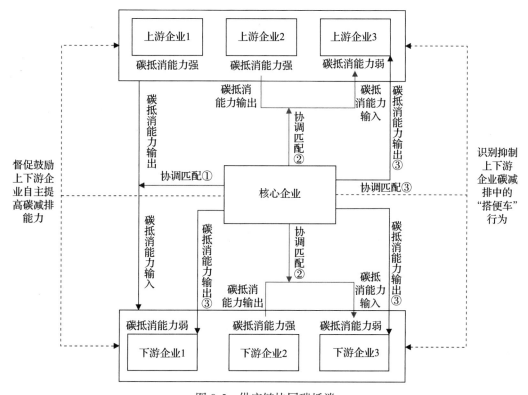

图 8-5 供应链协同碳抵消

这一过程可以有三种路径。

（1）上下游企业间协同碳抵消（见协调匹配①）。上游企业 1 碳抵消能力强，除了抵消掉自身碳排放的额度外，还有碳减排能力富余，是碳抵消能力的输出方。下游企业 1 碳抵消能力弱，无法独立完成自身碳排放所需的抵消额度，需要外部的碳抵消能力输入。此时，供应链核心企业协调匹配上游企业 1 与下游企业 1 间的协同碳抵消，将上游企业 1 富余的碳抵消能力为下游企业 1 所用。

（2）上游或下游企业间协同碳抵消（见协调匹配②）。同为核心企业上下游的企业 2 碳抵消能力强，同样有碳减排能力富余，是碳抵消能力的输出方。同时，企业 3（核心企业上下游）碳抵消能力弱，需要外部的碳抵消能力输入。此时，供应链核心企业协调匹配上下游企业 2 与企业 3 间的协同碳抵消，将企业 2 富余的碳抵消能力为企业 3 所用。

（3）核心企业与上下游企业间协同碳抵消（见协调匹配③）。在上下游企业间的协同碳抵消、上游或下游企业间协同碳抵消的基础上，核心企业也会作为碳抵消能力的输出方，将自身富余的碳抵消能力为上下游企业中碳抵消能力较弱的企业所用，将供应链协同碳抵消的效用最大化。

8.4 供应链碳披露

碳中和信息披露是企业向利益相关者和社会大众公开自身碳减排和碳中和实践、履行企业社会责任、接受社会检验的必要环节。供应链上下游企业众多，不同企业在规模、社会声誉、社会影响方面差异巨大，不同企业采用了不同的碳中和信息披露方式，导致信息不一致、连贯性差、可信度低等问题，使得政府监管部门和社会大众难以从整体上衡量供应链碳减排水平和碳中和程度。因此，有必要从供应链整体的视角，研究和设计一套整合的供应链碳中和信息披露体系，以确保供应链中企业间碳中和信息披露的一致性和连贯性。

为此，应当从供应链整体的角度，充分考虑不同产业供应链在规模、结构和深度差异性的基础上，有针对性地设计一套整合的供应链碳减排和碳中和信息披露制度，明确不同披露制度下的披露主体、披露时间、披露内容、披露媒介等具体问题，有效实现供应链视角下企业间的碳中和信息披露的一致性和连贯性。

为确保供应链企业碳中和信息协同披露顺利进行，还需要一套对应的保障机制。激励和惩罚是两套保障这一体系得以顺利运行的重要机制。激励机制是指一系列能够促进供应链各主体披露连贯性的技术性方式，如构建供应链企业信息共享合作平台、标准化碳排放信息采集方式、碳中和信息披露质量排名等；惩罚机制则包括企业间相互监督和加大对虚假信息披露的惩罚力度等。供应链碳中和信息披露和保障机制的建立都需要供应链核心企业发挥其在供应链中对上下游企业的引领和监督作用。

碳中和聚焦 8-10

企业全流程碳资产核算的应用案例之供应链碳责任分配环节——以 BD 汽车制造企业为例（五）

如图 8-3 所示，在 BD 公司新能源汽车的供应链中，BD 公司将发挥自己在供应链中的核心地位，确保上游从原材料供应商到初级零部件生产商，再到次级零部件生产商间碳信息披露的一致性和连贯性。

生产环节产生碳排放的供应链碳披露如表 8-1 所示。

表 8-1　BD 公司新能源汽车供应链碳排放披露表

供应链主体	原材料供应商	初级零部件生产商	次级零部件生产商	BD 汽车主机厂
主要生产活动	原材料开采、加工	初级零部件生产	次级零部件生产	整车组装
碳排放环节	碳排放量			
电力消耗	120 吨	100 吨	80 吨	70 吨
设备运转折旧	30 吨	50 吨	40 吨	60 吨
物料的物理、化学变化	50 吨	60 吨	60 吨	30 吨
下游物流运输	20 吨	25 吨	15 吨	25 吨
碳排放总计	220 吨	235 吨	195 吨	185 吨

碳减排环节的供应链碳披露如表 8-2 所示。

表 8-2　BD 公司新能源汽车供应链碳减排披露表

供应链主体	原材料供应商	初级零部件生产商	次级零部件生产商	BD 汽车主机厂
碳减排方式	碳减排比例			
提高太阳能在制造过程中能源消耗的比例，减少传统能源的消耗	14%	12%	15%	15%
自主开发并使用"去碳"技术，如使用碳回收与储藏技术等	2%	1%	2%	3%
在高管企业社会责任意识逐渐提升的过程中，企业组织价值观以及组织文化发生变化，使得企业设备运转更高效（及时关停，高效运转）	1%	2%	3%	3%
在利益相关者压力下，对销售环节进行了低碳调整	3%	2%	4%	5%

8.5　供应链碳中和的价值延展

供应链碳中和的实现可以促进企业的价值延展，包括经济价值和非经济价值，促进企业的高质量发展。

8.5.1　企业低碳真诚性与供应链伙伴诉求满足

如前面章节所述，企业低碳真诚性是指企业的利益相关者基于企业在碳中和行为投入水平、碳中和行为持续性、碳中和行为实施效果三个方面的感知和评估，而对企业真心实意进行低碳行为实践的意愿和决心的程度评价。企业低碳真诚性是一个客观实践与主观评价相结合的指标，既取决于企业在碳中和行为投入水平、碳中和行为持续性、碳中和行为实施效果三个方面的绝对定量水平，也取决于不同利益相关者的主观评价标准。在供应链中，只有企业的碳中和行为投入水平、碳中和行为持续性、碳中和行为实施效果既达到一定的客观数量级标准，也能满足供应链伙伴的主观诉求时，供应链伙伴才能产生满意的企业低碳真诚性评价。供应链伙伴诉求被满足的程度越高，对企业低碳真诚性的评价水平就越高。供应链核心企业通常是碳减排的引领者,督促和帮助上下游企业进行碳减排,因此,企业低碳真诚性与供应链伙伴诉求满足通常是指供应链上下游企业的低碳真诚性与供应链核心企业的诉求满足。

8.5.2 企业低碳真诚性、供应链跨组织协同与价值溢出

通过供应链核心企业的影响作用,引导供应链上下游中小企业自愿参与到碳减排实践中来,形成供应链跨组织协作,对在更大范围内实现企业低碳发展十分重要。

1. 企业低碳真诚性与供应链跨组织协同

资源动员理论指出,企业通过行动者参与、信息共享、战略协作和业务流程协作等形式的企业间关系和网络,获取和调动对企业生存与成长至关重要的资源。因此,企业有必要在外部与供应链伙伴进行整合,同时在内部整合不同的功能单元,以协同管理与企业绿色实践相关的跨组织信息流、流程流、物流和决策流。

2. 供应链跨组织协同与价值溢出

供应链跨组织协同能够全面提升供应链各环节企业的经济、运营、环境价值,对核心企业产生巨大的价值溢出效应。

(1)经济价值。供应链跨组织协同降低了企业获取外部资源和信息的成本,提高了企业捕捉市场需求的效率和准确性。因此,企业能更好地基于市场需求进行产品开发和服务设计,最终通过提高市场销量和利润率实现更好的财务业绩。

(2)运营价值。当企业与供应链伙伴有良好的跨组织协作时,信息共享、协调和联合规划十分普遍。需求、供应、运营流程、能力和计划中的相互信息交换有助于企业更好地了解客户需求,做出准确的服务设计,避免资源和能力浪费,并对意外事件做出更及时的响应(Flynn,Huo,and Zhao,2010)。

(3)环境价值。环境价值是指企业通过低碳实践后所产生的在废弃物和排放(空气排放、废水和固体废物)、产品/服务对环境的不利影响、对危险/有害/有毒材料的消耗、环境事故的发生频率、能源和原材料消耗等方面的减少。企业与供应链上下游成员之间的信息共享和互动能及时捕捉市场需求,以合理设计合作流程、准确进行资源组合,最终减少能源浪费。

8.5.3 供应链跨组织协同与供应链韧性

组织韧性是指组织在复杂多变的环境中保持它的稳定性和灵活性,并能在危机中生存下来且获得持续增长的能力。有学者提出,为了构建组织韧性,企业需要具备精益战略、稳健资本、互惠关系、坚韧领导和至善文化五方面的能力,从而把公司从内部到外部凝聚成一个命运共同体。相似地,供应链韧性强调了供应链系统在遭受冲击以后复原的能力。通常,供应链韧性是指供应链系统在中断后,恢复到初始状态或一个更加令人满意状态的

能力（Sheffi and Rice，2005）。有学者认为供应链韧性体现了供应链事前和事后的危机管理能力，体现了特定供应链优于其他供应链的竞争力（Colicchia and Strozzi，2012）。在以往对供应链韧性的研究中，重点关注了供应链韧性的塑造。供应链跨成员间的跨组织合作，是提升供应链韧性的有效途径。

企业的低碳真诚性通过激发利他型间接互惠的方式获得利益相关者和合作伙伴的认可与支持，使得在企业遇到外部不确定性因素时能得到社会群体广泛的支持，从而克服不确定性和危机的影响，强化企业韧性。在供应链情境下，供应链企业的低碳真诚性使其获得供应链伙伴的认可，有助于良好伙伴关系的建立。良好的供应链伙伴关系可以推动供应链伙伴之间及时而又紧密的合作，以及供应链合作伙伴之间的信息集成，这些都能助力供应链在遇到外部冲击及突发事件时，供应链成员间能及时共享信息，加速战略调整及恢复运营，最终提高供应链韧性。

8.5.4 供应链韧性与供应链高质量发展

自党的十九大以来，党和国家十分重视我国供应链的发展水平。国务院办公厅在《关于积极推进供应链创新与应用的指导意见》中指出：中国企业要"积极融入全球供应链网络，努力构建全球供应链"。党的十九届五中全会提出了"十四五"时期经济社会发展指导思想和必须遵循的原则，其中强调要"以推动高质量发展为主题""提升产业链供应链现代化水平"。高质量发展的本质是体现新发展理念的发展，是创新成为第一动力、协调成为内生特点、绿色成为普遍形态、开放成为必由之路、共享成为根本目的的发展。

为了实现高质量发展，企业需要基于社会需求提出促进企业高质量发展的战略，有效管理利益相关者关系、教育员工，并在企业内部培养可持续发展的文化。企业低碳真诚性及跨组织协同本身就能为企业塑造良好的环境保护形象，增加利益相关者的认同，提高企业的市场声誉，进一步促使利益相关者愿意参与到企业引领的利他型企业社会责任活动中去，与企业共益共生，提升组织的高质量发展能力。

在供应链情境下，企业的低碳真诚性使得供应链伙伴认可企业在低碳方面所做的努力和成果，认为企业不仅关心自身经济利益，而且对大众生活、生态持久发展等人类共同福祉持有企业社会责任和实践承诺。因此，在遇到外部冲击及突发事件时，愿意与企业进行真诚的跨组织协作、信息交换与资源共享，激活更广泛的间接互惠网络关系，建立起以供应链各成员价值创造为中心的平台，这将极大提升供应链的韧性和高质量发展能力，最终实现商业和社会的共益共生。

● 本章小结

1. 为了使供应链上下游中小企业认可和接受自身须承担的碳减排和碳中和责任，并自发和自愿地参与到碳减排和碳中和的实践中，需要供应链各方明确各方须承担的碳中和责任和碳减排目标，依靠供应链核心企业的市场领导地位和供应链引领能力，与政府和相关行政机构密切配合，以及恰当设计供应链协作机制与治理机制。

2. 供应链碳中和是一个长期且复杂的过程，需要一定的控制机制和保障机制，控制机制包括交易性和关系性控制机制，保障机制包括供应链金融和数字技术等。

3. 供应链碳中和通过利益相关者的跨组织协同，产生除经济价值外的非经济机制延展，促进企业的高质量发展。

4. 本章总体框架如图 8-6 所示。

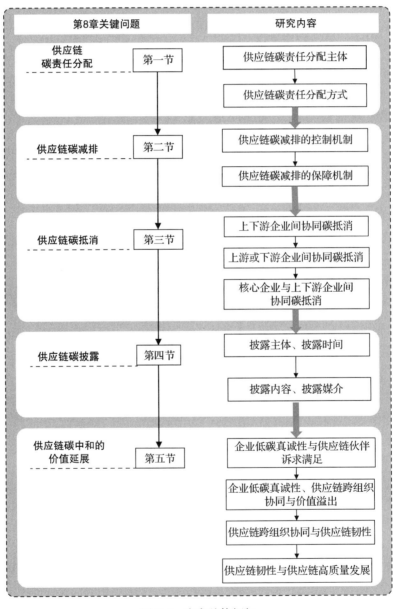

图 8-6　本章总体框架

关键术语

绿色供应链整合（green supply chain integration）
治理机制（governance mechanism）
供应链金融（supply chain financing）
供应链弹性（supply chain resilience）
高质量发展（high quality development）

思考与练习

1. 实现供应链碳中和的路径是什么？
2. 实现供应链碳中和的控制机制与保障机制有哪些？
3. 供应链碳中和与个体企业碳中和的区别及联系是什么？
4. 在供应链碳中和的实现过程中，供应链核心企业应扮演怎样的角色？
5. 供应链碳中和的非经济价值延展路径是什么？

应用案例

蚂蚁集团实现 2022 年度运营排放碳中和

2023 年 4 月 21 日，蚂蚁集团对外公布，经中环联合（北京）认证中心（CEC）测算，继 2021 年首次达成运营排放碳中和后，蚂蚁集团在 2022 年连续第二年实现运营排放碳中和（范围一、范围二），并在范围三通过绿色计算技术帮助供应链上游的数据中心持续提升减排能力。

CEC 盘查数据显示，2022 年蚂蚁集团持续推进范围一、范围二运营减排和范围三供应链减排，全年总碳减排量为 68 665.35 吨二氧化碳当量。在落实各项节能减排举措、广泛使用可再生能源后，蚂蚁集团全年自身运营（范围一、范围二）碳排放量为 21 087.93 吨二氧化碳当量，通过购买足量核证碳标准的核证碳指标抵消，实现运营排放碳中和。

2021 年 3 月 12 日，蚂蚁集团对外郑重承诺：2021 年起，实现范围一、范围二（运营排放）的碳中和；2030 年起，实现范围一、范围二、范围三（运营+供应链）的净零排放。同时，蚂蚁集团还将定期披露其碳中和进展。

蚂蚁集团的碳中和将涵盖其经营活动所有相关温室气体的排放，具体包括：

范围一，包括化石燃料燃烧所产生的直接排放以及逸散排放；

范围二，包括电力和热力等外购能源使用所产生的间接排放；

范围三，包括供应链上的所有相关间接排放，如租用数据中心服务、员工的商务差旅、集中通勤租用车辆等所产生的间接排放。

2022 年，在范围一、范围二，蚂蚁集团通过节能减排、优化效率等绿色运营实践，减少碳排放 6 326.86 吨二氧化碳当量；通过使用可再生能源（自建光伏与采购绿电），替代碳排放 18 764.27 吨二氧化碳当量。数据中心碳排放往往是互联网科技公司碳排放的"大头"。在范围三，蚂蚁集团通过自研的绿色计算技术体系，帮助供应链上游数据中心减少碳排放 62 127.53 吨二氧化碳当量，占范围三总减排量超 99%。2021 年，绿色计算为范围三带来的减排量是 29 591.48 吨二氧化碳当量，一年时间，蚂蚁集团的技术减排量提升一倍多。

得益于绿色计算技术的进步和其他低碳举措，2022 年蚂蚁集团在范围一、范围二、范围三总碳减排量为 68 665.35 吨二氧化碳当量，相当于超过 28 000 辆汽车停驶一年（假设每辆车每年行驶 12 000 千米，每千米排放 0.203 千克二氧化碳当量）。2022 年度总碳减排量同比 2021 年提升 81%。

蚂蚁集团首席可持续发展官彭翼捷表示："蚂蚁集团一直坚持社会价值与商业价值一体创造推动可持续发展。技术创新是我们践行这一理念的重要途径，我们将持续探索新技术、新方式，帮助自身以及上下游行业节能减碳。"

资料来源：央广网. 蚂蚁集团实现 2022 年度运营排放碳中和，全年碳减排量 68 665 吨 [EB/OL]．（2023-04-21）[2023-04-22].https://baijiahao.baidu.com/s?id=1763779106567050927&wfr=spider&for=pc.

▶ 讨论题

1. 谈谈你对蚂蚁集团供应链碳中和行动计划及执行方案的看法。
2. 你认为蚂蚁集团在实现供应链碳中和过程中，关键点和难点分别是什么？
3. 蚂蚁集团的碳中和行动计划及执行方案对哪些行业企业的供应链碳中和实践具有借鉴和参考价值？

学习链接

1. 贾明，向翼，张喆. 企业社会责任与组织韧性 [J]. 管理学季刊，2020，5（3）：25-39，163.
2. YANG Q，GENG R Q，FENG T，et al. Does the configuration of macro- and micro-institutional environments affect the effectiveness of green supply chain integration?[J]. Business strategy and the environment，2020，29(4)：1695-1713.
3. YANG Q，GENG R Q，JIANG Y S，et al. Governance mechanism and green customer integration in China: the joint effect of power and environmental uncertainty[J]. Transportation research part E: logistics and transportation review，2021，149：102307.
4. FLYNN B，HUO B F，ZHAO X D. The impact of supply chain integration on performance: a contingency and configuration approach[J]. Journal of operations management，2010，28(1)：58-71.
5. COLICCHIA C，STROZZI F. Supply chain risk management: a new methodology for a systematic literature review[J]. Supply chain management，2012，17(4)：403-418.
6. SHEFFI Y，JR J B R. A supply chain view of the resilient enterprise[J]. MIT sloan management review，2005，47(1)：41-48.

第 9 章 企业低碳价值创造

本章基于企业价值创造的五个阶段,提出了企业低碳价值创造的五个步骤,包括企业低碳价值发现、企业低碳价值制造、企业低碳价值显示、企业低碳价值实现和企业低碳价值延展,并分别阐述了每一步骤下企业低碳价值创造的理论与实践研究。

开篇案例

华晨宝马:以低碳价值支撑豪华形象

对汽车行业而言,中国提出的"双碳"目标既是机遇也是挑战。目前,由于汽车产业二氧化碳排放量较大,因此汽车产业被视为减碳的重点领域。对上下游联系广泛的汽车产业链而言,汽车行业减碳目标的实现更具有挑战性。

在经济可持续发展的大趋势下,宝马集团提出了"2030 可持续发展战略",作为合资企业的华晨宝马汽车有限公司(简称"华晨宝马")在其中扮演着重要角色。2021 年 6 月 7 日,华晨宝马发布《华晨宝马汽车有限公司 2020 可持续发展报告》,这是华晨宝马自 2014 年以来发布的第八份可持续发展报告。该报告指出:2020 年,华晨宝马位列"汽车企业绿色发展指数"第一名,且已经连续四年获得"国家级绿色示范工厂"的荣誉。除此之外,在 2020 年产量同比增长 12.3% 的基础上,华晨宝马实现了生产单台汽车的二氧化碳排放量同比减少 7.5%、比 2016 年减少 84% 的成绩。

在行动上,华晨宝马一直重点关注与上下游企业的关系。截至 2020 年年底,华晨宝马在华合作供应商数量达到 400 家。面对如此庞大的供应商数量,华晨宝马在 2020 年发起"供应链气候变化行动倡议",与供应商伙伴协同合作,旨在共同降低供应链碳足迹。除此之外,华晨宝马还制定了《供应商社会责任行为守则》,积极带动供应商履行社会责任,致力于提升价值链的责任与担当。除上游供应链之外,华晨宝马也对下游销售产业链如何减碳进行了思考。2020 年,华晨宝马采取了将出厂车从公路运输系统性地转变为铁路运输的方式,使出厂物流运输二氧化碳单车排放量与 2014 年相比降低了 51.3%。

寻求"绿色、低碳、可持续"的发展方向已经成为中国汽车市场发展的主流趋势。对华晨宝马来说,树立低碳发展的可持续发展观念,对企业未来发展和上下游产业链结合都有极大益处。但促进企业减少碳排放必然意味着技术研发成本的增加，面对如何平衡经济效益和低碳发展的问题，华晨宝马总裁兼首席执行官魏岚德表示："华晨宝马坚持可持续发展，纯粹是由信念和价值观在驱动，而不是经济账。"

资料来源：腾讯网．以低碳价值支撑豪华形象，华晨宝马发布 2020 可持续发展报告[EB/OL]．(2021-06-08)[2022-09-01]. https://new.qq.com/omn/20210608/20210608A09PCG00.html.

9.1 企业低碳价值创造概述

9.1.1 企业价值创造概述

1. 价值与价值创造的内涵

价值既是一个哲学概念，也是一个经济学概念。从哲学视角看，价值具有揭示外部客观世界对于满足人们需要的意义，是指具有特定属性的客体对于主体需要的意义；而从经济学视角看，价值是指具体事物具有的一般规律、本质和性能。人和具体事物、主体和客体、事情和事情、运动和运动、物体和物体的相互作用、相互影响、相互联系是价值的存在和表现形式。

对于价值创造这一概念内涵及其实现过程，目前学术界没有统一界定。Lepak 等（2007）认为使用价值是产品或服务符合消费者需求的特殊品质，而交换价值则是交易发生时的销售总额。Amabile（1996）强调价值创造需要具备三个条件：用户必须对焦点实体和在给定时间存在的替代方案拥有专门的知识；用户要了解新任务或产品在特定情境中的含义；对创造性任务或产品的新颖性和适当性的评价不能独立于其被引入的社会或文化背景。此外，对于价值创造的理解，可以从静态和动态两个层面分析。静态层面主要是指从厂商组织供给端或需求端的价值创造来设计经营模式；动态层面的价值创造强调创新（Ghoshal and Moran，1999）。已有研究也提出价值创造的形式可以分为五种：开发新产品、变革生产方式、开发新市场、获取新原料来源和创立新组织。最后，从厂商理论的观点看价值创造，目前主要有两大流派，一是强调不同的价值创造活动的理论，对该理论的解释进一步细分为竞争逻辑和合作逻辑；二是强调不同价值创造结果及其如何分配的理论。

对企业而言，价值创造是企业作为经济主体所追求的最终目标，也是企业在激烈的行业竞争中具有竞争优势、实现企业可持续发展的关键。基于上述对价值和价值创造的界定，企业价值创造是指企业运用资源以满足利益相关者诉求的行为。

2. 企业价值创造分析模型

对于企业价值创造分析模型，已有大量学者对其进行深入研究。孙艳霞（2012）提出这些研究可以从生产要素角度、投入产出过程、顾客角度和财务角度四个方面进行分析。

第一，从生产要素角度分析，企业价值是由生产要素创造的，不同的生产要素可以提供不同的价值形态和价值数量。古典经济学认为商品价值存在两种来源：一是供给决定论，二是需求决定论。供给决定论认为，商品价值来自生产过程，由生产所创造，由于生产过程是资本、劳动和土地共同作用的结果，因而又分为劳动价值论和要素价值论。其中，劳动价值论认为，只有劳动才创造价值，资本和土地不参加价值的创造；而要素价值论认为，商品的生产依靠资本、劳动和土地，它们都创造价值，从而创造收入。

第二，从投入产出过程角度分析，企业价值不仅取决于生产要素的种类和数量，而且取决于生产要素的结合方式。关于投入产出流程视角的企业价值创造研究，常用的分析方法有价值链、虚拟价值链和价值网。价值链这一概念由迈克尔·波特在《竞争优势》一书中提出，他把公司的整体经营活动分解为单独的、具体的活动，因为每个活动都创造价值，故而称为价值创造活动。基于此，价值链也被定义为集成物料价值的运输线，加入了顾客和原材料，拓宽了波特的价值链研究范围。进入信息时代后，虚拟价值链的概念被提出，此时厂商组织需要在市场场所和市场空间中竞争。此外，也有学者提出价值网的概念，胡大立（2006）认为价值网是由利益相关者之间相互影响而形成的价值生成、分配、转移和使用的关系及结构。

第三，从顾客角度分析，企业价值创造的方式发生了改变，顾客成为企业价值的重要来源，企业要通过创造顾客价值来实现自身价值。基于顾客角度的研究主要分为两类：一类是顾客为企业创造价值的研究，另一类是企业为顾客提供价值的研究。关于顾客为企业创造价值的研究，Reichheld（1994）研究表明，来自忠诚顾客的利润随时间的延续而增加。这种利润主要来源于五个方面：基本利润、收入增长、成本节约、口碑效应和价值溢价。关于企业为顾客创造价值的研究，已有研究认为，企业在为顾客设计、创造、提供价值时，应该从顾客导向出发，把顾客对价值的感知作为决定因素，顾客价值是由顾客而非企业决定的，顾客价值实际上就是顾客感知价值。

第四，从财务角度分析，企业价值衡量了企业被社会接受和认可的效果和程度。财务上企业价值的研究以企业价值的计量为中心。Modiglian and Miller（1958）首次提出了企业价值概念，构建了企业价值评估模型，确立了价值最大化的理念。目前，学术界对于企业价值评估方法的研究主要有四种流派：基于现金流量的企业价值观、基于经济增加值的企业价值观、基于 Tobin's Q 的企业价值观，以及基于期权定价的企业价值观。

总的来说，工业经济时代下价值创造可以概括为三种经典模式：价值链模式、价值网模式和价值网络模式。上述三种模式早已出现，在信息时代下，三种价值创造的经典模式仍被广泛使用。

3. 企业价值创造过程

很多学者对企业价值创造过程进行了研究，这些研究多以价值链为起点。在工业经济时代，厂商组织是顾客价值的主要创造者，因此价值创造与产业价值链密不可分。厂商组织的价值创造通过一系列活动完成，这些活动被分为两种：基本活动和辅助活动，前者包括内部后勤、生产作业、外部后勤、市场和销售、服务等；后者包括采购、技术开发、人力资源管理和厂商组织基础设施等（Porter，1985）。Hamel（2002）构建了价值创造经营模式，提出价值创造经营观念包括四大要素：核心战略、战略性资源、顾客界面和价值网络。四大要素之间由顾客利益、活动构造和公司进行连接。

不同学者将价值创造过程分为不同的阶段。原磊（2007）将价值创造过程分为价值主张、价值网络、价值维护与价值实现四个部分，得到了学术界的广泛认可。刘淑莲（2004）提出了企业价值评估、价值创造与战略设计模型，该模型将企业价值创造分为四个过程。具体来说，价值创造包括经营战略和竞争战略。其中，经营战略创造核心价值，包括价值发现和价值创造两大过程；而竞争战略创造客户价值，包括价值实现和价值保持两大过程。企业区别于其他竞争对手的核心价值决定了客户价值，客户创造的价值进一步增加了企业价值。驱动企业价值增值的本源是企业的经营活动和投资活动，而价值评估主要是向市场或投资者显示这种价值的度量结果，仅当经营活动和投资活动创造的价值大于资本成本时，才能为投资者创造增量价值。李鸿磊（2018）基于价值创造视角，从企业的功能角色和价值创造环节两个维度出发，提出了商业模式的"九宫格"分类法，认为商业模式可以从三大环节创造价值：研发生产、营销交易、服务体验。此外，在信息化浪潮下，共享经济是近年来学术研究和社会实践的一个热点，平台在共享经济中起着非常重要的作用。王水莲等（2019）提出共享平台价值创造过程有三个环节，依次是资源整合、供需匹配和共创驱动。其中，资源整合包括平台组织资源、供需资源和第三方资源三个层面的整合。

需要注意的是，互联网颠覆了传统价值创造的方式。罗珉和李亮宇（2015）认为在互联网时代，虽然对于价值创造和抓住激进新技术带来的商机，技术因素和市场要素依然是关键，需更注重价值创造与顾客之间具有的密切关系。因为价值来源于顾客的体验和感知，而价值创造的过程是不易也不需要被理解的，所以价值创造取决于开展的活动、目标顾客和相关理论基础。厂商可以通过社群中获得的资源来创造价值，或者依靠其创新得来的生态系统来创造价值和获得成功。因此，厂商的商业模式首先需要与各自的生态系统相匹配。顾客对厂商而言是重要的，厂商需要顾客作为价值创造的来源，也是价值创造过程的一部分。先前的理论与实践已经证明，顾客对价值创造有重大的影响。在互联网时代，价值是由厂商与顾客共同创造的。不仅厂商与顾客在生产大规模定制化产品的过程中是相互影响的，而且厂商与顾客交互就是价值创造和价值提取的场所。

此外，互联网还导致了价值创造逻辑的变化。工业经济时代价值创造具备的五大基本逻辑是：厂商通过"组织化"协作产生效能；通过"产品化"规模生产产生效能；通过"中心化"传播产生效能；关注使用中的资源所产生的效能，允许（或说忽略）"闲置资源"的存在；通过分销渠道产生效能。而在互联网时代，原先的五大基本逻辑逐步衰落，新时代发生的变化主要表现为：通过跨界产生效能；通过顾客体验产生效能；传播方式的去中心化和碎片化；强调实现市场出清产生效能；厂商通过"脱媒"产生效能（罗珉、李亮宇，2015）。

综上所述，企业价值创造是指企业运用资源以满足利益相关者诉求的行为。而企业低碳价值创造是指企业以与低碳活动相关的行为方式满足利益相关者诉求，进而实现企业价值的行为。基于价值链的价值创造模式，本文提出企业价值创造有五大过程，包括发现

(verification)、制造(assemble)、显示(lumination)、实现(utility)和延展(extension)，即 VALUE 五阶段价值创造模型。此外，与企业低碳价值创造相关的是企业社会责任的价值创造，这方面的研究可以为企业低碳价值创造提供基础。

碳中和聚焦 9-1

长春高新：论价值创造能力

价值创造促进企业发展。对于制造业上市公司而言，其价值创造能力不仅代表中国制造业的价值创造能力，而且直接影响中国制造业的发展。长春高新技术产业（集团）股份有限公司（简称"长春高新"）是一家东北的上市公司，自 1993 年创立以来，本着"存量做足、增量做精"的发展原则，始终践行"责任、团队、规范、专业、进取、分享"的核心价值观，秉承"创新、专注、包容、共享、发展"的企业文化，利用行业信息资源、前沿技术与高端人才资源，整合企业内部资源形成了竞争合力。

长春高新的价值创造能力体现在资本价值、产业价值、创新价值、社会价值四方面，如图 9-1 所示。在资本价值上，长春高新的业绩连续几年实现较大幅度增长，资产雄厚；在产业价值方面，长春高新在生长素系列产品的研究方面国际领先，促卵泡激素、水痘疫苗、狂犬疫苗、鼻喷流感疫苗的研究领域国内领先，而且像金赛、百克产品及品牌在国内具有较高知名度；在创新价值方面，长春高新近年来投入巨资，建成了国内一流的基因工程药物、生物疫苗和现代中药研发平台，有丰富的在研品种储备，不断扩大现有领域产业优势；在社会价值方面，长春高新形象良好，从爱心助学到定向扶贫，从支援新农村建设到抗震救灾捐款，始终以仁为怀，并付诸实际行动，不断推动着企业社会责任的实践进程。

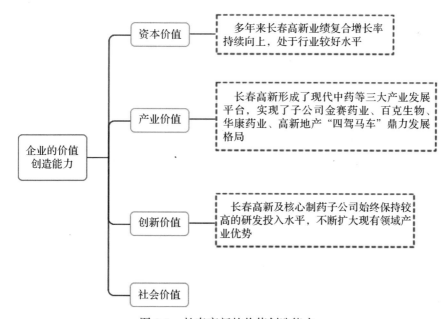

图 9-1 长春高新的价值创造能力

企业的价值创造能力作为企业发展过程中不可或缺的能力，不仅是企业创造财务价值的能力体现，也可以帮助企业提升业绩，满足利益相关者的诉求。因此，企业要不断实践，形成属于本企业独特的价值创造能力，才可以在激烈的环境竞争中立于不败之地。

资料来源：人民网．长春高新技术产业（集团）股份有限公司入选 2020 年度中国制造业上市公司价值创造 500 强及 2020 年度中国装备制造业上市公司价值创造 100 强 [EB/OL].（2020-12-28）[2022-09-01]. http://jl.people.com.cn/n2/2020/1228/c349771-34498921.html.

9.1.2　企业低碳价值创造的相关概念

学术界从生产要素、顾客、流程和财务等不同的视角阐述了企业价值创造的途径和方法，也使得企业价值创造逐渐成为企业财务管理、战略管理和营销管理等各个领域的重点。从利益相关者的角度，企业可以被看成是各种资源所有者之间契约的联结。企业的员工、债权人、客户及政府等利益相关者通过向企业投入各自拥有的资源与企业建立利益关系，同时企业通过发放的薪酬、支付的利息、生产的产品、缴纳的税费等来满足利益相关者的诉求，这也是企业实现自身价值创造的过程。

然而，企业价值创造和企业低碳转型之间存在缺口，未能建立起内在联系，而导致理论界和实务界对于如何高效推动企业低碳发展和价值创造缺乏清晰的认识。实际上，企业低碳价值创造与传统的企业社会责任价值创造有关，例如与企业环境责任（corporate environmental responsibility，CER）的价值创造有直接关系。企业低碳是指企业通过各种手段减少与企业生产活动直接或间接相关的各种碳排放。例如，为改善生态环境，企业在产品和技术研发、生产及供应链管理中，采取节能与能源替代、节材与原材料替代、直接减排等措施持续减排。这一行为本质上也是企业通过资源投入改进生产方式，从而降低企业对环境影响的行为，最终也有利于改善人与自然的生存环境。因此，企业低碳行为和企业社会责任行为都是企业运用自身资源来提高社会福利，进而实现价值创造的行为。

碳中和聚焦 9-2

高瓴资本张磊："低碳转型"是企业塑造竞争力的历史机遇

2021 年 3 月 20 日，高瓴资本集团（简称"高瓴"）的创始人兼首席执行官张磊在参与"中国发展高层论坛 2021 年会经济峰会"时表示，"低碳转型"是企业塑造竞争力的历史机遇。在助力实现碳达峰、碳中和目标的方向上，市场化的风险投资（VC）和私募股权投资（PE）机构大有可为。以下为张磊演讲节选：

全球正处于从高碳向低碳及净零碳转型的重要历史时期，促成包括能源、制造、科技、消费等众多行业的价值链重构，推动绿色可持续发展，将是人类社会的一个长期共同课题。

作为一家创新型产业投资机构，高瓴自成立伊始便将绿色可持续发展理念视为自身长远发展的重要保障。在全阶段的投资周期中，高瓴高度重视环境、社会和公司治理

（ESG）因素，将其作为必不可少的投资决策标准；同时，通过前瞻性的行业研究，持续加大对新能源、绿色低碳技术等领域的投资布局。在助力实现碳达峰、碳中和目标的方向上，市场化的 PE 和 VC 机构一方面可以通过不断探索最优的资源配置，追求环境、公平、社会等长期价值；另一方面，可以选择具有伟大格局观的同行者，一起通过持续创新，在绿色可持续发展目标下，实现社会价值和经济价值的共赢。

毫无疑问，实现碳中和可以带来许多新的经济增长点，在低碳领域创造更多高质量就业和创业机会，带来经济竞争力提升、社会发展和环境保护等多重效益。中国实现碳中和可能需要数百万亿级的投资和持续的努力，这也将塑造更高质量的经济和就业、更优美的生态环境以及更先进的科学技术。为塑造竞争力，企业必须坚定地走好"低碳转型"的道路。

资料来源：腾讯网.高瓴资本张磊："低碳转型"是企业塑造竞争力的历史机遇[EB/OL].（2021-03-20）[2022-09-01]. https://new.qq.com/omn/20210320/20210320A0BUHM00.html.

9.1.3 企业低碳价值创造的核心问题和主要步骤

在企业低碳转型过程中，如何将企业低碳行为与企业高质量发展有机衔接，从而实现低碳过程中的价值创造是实现企业低碳转型的关键。从价值创造的阶段入手，企业价值创造的过程可以被分解为"价值发现—价值制造—价值显示—价值实现—价值延展"五个阶段（VALUE 模型）。

结合 VALUE 模型来看，当前企业在低碳发展过程中面临着如下现实问题：企业低碳价值来源不清、企业低碳价值制造战略不明、企业低碳信息显示不够、企业低碳经济效益不足，以及企业低碳非经济效益不强。各阶段的核心问题概括为以下五个方面。

（1）虽然企业低碳发展从理念上很容易表达，但是企业在具体实施低碳战略过程中首先缺少明确的责任边界和目标，这是由企业低碳责任的划分还不清晰、不明确造成的。虽然有关低碳责任的确认是一个技术问题，但更多还是企业管理的问题。特别地，企业为实现价值创造，其低碳发展需要通过企业资源的投入，以满足企业各方利益相关者的诉求。故而，如何准确识别关键利益相关者并基于利益相关者诉求确定企业的低碳责任，是实现企业低碳价值创造的首要管理问题——这就要解决"看得清"的问题，从而建立起有效的利益相关者低碳诉求识别体系。这一问题的核心也被称为"企业低碳价值发现"（VALUE 模型中的"V"）。

（2）虽然越来越多的企业认识到低碳发展的重要性，并开始着手推进节能减排、提高资源利用效率、推进发展模式转型，但是，如何采取正确的企业低碳发展路径则是困扰企业的实际问题。这就需要系统梳理影响企业低碳发展的关键因素，从各个层面入手，既要关注外部利益相关者的影响，也要关注内部利益相关者（如员工）的影响，从而保证企业制造低碳价值。那么，如何采取恰当的低碳发展战略和实施路径以积极践行碳减排，进而制造出企业的低碳价值是实施低碳战略过程中需要重点考虑的问题——这就要解决"走得准"的问题，从而建立起有效的企业低碳战略实施机制，并为企业的低碳价值制造提供实践指导。这一问题的核心也被称为"企业低碳价值制造"（VALUE 模型中的"A"）。

（3）虽然有关企业社会责任方面的研究能为企业低碳信息披露提供许多指导，但是企业低碳具有独特性。这就需要深入理解企业低碳信息披露的途径、内容和时机等问题。尤其是当前企业在碳信息披露方面缺乏明确的披露体系，企业的碳信息披露还很少，难以在企业低碳努力与利益相关者之间搭建起有效的沟通桥梁——这就要解决"披得够"的问题，进一步系统掌握影响企业低碳信息披露的因素和内在机制，从而为构建企业低碳价值显示的信息披露体系提供理论支撑。这一问题的核心也被称为"企业低碳价值显示"（VALUE 模型中的"L"）。

（4）随着企业低碳发展的持续推进，企业在低碳发展方面的投入不断提升，新的问题和挑战也不断出现。企业积极投入低碳发展的动力被当前企业对低碳发展的经济效果缺乏清晰的认识和分析途径而削弱。企业低碳发展需要关注经济价值，有效评估利益相关者对企业低碳发展的反馈，实现企业低碳的经济价值——这就要解决"益得足"的问题，从而建立起企业低碳发展的经济激励机制，为企业持续投入低碳发展提供动力。这一问题的核心也被称为"企业低碳价值实现"（VALUE 模型中的"U"）。

（5）虽然面对未来越来越复杂和不确定的外部环境，构建企业韧性和实现跨企业协同显得越发重要，但企业很难主动认识和了解低碳转型对于企业实现高质量发展的重要意义。当前，企业参与低碳发展也更多关注在能给企业带来的直接和短期效益上，而并不关注不太显性化的间接和长期效益——这就要解决"涉得广"的问题，从而明晰企业低碳发展产生非经济效益的路径，而建立起企业低碳转型与高质量发展之间的联系。这一问题的核心也被称为"企业低碳价值延展"（VALUE 模型中的"E"）。

企业低碳发展过程中面临的五大困境，为企业低碳价值创造带来了一系列新的理论和实践问题。具体包括以下五个方面的内容。

第一，企业低碳价值发现，涉及关键利益相关者诉求识别和企业碳减排责任的确认与划分。企业低碳责任的核算本身就是一个很复杂的问题。首先要识别低碳责任下的利益相关者及其诉求，然后识别出关键利益相关者期望下的企业低碳战略实施的范围、方式及投入水平，进而结合企业内外部特征明确企业碳减排的责任，最后需要构建企业碳减排责任确认的量化管理体系，从而促进企业低碳价值发现的过程在实践中落地。这个过程不仅涉及一些技术和方法层面的问题，还包括政府对低碳责任分解规则的制定和实施机制。同时，企业主动认领低碳责任遵循怎样的分配机制也是需要探讨的问题。故而这方面的核心内容为从价值共创的角度入手，基于利益相关者识别和诉求分析发现企业低碳的价值，进而确定企业的低碳责任。

第二，企业低碳价值制造，也就是企业如何制定最佳的低碳实现路径。这里面虽然有很多技术层面的问题，例如涉及碳减排技术的运用、生产流程改造、能源替换等，但是从管理的角度来看，需要从影响企业碳减排动机角度入手，分析哪些因素影响企业减排。同时，在企业碳减排战略和实施路径制定过程中，企业间关系、当地的碳减排任务和政企关系等一系列因素会对其产生重要影响。另外，在企业回应利益相关者诉求的过程中，各方利益相关者就企业如何平衡低碳转型和维持现状之间可能存在冲突,这就需要企业采取有效途径缓和利益相关者诉求冲突。故而这方面的核心内容为从利益相关者诉求入手,通过系统分析影响企业制定低碳发展战略的关键因素指导企业制定最佳低碳转型路径。

第三,企业低碳价值显示,即分析企业如何显示低碳相关信息而实现与利益相关者的有效沟通。企业低碳信息显示涉及产品层面和企业层面,包括产品附加的低碳信息显示和企业低碳信息披露。这就涉及分析影响企业披露低碳信息的因素,以及企业如何选择披露的碳信息以及披露方式和时机以满足利益相关者诉求。故而这方面的核心内容为通过分析影响企业制定恰当的碳信息披露途径、内容、时机的因素,以指导企业将相关信息有效传递给利益相关者,回应利益相关者诉求,实现与利益相关者的有效沟通和企业低碳价值显示。

第四,企业低碳价值实现,研究的主要内容是如何评价企业低碳发展的市场价值和经济价值。这里主要考察低碳发展的直接经济效益。特别地,想要实现企业低碳发展的长期可持续,就需要首先从短期上确认企业的经济价值,并且能将企业低碳发展的经济价值与满足利益相关者的诉求统一起来,提升企业持续低碳发展的动力。那么,如何衡量低碳发展对企业经济价值的影响,如何评价其对利益相关者的直接影响,进而显性化企业低碳经济价值创造的路径是亟待解决的关键问题。故而这方面的核心内容为从利益相关者的反应角度分析企业低碳行为创造经济价值的实现路径,建立起企业低碳行为创造经济价值的内在逻辑机制。

第五,企业低碳价值延展,研究的主要内容是考察企业低碳发展的非经济价值,从而建立起企业低碳转型与高质量发展之间的逻辑关系,包括企业如何通过参与低碳转型助力其构建组织韧性、实现跨企业间协同。这方面的核心内容为识别企业低碳行为一致性的内涵,进而剖析企业低碳行为一致性产生非经济价值的内在机制,建立起企业低碳转型和高质量发展的逻辑联系。

围绕企业低碳价值创造全过程,将其分解为价值发现、价值制造、价值显示、价值实现、价值延展五个阶段,分析每个阶段的关键科学问题,最终构建起企业低碳价值创造 VALUE 五阶段模型。

9.2 企业低碳价值发现

价值发现是企业价值创造的第一步。企业低碳价值发现的逻辑链条是:利益相关者价值共创→利益相关者识别→关键利益相关者及其低碳诉求识别→企业内外部特征的分析→企业碳减排责任的确认。

9.2.1 企业低碳的利益相关者识别及其诉求分析

企业低碳价值创造的逻辑起点是利益相关者的价值共创,因此,企业低碳价值创造的本质在于企业以与低碳活动相关的行为方式满足利益相关者诉求。在企业低碳战略的实施过程中,涉及的主要利益相关者包括政府、股东、债权人、供应商、客户、消费者、员工。此外,企业低碳战略的实施还会与低碳活动监管者、碳交易市场其他成员等组织或个人形成联系,这些组织或个人形成了企业低碳战略实施的第三方利益相关者。

不同的利益相关者对企业低碳活动的范围、方式以及投入水平有不同的期望。具体分析如表 9-1 所示。

表 9-1 企业低碳利益相关者的诉求

利益相关者	具体的低碳诉求	诉求层面
国际组织	将 21 世纪全球平均气温上升幅度控制在 2℃ 以内,并尽量限制在 1.5℃ 以内(《巴黎协定》)	社会层面
政府	2030 年前碳达峰,2060 年前碳中和等	
非政府组织	特定生态圈保护、某类动植物种群的保护等	
股东	企业低碳转型后降本增效,经济利益最大化	组织层面
债权人	企业低碳转型下的偿付能力	
供应商	共担低碳责任,共享低碳技术	
客户	共担低碳责任,共享低碳技术	
监管机构	生产流程符合碳排放、碳交易等要求标准	
碳交易市场其他成员	共同维护碳交易市场的公平竞争	
媒体	企业低碳行为的社会影响力	
消费者	低碳产品或服务	个体层面
员工	低碳的工作场景,低碳激励	
社区居民	生态环境、民众健康	

9.2.2 关键利益相关者及其对企业碳减排责任确认的影响

1. 关键利益相关者的识别

企业低碳战略实施过程中的利益相关者是多元而复杂的,多元的利益相关者对于企业低碳战略的影响程度也是不一样的。因而,众多利益相关者并不需要"等量齐观","分类治理"才是企业低碳战略逐步推进的必然选择。而企业资源的有限性也使得企业难以同时满足其众多利益相关者的低碳诉求,因而要识别出对企业低碳战略推行起到关键作用的关键利益相关者,首先满足企业关键利益相关者的低碳诉求。进一步,企业碳减排责任的确认也将基于关键利益相关者的低碳诉求开展。

本研究借鉴 Mitchell 等(1997)对于利益相关者的划分方法,从企业利益相关者的合法性(legitimacy)、影响力(power)以及紧急性(urgency)三个角度去识别企业推进低碳战略时的关键利益相关者。其中,合法性是指利益相关者对企业的利益诉求是合乎规范的,因而在低碳战略背景下对企业的低碳诉求也是合乎国际、国家、行业或产业的碳排放管理规范的;影响力是指利益相关者对企业生存和可持续发展的影响程度,因而在低碳战略背景下就是对企业低碳战略开展范围、方式及投入水平的影响程度;紧急性是指满足利益相关者对企业利益诉求的急迫性，因而在低碳战略背景下就是对企业低碳诉求的急迫性。具体的指标评价体系如表 9-2 所示。

表 9-2 利益相关者合法性、影响力、紧急性评价指标体系

利益相关者	合法性衡量指标	影响力衡量指标	紧急性衡量指标
国际组织	天然具有合法性； 环保和生态标准	全球温控范围； 大气温室气体浓度	是否违反《巴黎协定》中的相关规定
政府	政府对低碳活动的要求	"双碳"目标下的政策强度、持续度	政府是否对企业不合规的碳排放实施了惩罚
非政府组织	关系强度	社会知名程度	是否发生抗议事件
股东	股东资本投入水平； 股东对企业的低碳要求	股东权力集中程度； 股东低碳意识强度	是否发生大面积撤股现象
债权人	债权人保护重视程度； 债权人对企业低碳活动的要求	不可替代程度； 资源关键程度； 债权人低碳意识强度	是否发生大面积撤资现象
供应商	履约程度； 沿供应链的低碳活动合作意识	不可替代程度； 低碳活动的合作程度； 资源关键程度	是否违约
客户	履约程度； 沿供应链的低碳活动合作意识	不可替代程度； 低碳活动的合作程度； 低碳活动的联盟程度	是否违约
员工	员工保护重视程度； 员工的低碳意识	工作场景低碳意识的范围； 员工团结度； 不可替代程度	是否举行罢工
消费者	消费者保护重视程度，如相关法律法规是否健全	消费能力； 不可替代程度； 消费者维权意识	是否投诉商品非绿色； 是否发生消费者维权等群体性事件
监管机构	天然具有合法性； 监管标准； 监管流程	监管机构的级别； 监测周期； 监管报告数据来源	是否受到监管者的警告或处罚
碳交易市场其他成员	碳排放权的法律约束； 碳配额的获取	碳交易市场覆盖范围； 成员间减排成本差异性	是否违反碳市场交易规则
社区	天然具有合法性； 关系强度； 社区低碳意识	社区凝聚力； 社区排外程度	是否发生社区冲突等群体性事件
媒体	媒体公信力	媒体知名度、专业度	是否曝光企业碳排放负面事件

对合法性和影响力指标而言，其得分越高则其利益相关者对企业的合法性和影响力越高；对紧急性指标而言，若确实发生了（赋值为 1，否则为 0）对企业而言构成危机的事件，则其对企业的紧急性程度较高。我们构建了用以计算企业各利益相关者重要性的最终得分的公式：

$$S = \sum_{i=1}^{3} \sum_{j=1}^{n} C_{ij}$$

其中，S 表示各利益相关者重要性的最终得分，i 表示各评价维度（即合法性、影响

力、紧急性等三个维度），j 表示各评价维度的各评价指标，C_{ij} 表示各评价维度各评价指标的得分。若利益相关者重要性的最终得分越高，则其对企业低碳战略起到的关键作用就越强。

2. 关键利益相关者的诉求对企业碳减排责任确认的影响

目前，碳排放治理的思路是"自下而上"获得历史数据汇总，设为碳减排基准的起点，然后"自上而下"设立碳减排规则体系。碳减排规则体系从社会层面逐渐下沉至组织层面，最终要落实在具体实施减排动作的企业和个人层面。

每个层面的参与者都是企业低碳战略的利益相关者，且其对企业低碳活动的影响层次是不同的，利益相关者对企业的合法性、影响力以及紧急性要求越高，则其对企业低碳活动投入水平的期望也就可能越高，应当在每个层面中识别关键利益相关者，并以关键利益相关者的诉求为主要导向来确认企业的碳减排责任。在社会层面，碳减排是国家行政要求，是企业日后经营中必须获取的制度合法性，因此政府碳减排政策是所有企业最重要的利益相关者诉求（合法性、影响力以及紧急性都是最高的），决定了企业的低碳战略定位。在组织层面，企业要主动认领明确属于自身的碳减排责任，但必须依据合法性、影响力、紧急性来权衡股东、债权人、供应商、客户、碳交易市场其他成员等同层级利益相关者的诉求，以及根据关键利益相关者的诉求来制定包括碳减排的方式、投入水平、合作共担模式等个性化的企业碳减排方案，同时反馈调整企业的低碳战略定位。在微观层面，企业要根据整体的碳减排方案，合理考量各个部门的碳减排角色和份额，并针对社区和员工诉求设计工作场景与生活场景的碳配额互通，完善企业的碳减排方案、细化确认企业具体的碳减排责任。

9.2.3 企业特征对企业碳责任确认的影响

企业低碳战略的开展需要考虑的企业特征，从外部所处环境来说主要包括政治环境、经济环境、市场环境、社会环境、法律环境，从内部特征来说主要包括企业战略、企业资源、组织结构、高管特征。

1. 企业外部特征的识别及其对碳责任确认的影响

（1）政治环境。政治环境主要指国家层面的政策导向，我国政府向全世界做出"2030 年碳达峰、2060 年碳中和"的庄严承诺，全国范围的碳减排势在必行。因此，国家的碳减排政治环境是强有力的、持续稳定的，决定了政府是企业低碳战略最关键的利益相关者，进而直接决定了企业的低碳战略定位，影响企业中长期碳减排责任的规划与确认。

（2）经济环境。企业所处的行业或产业在国家碳减排政策下面临怎样的经济转型趋势，将决定整个行业或产业的生命周期、技术革新、价值创造方式。因此，同一行业或产业利益相关者的经济环境将直接决定企业的低碳战略方式，企业所处行业单位实物产出二氧化碳当量的先进值、变化趋势、产业发展状况等要素直接决定了企业碳减排履约配额的确认。

（3）市场环境。2021年7月16日，全国碳排放权交易市场正式启动上线交易，这是我国利用市场机制控制和减少温室气体排放、推进绿色低碳发展的一项重大制度创新。如果企业碳排放量超出政府为其设定的限额，则需要通过碳排放权交易市场购买相应配额，否则将受到处罚，企业也可选择通过技术改造或改善经营等手段减少碳排放，并通过碳排放权交易市场出售节余的配额而获利。每家企业出于自身利益最大化的考虑，会选择对自己最有利的方式实现碳排放达标，如自身减排或通过碳排放权交易市场购买配额。碳排放权交易市场的运行状况也将直接影响企业的低碳战略实施，直接影响了企业碳交易额度的确认。

（4）社会环境。社会民众、非政府组织以及媒体等也都会对企业碳责任确认产生影响。社会民众的低碳消费意识将促使企业更主动地确认碳减排责任，非政府组织的影响力和媒体对企业低碳活动的关注度及公信力等将通过声誉机制促进企业的碳减排责任确认。

（5）法律环境。在"双碳"目标的推动下，未来我国将在国家层面推动出台《碳排放权交易管理条例》，建立碳排放监测、报告与核查制度，还应制定发布《企业碳排放报告管理办法》《第三方核查机构管理办法》等配套细则，进一步规范报告与核查的工作流程、要求和相关方责任，以及对第三方机构的管理。规范的法律制度将是企业履行碳减排责任的根本依据，直接明确企业碳减排的履约义务。

2. 企业内部特征的识别及其对碳责任确认的影响

（1）企业战略。企业经营的整体战略目标能够影响企业碳减排的投入范围、水平和方式，企业的可持续发展战略能够影响企业低碳战略实施的自主意识（相对于被动履约），因此企业战略直接影响企业主动认领碳减排责任的额度。

（2）企业资源。企业在经营链条上所控制的资源将直接影响其在同行业同产业的话语权，进而影响企业与上下游利益相关者博弈的筹码，因此企业与利益相关者合作共担的碳减排责任将受到企业资源的直接影响。

（3）组织结构。企业内部的组织结构决定了企业管理的运行方式，因此企业的组织结构将影响内部分解落实碳减排责任的方式与效率。

（4）高管特征。具体到企业内部的个人，对企业生存和发展起到重要作用的是企业的高管。企业高管的格局、低碳意识、管理风格等均会影响企业对关键利益相关者的识别，也会影响企业低碳战略的推进力度和效率。因此，企业的高管特征会影响企业碳减排责任的确认。

碳中和聚焦 9-3

做好碳核算工作 落实碳减排责任

为实现"双碳"目标，各个企业应做好碳核算等工作。从碳核算国际标准的角度出发，企业应当做好技术、产品及供应链的碳核算与评价分析，从低碳技术研发、产品设计、生产过程管理、供应链管理四个方面开展工作，从直接减排、节能、节材、能源替代、原料替代五个方面进行改进，从而逐步建立企业全生命周期的碳中和管理体系，打造行业示范标杆，强化品牌影响力。

企业应做好各项碳核算与评价分析

任何与碳排放相关的工作，都是建立在"依据标准规范、正确核算碳排放"基础之上的，都必须满足可测量（measurement）、可报告（reporting）、可核查（verification）的MRV基本原则。企业的碳核算与评价分析有两类国际标准核算方法，分别有不同的应用场景：第一类是基于ISO 14064国际标准，如企业碳核查，就是核算企业年度排放总量，而且只包含企业内部的直接排放（范围一）以及企业外购的电力和蒸汽生产过程中的排放（范围二）。在企业碳交易、碳减排量核证工作中采用此类核算方法。第二类是基于ISO 14067的产品碳足迹国际标准。与ISO 14064相比，产品碳足迹不仅包含范围一和范围二，还包含原料供应链生产过程的排放，称为范围三，即核算生命周期全过程的碳排放。基于ISO 14067也可以测算技术方案的碳排放，用于低碳技术的研发和对比评价。

企业应选择合适的碳减排措施，进一步落实碳减排责任

企业碳减排的措施只有五种：一是直接减排。与范围一对应，主要就是采用碳捕集、封存或利用技术。二是节能。与范围二对应，主要是节电和节蒸汽，这取决于正式发布的二次能源生产直接排放因子有哪些种类。这两类措施是ISO 14064能支持的减排措施。三是能源替代。例如煤改气、煤改电、使用氢能、工厂安装光伏，或通过电网采购可再生能源等措施，这些措施的减排效果大多涉及生命周期过程的排放，没有包含在一般的直接排放因子中。四是节材。五是原料替代。ISO 14067碳足迹核算既包含ISO 14064的核算内容，后三种减排措施的实现也依赖于ISO 14067核算方法。基于ISO 14067，企业可以进行技术、产品及供应链的碳核算以及不同方案的对比分析，从而支持低碳技术研发、产品设计、生产过程管理、供应链管理、客户服务、市场宣传等方面的工作，全面发挥上述五种减排措施的潜力，最大程度发挥全社会各种行业、所有企业的减排潜力。

"做好碳核算工作、落实碳减排责任"是一项全供应链管理工作。其核心问题是通过核算方法和工具，赋能全供应链所有相关人员，持续减排，协同创新，从而落实和支撑双碳目标的实现。

资料来源：腾讯网. 应对碳达峰、碳中和，企业怎么做？来看专家如何支招[EB/OL].（2021-01-25）[2022-09-01]. https://new.qq.com/omn/20210125/20210125A0D01W00.html.

9.3 企业低碳价值制造

价值制造是企业价值创造的第二步。企业低碳价值制造的核心在于融合企业宏观、中观和微观层面因素的影响，结合企业的资源禀赋，选择和设计企业最佳的低碳实践战略，进而确定企业低碳发展的范围、方式和水平等。

从宏观视角看，制度环境对企业低碳价值制造有着重要的影响。由于我国与其他国家在制度环境上存在很大差异，因此从我国的制度环境入手分析其对企业碳减排行为产生的影响具有一定的必要性。具体来说，参见4.1节的内容，以外部监管工具、政府激励政策、地区环境治理水平等为代表的制度环境会直接影响企业低碳价值制造。

碳中和聚焦9-4

低碳省区和低碳城市试点

气候变化极大地影响了人类的生存和发展，是目前世界各国共同面临的重大挑战。开展低碳省区和低碳城市的试点，是充分落实我国控制温室气体排放行动目标的重要抓手。我国开展的低碳省区和低碳城市试点工作分为三个批次：第一批于2010年在"五省八市"开展试点工作；第二批于2012年在北京市等29个省市开展试点工作；第三批于2017年在内蒙古乌海市等45个城市开展试点工作。具体情况如表9-3所示。

表9-3 我国低碳省区和低碳城市试点工作

试点批次	试点时间	试点城市
第一批	2010年	五省：广东省、辽宁省、湖北省、陕西省、云南省
		八市：天津市、重庆市、深圳市、厦门市、杭州市、南昌市、贵阳市、保定市
第二批	2012年	29个省市：北京市、上海市、海南省、石家庄市、秦皇岛市、晋城市、呼伦贝尔市、吉林市、大兴安岭地区、苏州市、淮安市、镇江市、宁波市、温州市、池州市、南平市、景德镇市、赣州市、青岛市、济源市、武汉市、广州市、桂林市、广元市、遵义市、昆明市、延安市、金昌市、乌鲁木齐市
第三批	2017年	45个城市（区、县）： 内蒙古自治区：乌海市； 辽宁省：沈阳市、大连市、朝阳市； 黑龙江省：逊克县； 江苏省：南京市、常州市； 浙江省：嘉兴市、金华市、衢州市； 安徽省：合肥市、淮北市、黄山市、六安市、宣城市； 福建省：三明市； 江西省：共青城市、吉安市、抚州市； 山东省：济南市、烟台市、潍坊市； 湖北省：长阳土家族自治县； 湖南省：长沙市、株洲市、湘潭市、郴州市； 广东省：中山市； 广西壮族自治区：柳州市； 海南省：三亚市、琼中黎族苗族自治县； 四川省：成都市； 云南省：玉溪市、普洱市思茅区； 西藏自治区：拉萨市； 陕西省：安康市； 甘肃省：兰州市、敦煌市； 青海省：西宁市； 宁夏回族自治区：银川市、吴忠市； 新疆维吾尔自治区：昌吉市、伊宁市、和田市； 新疆生产建设兵团：第一师阿拉尔市

资料来源：国家应对气候变化战略研究和国际合作中心. 低碳省区和低碳城市试点 [EB/OL]. （2020-03-19）[2022-09-01]. http://www.ncsc.org.cn/SY/dtsdysf/202003/t20200319_769716.shtml.

从中观视角看，行业环境和企业特征对企业低碳价值制造也具有一定的影响。行业环境对于企业低碳价值制造的影响不容忽视，如行业层面的技术进步、行业竞争程度、行业发展阶段等。此外，以企业的战略发展方向、组织能力等为代表的企业特征也是中观层面影响企业低碳价值制造的重要因素。

从微观视角看，企业内部利益相关者诉求下的企业减碳战略制定和实施也会直接影响企业的低碳价值制造。企业内部利益相关者的态度和行为方式会影响企业低碳价值制造战略的实施。因此，从高管和员工层面出发，高管领导风格、高管人格特质和员工工作态度等特征对企业低碳战略的实施与落地、平衡内部利益相关者的诉求冲突具有重要作用。

9.4 企业低碳价值显示

价值显示是企业低碳价值创造的第三步。在企业实现低碳价值创造的过程中，如何把碳减排的实施过程和减排成效等相关信息传递给利益相关者，是实现其低碳价值的重要环节。企业能通过恰当的碳信息披露途径、内容、时机的选择而将企业碳信息有效地传递给利益相关者，这不仅能满足利益相关者诉求、维护企业与利益相关者间的关系，也是企业实现低碳价值创造的重要途径。

9.4.1 产品类型、市场竞争与碳信息显示

企业创造经济价值的最直接方式是对外销售商品和提供服务，企业的产品被利益相关者购买和使用能给企业带来直接的经济利益。那么，企业如何将碳信息与产品战略有机结合，进而实现最大的经济利益是企业需要考虑的重要问题。本节拟从产品类型和市场竞争两方面入手，探究相关因素对产品碳信息显示的影响，如图9-2所示。

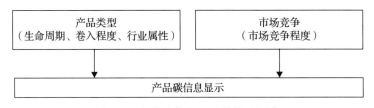

图 9-2 产品碳信息显示的影响因素

1. 产品类型与碳信息显示

产品类型可以从产品的生命周期、产品卷入程度、产品行业属性等方面进行划分。

首先，产品生命周期（即进入期、成长期、成熟期、衰退期）会对企业碳信息披露产生影响。当产品进入成长期或成熟期时，产品已在市场上较为普及，消费者对其期望和要求随之升高，其中可能包含着对产品在生产、制造、销售等过程中碳减排信息的需求。因此，相对于进入期和衰退期的产品而言，成长期或成熟期的产品更应该披露碳信息。

其次，产品卷入程度，即产品属于实用品还是享乐品，也会对企业碳信息披露产生影响。当产品属于实用品时（如计算机、建材家居等），由于其与消费者日常生活息息相关，此类产品在消费者面前的曝光度会得到增加。因此，相比于享乐型产品，企业就需要在实用型产品中披露碳减排信息以赢得消费者的好感，从而提高产品销售额。

最后，当产品来自高耗能行业而产生大量的碳排放时，消费者在购买产品过程中就会非常关注产品在供应链各环节上的碳减排，进而会提升企业在该类产品中披露碳信息的倾向。

2. 市场竞争与碳信息显示

在较高产品市场竞争的环境中，企业承受了诸多竞争压力，从而使得企业需要考虑如何重构竞争优势。企业在产品中披露碳减排信息被视为一种有效的竞争区分策略。一方面，企业低碳发展需要高成本投入；另一方面，企业披露碳信息能提升企业的合法性和声誉，这对于企业获得竞争优势具有重要作用。

9.4.2 利益相关者诉求、企业特征与碳信息披露

在企业层面披露碳信息是企业与广泛的利益相关者沟通的首要途径。本节从利益相关者诉求和企业特征两个角度入手，结合资源基础理论和资源依赖理论，探究其如何影响企业碳信息披露。资源基础理论是指企业拥有的资源各不相同，即其所拥有资源的异质性决定了企业竞争力的差异。而资源依赖理论是指企业最重要的存活目标就是要想办法降低对外部关键资源供应组织的依赖程度，并且寻求一个可以影响这些供应组织、使企业能够稳定掌握关键资源的方法。

1. 利益相关者诉求与碳信息披露

利益相关者对企业的碳减排水平和进度存在的预期水平会受到两个因素的影响：企业历史水平（历史因素）和同行业或同地区其他企业水平（社会因素）。为了维护企业与利益相关者之间的关系，需要有效引导利益相关者的预期，防止因利益相关者预期与实际绩效的不一致或偏差过大而对企业与利益相关者间的关系产生不利影响。对企业碳减排信息披露管理而言，一方面需要调控利益相关者预期企业碳减排进度的持续加快而给企业带来的压力，另一方面要避免利益相关者认为企业碳减排执行不力而损害企业与利益相关者之间的关系。因此，企业应当分析关键利益相关者的诉求而决定是否以及如何披露碳减排信息。

如前所述，可以从企业利益相关者的合法性、影响力以及紧急性角度去识别企业碳减排过程中的关键利益相关者，并明确其诉求。例如，消费者等往往期望企业更多披露碳信息，而债权人等可能更关注反映企业经营状况和盈利能力的财务信息。

2. 企业特征与碳信息披露

除利益相关者之外，企业特征也会对碳信息披露产生影响。以企业所有权性质为例，

国有企业相较于非国有企业在资源获取、政策支持、融资能力等方面有更多的优势，这使得国有企业往往更加倾向于披露更多的碳信息，以回应政府的诉求。

9.4.3 利益相关者诉求冲突对碳信息披露的影响

回应利益相关者诉求是企业碳信息披露的关键影响因素。然而，不同的利益相关者对企业迈进低碳发展过程中的诉求存在冲突。例如，投资者期望企业实现经济利益最大化，债权人希望企业利润能够保持向上增长，进而维持企业的偿债能力。而对于政府、消费者、员工、非政府组织、社区等利益相关者而言，则可能期望企业实现社会价值，希望企业实现低碳发展目标。受利益相关者诉求冲突的影响，企业往往会出现低碳"漂绿"和选择性碳信息披露两种做法。

1. 利益相关者诉求冲突与企业低碳"漂绿"

企业碳信息披露是企业显示其碳减排过程和成效的行为，即"如何说"，而企业往往在"说"和"做"两个方面存在不一致的情况。企业"说好做差"的行为方式被称为企业低碳"漂绿"。利益相关者诉求冲突是引发企业低碳"漂绿"的重要原因，例如当政府/消费者和投资者的诉求存在冲突，且政府/消费者诉求压力小于投资者诉求压力时，企业往往会宣传其碳减排行为和环境责任绩效，以便回应政府/消费者的诉求，但实质上却不积极实施碳减排。

2. 利益相关者诉求冲突与选择性碳信息披露

利益相关者诉求冲突除了会导致低碳"漂绿"行为，也会导致企业在碳减排信息披露中进行选择性披露。企业选择性碳信息披露是指积极显示碳减排取得的成效，而隐藏其在减排过程中存在的问题。例如，对高能耗、高污染行业的企业而言，政府是其重要的利益相关者，因此，企业更倾向于披露减排成效以满足政府诉求，获得政府的补贴和支持，而不披露、少披露或选择性披露其在减排过程中存在的问题。而对与衣食住行密切相关的行业中的企业而言，消费者是其重要的利益相关者，因此，企业更倾向于仅显示产品中的零碳元素来赢得消费者的支持。

企业碳信息披露的要点是结合产品类型、企业特征和利益相关者诉求等因素，通过选择恰当的内容和语言来呈现企业碳减排责任履行情况，并在合适的时间披露，以达到与利益相关者沟通的最佳效果。

碳中和聚焦 9-5

企业碳排放信息如何更可信？专家呼吁尽快出台披露框架

我国企业碳信息披露仍属于自愿性披露范畴，目前还未形成国家层面指导企业碳信息披露的政策文件，各企业在披露内容、方式等方面都存在较大差异。清华大学能源环境经济研究所的研究发现：企业披露碳信息具有很大的选择性，只有对自己有利时，企业才会披露或更多地披露碳排放信息。

国务院在 2016 年印发的《"十三五"控制温室气体排放工作方案》提出：要推动建立企业温室气体排放信息披露制度，鼓励企业主动公开温室气体排放信息，国有企业、上市公司、纳入碳排放权交易市场的企业要率先公布温室气体排放信息和控排行动措施。虽然企业碳信息披露仍属于自愿性披露范畴，但我国环境信息披露领域相关政策文件，如《环境信息公开办法（试行）》《上市公司环境信息披露指引》都对高污染企业提出了信息公开要求。清华大学能源环境经济研究所的样本数据统计发现：73.68% 的高碳行业企业碳信息披露水平高于样本平均值，仅有 28.65% 的非高碳行业企业碳信息披露水平高于样本平均值。

因此，加快出台碳信息披露框架有助于为市场相关方提供全面准确的碳信息，避免选择性碳信息披露，对于消除我国资本市场上的信息不对称和正确引导市场资源配置具有重要的作用。

资料来源：碳排放交易网. 企业碳排放信息如何更可信？专家呼吁尽快出台披露框架 [EB/OL].（2021-08-08）[2022-09-01]. http://www.tanpaifang.com/cdp/202108/0878978.html.

9.5 企业低碳价值实现

价值实现是企业低碳价值创造的第四步。提高企业经济价值增值是实现企业价值创造的直接和必然路径之一。为满足利益相关者的低碳诉求以获得支持，企业应该积极开展低碳活动，以规避企业风险，实现企业低碳价值创造。毫无疑问，企业低碳行为是企业实现其经济价值增值的关键要素，也是企业实现可持续发展的必经之路。

9.5.1 企业低碳行为与企业经济价值

企业低碳行为对于企业价值实现的影响主要是通过提高企业的经济价值来予以体现。具体来说，主要通过碳交易市场上企业的碳资产管理、产品市场和资本市场上企业碳减排两种方式提升企业经济价值。

1. 企业碳资产管理、碳交易市场与企业经济价值

随着碳市场的逐步成熟以及碳交易制度的健全，碳资产管理对上市公司的直接市场价值影响越来越大。企业碳资产主要包括配额碳资产和减排碳资产两类。在现行的碳排放权交易制度下，配额碳资产是指企业可以获得由政府分配的免费碳排放配额，而减排碳资产是指企业通过内部节能技术改革等低碳行为减少的企业碳排放量，该行为可直接增加企业在碳市场中可流转交易的配额碳资产。通过碳交易市场，企业可以通过以下碳资产管理方式来实现企业经济价值的增值。首先，从配额碳资产的角度看，企业获得的免费配额碳资产可以直接通过碳交易市场带来现金流入，从而增加企业价值。同时，在自身低碳行为的约束下，企业节余的配额碳资产也可以竞价转让，直接为企业带来一定的经济价值。其次，碳市场中碳资产价格的波动变化可以使企业通过碳资产交易获得买卖价差，直接增加企业的经济价值。最后，企业碳排放强度以及其拥有的碳排放权配额也会通过资本市场影响上市公司的股票价格和融资成本，从而对公司经济价值产生直接影响。

2. 企业碳减排与企业经济价值

企业碳减排过程中虽然存在一定的减排投入，但该投入也会具有如下多方面的溢出效应，有助于提高企业的经济价值。第一，企业碳减排可以提高资源利用效率、降低企业成本。例如，企业采用节能设备可以提高企业资源的使用效率，直接减少企业的能源消耗，也能降低企业的污染物排放，从而在节约能源、降低成本的同时提高企业经济价值。第二，企业碳减排可以降低交易成本和融资成本。企业的碳减排信息可以改善企业与外部利益相关者之间的信息不对称，增强员工、顾客、供应链企业和债权人等利益相关者对公司的信任，降低投资者的交易成本。在绿色金融政策的支持下，环境风险已经成为制约企业融资成本的重要因素之一。企业碳减排可以通过降低企业整体环境风险而降低企业融资成本，增加企业融资规模。第三，企业可以通过提高产品价格将碳减排成本转嫁给消费者，同时通过低碳产品吸引消费者促使企业从中获取超额利润，实现企业经济价值增值。

9.5.2 企业伪低碳行为、利益相关者反应与企业经济价值

企业低碳行为是企业积极从自身角度落实国家碳达峰、碳中和相关政策的结果（真诚碳中和行为），也可能是为了获得合法性所采取的一种应对策略（伪低碳行为）。企业伪低碳行为是指企业为实现经营目标而进行的一系列虚假的或伪装的与低碳活动相关的企业行为。结合企业的具体行为特点，企业伪低碳行为可以分为宣传"漂绿"和抵碳"漂绿"。

1. 宣传"漂绿"

宣传"漂绿"是指企业通过宣传将自己伪装成"绿色低碳"形象，使利益相关者误以为企业是"绿色低碳企业"或生产的是"绿色低碳产品"，具体包括虚假宣传、夸大宣传、含糊其辞、偷换概念和误导消费者等。从对利益相关者影响角度看，以员工为例，宣传"漂绿"行为会导致利益相关者对企业产生负面影响。员工会对企业进行宣传"漂绿"的伪低碳行为形成企业伪善的感知，进而降低自身的社会责任行为和绿色行为，从而增加离职倾向。从企业的角度看，企业通过宣传"漂绿"方式进行伪低碳活动主要影响企业的声誉、财务绩效、股票表现以及利益相关者反应等多个方面。企业的宣传"漂绿"行为一旦被发现或曝光，该负面消息会直接影响利益相关者对公司品牌和产品的信任与满意度，会对企业声誉产生负面影响，同时也会影响消费者购买、投资者决策等利益相关者行为，进而负向影响上市公司的股票表现和财务绩效。

2. 抵碳"漂绿"

抵碳"漂绿"是指企业通过过度的碳抵消行为使利益相关者误以为企业的低碳行为

是真诚的。企业在实现碳中和的过程中，除开展碳减排之外，还需要进行碳抵消（如投资森林、购买环境权益）。然而，企业过度的碳抵消行为是指企业试图通过大量购买碳信用额度的方式来降低企业碳减排责任，而不是企业实质上的碳减排行为。本质上，抵碳"漂绿"也是企业伪低碳行为的一种形式。因此，企业抵碳"漂绿"行为会直接影响利益相关者感知，进一步影响企业的利益相关者决策，并最终对企业经济价值产生显著影响。

9.5.3 企业低碳行为一致性与利益相关者反应

企业低碳行为一致性是指企业低碳行为中的言行一致，即要求企业实际的低碳行为与其所披露的低碳行为保持一致，不存在宣传"漂绿"和抵碳"漂绿"等企业伪低碳行为。基于利益相关者感知视角，企业低碳行为一致性可以满足利益相关者诉求，进而获得利益相关者对企业的回馈。具体来说，本节重点关注员工、消费者、投资者等利益相关者对企业低碳行为一致性的反应。

在员工行为方面，领导或组织通过树立一些绿色低碳角色榜样或传达绿色低碳行为规范有助于员工习得绿色低碳行为，同时员工积极参与企业绿色低碳行为能够助力企业低碳目标的实现。首先，企业低碳行为一致性是企业良好声誉的重要体现，有利于提升企业员工的组织认同感，使员工更加愿意留在企业中工作。其次，企业低碳行为一致性能够彰显企业的价值观，提高企业对求职者的吸引力，提升潜在员工的求职意愿。企业绿色低碳行为一致性也能为企业树立良好的社会形象，提升对求职者的吸引力，以便招聘到高质量的潜在员工。因此，从价值认同的视角看，企业低碳行为一致性对现有员工和潜在员工的态度与行为有着重要影响。

在消费者反应方面，现有消费者行为的研究表明，绿色产品、碳标签产品、社会责任产品都有助于在一定范围内提高消费者的平均支付溢价，并且对消费者的购买态度和购买意向产生积极影响。一方面，企业低碳行为一致性可以反映管理层在企业经营中的低碳发展理念，缓解企业与客户之间的信息不对称，打消消费者对企业产品的顾虑，向消费者传递企业产品具有绿色低碳的信息，从而促进消费者愿意支付更高的价格获得低碳产品。另一方面，从社会信任的角度看，企业低碳行为一致性可以一定程度反映企业的诚实道德品质，有助于增加消费者对企业及其产品的低碳信任度，促进消费者更多地利用企业信息进行交易。因此，从低碳溢价的角度分析企业低碳行为一致性对消费者购买行为的影响具有重要作用。

在投资者行为方面，投资者负责任的投资行为直接受企业低碳行为的影响。对投资者来说，企业的低碳行为一致性可以通过企业声誉的作用影响投资者交易意向及决策。企业低碳行为一致性能有效传递企业低碳转型和低碳绩效等信息，有助于提升企业声誉，帮助投资者通过声誉信号做出积极反应，如提高投资者投资意向、增加投资者投资规模等。企业低碳行为一致性所强调的是企业低碳行为中的言行一致，所释放的信息正是建立企业声誉的关键因素，这也是通过企业声誉与投资者建立有效的管理和沟通的重要方面。在此基础上，投资者对企业低碳行为的感知和回应会直接受制于对企业声誉的评价。企业声誉能够帮助投资者对未来的投资回报形成稳定的预期，并有助于吸引新投资者投资、促进现有投资者持续投资。

9.6 企业低碳价值延展

价值延展是企业低碳价值创造的第五步。在企业积极推进和落实碳减排、碳中和相关政策过程中，企业低碳行为的非经济价值是企业低碳价值创造的重要组成部分。

围绕企业低碳行为的非经济价值创造，可以建立起企业低碳转型与高质量发展之间的逻辑关系。首先，梳理企业低碳行为一致性与利益相关者诉求满足之间的关系，利益相关者诉求被满足的程度越高，对企业低碳行为一致性的认可程度也将更高。其次，明确企业低碳行为一致性对企业跨组织协同与价值溢出的影响。以供应链核心企业为例，一方面，企业低碳行为一致性有助于引导供应链上下游企业自愿参与到碳减排中来，实现低碳供应商协同和低碳客户协同的跨组织协同；另一方面，跨组织协同能够全面提升企业的经济、运营、环境价值，进而对核心企业产生巨大的价值溢出效应。最后，从企业韧性和高质量发展的角度，企业低碳行为一致性可以通过间接互惠和社会价值导向，提高企业韧性、促进企业高质量发展，实现企业的共益共生。

碳中和聚焦9-6

品牌企业应提升在华供应链环境管理，助力"双碳"目标

2017年，德国汽车零部件企业舍弗勒发布一则紧急求助函，引发多方关注。因一家本土零部件供应商舍弗勒的关停，可能影响下游制造商300万辆汽车无法生产，进而造成3 000亿元损失。"舍弗勒断供风波"让包括汽车行业在内的更多品牌开始关注自己供应链企业的环境表现。

上海浦东新区环保部门称：外资企业选择供应商，必须考虑其是否遵守环保法规，政府对环境违法企业绝不让步。2021年10月21日，舍弗勒大中华区采购与供应商管理部门供应链风险管控经理彭寰在"2021绿色供应链暨气候行动论坛"上表示："随着国家在立法和执法层面的加严，很多供应商伙伴如果不遵守法规，可能会面临限产、停产，以及巨额的罚款，特别是对一些中小型的企业，一个巨额的罚款马上会导致它破产。"

作为世界工厂，中国承担了大量的产业链排放，品牌企业更应加大对供应链环境和气候风险的关注。能否超越一级供应商将环境和碳管理延伸至更加高耗能和高排放的上游生产环节，能否保障在华供应链在环境合规的基础上协同减污降碳，都将成为关乎品牌和供应商未来持续生产经营能力的核心商业问题。

资料来源：腾讯网.品牌企业应提升在华供应链环境管理，助力"双碳"目标[EB/OL].（2021-10-22）[2022-09-01]. https://new.qq.com/omn/20211022/20211022A06XSE00.html.

本章小结

1. 对企业而言，价值创造是企业作为经济主体所追求的最终目标，也是企业在激烈的行业竞争中具有竞争优势、实现企业可持续发展的关键。
2. 从价值创造的阶段入手，企业价值创造的过程可以被分解为五个阶段，包括价值发现、价值制造、价值显示、价值实现和价值延展（即 VALUE 模型）。
3. 在企业低碳转型过程中，关键在于如何将企业低碳行为与企业高质量发展有机衔接，以实现低碳过程中的价值创造。
4. 企业的低碳发展需要通过企业资源的投入，以满足各方利益相关者的诉求，进一步实现价值创造。
5. 企业低碳发展路径需要系统梳理影响企业低碳发展的关键因素，从宏观、中观甚至微观各个层面入手，既要关注外部利益相关者的影响，也要关注员工层面的影响，从而保证企业创造低碳价值。
6. 解决"披得够"的问题，从而系统掌握影响企业低碳信息披露的因素和内在机制，为构建企业低碳价值显示的信息披露体系提供理论支撑。
7. 企业低碳真诚性是满足利益相关者诉求、实现企业价值溢出、提高企业韧性和促进企业高质量发展的关键。
8. 本章总体框架如图 9-3 所示。

关键术语

低碳价值发现（low carbon value verification）
低碳价值制造（low carbon value assemble）
低碳价值显示（low carbon value lumination）
低碳价值实现（low carbon value utility）
低碳价值延展（low carbon value extension）

思考与练习

1. 企业低碳价值创造的概念和五个阶段是什么？
2. 企业低碳价值发现与企业碳责任确认的关系是什么？如何从理论和实践中发现企业的低碳价值？
3. 企业低碳价值制造的内外部影响因素有哪些？企业低碳价值制造阶段的核心是什么？
4. 什么因素会影响企业产品的碳信息显示？什么因素会影响企业的碳信息披露？
5. 企业低碳行为和企业伪低碳行为分别会如何影响企业经济价值？企业低碳行为一致性会如何影响利益相关者？
6. 企业低碳真诚性会如何影响利益相关者诉求？企业低碳真诚性会如何影响企业价值延展？

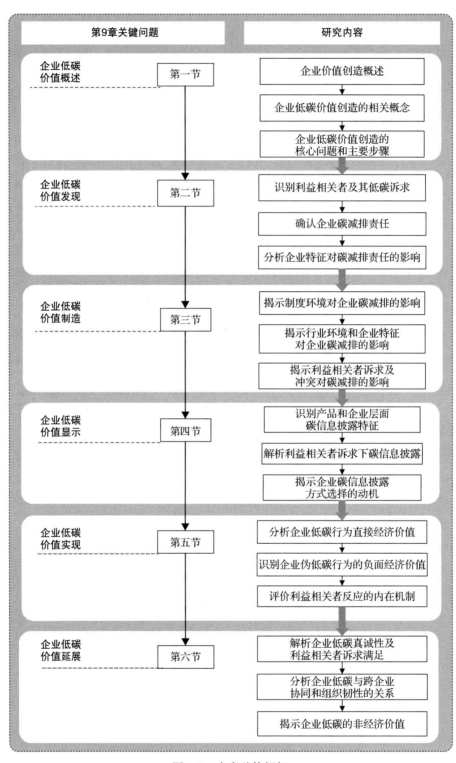

图 9-3　本章总体框架

应用案例

中国大唐：助力碳达峰、碳中和目标实现

中国大唐集团有限公司（简称"中国大唐"）是中央直接管理的国有特大型能源企业，主要业务覆盖电力、煤炭、金融、海外、煤化工、能源服务六大板块，注册资本金 370 亿元。其所属二级单位 45 家，基层企业超过 300 家，员工总数近 10 万人。面向"十四五"及未来发展，中国大唐立足新发展阶段、贯彻新发展理念、构建新发展格局，助力"双碳"目标的实现。

践行绿色发展理念。中国大唐认真履行能源央企经济责任、政治责任、社会责任，积极践行"四个革命、一个合作"能源安全战略。截至 2020 年年底，中国大唐发电装机规模达到 15 860 万千瓦，其中超低排放机组占煤电机组的 98.8%，清洁能源占 38.2%，居行业先进水平。"双碳"目标下的碳市场建设，为拥有十余年碳市场行业经验的中国大唐的发展带来了更广阔的发展空间。

布局碳资产管理。自 2005 年起，中国大唐所属中国水利电力物资集团有限公司开始从事国际减排 CDM 项目商务谈判、技术开发等工作，为中国大唐系统内外众多企业提供了包括碳资产开发、碳资产管理和绿色服务等一体化技术服务。依托开发完成的碳资产项目，碳资产公司积极促成多笔碳中和交易与绿色电力证书交易，打造了中国包装行业的第一单 CCER（经核证的国内自愿减排量）碳中和项目。截至目前，大唐碳资产公司累计开发 CCER 项目近 50 个，为中国大唐系统企业开发绿色电力证书百万余张。

加强碳信息管理与披露。中国大唐于 2016 年成立了碳资产公司，作为实现碳资产统一、专业化管理的机构，并建立了专业化的碳交易中心。碳交易中心实现了对碳排放、碳配额、碳减排和交易等数据的信息化管理和配额盈亏预测等功能，搭建了辐射中国大唐全部下属公司的碳资产管理信息系统，为中国大唐在履约交易期内抓住市场机会、实现碳资产保值增值提供了技术保障。而在中国大唐《2020 年社会责任报告》中，其披露了绿色发展履责绩效：2016—2020 年清洁能源占比逐年上升，2020 年二氧化碳排放量同比下降 1.91%，综合碳排放强度同比下降 1.18%。

加强合作，扩大"绿色发展"影响力。中国大唐主要业务分为三个板块。第一，低碳资产运营板块将会开展碳资产、用水权、排污权等绿色资产在市场化运作机制下的项目开发、投资顾问服务、委托管理等业务。中国大唐绿色金融板块加强同金融机构的合作，协助集团开展绿色金融相关业务，充分利用金融市场，加强低碳能源创新与建设。中国大唐绿色投资板块发挥其在政策研究、低碳技术研究方面的优势，加强与高等院校、集团内外科研机构合作，开展低碳技术、绿色项目和碳汇项目等领域投资，引领行业绿色低碳转型。

继往开来，助推"双碳"目标实现。2021 年 6 月 22 日，中国大唐依托大唐碳资产有限公司组建的中国大唐集团绿色低碳发展有限公司正式揭牌成立。这是中国大唐加快推动"二次创业"和世界一流能源供应商建设，推进自身绿色发展转型又一新动作。实现"双碳"目标，要着力在新的发展阶段提升碳资产运作管理能力，绿色低碳发展公司的成立恰逢其时。绿色低碳发展公司以绿色低碳循环发展体系建设为核心，充分发挥碳资产管理方面的

经验优势，全面推进绿色咨询服务、低碳资产运营、绿色金融、低碳投资四个板块的建设。

未来，推动高质量发展将成为中国大唐发展的主题，助力中国大唐成为"绿色低碳、多能互补、高效协同、数字智慧"的世界一流能源供应商。

资料来源：1. 新华网. 中国大唐成立绿色低碳发展公司 服务碳达峰碳中和目标[EB/OL].（2021-06-25）[2022-09-01]. http://www.xinhuanet.com/energy/20210625/306ed36b45f1424397cad9543f306797/c.html.

2. 中国大唐《2020年社会责任报告》。

▶ 讨论题

1. 简述中国大唐履行低碳价值创造的过程。
2. 中国大唐成立中国大唐集团绿色低碳发展有限公司的背景是什么？
3. 从内外部环境出发，分析中国大唐在实现自身企业低碳价值时应关注哪些关键因素？
4. 分析中国大唐是如何实现企业低碳经济价值和非经济价值的？

学习链接

1. MITCHELL R K, AGLE B R, WOOD D J. Toward a theory of stakeholder identification and salience: defining the principle of who and what really counts[J]. Academy of management review, 1997, 22(4): 853-886.
2. 毕楠. 企业社会责任价值创造的驱动因素与作用机理研究[J]. 当代经济研究, 2012（7）: 50-56.
3. 刘建秋, 宋献中. 社会责任与企业价值创造机理：一个研究框架[J]. 财会通讯, 2010（21）: 127-129, 161.
4. 刘淑莲. 企业价值评估与价值创造战略研究：两种价值模式与六大驱动因素[J]. 会计研究, 2004（9）: 67-71.
5. 龙文滨, 宋献中. 社会责任投入增进价值创造的路径与时点研究：一个理论分析[J]. 会计研究, 2013（12）: 60-64, 97.
6. 罗珉, 李亮宇. 互联网时代的商业模式创新：价值创造视角[J]. 中国工业经济, 2015（1）: 95-107.
7. 沈洪涛, 黄楠. 碳排放权交易机制能提高企业价值吗[J]. 财贸经济, 2019, 40（1）: 144-161.
8. 宋丽娟. 企业社会责任对企业价值影响的微观作用机理：基于效率效应与信誉效应的分析[J]. 商业经济研究, 2016（13）: 127-132.
9. 宋晓华, 蒋潇, 韩晶晶, 等. 企业碳信息披露的价值效应研究：基于公共压力的调节作用[J]. 会计研究, 2019（12）: 78-84.
10. 孙艳霞. 基于不同视角的企业价值创造研究综述[J]. 南开经济研究, 2012（1）: 145-153.
11. 王清刚, 李琼. 企业社会责任价值创造机理与实证检验：基于供应链视角[J]. 宏观经济研究, 2015（1）: 116-127.

低碳管理专业体系构建

A.1 低碳管理专业提出的现实背景

2021年7月15日，教育部印发了《高等学校碳中和科技创新行动计划》（教科信函〔2021〕30号，简称《行动计划》）的通知，该通知明确提出，高校要立足实现碳中和目标，在建设一批碳中和领域科技创新平台、世界一流碳中和相关学科和专业方面，充分发挥高校基础研究主力军和重大科技创新策源地作用，为实现碳达峰、碳中和目标提供科技支撑和人才保障。2021年10月26日，国务院发布了《2030年前碳达峰行动方案》，明确提出要"创新人才培养模式，鼓励高等学校加快新能源、储能、氢能、碳减排、碳汇、碳排放权交易等学科建设和人才培养"，再次强调了高校在低碳领域的专业、学科建设以及人才培养对于我国碳达峰、碳中和目标的实现具有重要的助推作用。在国际社会上，2006年美国高校校长气候承诺（The American College & University Presidents' Climate Com-mitment，ACU-PCC）明确提出要把气候变化和可持续性发展融入高校的教学、科研和社会活动中，实现高校运作的碳中和。纵观国内外，高校的重要职能之一就是通过人才培养服务国家战略。因此，在我国大力推进"双碳"目标的过程中，高校要积极开展"双碳"教育，通过设置或调整相关学科为国家和社会提供急需的低碳相关专业人才，服务国家应对气候变化的宏观战略。

诚然，现阶段我国高校已认识到低碳教育的重要性，并积极开设了可持续性发展类、环境类、绿色发展类等相关课程，但很少将其上升到学科建设的层面，缺乏系统性地对低碳相关专业人才，尤其缺乏对既懂管理又懂低碳技术的高素质综合人才的培养。然而，对企业而言，实现企业碳中和需要两大方面的支持：管理与技术。管理是通过引导、奖励和惩罚等手段激励碳排放主体参与和践行碳减排，迈向碳中和；而技术则是在碳中和过程中通过技术手段提高能源利用效率、降低对化石能源的依赖、提高可再生能源利用效率、构建高效率的碳抵消方案等，为碳排放主体实践碳中和提供技术支持。在企业迈向碳中和的过程中，管理是基础，技术是保障。没有运用管理手段形成激励作用，碳排放主体就不会参与到碳中和中来；而没有技术的保障和支撑，即便有强烈的热情参与碳中和，也难以保证目标的实现。现有高校主要侧重于对低碳技术专业人才的培养，忽视了对低碳科技与管理人才的培养，这非常不利于企业低碳转型、国家低碳经济发展和"双碳"目标的实现。

因此，在《行动计划》的引领下，高校建设并完善企业碳中和管理专业体系的必要性不言而喻。具体来说，企业低碳管理属于交叉学科方向，应立足于国家碳达峰、碳中和的"双碳"目标，围绕企业碳中和管理中的关键科学问题，融合碳中和科学技术与管理理论，设计企业管理策略和激励机制，构建企业碳中和战略与管理体系，探索新时代企业高质量发展路径。高校设立低碳管理专业可以为国家和社会提供急需的低碳相关专业人才，是实现我国碳中和目标的重要路径，同时也是解决我国高校在"双碳"目标下人才培养面临新挑战的一种创新实践。

A.2 我国低碳相关专业人才培养的现状

现阶段，我国高校本科专业设置中明显缺乏直接聚焦于企业低碳管理的专业，为了对标国家"双碳"目标需求，鼓励具有学科优势的高校开设碳资产管理专业，加快对碳中和管理人才的培养。

A.2.1 低碳相关专业的定位及分布情况

我国高校本科专业设置中与低碳相关的专业主要集中于环境工程、环境科学与工程、新能源科学与工程、能源与环境系统工程、能源经济、资源与环境经济学、公共事业管理[一]等相关专业。这些专业目前隶属于高校的环境学院、能源与动力学院、经济学院和公共管理学院等，涉及工学、经济学和管理学三个专业门类。通过查询上述七个主要低碳相关专业的基本情况，如表A-1统计数据所示，在全国开设环境工程专业的院校中，"双一流"院校共71所，占专业布点总数的19.19%；在全国开设新能源科学与工程专业的院校中，"双一流"院校共22所，占专业布点总数的20.18%；在全国开设能源经济专业的院校中，"双一流"院校共4所，占专业布点总数的26.67%；在全国开设公共事业管理专业[二]的院校中，"双一流"院校共36所，占专业布点总数的10.94%。

表 A-1 主要低碳相关专业的基本情况

本科专业名称	专业门类	专业关键词	"双一流"院校/所	专业布点总数/个	占比/%
环境工程	工学	环境、工程、水资源、污染	71	370	19.19
环境生态工程	工学	环境、生态、污染、水土流失	15	64	23.44
环境科学与工程	工学	环境、水资源、空气、污染	4	38	10.53
新能源科学与工程	工学	新能源、太阳能、风力发电、沼气	22	109	20.18

[一] 公共事业管理专业涉及电力、供水、垃圾处理、污水处理等低碳领域的公共事业规划、建设和管理等，这是其属于低碳相关专业的主要缘由。

[二] 需要说明的是，部分高校的公共事业管理专业仅侧重于医学、体育等某一领域，本质上不属于与低碳相关的专业。为避免低估低碳相关专业的布点比例，本文对此不做区分。

(续)

本科专业名称	专业门类	专业关键词	"双一流"院校/所	专业布点总数/个	占比/%
能源与环境系统工程	工学	能源、环境、燃烧、清洁	5	16	31.25
能源经济	经济学	煤炭、石油、天然气、经济	4	15	26.67
资源与环境经济学	经济学	石油、环境、经济、可持续	2	13	15.38
公共事业管理	管理学	供水、燃气、公共交通、医院	36	329	10.94

资料来源：中国教育在线掌上高考数据库，截至 2021 年 10 月 28 日。

通过上述数据，不难发现，高校低碳相关专业主要集中于工学、经济学相关专业，管理学专业门类下仅涉及公共事业管理专业，且在"双一流"院校中的布点比例较低。

从专业定位的角度来说，高校对于相关专业的定位沿袭了其所在学院的学科特色。比如工学门类下的相关专业侧重于围绕工程设计和环境污染、新能源技术及其开发利用等，经济学门类下的相关专业侧重于以石油、煤炭和天然气为代表的能源生产、交换、分配和消费过程的经济关系与经济规律，而管理学门类下的公共事业管理等专业则侧重于分析垃圾处理和污水处理等公共事业管理问题。目前，低碳相关专业主要涉及的是减碳技术和无碳技术，但实际上并未涉及二氧化碳捕集与封存等去碳技术，同时也缺乏对低碳相关知识的系统传授以及管理人才的培养。

碳中和聚焦 A-1

重要布局：多所知名高校成立碳中和研究院

2021 年 7 月，教育部制定《行动计划》，旨在发挥高校基础研究主力军和重大科技创新策源地作用，为实现碳达峰、碳中和目标提供科技支撑和人才保障。近年来，多所高校在碳中和领域有重大布局，具体情况如表 A-2 所示。

表 A-2 成立碳中和机构的部分高校名单

高校名称	碳中和机构名称	成立时间
东南大学	东南大学长三角碳中和战略发展研究院	2020 年 12 月 11 日
厦门大学	厦门大学碳中和创新研究中心	2020 年 12 月 31 日
清华大学	山西清洁能源研究院碳中和研究所	2021 年 3 月 8 日
北京大学	北京大学能源研究院碳中和研究所	2021 年 3 月 29 日
四川大学	四川省碳中和技术创新中心	2021 年 4 月 10 日
西北大学	西北大学榆林碳中和学院	2021 年 5 月 9 日
上海交通大学	上海交通大学碳中和发展研究院	2021 年 5 月 22 日
沈阳工业大学	辽宁碳中和创新研究院	2021 年 7 月 16 日
南京林业大学	南京林业大学碳中和研究中心	2021 年 7 月 18 日

(续)

高校名称	碳中和机构名称	成立时间
西安交通大学	水循环与碳中和技术研究院	2021年7月31日
中国石油大学（北京）	重质油国家重点实验室碳中和研究院	2021年8月31日
云南大学	云南大学碳中和创新中心	2021年9月4日
天津科技大学	天津科技大学碳中和研究院	2021年9月4日
温州大学	温州大学碳中和技术创新研究院	2021年9月6日
华东理工大学	华东理工大学碳中和未来技术学院	2021年9月13日
清华大学	清华大学碳中和研究院	2021年9月22日

毫无疑问，高校碳中和研究院的建立是我国人才培养上的重要举措，有助于推进资源高效利用和绿色低碳发展的科技创新，进一步推动相关领域的快速发展。但需要说明的是，新成立的碳中和机构多重点关注研究生培养，且学科体系处于初步探索阶段，还未形成较好的学科培养方式，明显缺乏对本科生的培养以及对低碳管理专业的关注。

资料来源：中国教育在线. 重要布局！多所知名高校成立碳中和研究院[EB/OL].（2021-09-24）[2022-10-01]. https://www.eol.cn/shuju/uni/202109/t20210924_2158346.shtml.

A.2.2 低碳相关专业的交叉学科及招生情况

近年来，在教育部门的大力倡导下，我国许多高校都建立了能源经济、资源与环境经济等与低碳相关的交叉学科专业。能源经济专业是一门整合经济学、管理学、资源环境等优势学科推出的前沿性、交叉性的新学科，研究能源生产、交换、分配、消费过程的经济关系和经济规律的学科。与此类似，资源与环境经济专业也是交叉学科的产物，是一门经济科学与自然科学相交叉的新型学科，主要是用经济学的工具来分析环境、资源问题。然而，工学专业门类下属的环境工程、新能源科学与工程、能源与环境系统工程等专业都未涉及交叉学科，主要侧重于工程应用型技术人才的培养。目前，低碳相关专业的招生一般按照其所属学院的招生要求进行招生，并未设置特殊的招生要求。

A.2.3 低碳相关专业的教学及课程设置

在教学方式上，低碳相关专业仍采用以理论课程为主、实践课程为辅的培养方式。其中，实践教学环节多以课程实习和毕业设计等为主。在课程设置上，低碳相关专业课程设置的差异主要体现在专业教育方面，重点遵循厚基础、宽口径的原则。以新能源科学与工程专业为例，该专业课程主要包括工程热力学、流体力学、传热学、能源系统工程、可再生能源及其利用、光伏科学与工程、风力发电原理、生物质能工程、核能利用基础等专业平台课程，以及光伏材料与太阳能电池、风力发电场等专业选修课程。以能源经济专业为例，其专业课程主要包括能源经济学、能源市场与价格、能源安全、低碳经济与能源政策、能源经济数量模型、能源产业管理、自然资源与环境经济学、能源企业管理、能源金融等。因此，不同低碳专业的专业课程设置存在较大差异，主要受其所属学院及其隶属学科的直接影响。

A.3 "双碳"目标下高校低碳相关专业面临的问题和挑战

基于现阶段我国低碳相关专业的人才培养现状来看，我国目前开设的环境工程、新能源科学与工程、能源经济、公共事业管理等低碳相关专业所培养的人才无法满足未来40年企业在迈向碳中和过程中对于碳中和管理人才的需求，将会面临诸多挑战。

A.3.1 低碳相关专业的定位模糊，不符合现实需求

中共中央"十四五"规划明确提出，要加快推动绿色低碳发展。国务院于2021年2月22日发布了《关于加快建立健全绿色低碳循环发展经济体系的指导意见》（国发〔2021〕4号），明确提出要统筹推进高质量发展和高水平保护，建立健全绿色低碳循环发展的经济体系，确保实现碳达峰、碳中和目标，推动我国绿色发展迈上新台阶。不难看出，绿色低碳发展已经成为国家战略的重要组成部分。不仅如此，2021年7月教育部印发的《行动计划》明确提出我国高校的远期目标是建成一批引领世界碳中和基础研究的顶尖学科，打造一批碳中和原始创新高地，形成碳中和战略科技力量，为我国实现能源碳中和、资源碳中和、信息碳中和提供充分的科技支撑和人才保障。

《行动计划》明确体现了"双碳"目标下我国当前人才培养的定位并不符合现实需求，这主要源于我国高校的人才培养定位目前更多还是侧重于对环境工程、新能源科学与工程等低碳科技人才的培养，并未考虑到我国绿色低碳发展对人才培养提出的新需求，特别是对碳中和管理人才的需求。现阶段，我国高校本科管理学门类下仅公共事业管理专业涉及低碳管理人才的培养，但其侧重于对公共部门从事业务管理和综合管理工作的复合型人才培养，忽略了企业管理类低碳科技复合型人才的培养，无法解决企业管理类人才并不懂低碳科技，也无法实现企业整体的低碳管理这一现实问题。企业的低碳转型与发展是完成碳中和目标的重要基础和前提，因此，从企业的现实需求出发，进一步思考高校低碳相关专业的定位是现阶段我国高校人才培养中面临的一个主要问题。

碳中和聚焦 A-2

加快碳资产管理应用人才培养

我国的碳交易市场将实现石化、化工、建材、有色、造纸、钢铁、电力、航空等八大重点排放行业全覆盖，中国将成为全球最大的碳交易市场。不论是政府、企业还是金融机构等，都迫切需要一大批既懂政策又懂业务的碳资产管理专业人才。

面对交易规模如此大的碳市场，对碳资产管理人才的需求十分迫切。如果不能培养一批专业的碳资产管理人才，就难以利用好我国的万亿级碳市场。碳资产管理是一个新兴

的专业领域，随着"双碳"目标的提出而产生，目前主要由社会机构提供相关的人才培训服务和管理咨询服务。作为应用型人才培养的主阵地，高等院校要高度重视碳资产管理人才培养，充分发挥高等院校的学科专业优势，积极探索碳资产管理人才培养模式，为实现"双碳"目标提供强有力的专业人才支撑。

在实现"双碳"目标的重大历史进程中，一流的碳资产管理人才对于把握绿色低碳转型的优势和主导权至关重要。为加快我国经济社会全面绿色转型，高等院校要心怀"国之大者"，加快碳资产管理人才培养。

资料来源：光明网. 加快碳资产管理应用人才培养[EB/OL].（2021-08-12）[2022-10-01]. https://theory.gmw.cn/2021-08/12/content_35073860.htm.

A.3.2　低碳相关专业的交叉学科缺乏有效融合和多元化

交叉学科是教育创新的重要学科基础，也是培养创新型人才的摇篮。现阶段，我国许多高校都建立了环境工程、新能源科学与工程、公共事业管理和能源经济等低碳相关专业。然而，现有高校在交叉学科建设上仍面临以下两个主要问题。

第一，现有交叉学科的低碳相关专业较少，无法满足国家低碳经济发展对人才的需要，仍需进一步拓展交叉学科的范围，以更好地发挥高校自身的学科特点和优势。目前，仅经济学专业门类下的能源经济、资源与环境经济专业属于交叉学科专业，而绝大部分的低碳相关专业都暂未涉及交叉学科，仅侧重于对工程应用型技术人才的培养，忽略了对低碳科技与管理的复合型人才的培养。以低碳管理专业为例，管理学可以直接培养企业经营管理人才，而通过低碳管理学交叉学科可以直接为国家输出低碳科技与管理的复合型人才，能更为有效地为国家的"双碳"目标服务。

第二，现有交叉学科缺乏有效的融合，仍需进一步强化和完善。以能源经济为例，绝大部分能源经济专业都隶属于经济学院，在人才培养时充分利用了各高校的经济学优势，但其在能源、资源环境方面的结合不够深入，无法真正实现经济学、管理学和资源环境等优势学科的交叉与融合。

A.3.3　低碳相关专业的人才培养模式不协调

人才培养模式涉及课程体系、教学方式和教学团队等多个要素。人才培养模式转型是实现人才培养理念落地的关键。高校要主动顺应经济社会发展、科学技术进步等趋势，不断深化人才培养模式改革。然而，在当前国家"双碳"目标的现实背景下，我国高校在课程体系设置、实践能力培养和师资队伍建设三方面的人才培养模式面临着现实挑战。

第一，低碳相关专业的课程设置缺乏科学性和系统性。现有低碳相关专业的课程结构设置受其所属学院及隶属学科的直接影响，其课程结构和专业课程设置与同学科其他专业的相似度过高，未科学、系统地围绕低碳问题设置相关课程，系统地传授低碳相关知识，并且未很好地发挥低碳相关专业的人才培养目标。

第二，传统的人才培养模式过于依赖理论知识的传授，缺乏对学生实践能力的培养。从理论与实践相结合的角度，未来的人才培养模式应该在传授理论知识的同时，加强对实践能力的培养，具体可以考虑通过引入对相关实践应用场景的分析、案例分析以及实地调研等方式，这有助于学生充分理解并掌握理论知识点及其应用，也有助于培养学生的学习积极性和学习兴趣，提高人才培养的质量。

第三，传统的本科人才培养模式主要依托以专业为核心的培养体系，缺乏对交叉学科类教学团队的重视。现有的教学团队多以课程组或教学组为基础，大部分都是同一课程或同一专业的相关教师，并未涉及不同学科背景教师，缺少交叉学科所需要的沟通与交流。

A.4 "双碳"目标下高校低碳管理专业的知识体系构建

低碳管理专业的建立立足于国家"双碳"目标，是贯彻落实教育部《行动计划》的主要举措，也是探索新时代"双碳"目标下高校新文科建设的创新路径。针对现有工商管理专业人才培养不够支撑企业低碳转型发展的现实问题，低碳管理专业以"跨学科、多复合、重实践、求创新"为人才培养理念，将传统工商管理知识与绿色低碳技术、新能源科学及公共政策管理等领域深度交叉融合，致力于培养熟练掌握相关新知识并能够将其运用于企业低碳转型和高质量发展中的复合型领军人才。

A.4.1 低碳管理专业的知识体系

低碳管理专业重点是从企业碳中和管理和激励角度入手，依托 CROCS 企业碳中和管理和激励模型，围绕碳中和全过程，将其分解为确碳、减碳、抵碳、披碳和激碳五部分相互关联的专业知识，以此构建低碳管理的知识体系。

低碳管理知识体系的第一部分是确碳，即碳责任确认的相关知识。针对碳中和责任的承担主体，国内外学者提出了按生产者责任原则划分、按消费者责任原则划分以及由生产者和消费者共担责任原则划分三种碳中和责任划分方法。在企业碳中和实施过程中，由于企业碳中和责任的划分还不清晰、明确，使得企业在具体实施碳中和过程中缺少明确的责任边界和目标。有关碳中和责任的确认是一个技术问题，也是企业自觉的问题，企业如何利用既有条件、发掘潜力，充分开发利用新能源，是在"碳达峰、碳中和"的趋势下，增加企业利润的有效途径。因此，如何准确划分企业的碳中和责任并能得到企业认可是推进碳中和的首要问题，也是建立起有效的碳中和责任管理体系的基础，能为企业明确碳中和责任提供决策依据。

低碳管理知识体系的第二部分是减碳，即碳减排激励相关知识，即在技术上，如何优化能源结构、落实低碳技术、实现碳分离与碳捕集；在管理上，如何系统梳理影响企业碳中和的关键因素，从而保证碳中和理念落地并付诸实践。以太阳能光伏发电为例，如何调动企业积极性，促使企业根据既有地理位置、气象条件、办公生产等建筑条件，评估新能源开发潜力，切实落实光伏发电等低碳技术，就是实现减碳目标要解决的关键问题。因此，该阶段的主要任务是如何激励企业和员工积极践行碳中和、推进碳减排，从而建立起有效的企业碳减排激励机制，为企业的碳减排提供激励管理体系。

低碳管理知识体系的第三部分是抵碳，即碳抵消管理相关知识。从理论上讲，采用碳抵消方案来抵消不能减排的碳排放这一制度安排有其合理性，推动了诸如碳交易市场的发展。在技术上，企业可以围绕抵碳目标，根据自身特点，结合大数据、人工智能技术，采取太阳能光伏发电、绿树种植、购买碳汇等多种抵碳手段，评估和预测企业减排二氧化碳产量与收益。但是，这一机制的存在也可能使企业放弃主动碳减排而过度使用碳抵消（即逆向选择）。目前来看，企业的确存在过度强调碳抵消的倾向，很可能会导致企业碳中和成为象征性手段而偏离碳中和的本意。因此，要引导企业合理使用碳抵消途径，从而建立起碳抵消行为的决策和激励机制，帮助企业构建合理的碳抵消方案。

低碳管理知识体系的第四部分是披碳，即碳信息披露相关知识。相较于企业社会责任，由于企业碳中和具有独特性，因而需要深入理解企业碳中和信息披露的选择、披露动机和披露方式等问题。建立明确的碳披露体系有助于在企业碳中和与利益相关者之间搭建起有效的沟通桥梁，从而系统掌握影响企业碳中和信息披露的因素和内在机制，为构建企业碳中和信息披露体系提供理论支撑。

低碳管理知识体系的第五部分是激碳，即碳效果激励相关知识。虽然面对未来越来越复杂和不确定的外部环境，企业韧性显得愈发重要，但是企业并没有认识到参与碳中和对于企业长期发展的重要意义。企业碳中和的成效之所以难以通过直接的经济效益体现出来，是因为碳中和具有公益性特征和很容易被"搭便车"的特征。当前，企业参与碳中和并不关注相对隐性的间接和长期效益，而是更多关注能给企业带来的直接和短期效益。企业碳中和行为可持续的关键还在于要建立长效的激励机制，从而明晰企业碳中和行为产生长期效益的路径，为促进企业及其员工更加主动承担碳中和责任提供理论基础。

A.4.2 低碳管理专业的主要研究方向

低碳管理专业的培养方向是以中国企业，尤其是电力和热力生产、工业、交通运输业等碳排放重点行业的企业为对象，借鉴有关企业社会责任的理论研究体系，围绕企业低碳管理研究体系五个阶段的关键问题及最新研究进展，形成了主要研究方向及主要内容，如表 A-3 所示。

表 A-3　低碳管理的研究方向与主要内容

研究方向	主要内容
碳责任分配	包括企业碳责任确认的理论与方法、碳量化技术与路径、碳排放水平的识别等
碳减排激励	包括碳分离与碳捕集等碳减排技术与路径、碳减排的激励因素等
碳抵消管理	包括碳交易管理的理论与方法、负碳与碳汇等碳抵消技术和路径等
碳信息披露	包括碳信息披露的理论与核算方法、碳信息披露的形式、碳信息披露的效果等
碳效果激励	包括企业碳减排的市场反应、企业碳减排的效果反馈、碳减排效果的评估技术与方法等

A.4.3 低碳管理专业的交叉学科体系

推进新文科建设，需要以学术体系、育人体系等为主要领域，构建交叉融合的文科学科体系。低碳管理专业的培养建立在传统工商管理知识、绿色低碳技术、新能源科学和公共政策管理等领域的基础上（见图 A-1），传统工商管理知识与绿色低碳技术融合，可以开设企业碳中和管理、企业低碳运营与管理、碳资产管理、碳会计等课程；传统工商管理知识与新能源科学融合，可以开设节能过程、低碳能源与利用技术等课程；传统工商管理知识与公共政策管理融合，可以开设低碳国际化、行业碳排放政策与治理等课程。

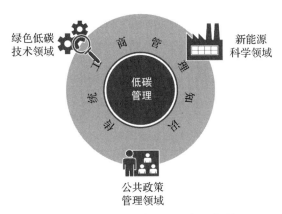

图 A-1　低碳管理专业交叉知识领域

具体而言，低碳管理的交叉学科体系主要是围绕低碳管理知识体系中"确碳→减碳→抵碳→披碳→激碳"的知识结构（见图 A-2），相应融合"碳量化科技→碳减排科技→碳创汇科技→碳核算科技→碳评估科技"等与绿色低碳技术、新能源科学及公共政策管理等领域相关的知识，从而完善和支持各模块的知识结构。

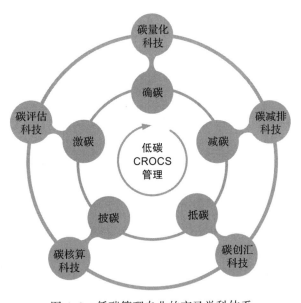

图 A-2　低碳管理专业的交叉学科体系

例如，在企业碳责任划分过程中，就需要有碳量化科技的支撑从而准确识别企业碳排放水平；在企业碳减排激励中，就需要结合相应减碳技术的效能指标和技术要求等来设计激励体系；在企业碳抵消管理中，就需要结合负碳和碳汇手段来抵消碳排放；而在碳信息披露中则需要有科学的碳核算方法体系来量化碳减排水平；最后，对企业低碳管理成效的评估也需要借助科学手段来进行量化。

A.5 "双碳"目标下高校低碳管理专业的人才培养体系构建

构建"双碳"目标下高校低碳管理专业的人才培养体系，需要在课程体系、实践平台、招生选拔和师资队伍等方面进行创新。

A.5.1 课程体系的构建

低碳管理的课程体系建设既要强调企业低碳相关科技，也要强调企业组织经营活动的规律以及企业管理的理论与方法，即侧重于有效融合低碳科技与工商管理的相关课程，从而构建传统工商管理知识与绿色低碳技术、新能源科学及公共政策管理领域深度交叉融合的课程体系。

为此，基于CROCS低碳管理专业知识体系建设核心课程体系，从传统工商管理知识与绿色低碳技术、新能源科学及公共政策管理领域深度交叉融合的角度，分别构建了专业基础课程和对应的核心课程予以支撑，如表A-4所示。

表A-4 低碳管理专业的课程体系

基础课程	研究方向	核心课程
包括企业高质量发展、企业碳中和管理、能源经济学、低碳科技与管理、低碳公共政策管理等	碳责任分配	包括碳资产管理、碳会计、低碳材料概论等课程
	碳减排激励	包括企业绿色转型战略及循环经济、节能过程、低碳能源、能源与环境、节能原理与技术、低碳能源与利用技术、航空低碳发展概论等课程
	碳抵消管理	包括碳交易与管理、碳抵消与碳汇管理等课程
	碳信息披露	包括碳信息披露、碳信息鉴证、数据分析与可视化、机器学习和管理沟通等课程
	碳效果激励	包括企业低碳价值创造、碳金融、环境监测与环境影响评价、低碳供应链管理、低碳营销、低碳人力资源管理等课程

（1）在碳责任分配方向上，其主要内容包括企业碳责任确认的理论与方法、碳量化技术与路径、碳排放水平的识别等，涉及企业碳确认、碳记录、碳核算与碳报告等环节，重点问题是通过企业碳核算方法的选择和供应链碳足迹核算明确企业的碳中和责任，结合企业的碳排放情况制定企业的低碳战略目标等问题。因此，在设置低碳管理专业时针对该

研究方向要设置碳资产管理、碳会计、低碳材料概论等相关课程，以准确划分企业碳中和责任的边界和目标。

（2）在碳减排激励方向上，其主要内容包括碳分离与碳捕集等碳减排技术与路径、碳减排的激励因素等，要重点补充和完善碳减排技术的相关知识，同时从管理层面激励企业和员工的碳减排行为，通过技术与管理的融合实现企业碳减排激励，构建企业的碳减排激励机制。因此，针对该研究方向，在设置低碳管理专业时可以重点设置企业绿色转型战略及循环经济、节能过程、低碳能源、能源与环境、节能原理与技术、低碳能源与利用技术、航空低碳发展概论等核心课程，补充和完善碳减排激励部分的知识结构。

（3）在碳抵消管理方向上，其主要内容包括碳交易管理的理论与方法、负碳与碳汇等碳抵消技术与路径等，要明确碳抵消的方式、类型及其效果，碳交易市场的管理及其运作机制等，引导企业合理使用碳抵消，避免企业过度强调碳抵消或忽略碳抵消等行为。因此，针对该研究方向，在设置低碳管理专业时要重点设置碳交易与管理、碳抵消与碳汇管理等课程，补充和完善碳抵消部分的知识结构。

（4）在碳信息披露方向上，其主要内容包括碳信息披露的理论与核算方法、碳信息披露的形式、碳信息披露的效果等，重点要明确企业碳信息披露的选择、披露动机和披露方式等，系统掌握影响企业碳信息披露的因素和内在机制，识别企业碳信息披露的价值和潜在影响。因此，针对该研究方向，在设置低碳管理专业时要重点引入碳信息披露、碳信息鉴证、数据分析与可视化、机器学习和管理沟通等课程，补充和完善碳信息披露部分的知识结构。

（5）在碳效果激励方向上，其主要内容包括企业碳减排的市场反应和效果反馈、碳减排效果的评估技术与方法等，重点要明确企业低碳行为的直接和间接效益、短期和长期效益，如企业经济价值、企业韧性等，以激励企业及其员工更加主动地承担碳中和责任。因此，针对该研究方向，在设置低碳管理专业时需要重点引入企业低碳价值创造、碳金融、环境监测与环境影响评价、低碳供应链管理、低碳营销、低碳人力资源管理等课程，补充和完善碳效果激励部分的知识结构。

A.5.2 实践平台的构建

企业的碳减排涉及管理与技术两个核心领域。企业最终碳减排与碳中和目标的达成是管理与技术两方面共同作用的结果。

因此，在设置新专业的过程中，搭建高水平的交叉学科研究团队、积累丰富的理论研究成果、邀请在技术层面可提供支持的合作单位并建立应用相关研究成果的知名企业实践平台，能为低碳管理专业的顺利开展和完成奠定良好的基础。以西北工业大学新时代企业高质量发展研究中心人才培养的技术与实践平台为例（见图A-3），阐述技术平台和实践平台对专业建设的支撑作用。

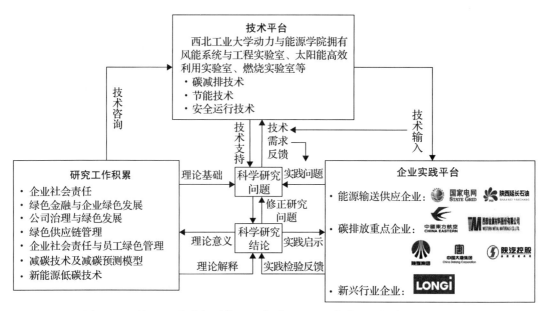

图 A-3　西北工业大学新时代企业高质量发展研究中心的技术与实践平台

在技术平台方面，主要依赖于西北工业大学动力与能源学院。西北工业大学动力与能源学院拥有风能系统与工程实验室、太阳能高效利用实验室、燃烧实验室等，能为新专业建设提供必要的碳减排技术手段、节能技术和安全运行技术等方面的低碳技术支持。

在实践平台方面，为确保专业建设过程中有广泛的实践基础，密切贴合企业碳减排、碳中和的实际需求，西北工业大学新时代企业高质量发展研究中心建立起实践基地，重点邀请了来自能源输送［如国网新能源云技术有限公司、陕西延长石油（集团）有限责任公司等］、电力、钢铁、建材、航空、工程机械等碳排放重点行业（如中国东方航空集团有限公司、陕西汽车控股集团有限公司、陕西煤业化工集团限公司等）和新能源行业（如隆基绿能科技股份有限公司等）的多家知名企业作为实践基地的参与方，为提高学生的实践能力奠定了坚实基础。

A.5.3　招生选拔机制

低碳管理专业旨在培养具有低碳科技知识与管理知识的复合型领军人才。现阶段，低碳科技知识一般属于工学专业门类，而管理知识属于管理学专业门类。在具体招生录取时，工学专业门类一般仅招收理科生，而管理学专业门类则因学校而异，存在理科招生、文科招生和文理兼收这三类。对低碳管理专业而言，由于在后续的课程设置、实践能力培养等多个环节涉及低碳科技知识的学习，因此，在本科生招生时仅招收理科生更为合适。同时，鉴于现有高校普遍采用大类招生的原则，也可以采用理科生大类招生，后续通过设置一定的招生选拔机制来进一步筛选有志向、有兴趣、有天赋的学生进行深入的专业培养，为国家低碳经济转型和"双碳"目标的实现输送优秀的后备人才。

A.5.4 师资队伍的构建

在构建低碳管理专业的师资队伍时，需要从人才引进、人才培养和人才激励的角度明确师资队伍建设的目标，以保证该专业未来在师资结构、整体素质等方面的长期健康发展。此外，为确保低碳管理的学科建设和人才培养融为一体，低碳管理教学团队的建立强调以交叉学科和教研结合为基础。低碳管理专业的课程体系涉及工商管理、能源经济、新能源科学与工程、环境生态工程等多门学科或专业，因此，在优化课程结构和丰富课程内容的基础上，需要进一步根据学科特性明确主干课程和选修课程，并以此为基础确定交叉学科的教学团队，如通识课教学团队、工商管理基础课教学团队、低碳科技基础课教学团队、工商管理核心课教学团队、低碳科技核心课教学团队、跨学科低碳管理课程教学团队等六大类，有效实现企业低碳管理专业的人才培养定位和目标。同时，教学团队的建立也强调"科研、教学"的深度融合，将科研成果、最新前沿研究充分融入教学活动，突破传统课程教学的限制，促进学生的知识应用、创新思维与能力的提高等。跨学科低碳管理的人才培养充分体现了交叉学科、教学与科研相结合的理念，适应社会发展与国家需求的低碳管理高端人才培养机制，有助于促进学科建设与人才培养质量的互惠共赢。

企业碳中和管理的应用案例：
以 BD 汽车制造企业为例

为了完整展示企业碳中和管理过程中的碳核算全过程，这里将贯穿本书的 BD 公司碳管理涉及的会计核算汇总于此。

B.1 公司背景

BD 公司是一家汽车制造业企业，在其相关的供应链上采取了消费端承担全部碳排放责任的原则，即终端消费者（个人消费者或企业消费者）承担产品或服务在生产端各环节上产生的全部碳排放。为了核算企业的碳排放，在采购端，BD 公司需要跟踪上游供应商所供应的原材料相关的温室气体排放。以汽车制造业的主要原材料之一钢材为例：首先，提取冶金煤和铁矿石，并将上述矿物运输至钢铁生产企业；然后，钢铁生产企业将煤炭、铁矿石以及其他材料投入生产钢板等，并经过铁路运输将钢板运输到组件生产企业生产所需组件；最后，组件被运输至 BD 公司进行汽车生产。在销售端，BD 公司需要跟踪下游活动的碳排放量，包括汽车运输至展厅，最后由终端汽车消费者购买。

先从汽车制造最远的供应商 A 矿业公司计算，该矿业公司提取了冶金用煤与铁矿石，并使用科学方法测量报告期内其范围一的总排放量，再将其总排放量分配给煤炭、铁矿石等矿物，计算得出每吨每种材料的温室气体排放量。当 A 矿业公司将煤炭和铁矿石转移给 B 航运公司时，B 公司就会在其碳资产核算表上记录矿业公司转移来的碳排放量。B 航运公司在航运过程中增加了引擎为船舶提供动力产生的温室气体排放，累计的碳排放总额需要分配给船上装运的所有材料。假设该公司将 40% 的铁矿石和 10% 的煤炭转移给 C 钢铁生产公司，它将在碳资产核算表上将同样比例的碳排放转移给 C 公司。C 钢铁生产公司还要通过操作熔炉和轧钢设备生产钢板等，产生了范围一的碳排放。通过同样的碳排放核算流程，将购买原材料转移来的碳排放与生产钢材过程产生的碳排放合计的碳排放总额分配给每吨钢板。这些钢板承担着从矿业公司、所有运输环节以及钢板生产过程中产生的所有碳排放。钢板再次经过运输进入 D 汽车组件生产公司，D 公司生产出车门、底盘等组件。这些组件既包括钢板累计的所有碳排放，还要计入运输以及组件生产过程中产生的碳排放。最后，这些组件被运送至 BD 公司。

BD 公司生产的成品汽车要计入之前所有汽车组件的碳排放，再计入组件运输以及装配过程中产生的碳排放，BD 公司将所有碳排放总额分配给每一辆成品汽车。BD 公司最后将产成品汽车销售并运输至汽车销售展厅，将部分或所有碳排放转移给汽车消费者，消费者将收到一张关于整个生产与运输过程中碳排放量的记录表（见图 B-1）。

图 B-1　BD 汽车制造业碳排放转移流程示意

B.2　碳核算

BD 公司内部将与成品汽车相关的原材料以及生产过程产生的碳排放分配给成品汽车。以两种类型的汽车（C1 与 C2）为例。

（1）BD 公司期初结余的碳排放权资产余额 10 吨（累积的往期未使用碳配额），本期期末碳交易市场收盘价为 60 元 / 吨。

（2）BD 公司记录并核算本期碳排放（见图 B-2）。

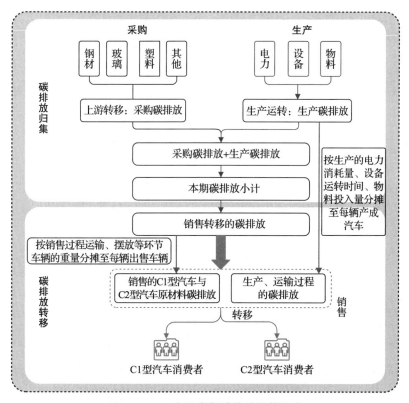

图 B-2　BD 公司当期碳排放核算示意

1. 采购环节

碳资产核算表中有四类原材料：钢材、玻璃、塑料以及其他部件，这些原材料都包括了与之相关的开采、生产、分销、运输等所有过程产生的碳排放。其中 1 吨钢材包括 2 吨碳排放，1 吨玻璃包括 1 吨碳排放，1 吨塑料包括 2.5 吨碳排放，平均 1 单位其他部件包括 1.5 吨碳排放。本期 BD 公司购入的钢材、玻璃、塑料以及其他部件分别为 80 吨、30 吨、5 吨、15 吨。本期采购碳排放核算如表 B-1 所示。

表 B-1　BD 公司的采购碳排放核算

原材料种类	采购数量/吨	碳排放量/原材料	碳排放量/吨
钢材	80	2 吨碳排放/吨钢材	160
玻璃	30	1 吨碳排放/吨玻璃	30
塑料	5	2.5 吨碳排放/吨塑料	12.5
其他部件	15	1.5 吨碳排放/吨其他部件	22.5
合计			225 吨

2. 生产环节

首先是物料的投入（见表 B-2）：BD 公司本期使用 60 吨钢材、22 吨玻璃、2.6 吨塑料、11 吨其他部件来生产 40 辆 C1 型汽车与 10 辆 C2 型汽车。其中，生产一辆 C1 型汽车需要 1 吨钢材、0.4 吨玻璃、0.05 吨塑料、0.2 吨其他部件；生产一辆 C2 型汽车需要 2 吨钢材、0.6 吨玻璃、0.06 吨塑料、0.3 吨其他部件。

表 B-2　BD 公司生产投入物料的碳核算

产品类型	产品数量/辆	原材料类型	单辆车消耗量/吨	碳排放量/原材料	碳排放量/吨	单辆车物料碳排放量/吨
C1	40	钢材	1	2 吨碳排放/吨钢材	2	2 + 0.4 + 0.125 + 0.3 = 2.825
C1	40	玻璃	0.4	1 吨碳排放/吨玻璃	0.4	
C1	40	塑料	0.05	2.5 吨碳排放/吨塑料	0.125	
C1	40	其他部件	0.2	1.5 吨碳排放/吨其他部件	0.3	
C2	10	钢材	2	2 吨碳排放/吨钢材	4	4 + 0.6 + 0.15 + 0.45 = 5.2
C2	10	玻璃	0.6	1 吨碳排放/吨玻璃	0.6	
C2	10	塑料	0.06	2.5 吨碳排放/吨塑料	0.15	
C2	10	其他部件	0.3	1.5 吨碳排放/吨其他部件	0.45	

其次是生产过程，购买的电力产生了 120 吨碳排放，设备运转折旧包含了 30 吨碳排放，物料的物理、化学变化过程产生了 50 吨的碳排放，需要根据消耗占比将碳排放分摊至每辆产成品汽车：电力按照每种汽车生产线的电力消耗量将碳排放平均分摊至每辆产成品汽车，设备运转折旧按照每种汽车生产线的运转时间将碳排放平均分摊至每辆产成品

汽车，物料消耗按照每种类型车型的总物料投入量将碳排放平均分摊至每辆产成品汽车。基于以上分摊原则，根据 40 辆 C1 型汽车的生产过程消耗测算，共消耗了 70% 购入的电力，生产线设备的运转时间占到了 70%，物料的物理、化学变化过程碳排放也占到了 70%；生产 10 辆 C2 型汽车的生产过程测算，共消耗了 30% 购入的电力，生产线设备的运转时间占到了 30%，物料的物理、化学变化过程碳排放也占到了 30%（见表 B-3）。

表 B-3 BD 公司生产期间的碳核算

活动类型	碳排放总量/吨	分配依据	产品类型	分配比例	分配碳排放量/吨	产品数量/辆	单辆车生产期间碳排放量/吨
电力消耗	120	电力消耗量	C1	70%	84	40	2.1
			C2	30%	36	10	3.6
设备运转折旧	30	设备运转时间	C1	70%	21	40	0.525
			C2	30%	9	10	0.9
物料的物理、化学变化	50	物料消耗量	C1	70%	35	40	0.875
			C2	30%	15	10	1.5
合计					200 吨		

因此，根据使用钢材、玻璃、塑料及其他部件的数量，以及分摊的生产过程的碳排放，每辆汽车产成品的碳排放量计算如下：

每辆 C1 型汽车产成品的碳排放量 = 每辆 C1 消耗物料碳排放量 +
每辆 C1 生产期间碳排放量 = 2.825 + 3.5 = 6.325（吨）
每辆 C2 型汽车产成品的碳排放量 = 每辆 C2 消耗物料碳排放量 +
每辆 C2 生产期间碳排放量 = 5.2 + 6.0 = 11.2（吨）

3. 销售环节

BD 公司本期销售了 35 辆 C1 型汽车与 5 辆 C2 型汽车，并在销售过程的运输、广告宣传展览等环节产生了 50 吨碳排放，需要按照一定标准将碳排放分摊至每辆出售的汽车（见表 B-4）。在运输以及展览摆放过程中，35 辆 C1 型汽车的重量占到了本期销售运输、展览等环节的 80%，5 辆 C2 型汽车的重量则占 20%；因此，销售 35 辆 C1 型汽车与 5 辆 C2 型汽车产生了 50 吨碳排放，其中约 80% 用于销售 C1，约 20% 用于销售 C2，每辆 C1 分配了 50×80%÷35 = 1.14 吨，每辆 C2 分配了 50×20%÷5 = 2.0 吨。

表 B-4 BD 公司销售转移的碳排放核算

销售产生的碳排放/吨	产品类型	销售数量/辆	分配依据	分配比例	分配碳排放量/吨	单辆车销售碳排放/吨
50	C1	35	车辆重量	80%	40	1.14
	C2	5		20%	10	2.0

在"供—产—销"全流程中，每辆 C1 型汽车碳排放为 6.325 + 1.14 = 7.465 吨；每位

C1 型汽车的消费者收到关于所购车辆整个生产与运输过程中碳排放量的记录为 7.465 吨；每辆 C2 型汽车碳排放为 11.2 + 2.0 = 13.2 吨；每位 C2 型汽车的消费者收到关于所购车辆整个生产与运输过程中碳排放量的记录为 13.2 吨。

综上，35 辆 C1 型汽车与 5 辆 C2 型汽车的所有碳排放将被转移至消费者，BD 公司本期销售转移的碳排放 = 35 × 7.465 + 5 × 13.2 = 327.275 吨（见表 B-5）。

表 B-5 BD 公司碳资产核算表

项目	本期数量/吨	本期金额/元
一、期初碳排放权资产余额	10	600
二、碳排放		
采购碳排放		
钢材	160	9 600
玻璃	30	1 800
塑料	12.5	750
其他配件	22.5	1 350
采购碳排放总额	225	13 500
生产碳排放		
电力消耗	120	7 200
设备折旧	30	1 800
物料的物理、化学变化	50	3 000
生产碳排放总额	200	12 000
碳排放小计	425	25 500
销售转移碳排放		
C1 型汽车	261.275	15 676.5
C2 型汽车	66	3 960
碳排放转移小计	327.275	19 636.5
经营产生碳排放净额	97.725	5 863.5
三、碳配额		
免费取得的碳配额	0	0
购入取得的碳配额	0	0
其他方式取得的碳配额	0	0
出售的碳配额	0	0
碳配额总额	0	0
四、期末碳排放权资产余额	（87.725）	（5 263.5）

注：期末碳排放权资产余额 = 期初碳排放权资产余额 + 碳配额总额 − 经营产生碳排放净额。

B.3 碳核算表与财务报表的联动

在 BD 公司的生产经营活动中，产生碳排放的各个环节都对应着实际的经济活动，进而与传统的财务报表产生联动。这样的联动关系可以为碳信息鉴证/碳审计等监督管理环节提供证据线索。

在采购环节中，从供应商处转移来了原材料的所有相关碳排放，资产负债表中"存货—原材料"贷方余额增加；在生产过程中，电力、物料、设备等的消耗，使得资产负债表中"固定资产"贷方余额减少（固定资产折旧），同时当期费用增加，期末结转至利润表中的营业成本、管理费用等科目；在销售环节中，碳排放转移至汽车消费者，同时利润表中营业收入增加，现金流量表中销售商品收到的现金增加。BD 公司的碳核算表与财务报表的联动示例如图 B-3 所示。

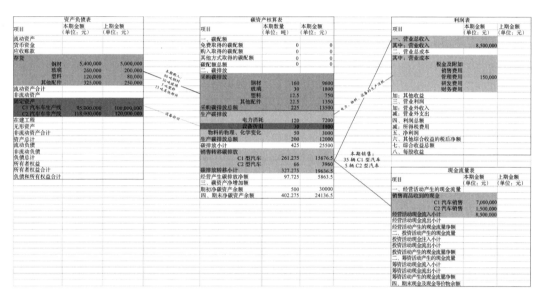

图 B-3　BD 公司的碳核算表与财务报表的联动示例

B.4　碳减排过程及记录

随着国家"双碳"目标的推进，重点减排企业的碳减排压力与日俱增。制造业企业的碳中和战略成为公司战略设计的重要环节。就制度环境而言，国家政策鼓励企业的节能减排，例如，对用作动力或供热以外用途的能源产品免税，对部分行业和产品实行税收优惠，生产制造类企业还可以根据缴纳能源税的数额相应减少在社会养老保险上的支出，对使用生态能源的企业给予税收优惠；就市场环境而言，企业面临着竞争和技术革新压力，市场参与者都在努力提高能源效率、减少能源消耗；此外，碳回收与储存技术、二氧化碳聚合利用等技术日新月异，同时还有来自利益相关者低碳消费的压力。因此在制度环境、市场环境以及企业自身技术和战略转型的压力或激励下，BD 公司在经营全流程开展了碳减排的规划，并在本期初见成效。BD 公司本期的碳减排过程如表 B-6 所示。

表 B-6　BD 公司的碳减排过程

序号	减排举措	减排环节	碳减排比例
1	提高太阳能在制造过程中能源消耗的比例,减少传统能源的消耗	生产环节—电力消耗	14%
2	自主开发并使用"去碳"技术(碳回收与储藏技术、二氧化碳聚合利用等技术)	生产环节—物料的物理、化学变化	2%
3	在高管企业社会责任意识逐渐提升过程中,企业组织价值观以及组织文化变化,使得企业设备运转更高效(及时关停,高效运转)	生产环节—设备运转	1%
4	在利益相关者的压力下,对销售环节进行了低碳调整	销售环节—运输与展览	3%

根据减排环节及减排比例可获知,在生产环节和销售环节 BD 公司减排量如表 B-7 所示。

表 B-7　BD 公司的碳减排量核算

序号	减排环节	减排比例	减排前碳排放/吨	减排后碳排放/吨
1	生产环节—电力消耗	14%	120	103.2
2	生产环节—物料的物理、化学变化	2%	50	49
3	生产环节—设备运转	1%	30	29.7
4	销售环节—运输与展览	3%	50	48.5

减排后生产环节碳排放为 181.9(＝103.2＋49＋29.7)吨,减排后销售环节碳排放为 48.5 吨。

归集分配到每辆汽车的碳排放都减少了,减排后的生产环节和销售环节每辆车碳排放核算如表 B-8 所示。

表 B-8　BD 公司减排后生产和销售环节单辆车碳排放核算

活动类型	车型	减排前单辆车生产期间碳排放/吨	减排比例	减排后单辆车生产期间碳排放/吨
电力消耗	C1	2.1	14%	1.806
	C2	3.6		3.096
设备运转折旧	C1	0.525	1%	0.520
	C2	0.9		0.89
物料的物理、化学变化	C1	0.875	2%	0.858
	C2	1.5		1.47
销售环节	C1	1.14	3%	1.106
	C2	2.0		1.94

BD 公司本期碳减排活动涉及生产和销售环节,综合分析后得知,"供—产—销"全流程中:

每辆 C1 型汽车碳排放＝物料碳排放＋减排后生产环节碳排放＋减排后销售环节碳排放为 2.825＋3.184＋1.106＝7.115 吨;每位 C1 型汽车的消费者收到关于所购车辆整个生产与运输过程中碳排放量的记录为 7.115 吨。

每辆 C2 型汽车碳排放 = 物料碳排放 + 减排后生产环节碳排放 + 减排后销售环节碳排放为 5.2 + 5.456 + 1.94 = 12.596 吨；每位 C2 型汽车的消费者收到关于所购车辆整个生产与运输过程中碳排放量的记录为 12.596 吨。

综上，35 辆 C1 型汽车与 5 辆 C2 型汽车的所有碳排放将转移至消费者，BD 公司本期销售转移的碳排放为 35 × 7.115 + 5 × 12.596 = 312.005 吨。

基于以上分析，结合表 B-8 可知，在生产环节中，电力消耗，设备运转，物料的物理、化学变化的过程都有碳减排；销售环节也有碳减排，因此减排前后的碳核算对比如表 B-9 所示。

表 B-9　BD 公司减排后的碳资产核算表

项目	减排前数量/吨	减排后数量/吨	本期金额/元	减排后金额/元
一、期初碳排放权资产余额	10	10	600	600
二、碳排放				
采购碳排放				
钢材	160	160	9 600	9 600
玻璃	30	30	1 800	1 800
塑料	12.5	12.5	750	750
其他配件	22.5	22.5	1 350	1 350
采购碳排放总额	225	225	13 500	13 500
生产碳排放				
电力消耗	120	103.2	6 192	7 200
设备折旧	30	29.7	1 782	1 800
物料的物理、化学变化	50	49	2 940	3 000
生产碳排放总额	200	181.9	10 914	12 000
碳排放小计	425	406.9	24 414	25 500
销售转移碳排放				
C1 型汽车	261.275	249.025	14 941.5	15 676.5
C2 型汽车	66	62.98	3 778.8	3 960
碳排放转移小计	327.275	312.005	18 720.3	19 636.5
经营产生碳排放净额	97.725	94.895	5 693.7	5 863.5
三、碳配额				
免费取得的碳配额	0	0	0	0
购入取得的碳配额	0	0	0	0
其他方式取得的碳配额	0	0	0	0
出售的碳配额	0	0	0	0
碳配额总额	0	0	0	0
四、期末碳排放权资产余额	(87.725)	(84.895)	(5 093.7)	(5 263.5)

B.5　碳抵消过程及记录

BD 公司被纳入重点排放单位，省级生态环境主管部门基于上一年实际碳排放量，采用基准法核算了该公司所拥有的配额量，并进行免费分配。BD 公司免费取得的碳配额量为 70 吨。按照碳排放权交易市场的碳价 60 元/吨进行计算，本期金额中免费取得的碳配额为 4 200 元。特别地，BD 公司在经营过程中积极进行碳减排，除了通过技术改造等方式进行碳减排外，还通过植树造林的方式帮助进行碳排放量的抵消，获得碳配额共 1.395 吨，其金额为 $1.395 \times 60 = 83.7$ 元。然而，碳排放总量仍超过了政府分配的配额。为了完成配额清缴，BD 公司首先通过购买 CCER 的方式进行碳抵消，该交易市场仅允许企业通过 CCER 抵消应缴碳排放配额的 5%。因此，BD 公司购买的 CCER 碳配额量为 3.5 吨，价格为碳排放配额价格的 20%，为 12 元/吨，则 CCER 取得的碳配额金额为 $3.5 \times 12 = 42$ 元。同时，BD 公司在经营过程中直接在碳交易市场上购买了 15 吨碳配额，碳价为 60 元/吨，其金额为 $15 \times 60 = 900$ 元。此外，汽车行业的平均碳抵消量为 15 吨二氧化碳当量，且该省的平均碳抵消量为 10 吨二氧化碳当量。

基于以上分析，BD 公司抵消后的碳核算表如表 B-10 所示。其中，碳配额总额 = 免费取得的碳配额 + 购入取得的碳配额 + 其他方式取得的碳配额 − 出售的碳配额 = 70+（3.5+15）+1.395−0 = 89.895 吨。类似地，碳配额总额的本期金额则为 5 225.7 元。最后，期末碳排放权资产余额 = 期初碳排放权资产余额 − 经营产生碳排放净额 + 碳配额总额 = 10−94.895 + 89.895 = 5 吨。期末碳排放权资产余额的本期金额则为 132 元。需要注意的是，由于 CCER 购买价格低，仅为碳排放配额价格的 20%，因此期末碳排放权资产余额的平均金额低于实际碳排放配额的价格。

表 B-10　BD 公司碳资产核算表

项目	本期数量/吨	本期金额/元
一、期初碳排放权资产余额	10	600
二、碳排放		
采购碳排放		
钢材	160	9 600
玻璃	30	1 800
塑料	12.5	750
其他配件	22.5	1 350
采购碳排放总额	225	13 500
生产碳排放		
电力消耗	103.2	6 192
设备折旧	29.7	1 782
物料的物理、化学变化	49	2 940
生产碳排放总额	181.9	10 914
碳排放小计	406.9	24 414
销售转移碳排放		
C1 型汽车	249.025	14 941.5
C2 型汽车	62.98	3 778.8

(续)

项目	本期数量/吨	本期金额/元
碳排放转移小计	312.005	18 720.3
经营产生碳排放净额	94.895	5 693.7
三、碳配额		
免费取得的碳配额	70	4 200
购入取得的碳配额		
拍卖取得的碳配额	0	0
CCER 取得的碳配额	3.5	42
碳交易取得的碳配额	15	900
其他方式取得的碳配额		
森林碳汇	1.395	83.7
出售的碳配额	0	0
碳配额总额	89.895	5 225.7
四、期末碳排放权资产余额	5	132

注：碳配额总额 = 免费取得的碳配额 + 购入取得的碳配额 + 其他方式取得的碳配额 − 出售的碳配额。由于 CCER 购买价格低，仅为碳排放配额价格的 20%，因此期末碳排放权资产余额的金额低于实际碳排放配额的价格。

B.6 碳信息披露列示

根据 BD 公司在碳责任、碳减排和碳抵消水平的具体数据，本部分汇总与各部分相关的初级指标和二级指标，并列示在企业碳信息披露的表 B-11 中。BD 公司碳信息披露表可分为两部分，即反映初级指标信息披露的碳资产核算表，以及反映二级指标披露的碳信息披露的表格。初级指标能够帮助投资者明晰企业在"供—产—销"环节上的碳排放信息，捕捉企业获得的碳配额，计算出企业当年获得的碳排放权资产余额。而二级指标有助于政府和投资者了解企业当期在碳减排和碳抵消方面的成效和不足，评估企业碳减排的潜力和碳中和发展进程。

表 B-11　BD 公司碳资产核算表——初级指标披露

项目	本期数量1/吨	本期金额1/元	本期数量2/吨	本期金额2/元
一、期初碳排放权				
资产余额	10	600	10	600
二、碳排放				
采购碳排放				
钢材	160	9 600	160	9 600
玻璃	30	1 800	30	1 800
塑料	12.5	750	12.5	750

(续)

项目	本期数量1/吨	本期金额1/元	本期数量2/吨	本期金额2/元
其他配件	22.5	1 350	22.5	1 350
采购碳排放总额	225	13 500	225	13 500
生产碳排放				
电力消耗	120	7 200	103.2	6 192
设备折旧	30	1 800	29.7	1 782
物料的物理、化学变化	50	3 000	49	2 940
生产碳排放总额	200	12 000	181.9	10 914
碳排放小计	425	25 500	406.9	24 414
销售转移碳排放				
C1 型汽车	261.275	15 676.5	249.025	14 941.5
C2 型汽车	66	3 960	62.98	3 778.8
碳排放转移小计	327.275	19 636.5	312.005	18 720.3
经营产生碳排放净额	97.725	5 863.5	94.895	5 693.7
三、碳配额				
免费取得的碳配额	0	0	70	4 200
购入取得的碳配额	0	0		
拍卖取得的碳配额			0	0
CCER 取得的碳配额	0	0	3.5	42
碳交易取得的碳配额	0	0	15	900
其他方式取得的碳配额				
森林碳汇			1.395	83.7
出售的碳配额	0	0	0	0
碳配额总额	0	0	89.895	5 225.7
四、期末碳排放权				
资产余额	(87.725)	(5 263.5)	5	132

注：经营产生碳排放净额 = 采购碳排放额 + 生产碳排放额 − 销售转移碳排放额；
碳配额总额 = 免费取得的碳配额 + 购入取得的碳配额 + 其他方式取得的碳配额；
期末碳排放权资产余额 = 期初碳排放权资产余额 + 碳配额总额 − 经营产生碳排放净额。

根据 BD 公司碳资产核算表中的一级指标，本书进一步计算 BD 公司碳信息披露中所涉及的二级指标，如表 B-12 所示。

表 B-12 BD 公司碳信息披露表——二级指标披露

项目	数值	计算公式
1. 碳减排潜力	4.2%	减排潜力 = 预期最大减排量 / 当前碳排放量
2. 碳减排水平		
绝对碳减排水平 1	2.83 吨	绝对碳减排水平 1 = |企业当期碳排放水平 − 企业上期碳排放水平|

(续)

项目	数值	计算公式
绝对碳减排水平 2	2.105 吨	绝对碳减排水平 2 = | 企业当期碳排放水平 – 同行当期碳排放平均水平 |
相对碳减排水平 1	50.277 5 吨/亿元	相对碳减排水平 1 = | 企业当期碳排放强度 – 企业上期碳排放强度 |
相对碳减排水平 2	17.222 5 吨/亿元	相对碳减排水平 2 = | 企业当期碳排放强度 – 同行当期碳排放平均强度 |
3. 碳中和发展进程	1.13	碳中和进程 = $\dfrac{当期碳减排量}{当期碳排放净额}$ × (2060 – 当前年份)
4. 碳抵消水平	22.1%	碳抵消率 = 碳抵消量 / 碳排放总量

1. 碳减排潜力

根据当期 BD 公司碳减排实际水平,假设预期最大减排量为 4 吨,按照期末碳交易市场收盘价 60 元/吨,预期最大减排金额为 240 元。

根据公式:

$$碳减排潜力 = 预期最大减排量 / 当前经营产生碳排放净额$$

代入预期最大减排量 4 吨,当前经营产生碳排放净额 94.895 吨,得到碳减排潜力为 4.2%。

2. 碳减排水平

由于案例中所计算碳减排基于同一期,因此本期 1 等同于企业上期,本期 2 等同于企业当期。

根据公式:

$$绝对碳减排水平 1 = | 企业本期 2 碳排放水平 – 企业本期 1 碳排放水平 |$$

代入企业本期 1 碳排放水平 97.725 吨和本期 2 碳排放水平 94.895 吨,得到绝对碳减排水平 1 为 2.83 吨,金额为 169.8 元。

根据公式:

$$绝对碳减排水平 2 = | 企业当期碳排放水平 – 行业同期碳排放平均水平 |$$

假设企业行业同期碳排放平均水平为 97 吨,得到绝对碳减排水平 2 为 2.105 吨,金额为 123.6 元。

根据公式:

$$相对碳减排水平 1 = | 企业当期碳排放强度 – 企业上期碳排放强度 |$$

假设 BD 公司本期 1 产值为 1 亿元,本期 2 产值为 2 亿元。代入公式中,得到企业本期 2 碳排放强度为 47.447 5 吨/亿元。本期 1 碳排放强度为 97.725 吨/亿元。那么相对碳减排水平 1 为 50.277 5 吨/亿元。

根据公式：

相对碳减排水平 2 = | 企业当期碳排放强度 − 行业同期碳排放平均强度 |

假设 BD 公司同行当期产值为 1.5 亿元，本期 2 产值为 2 亿元。那么行业同期碳排放平均强度为 64.67 吨 / 亿元。代入企业当期碳排放强度 47.447 5 吨 / 亿元，得到相对碳减排水平 2 为 17.222 5 吨 / 亿元。

综上，无论绝对碳减排水平还是相对碳减排水平，企业碳减排技术手段都取得了成效，达到了企业节能减排的目的。

3. 企业碳中和进程

根据公式：

$$碳中和进程 = \frac{当期碳减排量}{当期碳排放净额} \times (2060 - 当前年份)$$

已知当期碳减排量为 2.83 吨，当期碳排放净额为 94.895 吨，当前年份为 2022 年，可以计算出碳中和进程为 1.13。

4. 企业碳抵消率

根据公式：

$$企业碳抵消率 = 碳抵消量 / 碳排放总量$$

已知企业碳抵消量为 89.895 吨，碳排放总量为 406.9 吨，得到企业碳抵消率为 22.1%。

B.7 供应链共担视角下的碳排放归集与转移

在供应链的视角下，碳排放责任的承担分为两种类型。一种是生产端承担，即不将终端消费者（个人消费者或企业消费者）纳入碳责任分配主体，供应链碳责任分配的主体均为产品或服务在生产端各环节上的企业；另一种是生产端与消费端主体共同承担，将生产端和消费端主体（个人消费者或企业消费者）均纳入碳责任分配主体，均须承担一定的碳责任。在供应链生产端和消费端共担的视角下，通过设置生产端向消费端碳排放转移的结转系数，生产端将自身产生的碳排放的一定比例结转给消费端主体，使消费端主体也承担产品或服务在生产端各环节上产生的碳排放的碳责任中的一部分，生产端承担未转移部分碳排放的碳责任。以 BD 汽车生产供应链为例，生产端结转系数 α 将自身产生碳排放的一定比例转移给消费端（见图 B-4）。

交通行业是仅次于工业、建筑行业的第三大碳排放源，而且汽车产品的使用会持续产生碳排放。从汽车全生命周期来看，汽车在制造过程中，能源消耗和碳排放并不高，能源消耗和碳排放主要来自汽车使用过程。有数据显示，在当下燃油车制造占主流的背景下，汽车企业上游原材料采购以及生产制造环节产生的碳排放量仅占汽车全生命周期碳排放量的约 7%，使用环节（燃油使用、尾气排放以及维修保养）所产生的碳排放量高达近 93%。因此，为了有效激发消费端在汽车购买和使用中的碳责任意识，相对其他行业产品，应当设置较高水平的结转系数。

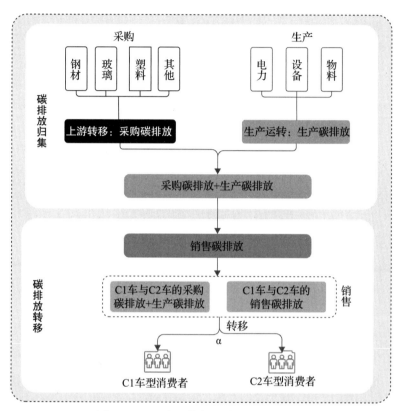

图 B-4　BD 公司供应链碳排放转移示意

假设 $\alpha = 60\%$，则 BD 汽车生产供应链中生产端向消费端转移的碳排放核算如表 B-13 所示。

表 B-13　BD 汽车生产供应链生产端向消费端转移碳排放量核算表

上游供应商生产碳排放量			
原材料种类	使用数量	碳排放量/原材料	碳排放量
钢材	80 吨	2 吨碳排放/吨钢材	160 吨
玻璃	30 吨	1 吨碳排放/吨玻璃	30 吨
塑料	5 吨	2.5 吨碳排放/吨塑料	12.5 吨
其他部件	15 吨	1.5 吨碳排放/吨其他部件	22.5 吨
上游碳排放合计			225 吨
BD 公司生产碳排放量			
活动类型		分配依据	碳排放量
电力消耗		电力消耗量	120 吨

(续)

BD 公司生产碳排放量		
活动类型	分配依据	碳排放量
设备运转折旧	设备运转时间	30 吨
物料的物理、化学变化	物料消耗量	50 吨
BD 公司碳排放合计		200 吨
BD 公司供应链碳排放合计		425 吨
结转系数		60%
生产端向消费端碳排放转移合计		425×60% = 255 吨

参考文献

[1] AJZEN I. The theory of planned behavior[J]. Organizational behavior and human decision processes, 1991, 50(2): 179-211.

[2] ALBINO V, DANGELICO R M, PONTRANDOLFO P. Do inter-organizational collaborations enhance a firm's environmental performance? A study of the largest U.S. companies[J]. Journal of cleaner production, 2012(37): 304-315.

[3] ALBORNOZ F, COLE M, ELLIOTT R, et al. In search of environmental spillovers[J]. The world economy, 2009, 32(1): 136-163.

[4] ALLOUCHE J, LAROCHE P. A meta-analytical investigation of the relationship between corporate social and financial performance[J]. Revue de gestion des ressources humaines, 2005(57): 18-41.

[5] AL-TWAIJRY A A M, BRIERLEY J A, GWILLIAM D R. The development of internal audit in Saudi Arabia: an institutional theory perspective[J]. Critical perspectives on accounting, 2003, 14(5): 507-531.

[6] AMABILE T M. Creativity and innovation in organizations[M]. Boston: Harvard Business School, 1996.

[7] AMORE M D, BENNEDSEN M. Corporate governance and green innovation[J]. Journal of environmental economics and management, 2016(75): 54-72.

[8] AMORES-SALVADO J, CASTRO G M, NAVAS-LOPEZ J E. Green corporate image: moderating the connection between environmental product innovation and firm performance[J]. Journal of cleaner production, 2014, 83(15): 356-365.

[9] ANDERSEN P H, GADDE L E. Organizational interfaces and innovation: the challenge of integrating supplier knowledge in LEGO systems[J]. Journal of purchasing and supply management, 2019, 25(1): 18-29.

[10] ARENA C, MICHELON G, TROJANOWSKI G. Big egos can be green: a study of CEO hubris and environmental innovation[J]. British journal of management, 2018, 29(2): 316-336.

[11] ARORA N, HENDERSON T. Embedded premium promotion: why it works and how to make it more effective[J]. Marketing science, 2007, 26(4): 514-531.

[12] ASHFORTH B E, MAEL F. Social identity theory and the organization[J]. Academy of management review, 1989, 14(1): 20-39.

[13] AUPPERLE K E, CARROLL A B, HATFIELD J D. An empirical examination of the relationship between corporate social responsibility and profitability[J]. Academy of management journal, 1985, 28(2): 446-463.

[14] BANDURA A. Self-efficacy: toward a unifying theory of behavioral change[J]. Psychological review, 1977, 84(2): 191-215.

[15] BANSAL P, ROTH K. Why companies go green: a model of ecological responsiveness[J]. Academy of management journal, 2000, 43(4): 717-736.

[16] BARDE P. Environmental policy and policy instruments[J]. Environmental and resource economics, 1995(3): 201-227.

[17] BARNETT M L, SALOMON R M. Beyond dichotomy: the curvilinear relationship between social responsibility and financial performance[J]. Strategic management journal, 2006, 27(11): 1101-1122.

[18] BASTIANONI S, PULSELLI F M, TIEZZI E. The problem of assigning responsibility for greenhouse gas emissions[J]. Ecological economics, 2004, 49(3): 253-257.

[19] BAUMAN C W, SKITKA L J. Corporate social responsibility as a source of employee satisfaction[J]. Research in organizational behavior, 2012(32): 63-86.

[20] BERRONE P, FOSFURI A, GELABERT L, et al. Necessity as the mother of 'green' inventions:institutional pressures and environmental innovations[J]. Strategic management journal, 2013, 34(8): 891-909.

[21] BHATIA M S. Green process innovation and operational performance: the role of proactive environment strategy, technological capabilities and organizational learning[J]. Business strategy and the environment, 2021, 30(7): 2845-2857.

[22] BISSING-OLSON M J, IYER A, FIELDING K S, et al. Relationships between daily affect and pro-environmental behavior at work: the moderating role of pro-environmental attitude[J]. Journal of organizational behavior, 2013, 34(2): 156-175.

[23] BRULHART F, GHERRA S, QUELIN B V. Do stakeholder orientation and environmental proactivity impact firm profitability?[J]. Journal of business ethics, 2019, 158(1): 25-46.

[24] CAO Y Y, CHEN J, LIU B Q, et al. China zero carbon electricity growth in the 2020s: a vital step toward carbon neutrality[R]. Energy transitions commission, 2021.

[25] CARO F, CORBETT C J, TAN T, et al. Double counting in supply chain carbon footprinting[J]. Manufacturing & service operations management, 2013, 15(4): 545-558.

[26] CARRICO A R, RIEMER M. Motivating energy conservation in the workplace: an evaluation of the use of group-level feedback and peer education[J]. Journal of environmental psychology, 2011, 31(1): 1-13.

[27] CARRIGAN M, ATTALLA A. The myth of the ethical consumer: do ethics matter in purchase behaviour?[J]. Journal of consumer marketing, 2001, 18(7): 560-578.

[28] CHAKRAVARTY S, CHIKKATUR A, CONINCK H, et al. Sharing global CO_2 emission reductions among one billion high emitters[J]. Proceedings of the national academy of sciences, 2009, 106(29): 11883-11888.

[29] CHEN H Q, ZENG S X, LIN H, et al. Munificence, dynamism, and complexity: how industry context drives corporate sustainability[J]. Business strategy and the environment, 2017, 26(2): 125-141.

[30] CHEN Y S, LAI S B, WEN C T. The influence of green innovation performance on corporate advantage in Taiwan[J]. Journal of business ethics, 2006, 67(4): 331-339.

[31] CHEN Y, LIU A L, HOBBS B F. Economic and emissions implications of load-based, source-based, and first-seller emissions trading programs under California AB32[J]. Operations research, 2011, 59(3): 696-712.

[32] CHEN Z F, ZHANG X, CHEN F L. Do carbon emission trading schemes stimulate green innovation in enterprises? Evidence from China[J]. Technological forecasting and social change, 2021, 168(2): 120744.

[33] CHENG B T, IOANNOU I, SERAFEIM G. Corporate social responsibility and access to finance[J]. Strategic management journal, 2014, 35(1): 1-23.

[34] CHENG Z H, WANG F, KEUNG C, et al. Will corporate political connection influence the environmental information disclosure level? Based on the panel data of A-shares from listed companies in Shanghai stock market[J]. Journal of business ethics, 2017, 143(1): 209-221.

[35] CHERRAFI A, GARZA-REYES J A, KUMAR V, et al. Lean, green practices, and process innovation: a model for green supply chain performance[J]. International journal of production economics, 2018, 206: 79-92.

[36] CHIARVESIO M, MARCHI V D, MARIA E D. Environmental innovations and internationalization: theory and practices[J]. Business strategy and the environment, 2015, 24(8): 790-801.

[37] CHOI J, WANG H L. Stakeholder relations and the persistence of corporate financial performance[J]. Strategic management journal, 2009, 30(8): 895-907.

[38] CHULUUNBAT T, PRAYAG L Y, SEUNG H H, et al. Influence of product market competition and managerial competency on corporate environmental responsibility: evidence from the US[J]. Journal of cleaner production, 2021(304): 127065.

[39] COOK A, GLASS C. Women on corporate boards: do they advance corporate social responsibility? [J]. Human relations, 2018, 71(7): 897-924.

[40] CUERVAM C, TRIGUERO-CANOÁ, CÓRCOLES D. Drivers of green and non-green innovation: empirical evidence in Low-Tech SMEs[J]. Journal of cleaner production, 2014(68): 104-113.

[41] DALES J. Pollution, property & prices: an essay in policy-making and economics[M]. Toronto: University of Toronto Press, 1968.

[42] ROECK K D, FAROOQ O. Corporate social responsibility and ethical leadership: investigating their interactive effect on employees' socially responsible behaviors[J]. Journal of business ethics, 2018, 151(4): 923-939.

[43] DELMAS M A, TOFFEL M W. Organizational responses to environmental demands: opening the black box[J]. Strategic management journal, 2008, 29(10): 1027-1055.

[44] DESJARDINS J. Corporate environmental responsibility[J]. Journal of business ethics, 1998, 17(8): 825-838.

[45] DHALIWAL D S, LI O Z, TSANG A, et al. Voluntary nonfinancial disclosure and the cost of equity capital: the initiation of corporate social responsibility reporting[J]. The accounting review, 2011, 86(1): 59-100.

[46] DONG H J, DAI H C, GENG Y, et al. Exploring impact of carbon tax on China's CO_2 reductions and provincial disparities[J]. Renewable and sustainable energy reviews, 2017(77): 596-603.

[47] DONG W J, YUAN W P, LIU S G, et al. China-Russia gas deal for a cleaner China[J]. Nature climate change, 2014, 4(11): 940-942.

[48] DORAN J, RYAN G. The importance of the diverse drivers and types of environmental innovation for firm performance[J]. Business strategy and the environment, 2016, 25(2): 102-119.

[49] DRAKE D F. Carbon tariffs: effects in settings with technology choice and foreign production cost advantage[J]. Manufacturing & service operations management, 2018, 20(4): 667-686.

[50] DU K, LI P, YAN Z. Do green technology innovations contribute to carbon dioxide emission reduction? Empirical evidence from patent data[J]. Technological forecasting and social change, 2019, 146(2): 297-303.

[51] DU L Z, ZHANG Z L, FENG T W. Linking green customer and supplier integration with green

innovation performance: the role of internal integration[J]. Business strategy and the environment, 2018, 27(8): 1582-1595.

[52] DU Y, TAKEUCHI K. Can climate mitigation help the poor? Measuring impacts of the CDM in rural China[J]. Journal of environmental economics and management, 2019(95): 178-197.

[53] DUMONT J, SHEN J, DENG X. Effects of green HRM practices on employee workplace green behavior: the role of psychological green climate and employee green values[J]. Human resource management, 2017, 56(4): 613-627.

[54] EIADAT Y, KELLY A, ROCHE F. Green and competitive? An empirical test of the mediating role of environmental innovation strategy[J]. Journal of world business, 2008, 43(2): 131-145.

[55] ELIJIDO-TEN E O. Does recognition of climate change related risks and opportunities determine sustainability performance? [J]. Journal of cleaner production, 2017, (141): 956-966.

[56] ETZION D. Research on organizations and the natural environment, 1992: present: a review[J]. Journal of management, 2007, 33(4): 637-664.

[57] FENG T, HUANG Y, AVGERINOS E. When marketing and manufacturing departments integrate: the influences of market newness and competitive intensity[J]. Industrial marketing management, 2018(75): 218-231.

[58] FERNG J J. Allocating the responsibility of CO_2 over-emissions from the perspectives of benefit principle and ecological deficit[J]. Ecological economics, 2004, 46(1): 121-141.

[59] FLAMMER C. Corporate social responsibility and shareholder reaction: the environmental awareness of investors[J]. Academy of management journal, 2013, 56(3): 758-781.

[60] FRIEDMAN M. Capitalism and freedom[M]. Chicago: University of Chicago Press, 1962.

[61] FRONDEL M, HORBACH J, RENNINGS K. End-of-pipe or cleaner production? An empirical comparison of environmental innovation decisions across OECD countries[J]. Business strategy and the environment, 2007, 16(8): 571-584.

[62] FU R, TANG Y, CHEN G. Giving green an office: whether and when appointing a chief sustainability officer affects CS(i)R[J]. Academy of management proceedings, 2018(1): 11449.

[63] GALBREATH J. Do boards of directors influence corporate sustainable development? An attention based analysis[J]. Business strategy and the environment, 2018, 27(6): 742-756.

[64] GALLEGO B, LENZEN M. A consistent input output formulation of shared producer and consumer responsibility[J]. Economic systems research, 2005, 17(4): 365-391.

[65] GALLEGO-ÁLVAREZ I, ORTAS E. Corporate environmental sustainability reporting in the context of national cultures: a quantile regression approach[J]. International business review, 2017, 26(2): 337-353.

[66] GHISETTI C, RENNINGS K. Environmental innovations and profitability: how does it pay to be green? An empirical analysis on the German innovation survey[J]. Journal of cleaner production, 2014(75): 106-117.

[67] GHOUL S E, GUEDHAMI O, KIM Y. Country-level institutions, firm value, and the role of corporate social responsibility initiatives[J]. Journal of international business studies, 2017, 48(3): 360-385.

[68] GLAVAS A, KELLEY K. The effects of perceived corporate social responsibility on employee attitudes[J]. Business ethics quarterly, 2014, 24(2): 165-202.

[69] GONZALEZ-GONZALEZ J M, RAMÍREZ C Z. Voluntary carbon disclosure by Spanish companies: an empirical analysis[J]. International journal of climate change strategies and management, 2016, 8(1): 57-79.

[70] GUENTHER E, GUENTHER T, SCHIEMANN F, et al. Stakeholder relevance for reporting: explanatory factors of carbon disclosure[J]. Business & society, 2016, 55(3SI): 361-397.

[71] GUNNINGHAM N. Shaping corporate environmental performance: a review[J]. Environmental policy and governance, 2009, 19(4): 215-231.

[72] HAMEL G. Leading the revolution: how to thrive in turbulent times by making innovation a way of life[J]. Harvard business review press, 2002.

[73] HANDELMAN J M, ARNOLD S J. The role of marketing actions with a social dimension: appeals to the institutional environment[J]. Journal of marketing, 1999, 63(3): 33-48.

[74] HARALD W, RANDALL S, LWAZIKAZI T. Comparing developing countries under potential carbon allocation schemes[J]. Climate policy, 2002, 2(4): 303-318.

[75] HART S L, DOWELL G. A natural-resource-based view of the firm: fifteen years after[J]. Journal of management, 2011, 37(5): 1464-1479.

[76] HART S L. A natural-resource-based view of the firm[J]. Academy of management review, 1995, 20(4): 986-1014.

[77] HENRIQUES I, SADORSKY P. The determinants of an environmentally responsive firm: an empirical approach[J]. Journal of environmental economics and management, 1996, 30(3): 381-395.

[78] HEROLD D M, LEE K H. The influence of internal and external pressures on carbon management practices and disclosure strategies[J]. Australasian journal of environmental management, 2019, 26(1): 63-81.

[79] HORBACH J, JACOB J. The relevance of personal characteristics and gender diversity for (eco) innovation activities at the firm level: results from a linked employer employee database in Germany[J]. Business strategy and the environment, 2018, 27(7): 924-934.

[80] HORBACH J, RAMMER C, RENNINGS K. Determinants of eco-innovations by type of environmental impact: the role of regulatory push / pull, technology push and market pull[J]. Ecological economics, 2012(78): 112-122.

[81] HORBACH J. Determinants of environmental innovation: new evidence from German panel data sources[J]. Research policy, 2008, 37(1): 163-173.

[82] HU D, QIU L, She M, et al. Sustaining the sustainable development: how do firms turn government green subsidies into financial performance through green innovation? [J]. Business strategy and the environment, 2021, 46(7): 1-22.

[83] HUANG X, HU Z P, LIU C S, et al. The relationships between regulatory and customer pressure, green organizational responses, and green innovation performance[J]. Journal of cleaner production, 2016, 112(4): 3423-3433.

[84] HUO B, HAN Z. The impact of green supply chain integration on sustainable performance[J]. Industrial management & data systems, 2020, 120(4): 657-674.

[85] INOUE E, ARIMURA T H, NAKANO M. A new insight into environmental innovation: does the maturity of environmental management systems matter? [J]. Ecological economics, 2013(94): 156-163.

[86] Intergovernmental Panel on Climate Change. Special report: global warming of 1.5°C[R]. Geneva: IPCC, 2018.

[87] JAFFE A B, PALMER K. Environmental regulation and innovation: a panel data study [J]. Review of economics and statistics, 1997, 79(4): 610-619.

[88] JUNG H, SONG S, SONG C K. Carbon emission regulation, green boards, and corporate environmental responsibility[J]. Sustainability, 2021, 13(8): 4463-4475.

[89] KALU J U, BUANG A, ALIAGHA G U. Determinants of voluntary carbon disclosure in the corporate real estate sector of malaysia[J]. Journal of environmental management, 2016, 182(11): 519-524.

[90] KAMMERER D. The effects of customer benefit and regulation on environmental product innovation: empirical evidence from appliance manufacturers in Germany[J]. Ecological economics, 2009, 68(8): 2285-2295.

[91] KEOHANE N O. Cap and trade, rehabilitated: using tradable permits to control US greenhouse gases[J]. Review of environmental economics and policy, 2009, 3(1): 42-62.

[92] KIBBELING M I, BIJ J, WEELE A. Market orientation and innovativeness in supply chains: supplier's impact on customer satisfaction[J]. Journal of product innovation management, 2013, 30(3): 500-515.

[93] KIEFER C P, PABLO D R G, CARRILLO-HERMOSILLA J. Drivers and barriers of eco-innovation types for sustainable transitions: a quantitative perspective[J]. Business strategy and the environment, 2019, 28(1): 155-172.

[94] KIM S. The process model of corporate social responsibility (CSR) communication: CSR communication and its relationship with consumers' CSR knowledge, trust, and corporate reputation perception[J]. Journal of business ethics, 2019, 154(4): 1143-1159.

[95] KOFI E B. Institutional quality, green innovationand energy efficiency[J]. Energy policy, 2019 (135): 111002.

[96] KOLK A, LEVY D, PINKSE J. Corporate responses in an emerging climate regime: the institutionalization and commensuration of carbon disclosure[J]. European accounting review, 2008, 17(4): 719-745.

[97] LAFFONT J J, TIROLE J. Pollution permits and compliance strategies[J]. Journal of public economics, 1996, 62(1-2): 85-125.

[98] LEE K H, MIN B. Green R&D for eco-innovation and its impact on carbon emissions and firm performance[J]. Journal of cleaner production, 2015(108): 534-542.

[99] LENOX M, KING A. Prospects for developing absorptive capacity through internal information provision[J]. Strategic management journal, 2004, 25(4): 331-345.

[100] LEONIDOU L C, CHRISTODOULIDES P, KYRGIZI L, et al. Internal drivers and performance consequences of small firm green business strategy: the moderating role of external forces[J]. Journal of business ethics, 2017, 140(3): 585-606.

[101] LEPAK D P, SMITH K G, TAYLOR M S. Value creation and value capture: a multilevel perspective[J]. Academy of management review, 2007, 32(1): 180-194.

[102] LEWIS B W, WALLS J L, DOWELL G W. Difference in degrees: CEO characteristics and firm environmental disclosure[J]. Strategic management journal, 2014, 35(5): 712-722.

[103] LI D Y, ZHAO Y N, ZHANG L, et al. Impact of quality management on green innovation[J]. Journal of cleaner production, 2018(170): 462-470.

[104] LI D, HUANG M, REN S, et al. Environmental legitimacy, green innovation, and corporate carbon disclosure: evidence from CDP China 100[J]. Journal of business ethics, 2018(150): 1089-1104.

[105] LI F, XU X, LI Z, et al. Can low-carbon technological innovation truly improve enterprise performance? The case of Chinese manufacturing companies[J]. Journal of cleaner production, 2021(293): 125949.

[106] LI Z, LIAO G, WANG Z, et al. Green loan and subsidy for promoting clean production innovation[J]. Journal of cleaner production, 2018(187): 421-431.

[107] LIN H, ZENG S H, MA H Y, et al. Can political capital drive corporate green innovation? Lessons from China[J]. Journal of cleaner production, 2014(64): 63-72.

[108] LO S M, SHANSHAN Z, ZHIQIANG W, et al. The impact of relationship quality and supplier development on green supply chain integration: a mediation and moderation analysis[J]. Journal of cleaner production, 2018(202): 525-535.

[109] LUO L, TANG Q L. Does voluntary carbon disclosure reflect underlying carbon performance? [J]. Journal of contemporary accounting & economics, 2014, 10(3): 191-205.

[110] LUO X, BHATTACHARYA C B. Corporate social responsibility, customer satisfaction, and market value[J]. Journal of marketing, 2006, 70(4): 1-18.

[111] LUO Y, SALMAN M, LU Z. Heterogeneous impacts of environmental regulations and foreign direct investment on green innovation across different regions in China[J]. Science of the total environment, 2021, 759(2): 143744.

[112] MA Y, ZHANG Q, YIN Q. Top management team faultlines, green technology innovation and firm financial performance[J]. Journal of environmental management, 2021, 285(4): 112095.

[113] MARCHI V D, GRANDINETTI R, CAINELLI G. Does the development of environmental innovation require different resources? Evidence from Spanish manufacturing firms[J]. Journal of cleaner production, 2015(94): 211-220.

[114] MARIQUE G, SWAEN V, STINGLHAMBER F, et al. Understanding employees' responses to corporate social responsibility: mediating roles of overall justice and organisational identification[J]. The international journal of human resource management, 2014, 25(1): 91-112.

[115] MARQUIS C, BIRD Y. The paradox of responsive authoritarianism: how civic activism spurs environmental penalties in China[J]. Organization science, 2018, 29(5): 1-21.

[116] MARQUIS C, QIAN C. Corporate social responsibility reporting in China: symbol or substance? [J]. Organization science, 2014, 25(1), 127-148.

[117] MATSUMURA E M, PRAKASH R, VERA-MUÑOZ S C. Firm-value effects of carbon emissions and carbon disclosures[J]. The accounting review, 2013, 89(2): 695-724.

[118] MCWILLIAMS A, SIEGEL D S, WRIGHT P M. Corporate social responsibility: strategic implications[J]. Journal of management studies, 2006, 43(1): 1-18.

[119] MIAO C, FANG D, SUN L, et al. Natural resources utilization efficiency under the influence of green technological innovation[J]. Resources conservation and recycling, 2017(126): 153-161.

[120] MILGROM P, ROBERTS J. Priceand advertising signals of product quality[J]. Journal of political economy, 1986, 94(4): 796-821.

[121] MIN H A, MI B, ZI A. Do politically connected CEOs promote Chinese listed industrial firms' green innovation? The mediating role of external governance environments[J]. Journal of cleaner production, 2021(278): 123634.

[122] MITCHELL R K, AGLE B R, WOOD D J. Toward a theory of stakeholder identification and salience: defining the principle of who and what really counts[J]. Academy of management review, 1997, 22(4): 853-886.

[123] MODIGLIANI F, MILLER M H. The cost of capital, corporation finance and the theory of investment[J]. The American economic review, 1958, 48(3): 261-297.

[124] MOHR L A, WEBB D J. The effects of corporate social responsibility and price on consumer

responses[J]. Journal of consumer affairs, 2005, 39(1): 121-147.
[125] MORAN P, GHOSHAL S. Markets, firms, and the process of economic development[J]. Academy of management review, 1999, 24(3): 390-412.
[126] MOSKOWITZ M. Choosing socially responsible stocks[J]. Business and society review, 1972, 1(1): 71-75.
[127] MU H L, HAN X, ZHAO H X. CO_2 abatement allocation among different provinces of China based on MACC[J]. Applied mechanics and materials, 2014(675): 1869-1874.
[128] MURRAY K B, VOGEL C M. Using a hierarchy-of-effects approach to gauge the effectiveness of corporate social responsibility to generate goodwill toward the firm: financial versus nonfinancial impacts[J]. Journal of business research, 1997, 38(2): 141-159.
[129] NEHRT C. Timing and intensity effects of environmental investments[J]. Strategic management journal, 1996, 17(7): 535-547.
[130] NELLING E, WEBB E. Corporate social responsibility and financial performance: the "virtuous circle" revisited[J]. Review of quantitative finance and accounting, 2009, 32(2): 197-209.
[131] NORTON T A, ZACHER H, PARKER S L, et al. Bridging the gap between green behavioral intentions and employee green behavior: the role of green psychological climate[J]. Journal of organizational behavior, 2017, 38(7): 996-1015.
[132] NUßHOLZ J L K. A circular business model mapping tool for creating value from prolonged product lifetime and closed material loops[J]. Journal of cleaner production, 2018(197): 185-194.
[133] OESTREICH A M, TSIAKAS I. Carbon emissions and stock returns: evidence from the EU emissions trading scheme[J]. Journal of banking & finance, 2015(58): 294-308.
[134] ORTIZ-DE-MANDOJANA N, BANSAL P, ARAGÓN-CORREA J A. Older and wiser: how CEOs' time perspective influences long-term investments in environmentally responsible technologies[J]. British journal of management, 2019, 30(1): 134-150.
[135] OXBORROW L, BRINDLEY C. Adoption of "eco-advantage" by SMEs: emerging opportunities and constraints[J]. European journal of innovation management, 2013, 16(3): 355-375.
[136] PACHECO D A J, CARLA S, NAVAS H V G, et al. Systematic eco-innovation in lean PSS environment: an integrated model[J]. Procedia CIRP, 2016(47): 466-471.
[137] PAILLÉ P, CHEN Y, BOIRAL O, et al. The impact of human resource management on environmental performance: an employee-level study[J]. Journal of business ethics, 2014, 121(3): 451-466.
[138] PENG J, SUN J, LUO R. Corporate voluntary carbon information disclosure: evidence from China's listed companies[J]. World economy, 2015, 38(1SI): 91-109.
[139] PETERS G P, HERTWICH E G. CO_2 embodied in international trade with implications for global climate policy[J]. Environmental science & technology, 2008, 42(5): 1401-1407.
[140] PORTER M E. Competitive advantage: creating and sustaining superior performance [M]. Free press, 1985.
[141] PROOPS J L R, ATKINSON G, SCHLOTHEIM B F V, et al. International trade and the sustainability footprint: a practical criterion for its assessment[J]. Ecological economics, 1999, 28(1): 75-97.
[142] PRZYCHODZEN W, PRZYCHODZEN J. Sustainable innovations in the corporate sector: the empirical evidence from I-BEX 35 firms[J]. Journal of cleaner production, 2018(172): 3557-3566.
[143] QI G Y, ZENG S X, TAN C M, et al. Stakeholders' influences on corporate green innovation strategy: a case study of manufacturing firms in China[J]. Corporate social responsibility and environmental management, 2013(20): 1-14.

[144] QI G, JIA Y, ZOU H. Is institutional pressure the mother of green innovation? Examining the moderating effect of absorptive capacity[J]. Journal of cleaner production, 2020, 278(2): 123957.

[145] RAINERI N, PAILLÉ P. Linking corporate policy and supervisory support with environmental citizenship behaviors: the role of employee environmental beliefs and commitment[J]. Journal of business ethics, 2016, 137(1): 129-148.

[146] REHMAN S U, KRAUS S, SHAH S A, et al. Analyzing the relationship between green innovation and environmental performance in large manufacturing firms[J]. Technological forecasting and social change, 2021(163): 120481.

[147] REICHHELD F F. Loyalty and the renaissance of marketing[J]. Marketing management, 1994, 2(4): 10-20.

[148] REILLY R J, HOFFER G E. Will retarding the information flow on automobile recalls affect consumer demand?[J]. Economic inquiry, 1983, 21(3): 444-447.

[149] RENNINGS K. Redefining innovation-eco-innovation research and the contribution from ecological economics[J]. Ecological economics, 2000, 32(2): 319-332.

[150] ROBERTSON J L, BARLING J. Greening organizations through leaders' influence on employees' pro-environmental behaviors[J]. Journal of organizational behavior, 2013, 34(2): 176-194.

[151] ROEHM M L, TYBOUT A M. When will a brand scandal spill over, and how should competitors respond?[J]. Journal of marketing research, 2006, 43(3): 366-373.

[152] ROSE A, STEVENS B, EDMONDS J, et al. International equity and differentiation in global warming policy[J]. Environmental and resource economics, 1998, 12(1): 25-51.

[153] ROSE A, STEVENS B. The efficiency and equity of marketable permits for CO_2 emissions[J]. Resource and energy economics, 1993, 15(1): 117-146.

[154] ROSE A, ZHANG Z X. Interregional burden-sharing of greenhouse gas mitigation in the United States[J]. Mitigation and adaptation strategies for global change, 2004, 9(4): 477-500.

[155] RYAN R M, DECI E L. Intrinsic and extrinsic motivations: classic definitions and new directions[J]. Contemporary educational psychology, 2000, 25(1): 54-67.

[156] SHARMA S. Managerial interpretations and organizational context as predictors of corporate choice of environmental strategy[J]. Academy of management journal, 2000, 43(4): 681-697.

[157] SHU C, ZHOU K, XIAO Y, et al. How green management influences product innovation in China: the role of institutional benefits[J]. Journal of business ethics, 2016, 133(3): 471-485.

[158] SINGH S K, MD GIUDICE, CHIERICI R, et al. Green innovation and environmental performance: the role of green transformational leadership and green human resource management[J]. Technological forecasting & social change, 2020(150): 119762.

[159] STADTLER L, LIN H. Leveraging partnerships for environmental change: the interplay between the partnership mechanism and the targeted stakeholder group[J]. Journal of business ethics, 2019, 154(3): 869-891.

[160] STEG L, VLEK C. Encouraging pro-environmental behaviour: an integrative review and research agenda[J]. Journal of environmental psychology, 2009(29): 309-317.

[161] STERN N. The economics of climate change: the stern review[M]. New York: Cambridge University Press, 2007.

[162] STUEBS M, SUN L. Business reputation and labor efficiency, productivity, and cost[J]. Journal of business ethics, 2010, 96(2): 265-283.

[163] SUBRAMANIAN R, GUPTA S, TALBOT B. Compliance strategies under permits for emissions[J].

Production and operations management, 2007, 16(6): 763-779.

[164] CHARNOVITZ, STEVE. Trade and climate change: a report by the United Nations environment programme and the World Trade Organization by UNEP and the WTO Geneva: WTO, 2009 [J]. World trade review, 2010, 9(1): 273-281.

[165] TANG Z, TANG J. Can the media discipline Chinese firms' pollution behaviors? The mediating effects of the public and government[J]. Journal of management, 2016, 42(6): 1700-1722.

[166] TIAN Q, ROBERTSON J L. How and when does perceived CSR affect employees' engagement in voluntary pro-environmental behavior?[J]. Journal of business ethics, 2019, 155(2): 399-412.

[167] TORELLI C J, MONGA A B, KAIKATI A M. Doing poorly by doing good: corporate social responsibility and brand concepts[J]. Journal of consumer research, 2012, 38(5): 948-963.

[168] VERONA G. A resource-based view of product development[J]. Academy of management review, 1999, 24(1): 132-142.

[169] VILLIERS C D, NAIKER V, STADEN C J V. The effect of board characteristics on firm environmental performance[J]. Journal of management, 2011, 37(6): 1636-1663.

[170] WADDOCK S A, GRAVES S B. The corporate social performance: financial performance link[J]. Strategic management journal, 1997, 18(4): 303-319.

[171] WANG C H, JUO W J. An environmental policy of green intellectual capital: green innovation strategy for performance sustainability[J]. Business strategy and the environment, 2021, 30(7): 1-14.

[172] WANG K, WEI Y M, HUANG Z. Potential gains from carbon emissions trading in China: a DEA based estimation on abatement cost savings[J]. Omega, 2016(63): 48-59.

[173] WANG R, WIJEN F, HEUGENS P P. Government's green grip: multifaceted state influence on corporate environmental actions in China[J]. Strategic management journal, 2018, 39(2): 403-428.

[174] WEGENER M. The carbon disclosure project, an evolution in international environmental corporate governance: motivations and determinants of market response to voluntary disclosures[D]. St. Catherine: Brock University, 2010.

[175] WEI C, NI J L, DU L M. Regional allocation of carbon dioxide abatement in China[J]. China economic review, 2012, 23(3): 552-565.

[176] WEISS H M, CROPANZANO R. Affective events theory[J]. Research in organizational behavior, 1996, 18(1): 1-74.

[177] WONG C Y, WONG C W Y, BOON-ITT S. Effects of green supply chain integration and green innovation on environmental and cost performance[J]. International journal of production research, 2020, 58(15): 4589-4609.

[178] WU G C. The influence of green supply chain integration and environmental uncertainty on green innovation in Taiwan's IT industry[J]. Supply chain management: an international journal, 2013, 18(5): 539-552.

[179] YANG C, LU C, HAIDER J J. The effect of green supply chain management on green performance and firm competitiveness in the context of container shipping in Taiwan[J]. Transportation research part E: logistics and transportation review, 2013(55): 55-73.

[180] YANG Q, GENG R Q, FENG T W. Governance mechanism and green customer integration in China: the joint effect of power and environmental uncertainty[J]. Transportation research part E: logistics and transportation review, 2021(149): 102307.

[181] YU S W, WEI Y M, WANG K. Provincial allocation of carbon emission reduction targets in

China: an approach based on improved fuzzy cluster and Shapley value decomposition[J]. Energy policy, 2014(66): 630-644.

[182] YUAN W P, LIU S G, DONG W J, et al. Differentiating moss from higher plants is critical in studying the carbon cycle of the boreal biome[J]. Nature communications, 2014(5): 4270.

[183] YUNUS S, ELIJIDO-TEN E, ABHAYAWANSA S. Determinants of carbon management strategy adoption evidence from Australia's top 200 publicly listed firms[J]. Managerial auditing journal, 2016, 31(2): 156-179.

[184] ZHANG G, ZHANG N. The effect of China's pilot carbon emissions trading schemes on poverty alleviation: a quasi-natural experiment approach[J]. Journal of environmental management, 2020(271): 110973.

[185] ZHANG Q, MA Y. The impact of environmental management on firm economic performance: the mediating effect of green innovation and the moderating effect of environmental leadership-science direct[J]. Journal of cleaner production, 2021(292): 126057.

[186] ZHANG Y J, PENG Y L, MA C Q, et al. Can environmental innovation facilitate carbon emissions reduction? Evidence from China[J]. Energy policy, 2017(100): 18-28.

[187] ZHANG Y J, SHI W, JIANG L. Does China's carbon emissions trading policy improve the technology innovation of relevant enterprises? [J]. Business strategy and the environment, 2020, 29(3): 872-885.

[188] ZHAO J, HOBBS B F, PANG J S. Long-run equilibrium modeling of emissions allowance allocation systems in electric power markets[J]. Operations research, 2010, 58(3): 529-548.

[189] ZHOU P, WANG M. Carbon dioxide emissions allocation: a review[J]. Ecological economics, 2016(125):47-59.

[190] ZHU Q H, GENG Y, FUJITA T, et al. Green supply chain management in leading manufacturers[J]. Management research review, 2010, 33(4): 380-392.

[191] ZHU Q H, SARKIS J, GENG Y. Green supply chain management in China: pressures, practices and performance[J]. International journal of operations & production management, 2005, 25(5): 449-468.

[192] ZHU Q H, SARKIS J, LAI K H. Institutional-based antecedents and performance outcomes of internal and external green supply chain management practices[J]. Journal of purchasing and supply management, 2013, 19(2): 106-117.

[193] 毕楠.企业社会责任价值创造的驱动因素与作用机理研究[J].当代经济研究,2012(7):50-56.

[194] 毕茜,顾立盟,张济建.传统文化、环境制度与企业环境信息披露[J].会计研究,2015(3):12-19,94.

[195] 操小娟.气候政策中激励政策工具的组合应用:欧盟的实践与启示[J].中国地质大学学报(社会科学版),2014,14(4):60-66,140.

[196] 曹静,苏铭.应对气候变化的公平性和有效性探讨[J].金融发展评论,2010(1):98-106.

[197] 曹军新,姚斌.碳减排与金融稳定:基于银行信贷视角的分析[J].中国工业经济,2014(9):97-108.

[198] 陈华,王海燕,陈智.公司特征与碳信息自愿性披露:基于合法性理论的分析视角[J].会计与经济研究,2013,27(4):30-42.

[199] 陈文颖,吴宗鑫,何建坤.全球未来碳排放权"两个趋同"的分配方法[J].清华大学学报(自然科学版),2005(6):850-853,857.

[200] 陈晓红,王陟昀.碳排放权交易价格影响因素实证研究:以欧盟排放交易体系(EUETS)为

例 [J]. 系统工程, 2012, 30 (2): 53-60.

[201] 陈智颖, 许林, 钱崇秀. 中国碳金融发展水平测度及其动态演化 [J]. 数量经济技术经济研究, 2020, 37 (8): 62-82.

[202] 崔连标, 范英, 朱磊, 等. 碳排放交易对实现我国"十二五"减排目标的成本节约效应研究 [J]. 中国管理科学, 2013, 21 (1): 37-46.

[203] 崔连标, 朱磊, 范英. 碳关税背景下中国主动减排策略可行性分析 [J]. 管理科学, 2013, 26 (1): 101-111.

[204] 崔秀梅, 李心合, 唐勇军. 社会压力、碳信息披露透明度与权益资本成本 [J]. 当代财经, 2016 (11): 117-129.

[205] 邓旭, 谢俊, 滕飞. 何谓"碳中和"？[J]. 气候变化研究进展, 2021, 17 (1): 107-113.

[206] 杜子平, 刘富存. 我国区域碳排放权价格及其影响因素研究：基于GA-BP-MIV模型的实证分析 [J]. 价格理论与实践, 2018 (6): 42-45.

[207] 段宏波, 张古鹏, 范英, 等. 基于内生能源效率改进的宏观减排结构分析 [J]. 管理科学学报, 2016, 19 (7): 10-23.

[208] 范英. 温室气体减排的成本、路径与政策研究 [M]. 北京：科学出版社, 2011.

[209] 方国昌, 田立新, 傅敏, 等. 新能源发展对能源强度和经济增长的影响 [J]. 系统工程理论与实践, 2013, 33 (11): 2795-2803.

[210] 高歌. 绿色信贷新趋势：碳信贷的前世今生 [J]. 环境保护, 2010 (22): 27-29.

[211] 耿涌, 董会娟, 郗凤明, 等. 应对气候变化的碳足迹研究综述 [J]. 中国人口·资源与环境, 2010, 20 (10): 6-12.

[212] 顾佰和, 谭显春, 穆泽坤, 等. 中国电力行业CO_2减排潜力及其贡献因素 [J]. 生态学报, 2015, 35 (19): 6405-6413.

[213] 郭峰, 石庆玲. 官员更替、合谋震慑与空气质量的临时性改善 [J]. 经济研究, 2017, 52 (7): 155-168.

[214] 何建坤, 陈文颖, 滕飞, 等. 全球长期减排目标与碳排放权分配原则 [J]. 气候变化研究进展, 2009, 5 (6): 362-368.

[215] 何梦舒. 我国碳排放权初始分配研究：基于金融工程视角的分析 [J]. 管理世界, 2011 (11): 172-173.

[216] 何艳秋. 行业完全碳排放的测算及应用 [J]. 统计研究, 2012, 29 (3): 67-72.

[217] 贺立龙, 朱方明, 陈中伟. 企业环境责任界定与测评：环境资源配置的视角 [J]. 管理世界, 2014 (3): 180-181.

[218] 侯纯光, 任建兰, 程钰, 等. 中国绿色化进程空间格局动态演变及其驱动机制 [J]. 地理科学, 2018, 38 (10): 1589-1596.

[219] 胡大立. 基于价值网模型的企业竞争战略研究 [J]. 中国工业经济, 2006 (9): 87-93.

[220] 胡珺, 黄楠, 沈洪涛. 市场激励型环境规制可以推动企业技术创新吗？：基于中国碳排放权交易机制的自然实验 [J]. 金融研究, 2020 (1): 171-189.

[221] 贾明, 童立, 张喆. 高管激励影响公司环境污染行为吗？[J]. 管理评论, 2016, 28 (2): 149-165, 174.

[222] 贾明, 向翼, 张喆. 企业社会责任与组织韧性 [J]. 管理学季刊, 2020, 5 (3): 25-39, 163.

[223] 贾明, 向翼, 张喆. 政商关系的重构：商业腐败还是慈善献金 [J]. 南开管理评论, 2015, 18 (5): 4-17.

[224] 姜国刚. 碳减排的社会经济福利分析 [J]. 管理世界, 2012 (10): 174-175.

[225] 解学梅, 王若怡, 霍佳阁. 政府财政激励下的绿色工艺创新与企业绩效：基于内容分析法的

实证研究 [J]. 管理评论, 2020, 32 (5): 109-124.

[226] 李广培, 李艳歌, 全佳敏. 环境规制、R&D 投入与企业绿色技术创新能力 [J]. 科学学与科学技术管理, 2018, 39 (11): 61-73.

[227] 李虹, 张希源. 管理层能力与企业环境责任关系研究: 基于模仿压力和强制压力调节作用视角 [J]. 华东经济管理, 2016, 30 (8): 139-146.

[228] 李鸿磊. 基于价值创造视角的商业模式分类研究: 以三个典型企业的分类应用为例 [J]. 管理评论, 2018, 30 (4): 257-272.

[229] 李力, 刘全齐, 唐登莉. 碳绩效、碳信息披露质量与股权融资成本 [J]. 管理评论, 2019, (1): 221-235.

[230] 李茜, 熊杰, 黄晗. 企业社会责任缺失对财务绩效的影响研究 [J]. 管理学报, 2018, 15 (2): 255-261.

[231] 李强, 田双双, 刘佟. 高管政治网络对企业环保投资的影响: 考虑政府与市场的作用 [J]. 山西财经大学学报, 2016, 38 (3): 90-99.

[232] 李陶, 陈林菊, 范英. 基于非线性规划的我国省区碳强度减排配额研究 [J]. 管理评论, 2010, 22 (6): 54-60.

[233] 李婉红, 毕克新, 曹霞. 环境规制工具对制造企业绿色技术创新的影响: 以造纸及纸制品企业为例 [J]. 系统工程, 2013, 31 (10): 112-122.

[234] 李维安, 张耀伟, 郑敏娜, 等. 中国上市公司绿色治理及其评价研究 [J]. 管理世界, 2019, 35 (5): 126-133, 160.

[235] 李维安. 绿色治理: 超越国别的治理观 [J]. 南开管理评论, 2016, 19 (6): 1.

[236] 李祥进, 杨东宁, 徐敏亚, 等. 中国劳动密集型制造业的生产力困境: 企业社会责任的视角 [J]. 南开管理评论, 2012, 15 (3): 122-130.

[237] 李小玉, 薛有志, 牛建波. 企业战略转型研究述评与基本框架构建 [J]. 外国经济与管理, 2015, 37 (12): 3-15.

[238] 李旭. 绿色创新相关研究的梳理与展望 [J]. 研究与发展管理, 2015, 27 (2): 1-11.

[239] 李艳华. 我国上市公司碳信息披露的现状及建议 [J]. 商业会计, 2013 (18): 70-71.

[240] 李怡娜, 叶飞. 制度压力、绿色环保创新实践与企业绩效关系: 基于新制度主义理论和生态现代化理论视角 [J]. 科学学研究, 2011, 29 (12): 1884-1894.

[241] 廖华, 魏一鸣. 中国中长期宏观节能潜力分析: 国际比较与国际经验 [J]. 中国软科学, 2011 (3): 23-32.

[242] 廖维君, 范英. 国际航空碳抵消协议对不同国家的影响分析 [J]. 中国人口·资源与环境, 2020, 30 (6): 10-19.

[243] 廖文龙, 董新凯, 翁鸣, 等. 市场型环境规制的经济效应: 碳排放交易、绿色创新与绿色经济增长 [J]. 中国软科学, 2020 (6): 159-173.

[244] 林润辉, 谢宗晓, 李娅, 等. 政治关联、政府补助与环境信息披露: 资源依赖理论视角 [J]. 公共管理学报, 2015, 12 (2): 30-41, 154-155.

[245] 林英晖, 吕海燕, 马君. 制造企业碳信息披露意愿的影响因素研究: 基于计划行为理论的视角 [J]. 上海大学学报 (社会科学版), 2016, 33 (2): 115-125.

[246] 刘春玲. 中国低碳产品消费障碍的经济学分析 [J]. 商业研究, 2011 (7): 165-169.

[247] 刘合, 徐鹏, 梁英波. 后疫情时代我国石油安全再思考及建议 [J]. 石油科技论坛, 2020, 39 (6): 1-6.

[248] 刘会芹. 碳排放权分配、确认及计量: 基于产权会计理论视角 [J]. 会计之友, 2015 (6): 65-68.

[249] 刘慧,唐启升.国际海洋生物碳汇研究进展[J].中国水产科学,2011,18(3):695-702.

[250] 刘建秋,宋献中.社会责任与企业价值创造机理:一个研究框架[J].财会通讯,2010(21):127-129,161.

[251] 刘强,王伟楠,陈恒宇.《绿色信贷指引》实施对重污染企业创新绩效的影响研究[J].科研管理,2020,41(11):100-112.

[252] 刘淑莲.企业价值评估与价值创造战略研究:两种价值模式与六大驱动因素[J].会计研究,2004(9):67-71.

[253] 刘学之,朱乾坤,孙鑫,等.欧盟碳市场MRV制度体系及其对中国的启示[J].中国科技论坛,2018(8):164-173.

[254] 刘尧飞,沈杰.双循环格局下的供应链价值链绿色化转型研究[J].青海社会科学,2020(6):47-53.

[255] 刘祎,杨旭,黄茂兴.环境规制与绿色全要素生产率:基于不同技术进步路径的中介效应分析[J].当代经济管理,2020,42(6):16-27.

[256] 刘远,周祖城.员工感知的企业社会责任、情感承诺与组织公民行为的关系:承诺型人力资源实践的跨层调节作用[J].管理评论,2015,27(10):118-127.

[257] 龙硕,胡军.政企合谋视角下的环境污染:理论与实证研究[J].财经研究,2014,40(10):131-144.

[258] 龙文滨,宋献中.社会责任投入增进价值创造的路径与时点研究:一个理论分析[J].会计研究,2013(12):60-64,97.

[259] 陆敏.碳排放交易机制与生态效率关系的实证检验[J].统计与决策,2020,36(10):118-122.

[260] 罗珉,李亮宇.互联网时代的商业模式创新:价值创造视角[J].中国工业经济,2015(1):95-107.

[261] 骆瑞玲,范体军,夏海洋.碳排放交易政策下供应链碳减排技术投资的博弈分析[J].中国管理科学,2014,22(11):44-53.

[262] 马秋卓,宋海清,陈功玉.考虑碳交易的供应链环境下产品定价与产量决策研究[J].中国管理科学,2014,22(8):37-46.

[263] 马秋卓,宋海清,陈功玉.碳配额交易体系下企业低碳产品定价及最优碳排放策略[J].管理工程学报,2014,28(2):127-136.

[264] 马媛,侯贵生,尹华.企业绿色创新驱动因素研究:基于资源型企业的实证[J].科学学与科学技术管理,2016(4):98-105.

[265] 莫建雷,段宏波,范英,等.《巴黎协定》中我国能源和气候政策目标:综合评估与政策选择[J].经济研究,2018,53(9):168-181.

[266] 南开大学绿色治理准则课题组,李维安.《绿色治理准则》及其解说[J].南开管理评论,2017,20(5):4-22.

[267] 潘楚林,田虹.前瞻型环境战略对企业绿色创新绩效的影响研究:绿色智力资本与吸收能力的链式中介作用[J].财经论丛,2016(7):85-93.

[268] 潘家华,张丽峰.我国碳生产率区域差异性研究[J].中国工业经济,2011(5):47-57.

[269] 潘家华.碳排放交易体系的构建、挑战与市场拓展[J].中国人口·资源与环境,2016,26(8):1-5.

[270] 潘家华.压缩碳排放峰值加速迈向净零碳[J].环境经济研究,2020,5(4):1-10.

[271] 彭雪蓉,魏江.利益相关者环保导向与企业生态创新:高管环保意识的调节作用[J].科学学研究,2015(7):1109-1120.

[272] 齐岳，赵晨辉，廖科智，等．生态文明评价指标体系构建与实证[J]．统计与决策，2018，34（24）：60-63．

[273] 祁悦，谢高地．碳排放空间分配及其对中国区域功能的影响[J]．资源科学，2009，31（4）：590-597．

[274] 钱浩祺，吴力波，任飞州．从"鞭打快牛"到效率驱动：中国区域间碳排放权分配机制研究[J]．经济研究，2019，54（3）：86-102．

[275] 乔国平．碳排放交易制度对企业创新激励研究：基于企业现金流和资产收益率视角的分析[J]．价格理论与实践，2020（10）：167-170．

[276] 乔晗，李自然．碳税政策国际比较与效率分析[J]．管理评论，2010，22（6）：85-92．

[277] 秦大河，周波涛．气候变化与环境保护[J]．科学与社会，2014，4（2）：19-26．

[278] 沈洪涛，冯杰．舆论监督、政府监管与企业环境信息披露[J]．会计研究，2012（2）：72-78，97．

[279] 沈洪涛，黄楠．碳排放权交易机制能提高企业价值吗[J]．财贸经济，2019，40（1）：144-161．

[280] 沈洪涛，周艳坤．环境执法监督与企业环境绩效：来自环保约谈的准自然实验证据[J]．南开管理评论，2017，20（6）：73-82．

[281] 沈艳，蔡剑．企业社会责任意识与企业融资关系研究[J]．金融研究，2009（12）：127-136．

[282] 石敏俊，袁永娜，周晟吕，等．碳减排政策：碳税、碳交易还是两者兼之？[J]．管理科学学报，2013，16（9）：9-19．

[283] 史云贵，刘晓燕．绿色治理：概念内涵、研究现状与未来展望[J]．兰州大学学报（社会科学版），2019，47（3）：1-11．

[284] 宋丽娟．企业社会责任对企业价值影响的微观作用机理：基于效率效应与信誉效应的分析[J]．商业经济研究，2016（13）：127-132．

[285] 宋晓华，蒋潇，韩晶晶，等．企业碳信息披露的价值效应研究：基于公共压力的调节作用[J]．会计研究，2019（12）：78-84．

[286] 隋俊．跨国公司技术转移对制造业绿色创新系统创新绩效的影响[D]．哈尔滨：哈尔滨理工大学，2015．

[287] 孙兴好，戴永务，刘丰波．企业绿色治理对重污染行业上市公司企业竞争力的影响[J]．福建农林大学学报（哲学社会科学版），2021，24（5）：39-51．

[288] 孙艳霞．基于不同视角的企业价值创造研究综述[J]．南开经济研究，2012（1）：145-153．

[289] 谭显春，顾佰和，王毅．气候变化对我国中长期发展的影响分析及对策建议[J]．中国科学院院刊，2017，32（9）：1029-1035．

[290] 汤维祺，吴力波，钱浩祺．从"污染天堂"到绿色增长：区域间高耗能产业转移的调控机制研究[J]．经济研究，2016，51（6）：58-70．

[291] 唐启升，刘慧．海洋渔业碳汇及其扩增战略[J]．中国工程科学，2016，18（3）：68-73．

[292] 陶锋，赵锦瑜，周浩．环境规制实现了绿色技术创新的"增量提质"吗：来自环保目标责任制的证据[J]．中国工业经济，2021（2）：136-154．

[293] 田丹，于奇．高层管理者背景特征对企业绿色创新的影响[J]．财经问题研究，2017（6）：108-113．

[294] 田虹，王宇菲．动态环境下的企业环境战略转型研究综述与基本框架构建[J]．科技管理研究，2020，40（5）：233-242．

[295] 田立新，张蓓蓓．中国碳排放变动的因素分解分析[J]．中国人口·资源与环境，2011，21（11）：1-7．

[296] 田敏，李纯青，萧庆龙．企业社会责任行为对消费者品牌评价的影响[J]．南开管理评论，2014，17（6）：19-29．

[297] 王灿, 张雅欣. 碳中和愿景的实现路径与政策体系 [J]. 中国环境管理, 2020, 12（6）: 58-64.
[298] 王金南, 蔡博峰, 曹东, 等. 中国 CO_2 排放总量控制区域分解方案研究 [J]. 环境科学学报, 2011, 31（4）: 680-685.
[299] 王金南, 严刚. 加快实现碳排放达峰 推动经济高质量发展 [N]. 经济日报, 2021-01-04（001）.
[300] 王娟, 张喆, 贾明. 员工感知的企业社会责任与反生产行为：基于亲社会动机和内在动机的视角 [J]. 预测, 2017, 36（5）: 8-14, 23.
[301] 王娟茹, 崔日晓, 张渝. 利益相关者环保压力、外部知识采用与绿色创新：市场不确定性与冗余资源的调节效应 [J]. 研究与发展管理, 2021, 33（4）: 15-27.
[302] 王娟茹, 张渝. 环境规制、绿色技术创新意愿与绿色技术创新行为 [J]. 科学学研究, 2018, 36（2）: 352-360.
[303] 王梅, 周鹏. 碳排放权分配对碳市场成本有效性的影响研究 [J]. 管理科学学报, 2020, 23（12）: 1-11.
[304] 王明喜, 鲍勤, 汤铃, 等. 碳排放约束下的企业最优减排投资行为 [J]. 管理科学学报, 2015, 18（6）: 41-57.
[305] 王乾宇, 彭坚. CEO 绿色变革型领导与企业绿色行为：环境责任文化和环保激情气氛的作用 [J]. 中国人力资源开发, 2018, 35（1）: 83-93.
[306] 王清刚, 李琼. 企业社会责任价值创造机理与实证检验：基于供应链视角 [J]. 宏观经济研究, 2015（1）: 116-127.
[307] 王清刚, 徐欣宇. 企业社会责任的价值创造机理及实证检验：基于利益相关者理论和生命周期理论 [J]. 中国软科学, 2016（2）: 179-192.
[308] 王水莲, 李志刚, 杜莹莹. 共享经济平台价值创造过程模型研究：以滴滴、爱彼迎和抖音为例 [J]. 管理评论, 2019, 31（7）: 45-55.
[309] 王思敏, 朱玉杰. 公司危机的传染效应与竞争效应：以国美事件为例的小样本实证研究 [J]. 中国软科学, 2010（7）: 134-141.
[310] 王伟中, 陈滨, 鲁传一, 等. 《京都议定书》和碳排放权分配问题 [J]. 清华大学学报（哲学社会科学版）, 2002（6）: 81-85.
[311] 王霞, 徐晓东, 王宸. 公共压力、社会声誉、内部治理与企业环境信息披露：来自中国制造业上市公司的证据 [J]. 南开管理评论, 2013, 16（2）: 82-91.
[312] 王旭, 褚旭. 中国制造业绿色技术创新与融资契约选择 [J]. 科学学研究, 2019, 37（2）: 351-361.
[313] 王云, 李延喜, 马壮, 等. 媒体关注、环境规制与企业环保投资 [J]. 南开管理评论, 2017, 20（6）: 83-94.
[314] 隗斌贤, 揭筱纹. 基于国际碳交易经验的长三角区域碳交易市场构建思路与对策 [J]. 管理世界, 2012（2）: 175-176.
[315] 魏庆坡. 碳交易与碳税兼容性分析：兼论中国减排路径选择 [J]. 中国人口·资源与环境, 2015, 25（5）: 35-43.
[316] 魏一鸣, 米志付, 张皓. 气候变化综合评估模型研究新进展 [J]. 系统工程理论与实践, 2013, 33（8）: 1905-1915.
[317] 吴力波, 钱浩祺, 汤维祺. 基于动态边际减排成本模拟的碳排放权交易与碳税选择机制 [J]. 经济研究, 2014, 49（9）: 48-61, 148.
[318] 吴力波, 任飞州, 徐少丹. 环境规制执行对企业绿色创新的影响 [J]. 中国人口·资源与环境, 2021, 31（1）: 90-99.
[319] 吴力波, 孙可哿, 时志雄. 环境规制下中国煤炭发电企业成本技术效率研究 [J]. 中国人口·资

源与环境, 2018, 28（8）: 31-38.

[320] 吴力波. 绿色资源革命中的循环经济 [N]. 中国社会科学报, 2016-04-01（004）.

[321] 习近平在气候雄心峰会上发表重要讲话 [J]. 人民日报, 2020-12-13（1）.

[322] 谢良安. 企业碳信息披露路径的分析比较 [J]. 财会月刊, 2013（6）: 111-113.

[323] 谢乔昕, 张宇. 绿色信贷政策、扶持之手与企业创新转型 [J]. 科研管理, 2021, 42（1）: 124-134.

[324] 辛杰. 企业社会责任的价值创造机制研究 [J]. 管理学报, 2014, 11（11）: 1671-1679.

[325] 徐华清. 推动经济发展方式向低碳化转型 [J]. 中国电力企业管理, 2016（4）: 51-53.

[326] 徐佳, 崔静波. 低碳城市和企业绿色技术创新 [J]. 中国工业经济, 2020（12）: 178-196.

[327] 徐建中, 贯君, 林艳. 制度压力、高管环保意识与企业绿色创新实践: 基于新制度主义理论和高阶理论视角 [J]. 管理评论, 2017, 29（9）: 72-83.

[328] 许士春, 何正霞, 龙如银. 环境规制对企业绿色技术创新的影响 [J]. 科研管理, 2012, 33（6）: 67-74.

[329] 杨博文, 尹彦辉. 顾此失彼还是一举两得？: 对我国碳减排经济政策实施后减排效果的检视 [J]. 财经论丛, 2020（2）: 104-112.

[330] 杨东, 柴慧敏. 企业绿色技术创新的驱动因素及其绩效影响研究综述 [J]. 中国人口·资源与环境, 2015, 25（2）: 132-136.

[331] 杨光勇, 计国君. 碳排放规制与顾客环境意识对绿色创新的影响 [J]. 系统工程理论与实践, 2021, 41（3）: 702-712.

[332] 杨珂嘉. 兼顾公平和有效原则的中国各省二氧化碳减排配额研究 [D]. 北京: 中国地质大学, 2018.

[333] 杨磊, 张琴, 张智勇. 碳交易机制下供应链渠道选择与减排策略 [J]. 管理科学学报, 2017, 20（11）: 75-87.

[334] 姚圣. 政治关联、环境信息披露与环境业绩: 基于中国上市公司的经验证据 [J]. 财贸研究, 2011, 22（4）: 78-85.

[335] 伊晟, 薛求知. 绿色供应链管理与绿色创新: 基于中国制造业企业的实证研究 [J]. 科研管理, 2016, 37（6）: 103-110.

[336] 尹开国, 刘小芹, 陈华东. 基于内生性的企业社会责任与财务绩效关系研究: 来自中国上市公司的经验证据 [J]. 中国软科学, 2014（6）: 98-108.

[337] 于芝麦. 环保约谈、政府环保补助与企业绿色创新 [J]. 外国经济与管理, 2021, 43（7）: 22-37.

[338] 袁永娜, 石敏俊, 李娜, 等. 碳排放许可的强度分配标准与中国区域经济协调发展: 基于30省区CGE模型的分析 [J]. 气候变化研究进展, 2012, 8（1）: 60-67.

[339] 原磊. 国外商业模式理论研究评介 [J]. 外国经济与管理, 2007（10）: 17-25.

[340] 苑琳, 崔煊岳. 政府绿色治理创新: 内涵、形势与战略选择 [J]. 中国行政管理, 2016（11）: 151-154.

[341] 张春华, 居为民, 王登杰, 等. 2004—2013年山东省森林碳储量及其碳汇经济价值 [J]. 生态学报, 2018, 38（5）: 1739-1749.

[342] 张钢, 张小军. 绿色创新战略与企业绩效的关系: 以员工参与为中介变量 [J]. 财贸研究, 2013, 24（4）: 132-140.

[343] 张钢, 张小军. 企业绿色创新战略的驱动因素: 多案例比较研究 [J]. 浙江大学学报（人文社会科学版）, 2014, 44（1）: 113-124.

[344] 张辉. 高质量发展视角下国有制造企业绿色创新升级路径研究: 以晨鸣纸业案例为例 [J]. 济南大学学报（社会科学版）, 2020, 30（4）: 114-123, 159-160.

[345] 张继宏, 张希良. 建设碳交易市场的金融创新探析 [J]. 武汉大学学报（哲学社会科学版）, 2014, 67（2）: 102-108.

[346] 张薇, 伍中信, 王蜜, 等. 产权保护导向的碳排放权会计确认与计量研究 [J]. 会计研究, 2014（3）: 88-94, 96.

[347] 张希良, 张旭, 欧训民. 中国新能源汽车产业发展现状与展望 [J]. 环境保护, 2013, 41（10）: 24-27.

[348] 张希良. 低碳发展转型与能源管理 [J]. 科学观察, 2019, 14（4）: 49-52.

[349] 张希良. 国家碳市场总体设计中几个关键指标之间的数量关系 [J]. 环境经济研究, 2017, 2（3）: 1-5, 48.

[350] 张秀敏, 马默坤, 陈婧. 外部压力对企业环境信息披露的监管效应 [J]. 软科学, 2016, 30（2）: 74-78.

[351] 张艳, 李锋, 李援. 碳中和背景下林业碳汇市场及海南发展林业碳汇交易研究 [J]. 海南大学学报（人文社会科学版）, 2021, 39（3）: 35-43.

[352] 张瑶, 赵美训, 崔球, 等. 近海生态系统碳汇过程、调控机制及增汇模式 [J]. 中国科学: 地球科学, 2017, 47（4）: 438-449.

[353] 张友国. 加快推进产业体系绿色现代化: 模式与路径 [J]. 企业经济, 2021, 40（1）: 24-31.

[354] 张玉明, 邢超, 张瑜. 媒体关注对重污染企业绿色技术创新的影响研究 [J]. 管理学报, 2021, 18（4）: 557-568.

[355] 赵桂梅, 耿涌, 孙华平, 等. 中国省际碳排放强度的空间效应及其传导机制研究 [J]. 中国人口·资源与环境, 2020, 30（3）: 49-55.

[356] 赵黎明, 殷建立. 碳交易和碳税情景下碳减排二层规划决策模型研究 [J]. 管理科学, 2016, 29（1）: 137-146.

[357] 赵立祥, 胡灿. 我国碳排放权交易价格影响因素研究: 基于结构方程模型的实证分析 [J]. 价格理论与实践, 2016（7）: 101-104.

[358] 赵莉, 张玲. 媒体关注对企业绿色技术创新的影响: 市场化水平的调节作用 [J]. 管理评论, 2020, 32（9）: 132-141.

[359] 赵盟, 姜克隽, 徐华清, 等. EUETS对欧洲电力行业的影响及对我国的建议 [J]. 气候变化研究进展, 2012, 8（6）: 462-468.

[360] 赵选民, 霍少博, 吴勋. 政治关联、政府干预与碳信息披露水平: 基于资源型企业的面板数据分析 [J]. 科技管理研究, 2015, 35（1）: 222-226.

[361] 赵永斌, 丛建辉. 全国统一碳市场碳配额的总量设定与分配: 基于碳交易三大特性的再审视 [J]. 天津社会科学, 2017（5）: 110-114.

[362] 钟凤英, 杨滨健. 我国企业碳信息披露的框架建构与支撑机制研究 [J]. 东北师大学报（哲学社会科学版）, 2015（4）: 67-71.

[363] 周畅, 蔡海静, 刘梅娟. 碳排放权交易的微观企业财务效果: 基于"波特假说"的PSM-DID检验 [J]. 财经论丛, 2020（3）: 68-77.

[364] 周朝波, 覃云. 碳排放交易试点政策促进了中国低碳经济转型吗?: 基于双重差分模型的实证研究 [J]. 软科学, 2020, 34（10）: 36-42, 55.

[365] 周金帆, 张光磊. 绿色人力资源管理实践对员工绿色行为的影响机制研究: 基于自我决定理论的视角 [J]. 中国人力资源开发, 2018, 35（7）: 20-30.

[366] 周小全. 加快建设全国碳排放权交易市场 [N]. 中国证券报, 2021-03-29（A03）.

[367] 周延风, 罗文恩, 肖文建. 企业社会责任行为与消费者响应: 消费者个人特征和价格信号的调节 [J]. 中国工业经济, 2007（3）: 62-69.

[368] 周志方，李祎，肖恬，等.碳风险意识、低碳创新与碳绩效[J].研究与发展管理，2019（3）：72-83.

[369] 周志方，温康，曾辉祥.碳风险、媒体关注度与债务融资成本：来自中国A股高碳行业上市企业的经验证据[J].现代财经（天津财经大学学报），2017（8）：16-32.

[370] 周志方，张明月，张凌燕，等.碳风险管理会"差异促进"企业竞争优势吗？[J].西安交通大学学报（社会科学版），2021，41（3）：81-92.

[371] 周祖城，张漪杰.企业社会责任相对水平与消费者购买意向关系的实证研究[J].中国工业经济，2007（9）：111-118.

[372] 朱帮助，魏一鸣.基于GMDH-PSO-LSSVM的国际碳市场价格预测[J].系统工程理论与实践，2011，31（12）：2264-2271.

[373] 朱教君，闫巧玲，于立忠，等.根植森林生态研究与试验示范，支撑东北森林生态保护恢复与可持续发展[J].中国科学院院刊，2018，33（1）：107-118.

推荐阅读

中文书名	作者	书号	定价
公司财务管理（第2版）	马忠（北京交通大学）	978-7-111-48670-1	69.00
公司财务管理案例分析	马忠（北京交通大学）	978-7-111-49470-6	55.00
企业财务分析（第4版）	袁天荣（中南财经政法大学）	978-7-111-71604-4	59.00
企业并购	张金鑫（北京交通大学）	978-7-111-54399-2	39.00
财务管理原理（第3版）	王明虎（安徽工业大学）	978-7-111-59375-1	45.00
财务管理专业英语（第4版）	刘媛媛（东北财经大学）	978-7-111-66478-9	40.00
管理会计：理论·模型·案例（第3版）	温素彬（南京理工大学）	978-7-111-61273-5	49.00
财务管理	刘淑莲（东北财经大学）	978-7-111-50691-1	40.00
财务管理习题与解析	刘淑莲（东北财经大学）	978-7-111-56362-4	35.00
审计学（第3版）	叶陈刚（对外经济贸易大学）	978-7-111-62919-1	49.00
国际财务管理（原书第8版）	切奥尔·尤恩	978-7-111-60813-4	79.00
管理会计（原书第16版）	雷·H.加里森（杨百翰大学）	978-7-111-61325-1	89.00
财务管理：以EXCEL为分析工具（原书第4版）	格莱葛·W.霍顿	978-7-111-47319-0	49.00

推荐阅读

中文书名	原作者	中文书号	定价
会计学：企业决策的基础（财务会计分册·原书第19版）	简·R. 威廉姆斯（田纳西大学）等	978-7-111-71564-1	89.00
会计学：企业决策的基础（管理会计分册·原书第19版）	简·R. 威廉姆斯（田纳西大学）等	978-7-111-71902-1	79.00
会计学：企业决策的基础（财务会计分册·英文原书第17版）	简·R. 威廉姆斯（田纳西大学）等	978-7-111-58012-6	99.00
会计学：企业决策的基础（管理会计分册·英文原书第17版）	简·R. 威廉姆斯（田纳西大学）等	978-7-111-58011-9	85.00
管理会计（原书第16版）	雷·H. 加里森（杨百翰大学）等	978-7-111-61325-1	89.00
财务会计教程（原书第10版）	查尔斯·T. 亨格瑞（斯坦福大学）等	978-7-111-39244-6	79.00
管理会计教程（原书第15版）	查尔斯·T. 亨格瑞（斯坦福大学）等	978-7-111-39512-6	88.00
财务会计：概念、方法与应用（原书第14版）	罗曼·L. 韦尔 等	978-7-111-51356-8	89.00
会计学：教程与案例（管理会计分册原书第13版）	罗伯特·N. 安东尼（哈佛大学）等	978-7-111-44335-3	45.00
会计学：教程与案例（财务会计分册原书第13版）	罗伯特·N. 安东尼（哈佛大学）等	978-7-111-44187-8	49.00
亨格瑞会计学：管理会计分册（原书第4版）	特蕾西·诺布尔斯 等	978-7-111-55407-3	69.00
亨格瑞会计学：财务会计分册（原书第4版）	特蕾西·诺布尔斯 等	978-7-111-59907-4	89.00
会计学（原书第5版）	卡尔·S. 沃伦（佐治亚大学）等	978-7-111-53005-3	69.00
会计学基础（原书第11版）	莱斯利·K. 布莱特纳 等	978-7-111-44815-0	39.00
公司理财（原书第11版）	斯蒂芬·A. 罗斯（MIT斯隆管理学院）等	978-7-111-57415-6	119.00
财务管理（原书第16版）	尤金·F. 布里格姆（佛罗里达大学）等	978-7-111-74191-6	139.00
高级经理财务管理：创造价值的过程（原书第4版）	哈瓦维尼（欧洲工商管理学院）等	978-7-111-56221-4	89.00

推荐阅读

中文书名	作者	书号	定价
公司理财（原书第11版）	斯蒂芬·A. 罗斯（Stephen A. Ross）等	978-7-111-57415-6	119.00
财务管理（原书第14版）	尤金·F. 布里格姆（Eugene F. Brigham）等	978-7-111-58891-7	139.00
财务报表分析与证券估值（原书第5版）	斯蒂芬·佩因曼（Stephen Penman）等	978-7-111-55288-8	129.00
会计学：企业决策的基础（财务会计分册）（原书第19版）	简·R. 威廉姆斯（Jan R. Williams）等	978-7-111-71564-1	89.00
会计学：企业决策的基础（管理会计分册）（原书第19版）	简·R. 威廉姆斯（Jan R. Williams）等	978-7-111-71902-1	79.00
营销管理（原书第2版）	格雷格·W. 马歇尔（Greg W. Marshall）等	978-7-111-56906-0	89.00
市场营销学（原书第13版）	加里·阿姆斯特朗（Gary Armstrong）菲利普·科特勒（Philip Kotler）等	978-7-111-62427-1	89.00
运营管理（原书第13版）	威廉·史蒂文森（William J. Stevens）等	978-7-111-62316-8	79.00
运营管理（原书第15版）	理查德·B. 蔡斯（Richard B. Chase）等	978-7-111-63049-4	99.00
管理经济学（原书第12版）	S. 查尔斯·莫瑞斯（S. Charles Maurice）等	978-7-111-58696-8	89.00
战略管理：竞争与全球化（原书第12版）	迈克尔·A. 希特（Michael A. Hitt）等	978-7-111-61134-9	79.00
战略管理：概念与案例（原书第12版）	查尔斯·W. L. 希尔（Charles W. L. Hill）等	978-7-111-68626-2	89.00
组织行为学（原书第7版）	史蒂文·L. 麦克沙恩（Steven L. McShane）等	978-7-111-58271-7	65.00
组织行为学精要（原书第13版）	斯蒂芬·P. 罗宾斯（Stephen P. Robbins）等	978-7-111-55359-5	50.00
人力资源管理（原书第12版）（中国版）	约翰·M. 伊万切维奇（John M. Ivancevich）等	978-7-111-52023-8	55.00
人力资源管理（亚洲版·原书第2版）	加里·德斯勒（Gary Dessler）等	978-7-111-40189-6	65.00
数据、模型与决策（原书第14版）	戴维·R. 安德森（David R. Anderson）等	978-7-111-59356-0	109.00
数据、模型与决策：基于电子表格的建模和案例研究方法（原书第6版）	弗雷德里克·S. 希利尔（Frederick S. Hillier）等	978-7-111-69627-8	129.00
管理信息系统（原书第15版）	肯尼斯·C. 劳顿（Kenneth C. Laudon）等	978-7-111-60835-6	79.00
信息时代的管理信息系统（原书第9版）	斯蒂芬·哈格（Stephen Haag）等	978-7-111-55438-7	69.00
创业管理：成功创建新企业（原书第5版）	布鲁斯·R. 巴林格（Bruce R. Barringer）等	978-7-111-57109-4	79.00
创业学（原书第9版）	罗伯特·D. 赫里斯（Robert D. Hisrich）等	978-7-111-55405-9	59.00
领导学：在实践中提升领导力（原书第8版）	理查德·L. 哈格斯（Richard L. Hughes）等	978-7-111-73617-2	119.00
企业伦理学（中国版）（原书第3版）	劳拉·P. 哈特曼（Laura P. Hartman）等	978-7-111-51101-4	45.00
公司治理	马克·格尔根（Marc Goergen）	978-7-111-45431-1	49.00
国际企业管理：文化、战略与行为（原书第10版）	弗雷德·卢森斯（Fred Luthans）等	978-7-111-71263-3	119.00
商务与管理沟通（原书第12版）	基蒂·O. 洛克（Kitty O. Locker）等	978-7-111-69607-0	79.00
管理学（原书第2版）	兰杰·古拉蒂（Ranjay Gulati）等	978-7-111-59524-3	79.00
管理学：原理与实践（原书第9版）	斯蒂芬·P. 罗宾斯（Stephen P. Robbins）等	978-7-111-50388-0	59.00
管理学原理（原书第10版）	理查德·L. 达夫特（Richard L. Daft）等	978-7-111-59992-0	79.00